Hans-Jörg Kellner Die Römer in Bayern

Hans-Jörg Kellner

DIE RÖMER IN BAYERN

Süddeutscher Verlag

Umschlagfotos: Römermauer in Regensburg. Foto-Tremel
Bronzebeschlag von Oberstimm. S. Mulzer

ISBN 3 7991 5676 3

1976 — 15. Tausend. Dritte, ergänzte und erweiterte Auflage

Schrift: Walbaum-Antiqua
Satz und Druck: Süddeutscher Verlag GmbH, München
Bildteil: Karl Wenschow GmbH, München
Bindearbeit: R. Oldenbourg, München

Inhaltsverzeichnis

Vorwort

Vorwort zur 3. Auflage

Das überraschend große Interesse und die freundliche Aufnahme, die »Die Römer in Bayern« gefunden haben, machten nun eine dritte Auflage notwendig. Diese gestaltete sich dadurch nicht ganz einfach, daß sowohl durch die allgemeine Belebung der Römerforschung in Bayern, zu der das Buch sicherlich seinen Teil beigetragen hat, als auch durch die von der Prähistorischen Staatssammlung ausgegangenen Impulse, Anregungen und Forschungsarbeiten, sowie die Aktivitäten von anderer Seite eine Fülle von neuen Ergebnissen in Ausgrabungen und Materialbearbeitungen eingearbeitet werden mußte. Allein im Jahre 1974 wurden in Bayern drei spätrömische Befestigungen neu entdeckt: Weßling durch die Kommission für die Erforschung des spätrömischen Raetien, Pons Aeni / Pfaffenhofen durch die Prähistorische Staatssammlung und Boiotro / Passau-Innstadt durch R. Christlein, Bayerisches Landesamt für Denkmalpflege, Landshut. Der erheblich erweiterte Anmerkungsteil allein zeigt schon, welchen Zuwachs an Wissen die letzten Jahre gebracht haben. Alles sollte berücksichtigt werden, obschon vom Verlag aus wirtschaftlichen Gründen nur eine begrenzte Möglichkeit zu Änderungen zugestanden werden konnte. Deshalb waren allen Erweiterungs- und Ergänzungswünschen Grenzen gesetzt. Ich hoffe trotzdem, in der dritten Auflage den Wissensstand vom Sommer 1975 voll dargestellt zu haben.

Seit dem Erscheinen der zweiten Auflage ist am 1. 7. 1972 in Bayern eine Gebietsreform durchgeführt worden, die neue Landkreisgrenzen gebracht hat. Hier liegt nun der neueste Stand zugrunde, wobei jedoch gelegentlich aus technischen Gründen die jetzt komplizierten Landkreisnamen abgekürzt wurden.

Auch bei der Neuauflage haben mich wieder viele Kollegen unterstützt, denen ich herzlich danken möchte. Zuerst ist R. Noll, Wien, zu nennen, dessen Sachkenntnis und Akribie ich viele wertvolle Hinweise verdanke. Besonders zu Dank verpflichtet fühle ich mich den Kollegen Liselotte Plank-Zemmer, H. Dannheimer, E. Keller, W. Sage, K. Schwarz und W. E. Stöckli, sowie meinen Mitarbeiterinnen H. Huber und S. Mulzer.

München, den 20. 7. 1975

Vorwort zur 1. Auflage

In ständig zunehmendem Maß ist das Mittelmeergebiet zu einem bevorzugten Urlaubsziel geworden. Da es selten unterlassen wird, die archäologischen Stätten zu besuchen, standen so schon die meisten unserer Landsleute bewundernd vor den Leistungen der römischen Künstler, Architekten und Ingenieure, wie sie sich als Monumentalbauten oder Ruinen erhalten haben, bei den Ausgrabungen in Resten zum Vorschein kommen und in den Museen zu besichtigen sind. Nur wenigen ist dabei bewußt, daß auch unsere engere Heimat eine mehr als vierhundertjährige römische Vergangenheit hat, deren Zeugnisse sich nur infolge der Ungunst des Klimas nicht in der gleichen Weise bewahrten. Dabei hatte die römische Periode Bayerns schon früh die Aufmerksamkeit bedeutender Gelehrter gefunden; intensiv befaßte sich Aventinus (1477–1534), der Verfasser der ersten streng kritischen bayerischen Geschichte, mit ihr. Auch die historischen Arbeiten von Konrad Peutinger (1465–1547) und Marcus Welser (1558–1614) brachten wesentliche Förderung. Eine erste Zusammenfassung unternahm 1872 P. C. Planta in der Schrift »Das alte Rätien«, eine weitere versuchte 1905 F. Franziß in seinem Buch »Bayern zur Römerzeit«. Den ersten wissenschaftlich fundierten Überblick verdanken wir aber Friedrich Wagner, dem früheren Direktor der Prähistorischen Staatssammlung. Sein Buch »Die Römer in Bayern« wurde zu einem beliebten Orientierungswerk und erlebte seit seinem Erscheinen 1924 rasch vier Auflagen, deren letzter der Wissensstand vom Sommer 1927 zugrunde lag. Da sich durch die großen Fortschritte der archäologischen Forschung und die Verfeinerung ihrer Methoden das Wissen um die Römerzeit schnell erweitert hat, dachte Wagner noch in den dreißiger Jahren daran, eine Neuauflage in Angriff zu nehmen. Die zeitbedingten Schwierigkeiten verhinderten dies jedoch. Trotzdem sammelte er weiter Material und Notizen und reihte die Überarbeitung seines Buches in die Vorhaben ein, die er im Ruhestand durchführen wollte. Als er dann in seinen letzten Lebensjahren nicht mehr hoffen konnte, den Plan selbst auszuführen, bat er mich, für die »Römer in Bayern« Sorge zu tragen, und übergab mir seine Notizen.
Bei näherer Beschäftigung mit der Materie war mir bald klar, daß es mit einer Überarbeitung allein nicht getan sein konnte, sondern daß eine ganz neue Übersicht erarbeitet werden mußte. Aufgrund des erheblich vergrößerten Wissens- und Forschungsstandes mußte versucht werden, die rein historische Abfolge in den Vordergrund zu stellen, während Wagners Buch vorwiegend antiquarisch orientiert war.
Parallel zu diesen Überlegungen wurde zunächst ein ganz andersartiger Plan diskutiert. Mein unmittelbarer Vorgänger in der Prähistorischen Staatssammlung, Otto Kunkel, hatte angesichts der Unmöglichkeit, rasch

einen Neubau mit Ausstellungsräumen für unsere Sammlung zu erreichen, beabsichtigt, die wichtigsten Bestände in einem Bildband der Öffentlichkeit vorzustellen. Bei der weiteren Verfolgung dieses Planes zeigte sich aber sehr bald, daß der große Umfang und die Verschiedenartigkeit des Fundmaterials eine Trennung der Publikation in mehrere Teile erfordert. Unter dem Titel »Bilder zur Vorgeschichte Bayerns« ist mit einem ausführlichen wissenschaftlichen Text von Walter Torbrügge und Hans P. Uenze über die Vorgeschichte ein erster Teil 1968 erschienen. Der Fortsetzung des Vorhabens dient nun die vorliegende Zusammenfassung über die Römerzeit in Bayern. Da das großzügige Entgegenkommen des Süddeutschen Verlages eine reiche Bebilderung erlaubt, war es möglich, einen historischen Überblick mit dem geplanten Bildband zu verbinden.

So wendet sich die vorliegende Schrift an den Fachmann, indem sie ihn über die bis heute bekannten Fakten unterrichtet, und an den interessierten Laien, dem die hiesigen Funde und Ausgrabungen in einem größeren historischen Rahmen nahegebracht werden sollen. Das Ergebnis stellt einen, wie ich hoffe, brauchbaren Kompromiß dar, denn bei der heute so starken Spezialisierung wird auch mancher Fachgenosse sich gerne über diese oder jene Frage etwas allgemeiner unterrichten lassen. Die Arbeit kann auch Studierenden verschiedener historischer Disziplinen ebenso dienen wie Geschichtslehrern, die mit der heimischen Vergangenheit zu tun haben.

Das Manuskript wurde im Frühjahr 1971 abgeschlossen. Jeder neue Fund kann kleinere oder größere Korrekturen an dem Bild notwendig machen, das ich aufgrund der bisherigen Kenntnisse zu zeichnen versuchte.

Ich hätte dieses Buch nicht schreiben und das Material dazu in langen Jahren nicht sammeln können ohne die Hilfe und Unterstützung von verschiedenster Seite. So möchte ich all den vielen Kollegen, die mir in dieser oder jener Weise behilflich waren, hier sehr herzlich danken. Ein besonderer Dank sei allen meinen Mitarbeitern am Museum, den Kollegen der Römisch-Germanischen Kommission (W. Krämer, H. Schönberger und F. Schubert), des Bayerischen Landesamtes für Denkmalpflege (F.-R. Herrmann, E. Keller, G. Krahe, W. Sage, K. Schwarz), der Museen Regensburg (G. Pfeiffer) und Augsburg (L. Weber), der Staatlichen Münzsammlung München (H. Küthmann und B. Overbeck) und dem Britischen Museum gesagt. Persönlich zu danken habe ich den Herren D. Baatz, R. Degen, R. Fink, L. Hefner, A. Jeločnik, H. Klumbach, H. F. Müller, C. Ostermayer, E. Vonbank, H. Zürn sowie der Mayer'schen Kunstanstalt. Die Neuaufnahmen in der Prähistorischen Staatssammlung fertigte Frau S. Mulzer, die Zeichnungen Frl. H. Huber. Mein herzlicher Dank gilt Herrn R. Noll, Wien, für seine Anregungen und Hinweise.

Widmen möchte ich das Buch dem Andenken Friedrich Wagners, dessen freundschaftlicher Gesinnung und anregender Diskussion ich viel verdanke.

Das Voralpenland vor den Römern

DIE KELTEN

Lange bevor die ersten römischen Legionäre die Alpen nach Norden überschritten, siedelten im heutigen Bayern keltische Volksstämme. Wann und wie allerdings das keltische Volkstum hier dominierend geworden ist, vermag die Wissenschaft noch nicht genau zu erkennen. Aufgrund von Veränderungen in den Sachaltertümern setzte man bei den ersten systematischen Versuchen, die weiten vorgeschichtlichen Zeiträume zu gliedern und damit überschaubar zu machen, um die Mitte des 1. Jahrtausends v. Chr. den Beginn einer neuen Periode an, die man nach einer charakteristischen Fundstelle am Neuenburger See in der Schweiz als Latènezeit bezeichnete. Da in dieser Zeit unbestrittenermaßen Kelten Träger der Entwicklung waren, nannte man die Zeit gelegentlich vereinfachend die Keltenzeit. Von der ursprünglichen Vorstellung einer massiven Einwanderung keltischer Stämme zu Beginn jener Periode mußte man inzwischen abrücken. Aus späteren Jahrhunderten wissen wir durch antike Schriftsteller viel von Wanderungen keltischer Stämme, und so stellte man sich früher das erste Auftreten der Kelten ebenfalls mit einer Wanderung verbunden vor. Friedhöfe und Siedlungen, Kultstätten und noch mehr die alltäglichen Gebrauchsgegenstände zeigen einen organischen und langsamen Übergang von der vorhergehenden Hallstattzeit in die Latèneperiode. Das beweist, daß kein plötzlicher Bevölkerungswechsel stattgefunden haben kann: Die keltische Epoche wächst aus der Hallstattzeit heraus.

Wo nun zeitlich und örtlich die Wurzeln des keltischen Volkstums liegen, ist noch ganz offen. Einige vermuten, daß die Anfänge bis in die Urnenfelderzeit zurückzuverfolgen seien, andere suchen einen späteren Ursprung im nördlichen Mittelfrankreich. Halten wir für Bayern fest, daß weder gegen Ende der Hallstattzeit noch am Anfang der Latènezeit ein Bevölkerungswechsel stattgefunden hat. Auf älteren Grundlagen entwickelte sich der sogenannte Frühlatènestil, dessen phantastische Fabeltiere, Masken und Mischwesen gerade durch die moderne Kunstentwicklung wieder tieferem Verständnis begegnen. Nach der Frühlatènezeit allerdings gibt es manche Veränderungen in den Siedlungsgebieten, in der Bestattungsweise, in der Entwicklung des Stils und wohl auch in der sozialen Schichtung.

Aufgrund der Veränderung in Stil und Form der erhaltenen Sachaltertümer teilen wir seit den richtungweisenden Entdeckungen des Münchner Prähistorikers Paul Reinecke um die Jahrhundertwende die Latènezeit in die vier Stufen A–D ein. Wenn wir somit auch die materielle Hinterlassenschaft in einer relativen Abfolge und Entwicklung sehen können, so ist es dennoch nicht möglich, diese Perioden genau zu datieren. Wenig vermögen uns hierbei die spärlichen Nachrichten antiker Schriftsteller zu helfen. Der griechische Historiker Hekataios von Milet erwähnt um

500 v. Chr. erstmals Kelten, und zwar im Hinterland von *Massilia* (Marseille) und in *Nyrax* (Noricum ?). Herodot aus Halikarnassos (um 490—425/420 v. Chr.) zeigt ebenfalls, daß die Kelten in der griechischen Welt bekannt waren, indem er von Kelten im fernen Westen und an den Donauquellen berichtet. Eine neuerliche Analyse dieser Textstellen hat jedoch zu der Ansicht geführt, daß Herodot hier eine Quelle spätestens aus dem 6. Jh. aufführt, womit der Name »Kelten« schon aus dieser Zeit bezeugt wäre. Gegen Ende des 5. Jh. geriet die keltische Welt in Bewegung, und wir wissen von Vorstößen nach dem Süden und Südosten Europas. Keltische Stammesgruppen drangen in Norditalien ein, vertrieben die Etrusker aus der Po-Ebene und breiteten sich weiter nach Süden aus. Hierbei stießen sie mit der aufstrebenden Macht Roms zusammen, konnten unter der Führung des Brennus am 18. 7. 387 in der Schlacht an der Allia das römische Heer vernichten und plünderten die Stadt. Der Schrecken über diese Ereignisse wirkte noch lange in Rom nach, zumal sich die keltischen Vorstöße auch in den folgenden Jahrzehnten wiederholten.

Die Kelten waren damit in eine Auseinandersetzung mit der antiken Welt eingetreten, in deren Verlauf wandernde Stämme 279 v. Chr. Delphi plünderten und 276 über den Hellespont nach Kleinasien vorstießen. Antiochos I. Soter mußte um 270 die Ansiedlung der Kelten am Halys zulassen, wo sich dann um Ankara das Galaterreich bildete. Die Kelten kamen durch alle diese Bewegungen vielfältig mit den kulturellen und technischen Errungenschaften der Alten Welt in Berührung und zeigten sich in manchen Bereichen als gelehrige Schüler. Trotzdem entwickelten sie nie eine echte staatsbildende Kraft, so daß sie am Ende, bedrängt von den vorstoßenden Germanen und dem aufstrebenden Imperium fast spurlos im Römischen Reich aufgegangen sind.

Hier kann von diesen historisch so bedeutsamen Vorgängen nur das Wenige erwähnt werden, was von der Berührung der Kelten unserer engeren Heimat mit dem Römischen Reich bekannt ist. Die Kontakte mit Rom und der Welt des Mittelmeeres sind ja durchaus nicht immer nur kriegerisch verlaufen, auch wenn die antiken Schriftsteller vorwiegend von Kämpfen berichten. Über frühere, wohl vor der Mitte des 1. Jh. v. Chr. liegende Verhältnisse erwähnt Strabo in seiner Erdbeschreibung (IV 6,8): »Zunächst besetzen die östlichen und die gegen Süden gewandten Teile der Gebirge die Raeter und Vindeliker, welche die Helvetier und Boier berühren, an deren Ebenen sie liegen.« Und auch der noch viel spätere Tacitus vermerkt Germania Kap. 28 ähnlich: »So hatten zwischen dem hercynischen Wald und den Strömen Rhein und Main die Helvetier das Land inne, das jenseits davon liegende die Boier, beides gallische Stämme.« Es scheint erlaubt demnach für die Wende zum 1. Jh. v. Chr. anzunehmen, daß in Südwestdeutschland bis zum Oberrhein und Main helvetische Stämme siedelten, die im Norden in der deutschen Mittelgebirgszone den Boiern benachbart waren, deren Siedlungsgebiet sich im böhmischen Kessel, aber auch in Nord- und Ostbayern (Boiodurum = Passau-Innstadt) befand. Im württembergisch-bayerischen Voralpenland wohnten vindelikische Stämme, südlich des

Alpenhauptkammes Raeter, mit welchem Sammelnamen eine älter einheimische Bevölkerungsschicht nicht eindeutiger Beziehung bezeichnet wurde. Östlich von Vindelikern und Raetern, wahrscheinlich ab dem Inntal, saßen die keltisch-norischen Völker, von denen der Stamm der Taurisker ein bedeutender gewesen zu sein scheint. Diese Taurisker begegnen uns bei den letzten Auseinandersetzungen der Kelten Oberitaliens gegen Rom in der Schlacht von Telamon 225 v. Chr. auf Seiten ihrer Stammesverwandten zusammen mit boischen u. a. Gruppen. Teile der Taurisker werden es vielleicht auch gewesen sein, die nach der völligen Unterwerfung der keltischen Stämme Oberitaliens durch Rom mit 12 000 Bewaffneten 186 v. Chr. in Venetien eindrangen, dort ein Oppidum bauten und sich ansiedeln wollten. Rom begründete daraufhin 183/181 v. Chr. die *Colonia Aquileia* und begann seinerseits aktiv auf die Kelten des Alpenlandes einzuwirken. Da wirtschaftliche Interessen im Vordergrund standen, geschah dies bei den Norikern vorwiegend auf friedlichem Wege. Von der Mitte des 2. Jh. v. Chr. berichtet Polybius, daß bei den norischen Tauriskern viel Gold gefördert wurde und dadurch der Goldpreis in Italien erheblich gesunken sei. Sicher haben bei dieser Goldförderung italische Handwerker und Kaufleute mitgewirkt. Etwa aus der gleichen Zeit dürften die ersten Bündnisverträge norischer Kelten mit Rom stammen.

Etwas später, vielleicht um 120 v. Chr., wurde der Ostalpenraum unter Führung der Noriker zum Königreich Noricum geeint. Neben Gold und gelegentlich erwähnten Pferden war für Rom der Import des berühmten norischen Eisens von großer Bedeutung. Deshalb rückte der römische Consul Papirius Carbo sofort zum Schutze Noricums aus, als die Cimbern 113 v. Chr. auf ihren Zügen das verbündete Königreich bedrohten. Allerdings mußte der Consul bei der Hauptstadt *Noreia*, die von manchen in der großen Ansiedlung auf dem Magdalensberg bei Klagenfurt gesehen wird, eine schwere Niederlage hinnehmen. Die Auswirkung dieser Niederlage können wir archäologisch ebensowenig fassen wie die Züge der Cimbern und Teutonen, die verschiedentlich auch bayerische Landschaften betroffen haben müssen. So besetzten zum Beispiel 102/101 v. Chr. die keltischen Tiguriner als Verbündete der Cimbern und Teutonen Teile von Noricum.

Mit Beginn des 1. Jh. v. Chr. wurde von Nordosten her das keltische Siedlungsgebiet durch die Germanen eingeengt. Um 70 v. Chr. begannen die Vorstöße der suebischen Scharen unter Ariovist, durch die das Main- und Neckarmündungsgebiet germanisch besiedelt wurde und vor denen sich die Helvetier nach der Nordschweiz zurückzogen. Unseren Raum müßte ein für 59 v. Chr. überlieferter Durchzug boischer Stämme vom Burgenland nach Frankreich betroffen haben, bei welchem *Noreia* belagert wurde. Die überkommenen Nachrichten sind außerordentlich spärlich und lassen sich nicht mit archäologischen Befunden verknüpfen, ohne daß erhebliche Widersprüche auftreten.

Die archäologische Einteilung der Latènezeit orientiert sich an den Funden und Befunden. Die daraus entwickelte relative Chronologie läßt sich immer noch nicht befriedigend absolut datieren. Alle Jahreszahlen können für die Latènezeit nicht mehr als Anhaltswerte sein. Etwa im 5. Jh. v. Chr. lag der Beginn von Latène A. Die Weiterbenützung von Siedlungs- und Bestattungsplätzen, die Kontinuität spezieller Kulte und ein fast unmerklicher Übergang in den Formen alltäglicher Gebrauchsgegenstände zeigen die enge Bindung an die späte Hallstattzeit. Dagegen entwickelte das Kunstgewerbe auf der Grundlage etruskischer und griechischer Anregungen ganz neue Zierformen mit Palmetten, Ranken, Fabelwesen, Masken, Vogelköpfen u. a. Auch die Keramik zeigt ganz neue Formen, wie die sog. Linsenflasche, Formen, die z. T. jetzt erst durch die Übernahme der Töpferscheibe aus dem Süden möglich geworden sind. Binnen- und Fernhandel sorgte für Austausch mit den damals in der Po-Ebene dominierend gewordenen Etruskern und brachte italisches Bronzegeschirr der verschiedensten Arten u. a. die sog. Schnabelkannen in den keltischen Bereich.

Mit Latène B begannen etwa um 400 v. Chr. die bekannten Wanderungen keltischer Volksgruppen, als deren Folge der italische Import endete. Diese Unruhezeit spiegelt sich auch im binnenkeltischen Bereich in der Auflassung von Siedlungsplätzen und im Übergang zur Flachgräberbestattung. Die vorher starke Besiedlung in Nordbayern setzte sich nicht fort, während andere Gegenden im Osten nun besonders hervortreten. Auch der Formenschatz der Gegenstände wandelte sich.

Mit der Periode C erreichte die keltische Entwicklung ihren Höhepunkt. Es scheint die Bevölkerung erheblich zugenommen zu haben. Die Gebrauchsgegenstände wurden dem erhöhten Bedarf angepaßt; Spitzenstücke begegnen kaum mehr, einfache und zweckmäßige Formen dominieren. Wir haben mehr Eisen-, wie Bronzefibeln, Graffitonkeramik als Kochtöpfe etc. Beim Frauenschmuck treten vielgliedrige Gürtelketten aus Bronze und Glasringschmuck neu auf. Ein eigener Handwerkerstand bildete sich heraus. Kleine Widder-, Stier- und Eberstatuetten stellen neuartige Spuren religiöser Vorstellungen dar. In dieser Zeit liegen auch die Anfänge einer städtischen Zivilisation. Als Marktorte mit z. T. beachtlicher Bevölkerung bildeten die Oppida Mittelpunkte größerer Gebiete; in Bayern kennen wir die Schanze bei Fentbach, den Michelsberg bei Kelheim, die Houbirg bei Happurg, den Staffelberg bei Staffelstein und als bedeutendstes Manching.

Der Übergang zur Periode D 1 erfolgte fließend. Leider sind die archäologischen Erkenntnismöglichkeiten gemindert dadurch, daß der Totenkult vernachlässigt wurde und keine Beigaben mehr in die Gräber kamen. Andererseits scheint der Einfluß der Priesterkaste, von dem auch Caesar berichtet, zugenommen zu haben, sind doch heute noch mehr als 200 sog. Viereckschanzen in Bayern erhalten, die damals als umwallte Kultbezirke angelegt wurden. In ihnen gab es Kultschächte für Blut- und Fleischopfer, und auch Wasseropfer sind bezeugt. Durch die Unterwerfung ganz Norditaliens unter Rom waren die Verhältnisse in diesem Raum wieder so weit geordnet, daß ein lebhafter Handel mit Italien von neuem möglich war; er brachte Bronzegeschirr ins Voralpenland, aber noch viel andere Waren, wie sich aus einer Betrachtung der Ausgrabungen in Manching ersehen läßt.

MANCHING, HAUPTORT DER VINDELIKER

Das Oppidum bei Manching lag an der Kreuzung der alten Ost-West-Straße, die dem Lauf der Donau folgte, mit einer ebenfalls alten Nord-Süd-Verbindung, die hier die Donau überschritt; so konnten von hier aus diese Wege beherrscht und kontrolliert werden. Geschützt war das Oppidum auf der Niederterrasse der Donau durch umgebende Wasserläufe und Sümpfe. Die Ansiedlung selbst jedoch war durch ihre Lage auf einem isolierten Schotterrücken für Hochwasser nicht mehr erreichbar. Die Situation entsprach damit völlig der des Biturigervorortes Avaricum im Südwesten Galliens, den uns Cäsar (*Bell. Gall.* VII 15) als überall von Fluß und Sumpf umgeben (*»prope ex omnibus partibus flumine et palude circumdata«*) beschreibt – ein weiterer Hinweis auf die Einheitlichkeit der keltischen Welt. Dazu gehört die Art der Befestigung: Das Oppidum war ursprünglich fast kreisrund mit einer 7 km langen Mauer in der Technik des *Murus gallicus* umgeben. Dieser *Murus gallicus* war eine spezifisch keltische Befestigungsweise, deren genaue Beschreibung wir ebenfalls Cäsar verdanken. Ein Rahmenwerk aus Holzbalken bildete das Skelett für eine breite Mauer aus Bruchsteinblöcken, der außen eine Quaderfront und rückwärts eine Erdrampe vorgelagert waren. Diese Art, eine Befestigungsmauer zu bauen, war in Gallien sehr verbreitet, findet sich aber nach Osten nur bis Manching und wohl kaum noch weiter. Während des Bestehens des Manchinger Oppidums wurde irgendwann der *Murus gallicus* erneuert und in einer älteren einheimischen Bauweise umgestaltet. Man hatte daran gedacht, die Gründe hierfür in der zunehmenden Bedrohung durch die Römer oder Germanen sehen zu können. Die Ausgrabungen erbrachten dafür aber ebensowenig sichere Anhaltspunkte wie für eine Fixierung des Zeitpunktes der Erneuerung.

Noch bis vor kurzem war die Frage heftig umstritten, ob die zahlreichen und meist recht ausgedehnten Oppida nur Refugien, d. h. Fluchtburgen für Stämme in Notzeiten, oder tatsächlich ständig bewohnte stadtartige Anlagen mit nennenswerter Bevölkerung gewesen sind. Man konnte es sich einfach nicht vorstellen, daß in der Latènezeit bei uns schon so ausgedehnte Stadtanlagen bestanden. So stellte die Erkenntnis, daß Manching bei 380 ha Innenfläche eine tatsächliche Stadtanlage mit regelmäßigen Straßen, Quartieren und Vierteln war, einen entscheidenden wissenschaftlichen Fortschritt dar und ließ uns unsere »barbarischen« keltischen Vorfahren in einem gänzlich neuen Licht erscheinen. Die bisher bei den Ausgrabungen zutage gekommenen mehr als 1 Million Fundstücke erlaubten u. a. die Feststellung, daß die Bevölkerung mit der Gewinnung und Verhüttung von Eisenerzen beschäftigt war, daß Grob- und Feinschmiede, Bronzegießer, Glashersteller und Töpfer dort arbeiteten. Eine große Menge von Gußformen für Münzschrötlinge beweist, daß in

Manching Gold- und Silbermünzen geprägt wurden; der Übergang von der Naturalwirtschaft zur Geldwirtschaft, wie wir sie für ein städtisches Gemeinwesen vorauszusetzen haben, bahnte sich an. Der bis in weitere Entfernung betriebene Abbau von Eisenerzen und ihre Verhüttung nahm beinahe schon industrielle Formen an. In der Stadt, deren antiker Name uns unbekannt ist, waren — wie die Verteilung der Funde andeutet — die einzelnen Handwerkszweige in verschiedenen Vierteln konzentriert, Anzeichen für eine städtische Entwicklung. Durch Ackerbau und Viehzucht nährte sich die Bevölkerung. Getreidereste haben sich allerdings wegen der ungünstigen Bodenbedingungen nicht erhalten. Dagegen wissen wir durch genaue Bestimmung der mehrere Hunderttausende zählenden Tierknochen aus Abfallgruben sehr gut über die Fleischnahrung Bescheid. Dies erlaubt interessante Vergleiche mit der Ernährung in den darauffolgenden Jahrhunderten der Römerzeit. Die Jagd bereicherte trotz der Nähe der wildreichen Flußauen den Speisezettel nur unwesentlich. Mit etwa 42 % der bestimmbaren Knochen stand an der Spitze der Fleischversorgung das Rind, gefolgt vom Schwein mit 32,5 %, von Ziegen und Schafen mit 20 % und in geringerem Maße von Pferden, Hühnern und Hunden.

Daß bei den weitreichenden keltischen Beziehungen ein solch wichtiges Produktionszentrum wie Manching auch regen Fernhandel betrieb, kann man voraussetzen. Die Funde illustrieren uns lebhafte Kontakte nach dem Norden in den germanischen Bereich, nach dem Westen und nach Böhmen, wo man Sapropelit (Faulschlammgestein, auch Schieferkohle genannt) aus dem Kladnoer Kohlenrevier zu Schmuckzwecken bezog. Die wichtigsten Verbindungen bestanden jedoch nach dem Süden über raetische Alpenstämme nach Italien und dem Mittelmeerbereich. Aus Italien kamen Amphoren mit Wein, bronzenes Trinkgeschirr, feines Glas in Millefiori-Technik und schwarz glänzende kampanische Keramik, alles in allem zusammen mit republikanischen Münzen nur bescheidene materielle Zeugen eines viel weiter reichenden geistigen, zivilisatorischen und technischen Einflusses. Durch diesen Einfluß differenzierte sich die Gesellschaft, hob sich der Sozialindex und wurde der späteren Romanisierung wesentlich vorgearbeitet.

Manching war zweifellos der Mittelpunkt eines größeren und selbständigen Territoriums. Der Bau des Mauerrings mit einem mindestens 4 m hohen und an der Basis ca. 20 m breiten Wall, zu dem die Jurakalksteine etwa 30 km weit aus Brüchen vom Nordufer der Donau herangeschafft und riesige Eisenmengen für die großen Nägel verarbeitet worden waren, setzt die Organisation einer zahlreichen Bevölkerung voraus. Der schon skizzierte Fernhandel und die in Handwerkszweige differenzierte Gesellschaft sind ohne die kulturgeschichtliche Neubildung einer städtischen Zivilisation nicht denkbar. Die »Stadt« Manching war in den Perioden Latène C und D 1 durchgehend bewohnt und bewirtschaftet. Wann und wodurch das Oppidum sein Ende gefunden hat, konnten die bisherigen Grabungen noch nicht klären. Fest steht nur, daß die Besiedlung die Periode Latène D 2 nicht mehr erreicht hat; absolute Daten für das Ende ließen sich bisher nicht ermitteln.

Die Römer in Bayern

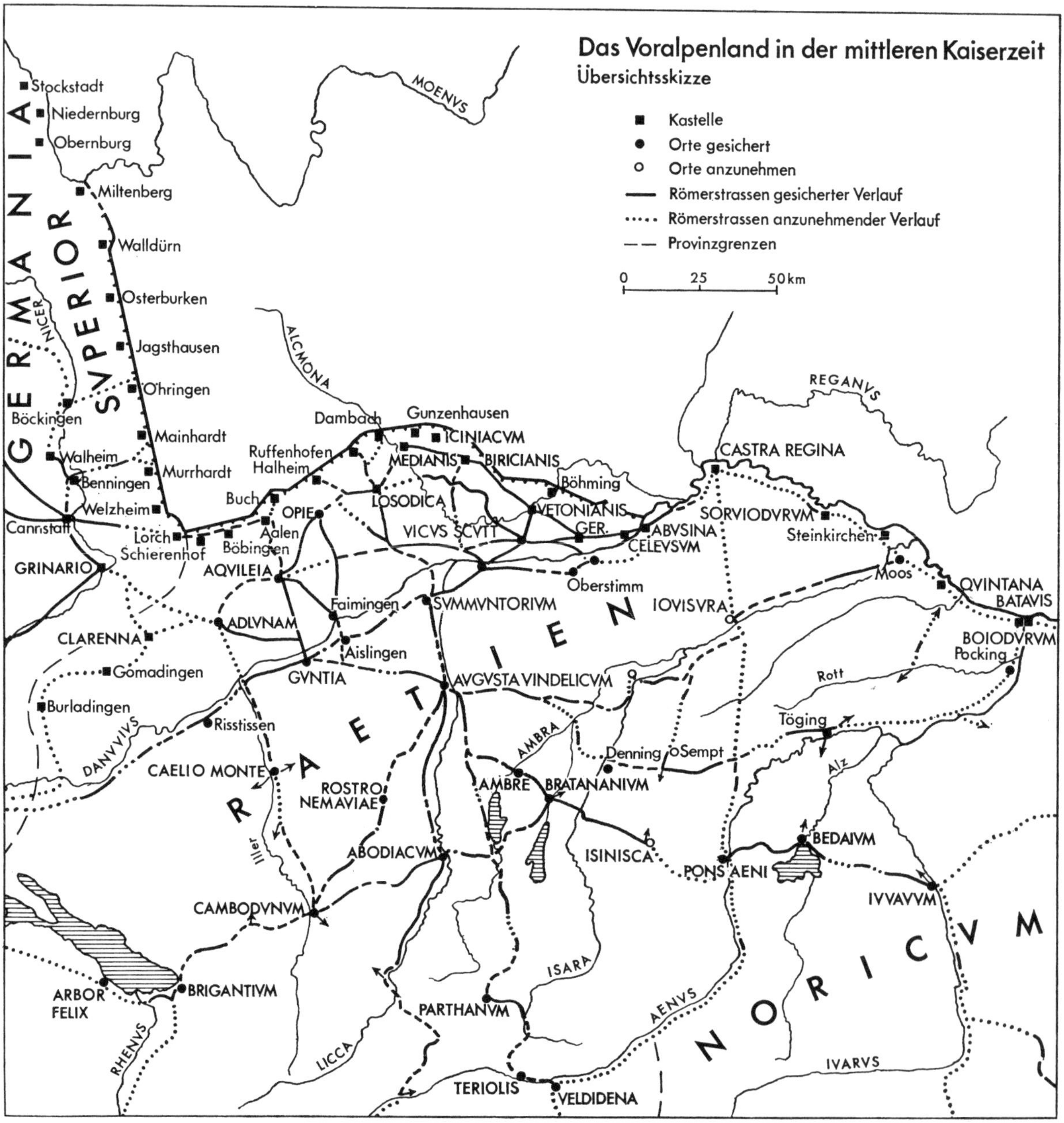
Das Voralpenland in der mittleren Kaiserzeit
Übersichtsskizze
Kastelle
Orte gesichert
Orte anzunehmen
Römerstrassen gesicherter Verlauf
Römerstrassen anzunehmender Verlauf
Provinzgrenzen
0
25
50 km
GERMANIA
SVPERIOR
RAETIEN
NORICVM
MOENVS
NICER
ALCMONA
REGANVS
DANVVIVS
Iller
LICCA
RHENVS
ISARA
AMBRA
AENVS
Alz
Rott
IVARVS
Stockstadt
Niedernburg
Obernburg
Miltenberg
Walldürn
Osterburken
Jagsthausen
Öhringen
Böckingen
Mainhardt
Walheim
Murrhardt
Benningen
Welzheim
Cannstatt
Lorch
Schierenhof
Böbingen
Aalen
Buch
OPIE
Ruffenhofen
Halheim
Dambach
Gunzenhausen
ICINIACVM
MEDIANIS
BIRICIANIS
Böhming
LOSODICA
VETONIANIS
VICVS SCVTT
GER.
ABVSINA
CELEVSVM
CASTRA REGINA
SORVIODVRVM
Steinkirchen
Moos
QVINTANA
BATAVIS
BOIODVRVM
Pocking
GRINARIO
AQVILEIA
Oberstimm
IOVISVRA
Faimingen
SVMMVNTORIVM
ADLVNAM
CLARENNA
Aislingen
Gomadingen
GVNTIA
AVGVSTA VINDELICVM
Burladingen
Risstissen
Töging
Denning
Sempt
CAELIO MONTE
ROSTRO
NEMAVIAE
AMBRE
BRATANANIVM
ISINISCA
PONS AENI
BEDAIVM
ABODIACVM
IVVAVVM
CAMBODVNVM
ARBOR
FELIX
BRIGANTIVM
PARTHANVM
TERIOLIS
VELDIDENA

EROBERUNG UND AUSBAU

Das Ende der keltischen Freiheit

Im 1. Jahrhundert v. Chr. waren also Kontakte der Bevölkerung des Voralpen- und Alpenlandes mit der römischen Welt durchaus gegeben. Für den mehr entwickelten vindelikischen Raum, der, wie Manching zeigt, schon eine Art von politischer Organisation gehabt haben muß, waren diese Beziehungen vorwiegend auf dem Weg friedlichen Handels vor sich gegangen. Das von den Raetern bevölkerte Gebiet der Zentralalpen war schon aus den geographischen Gegebenheiten heraus viel mehr zersplittert und unterschiedlich von der allgemeinen Entwicklung erfaßt. Hier dürfen wir kaum einen überörtlichen, politisch bestimmenden Willen annehmen. So kam es sicherlich immer wieder zu Stammesfehden, von denen uns allerdings begreiflicherweise nichts überliefert ist; aber auch in das römische Gebiet und den römischen Einflußbereich scheuten sich raetische Stämme nicht als Räuber und Plünderer einzufallen. Strabon und nach ihm Cassius Dio geben eine anschauliche Schilderung, wie Raeter bei solchen Überfällen nicht einmal Kinder und werdende Mütter verschonten. Besonders hatten natürlich die römischen Koloniestädte am Fuß der Alpen zu leiden, wie z. B. Como und Brescia *(Brixia)*. Ein heftiger Raubzug raetischer Gruppen nach Westen wurde von Munatius Plancus 44/43 v. Chr. in der Nordschweiz zurückgeschlagen. Der Sieg wurde als so bedeutend angesehen, daß Munatius Plancus ein Triumphzug in Rom zuerkannt wurde; an der allgemeinen Situation änderte weder dieser Erfolg noch die sonstigen Unternehmungen Roms etwas.

Ein grundlegender Wandel ergab sich erst aus der Änderung der politischen Verhältnisse in Rom. Mit der Eroberung Galliens durch Caesar erstreckte sich Roms Territorium diesseits und jenseits der Alpen, wodurch die Sicherung der Verbindungen und die Herstellung kürzester Wege zu einer Lebensfrage geworden war. Zunächst allerdings banden die Auseinandersetzungen nach Caesars Ermordung (44 v. Chr.) alle Kräfte. Sobald aber mit dem Sieg bei *Actium* 30 v. Chr. Augustus seine Alleinherrschaft gesichert hatte, begann er den Verhältnissen an der Nordgrenze des Reiches seine Aufmerksamkeit zu widmen. Die Unternehmungen der Feldherren M. Antistius Vetus und M. Messalla Corvinus gegen die Salasser im Tal von Aosta sind hierfür das erste Zeugnis. 25 v. Chr. unterwarf dann A. Terentius Varro als Legat des Augustus die Salasser endgültig. Zur Sicherung des neuen Gebietes wurden 20000 Salasser ausgesiedelt und mit römischen Bürgern die Kolonie *Augusta Praetoria* (Aosta) begründet. Damit waren die wichtigen Alpenübergänge des Kleinen St. Bernhard *(Alpes Graiae)* und des Großen St. Bernhard *(Alpes Poeninae)* unter römischer Kontrolle.

Bis vor kurzem hatte man auch die folgenden Unternehmungen lediglich als Maßnahmen zur Sicherung der römischen Nordgrenze verstanden, ohne die, wie Mommsen es ausdrückte, Rom nicht »Herr im eigenen Haus war«. Neuere Forschungen führten zu der erstmals vom Münchner Althistoriker K. Kraft formulierten Erkenntnis[1], daß alle die Feldzüge der folgenden Jahrzehnte innerlich zusammengehören und Teil eines großen strategisch-politischen Konzeptes des Kaisers Augustus gebildet haben, das die Ausdehnung des Reiches bis an die Elbe und Donau und die Schaffung kurzer Verbindungen im Nordteil vorgesehen hatte. Für alle diese Pläne war die uneingeschränkte Beherrschung der Alpenwege Voraussetzung. Der erste Schritt hierzu waren 16 v. Chr. die Operationen des P. Silius Nerva, des Consuls vom Jahre 20 v. Chr. und jetzigen Proconsuls Illyriens, der zunächst im Osten die Grenzgebiete gegen Noricum und Pannonien hin befriedete. Danach brach er mit einer großen Heeresmacht in Richtung der westlichen Zentralalpen auf. Kenntnis von diesem Feldzug verdanken wir nur einer recht knappen Erwähnung bei Cassius Dio (LIV 20), weshalb die Bedeutung des Unternehmens und seine Zusammenhänge lange nicht erkannt worden waren. Eine neuere Analyse[2] erst zeigte, daß P. Silius Nerva zunächst die *Camuni* in Val Camonica und die *Trumpilini* in Val Trompia unterwarf. Nun muß er den Alpenhauptkamm überschritten und die zu den Vindelikern gerechneten *Vennonetes* im Alpenrheintal bezwungen haben. Damit war der Feldzug des folgenden Jahres vorbereitet, der nach einem wohl auf Augustus selbst zurückgehenden Plan als Zangenoperation zweier selbständiger Heeresgruppen von Süden und Westen vorgesehen war. Da bei einer solchen Operation alles von der Koordination abhängt, kommt den Verbindungen entscheidende Bedeutung zu. Die Erfolge des P. Silius Nerva ermöglichten es noch im selben Jahr, wie Funde zeigen, eine direkte Straße zwischen den Legionen in Oberitalien und denen am Rhein zu schaffen. Diese Straße führte von Como über den Septimer oder Splügen durch Chur an Walen- und Zürichsee vorbei[3] über den Bözberg und Basel ins Elsaß und wurde durch Wachttürme und Stützpunkte (z. B. auf dem Lindenhof in Zürich[4]) gesichert. Der Vorbereitung diente die Aufstellung neuer Truppen, wie der *Legio XXI Rapax* in Italien und verschiedener Hilfsverbände in Gallien, von denen wir nur die *Ala Pansiana* namentlich kennen[5]. Ob die Aushebung von Hilfstruppen bei den eben unterworfenen *Trumpilini* und *Camuni* noch ins selbe Jahr fällt oder erst wenig später, läßt sich nicht entscheiden. Sie muß jedenfalls erfolgt sein, bevor diese Völkerschaften kurz darauf mit dem latinischen Recht bedacht und der Gemeindehoheit von *Brixia* (Brescia) unterstellt wurden. Danach nämlich kam die wehrfähige Jugend zu den Legionen, vornehmlich der XXI *Rapax*.

Der Sommerfeldzug 15 v. Chr.

Die propagandistisch und militärisch außerordentlich gründlich vorbereiteten Unternehmungen des Jahres 15 v. Chr. sollten nicht nur der Erreichung der Operationsziele, sondern auch der Festigung des Ansehens

des kaiserlichen Hauses dienen. Die beiden Heeresgruppen standen unter dem Oberbefehl der beiden Stiefsöhne des Augustus, der kaiserlichen Prinzen Drusus und Tiberius. Die von Oberitalien nach Norden vorrückende Armee unter Drusus besiegte gleich im Frühjahr 15 v. Chr. an der Etsch nördlich Trient die rebellischen Stämme der *Venostes* und *Isarci*. Der dem Kaiser ergebene Senat verlieh Drusus daraufhin sogleich den Rang eines Praetors, wofür er nach der üblichen Laufbahn noch viel zu jung gewesen wäre. Der weitere Feldzug ist dann planmäßig abgelaufen. Drusus rückte über den Brenner oder den Reschenscheideck vor, unterwarf im Inntal in der Gegend des späteren Innsbruck die *Breuni* und nördlich davon die *Genaunes*. Auf seinem wahrscheinlich dem Inn weiter folgenden Zug mußten sich ihm die *Focunates*, die vier vindelikischen Völkerschaften der *Cosuanetes*, der *Rucinates*, der *Licates* und der *Catenates*, sowie die bereits norischen *Ambisontes* beugen. Im Voralpenland vereinigte Drusus sich dann mit seinem Bruder Tiberius. Dieser war entlang des Hochrheins[6] zum Bodensee gelangt, auf dem er mit einer Insel als Stützpunkt in einer Seeschlacht den Sieg davontragen konnte. Vom Bodensee aus erreichte er in einem Tagesmarsch die Quellen der Donau. Der römische Sieg in einer schweren Schlacht *(grave proelium)* am 1. 8. 15 v. Chr., von welcher Ort und gegnerische Stämme unbekannt sind, beendete den Feldzug und sicherte die Herrschaft über die Zentralalpen und das Vorland bis zur Donau.

Kunde von diesen Ereignissen verdanken wir dem Dichter Horatius, der an mehreren Stellen seiner Carmina die Erfolge der kaiserlichen Prinzen rühmte, dem Geographen Strabon, dem späteren Geschichtsschreiber Cassius Dio und anderen. Das wichtigste Zeugnis aber ist ein großes Siegesdenkmal am südlichen Ende der Seealpen bei dem heutigen La Turbie[7]. Dieses dem Kaiser Augustus gewidmete Siegesdenkmal *(Tropaeum Alpium)* führte eine Tradition aus republikanischer Zeit fort, wo man siegreichen Feldherren Ehrenmale, natürlich kleiner und bescheidener, errichtet hatte. Das *Tropaeum Alpium* feiert die Unterwerfung der gesamten Alpen. Es wurde 7/6 v. Chr. erbaut und nennt uns in einer großen Ehreninschrift 45 Völkerschaften, die damals unterworfen und dem römischen Reich eingegliedert worden waren. Von der Inschrift selbst sind uns heute, da das Monument vom Mittelalter bis ins 18. Jahrhundert als Festung diente, nur noch Reste erhalten; aber der Naturforscher Plinius d. Ä. hat uns den ganzen Text überliefert. Er lautet im Original:

IMPERATORI CAESARI DIVI FILIO AVGVSTO
PONT. MAX. IMP. XIIII TRIB. POT. XVII
SENATVS POPVLVSQVE ROMANVS
QVOD EIVS DVCTV AVSPICIISQVE GENTES ALPINAE OMNES
QVAE A MARI
SVPERO AD INFERVM PERTINEBANT SVB IMPERIVM P. R.
SVNT REDACTAE
GENTES ALPINAE DEVICTAE TRVMPILINI CAMVNI
VENNONETES VENOSTES ISARCI BREVNI GENAVNES
FOCVNATES

Das Siegesdenkmal von La Turbie in seinem heutigen, teilweise rekonstruierten Zustand.

VINDELICORVM GENTES QVATTVOR COSVANETES
RVCINATES LICATES
CATENATES AMBISONTES RVGVSCI SVANETES CALVCONES
BRIXENTES LEPONTI VIBERI NANTVATES SEDVNI
VERAGRI SALASSI
ACITAVONES MEDVLLI VCENNI CATVRIGES BRIGIANI
SOGIONTII BRODIONTII NEMALONI EDENATES VESVBIANI
VEAMINI GALLITAE TRIVLLATI ECTINI
VERGVNNI EGVITVRI NEMETVRI ORATELLI NERVSI
VELAVNI SVETRI.

In der Übersetzung:
Dem Oberbefehlshaber und Caesar, dem Sohn des Göttlichen, Augustus, Oberpriester, Feldherr zum 14. Male, Inhaber der tribunizischen Gewalt zum 17. Male (widmet) Senat und Volk von Rom (dieses Ehrenmal), weil unter seiner Führung und Planung alle Alpenvölkerschaften, die sich vom oberen Meer (Tyrrhenischen Meer) bis an das untere (Adria) erstreckten, unter die Herrschaft des römischen Volkes gebracht wurden und dabei an Alpenvölkern besiegt worden sind: Die Trumpilini, die Camuni, die Vennonetes, . . .
Die Reihenfolge bei der Aufzählung der Stämme ist nicht zufällig, sondern berücksichtigt die zeitliche Abfolge der Unterwerfung und die geographische Situation. So kommen die früher bezwungenen Völker der *Trumpilini*, *Camuni* und *Vennonetes* zuerst; danach läßt sich der Zug des Drusus von den *Venostes* bis zu den *Catenates*[8] und *Ambisontes* gut erkennen. Trotzdem ist der endgültige Schlüssel noch nicht gefunden, und manche sonst nicht genannte Völkerschaften können nicht einmal vermutungsweise lokalisiert werden. Von den vindelikischen Völkerschaften lassen sich aus den vier im Tropaeum genannten nur die Wohnsitze der Licatier entlang des Lech *(Licca)* bestimmen. Strabon nennt uns noch die Brigantier am Bodensee bei Bregenz und die Estionen in der Gegend von Kempten. Die schon norischen Alaunen bewohnten den Chiemgau (Hauptsiedlung auf dem Rainberg in Salzburg) und die Ambisontier die südlich angrenzende Gebirgszone (Hauptort Biberg bei Saalfelden)[9].
Die Alpen befanden sich nun in der Tat gänzlich in römischer Hand. 14 v. Chr. waren Stämme in den Seealpen, z. B. die Ligurer, bezwungen und dieser Teil eingegliedert worden. Das Königreich Noricum östlich des Inn, das ja schon seit dem 2. Jahrhundert v. Chr. einen Bündnisvertrag mit Rom hatte, ging zur Zeit des Alpenfeldzuges friedlich im römischen Reich auf, und etwa 13 v. Chr. besetzten römische Truppen Pannonien und Illyrien. So schien die Basis für weitere Unternehmungen gegen Germanien gesichert, für die seit der Niederlage des Statthalters Lollius am Niederrhein gegen die Sugambrer 16 v. Chr. Augustus selbst in Gallien die Vorbereitungen betrieb. Und wieder wurde ein ähnlicher Zangenangriff wie im Voralpenland geplant, nur noch weitläufiger und größer. Der eine Stoß sollte vom Rhein aus erfolgen. Als Aufmarschbasis für den anderen Heeresteil war das eben errungene Voralpenland ausersehen.

1 *Frührömischer Offiziersdolch von Oberammergau, Ldkr. Garmisch-Partenkirchen, mit Silber- und Messingtauschierung. L. 23,5 cm.* — **2** *Frührömischer Legionarshelm von Burlafingen, Ldkr. Neu-Ulm. L. 31,4 cm.* — **3** *Via Claudia Augusta nördlich Füssen vor der Überschwemmung durch den Forggensee.* — **4** *Meilenstein der Via Claudia Augusta von 46 n. Chr., aus Rabland bei Meran. H. ca. 75 cm.*

2

3

4

5 *Der Auerberg, Ldkr. Schongau, mit der Georgskirche, in seiner beherrschenden Lage.*

6

6

S C

7

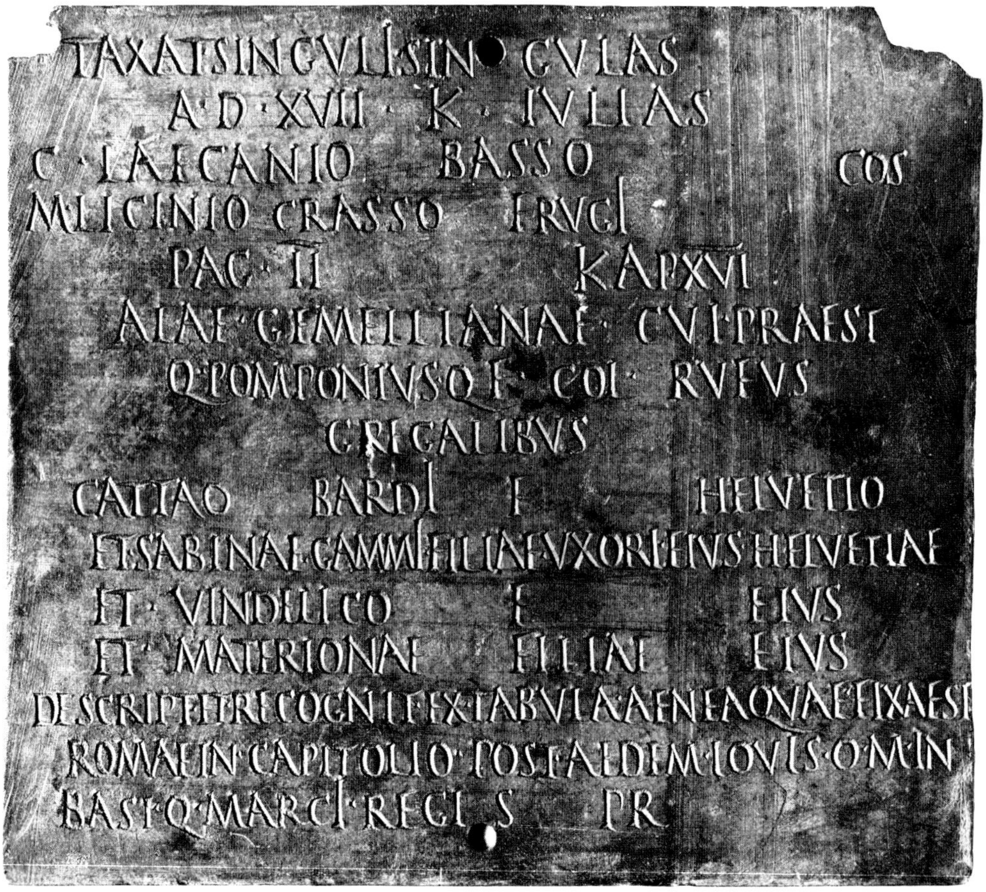
TAXATSINGVLISIN GVLAS
A·D·XVII·K·IVLIAS
C·LAECANIO BASSO COS
M·LICINIO CRASSO FRVGI
PAG·II KAP·XVI
ALAE·GEMELLIANAE·CVI·PRAEST
Q·POMPONIVS·Q·F·COL·RVFVS
GREGALIBVS
CATTAO BARDI F HELVETIO
ET·SABINAE·GAMMI·FILIAE·VXORI·EIVS·HELVETIAE
ET·VINDELICO F EIVS
ET·MATERIONAE FILIAE EIVS
DESCRIPT·ET·RECOGN·E·EX·TABVLA·AENEA·QVAE·FIXA·EST
ROMAE·IN·CAPITOLIO·POST·AEDEM·IOVIS·O·M·IN
BASI·Q·MARCI·REGIS PR

Über diesen unseren Raum liegen für die Zeit nach dem Feldzug des Tiberius und Drusus nur ganz spärliche Nachrichten vor, und wir müssen aus wenigen Hinweisen versuchen, uns ein Bild zu machen. Der archäologische Fundniederschlag kommt uns hierbei kaum zu Hilfe. Funde, die sich mit Sicherheit auf den Feldzug beziehen, gibt es nicht; die frühesten römischen Funde, die sich vielleicht damit in Verbindung bringen lassen könnten,
Abb. 1 der Legionarsdolch von Oberammergau[10], die Helme von Saulgrub und
Abb. 2 Burlafingen[11], sind nur allgemein in die Zeit, nicht aber in ein bestimmtes Jahr zudatieren. Das kriegerische Ende des großen Oppidum bei Manching, des Hauptortes der Vindeliker, wird nach einer Analyse der Fundmaterialien mit Wahrscheinlichkeit 15 v. Chr. durch die römischen Truppen herbeigeführt worden sein[12]; von den anderen keltischen Oppida, den Vororten kleinerer Völkerschaften und Stämme, wissen wir nicht, wann und wie sie untergingen. Nur ein besonders glücklicher Zufall könnte uns darüber Aufschluß geben, warum das Oppidum *Alkimoënnis* vom Michelsberg bei Kelheim oder das bei Fentbach aufhörten zu bestehen. Erschwert wird die Frage noch dadurch, daß die nördlich der Donau gelegenen Oppida, wie der Staffelberg bei Staffelstein oder das bei Finster-

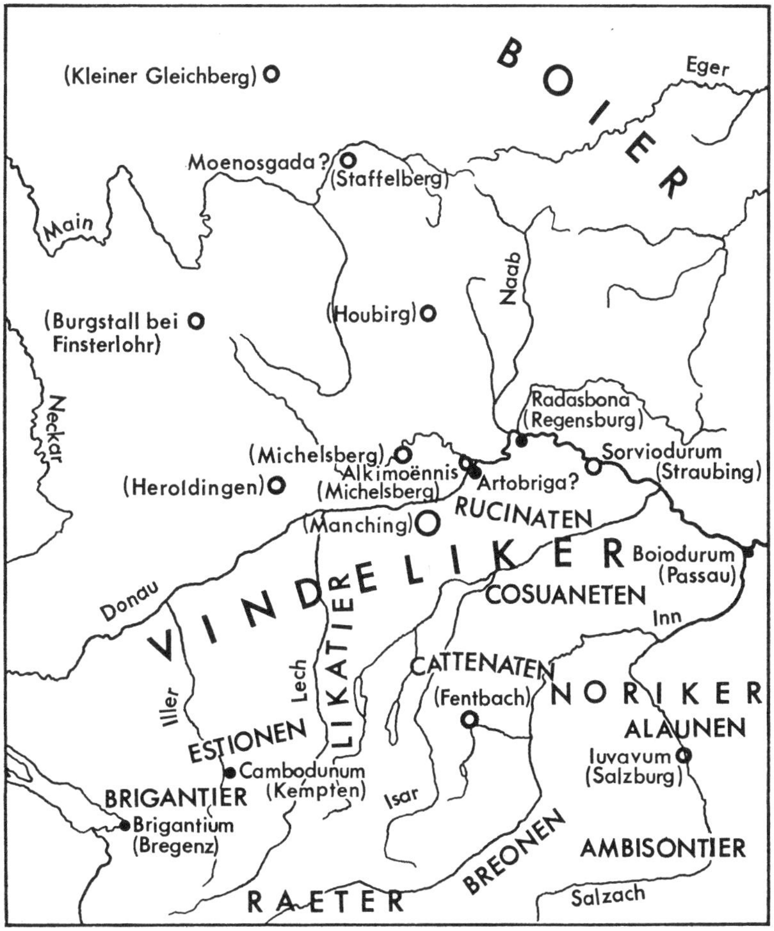

Die keltischen Stämme im Voralpenland am Ende des 1. Jahrhunderts v. Chr.
Signaturen: Kreise = Oppida, Punkte ≙ Orte mit keltischem Namen.

6 *Porträt des Kaisers Nero auf einem Sesterz, mit Rückseite. Dm. 3,5 cm.*
7 *Rückseite des Militärdiploms von Geiselprechting, Gde. Vachendorf, Ldkr. Traunstein, mit Datum und Namen des Empfängers. Br. 17,5 cm.*

lohr im Taubertal, die sicherlich vom römischen Militär damals nicht berührt wurden, etwa um dieselbe Zeit enden. In solchen Wallburgen Thüringens, dem Kleinen Gleichberg und der Alteburg bei Arnstadt, scheinen bestimmte Fibeltypen eine längere Besiedlung anzudeuten: ob aber die Träger dieser Fibeln Kelten oder schon von Norden herandrängende Germanen waren, ist heute noch fraglich.

Militärische Sicherung

Im raetisch-vindelikischen Bereich haben die Römer mit den damals üblichen Methoden für eine Sicherung der neuen Eroberungen Sorge getragen. Allerdings verführten die scheinbare Kürze des Feldzuges und seine zweifellos erfolgte propagandistische Auswertung viele Betrachter dazu, den Widerstand der einheimischen Bevölkerung nicht allzu hartnäckig und deshalb auch die Maßnahmen gegen die unterworfenen Stämme als nicht allzu schwer anzunehmen, ja, in dem Feldzug von 15 v. Chr. überhaupt keinen entscheidenden Einschnitt im Leben der Spätlatène-Zivilisation des Voralpenlandes zu sehen. Dem widerspricht eine zusammenfassende Würdigung aller bekannten Fakten ganz entscheidend. Der Feldzug wurde durch die Operationen des P. Silius Nerva, Truppenaushebungen, die Schaffung von Verbindungswegen und anderes besonders im Hinblick auf den Oberbefehl der kaiserlichen Prinzen außerordentlich gut vorbereitet und mit starken Kräften durchgeführt. Auch die Anlage des erst 1967 entdeckten Legionslagers bei Dangstetten[12a] nördlich des Hochrheins läßt sich nach den Funden nur im Zusammenhang mit den Operationen des Jahres 15 v. Chr., wohl als Basis des Tiberius und der 19. Legion, sehen. Deshalb waren die einzelnen Stämme nicht in der Lage, größeren Widerstand zu leisten, und so konnte der Feldzug in der kurzen Zeit abgeschlossen werden. Das einzige größere Aufgebot, wohl von den Vindelikern ins Feld gebracht, wurde am 1. 8. nach Vereinigung der beiden Marschgruppen in einer schweren Schlacht bezwungen. Das große Siegesdenkmal kann man nicht nur als Zeichen augusteischer Propaganda ansehen; eine gewisse Relation zwischen den Ereignissen und dem Tropaeum mußte gegeben sein, sollte das Ganze nicht lächerlich wirken und damit der damals noch nicht so gefestigten Alleinherrschaft des Augustus mehr schaden als nützen.
Cassius Dio berichtet uns, daß nach der Eroberung die Römer »den größten Teil der jungen Mannschaft fortführten«. Diese Praxis entsprach durchaus den Gepflogenheiten Roms in neu eroberten Landstrichen; ausführlich geschildert ist eine solche Entvölkerung im makedonischen Feldzug des Aemilius Paullus 186 v. Chr. für den Epirus. Wir lasen oben von Aussiedlungen bei den Salassern 25 v. Chr. und können ähnliches bei den Trumpilini 16 v. Chr. erschließen. Allerdings war man nunmehr wegen des großen Bedarfes an Soldaten dazu übergegangen, die ausgesiedelte Bevölkerung nicht mehr als Sklaven zu verkaufen, sondern die männliche Jugend in Hilfstruppen einzuteilen und an entfernten Kriegsschauplätzen einzusetzen. Mit der raetischen und vindelikischen wehrfähigen Bevölkerung

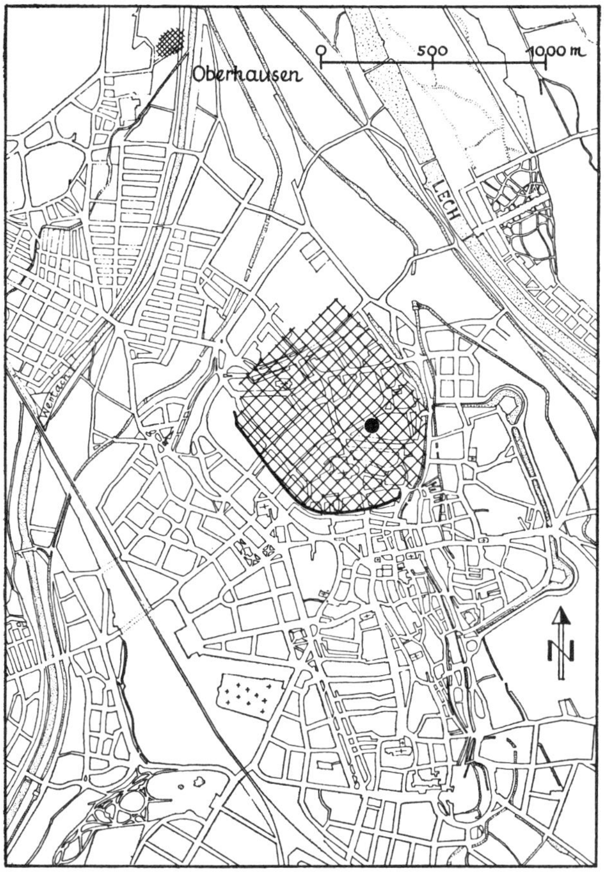

Die Lage des Fundplatzes Oberhausen (enge Schraffur) zur späteren Römerstadt Augusta Vindelicum (weite Schraffur).

wurde sicher genauso verfahren[13]. Wieviele Cohorten damals aufgestellt wurden, wissen wir nicht; daß es nicht wenige waren, läßt sich daraus erkennen, daß schon 16 n. Chr. die Cohorten der Raeter und Vindeliker an dem Sieg des Kaiserenkels Germanicus bei *Idistaviso* über Arminius den Cherusker entscheidenden Anteil hatten. Im Voralpenland bricht jedenfalls der keltische Fundstoff der Periode D 1 (nach W. Krämer[14]) kurz vor der Zeitenwende ab; Hinterlassenschaften einheimischer Bevölkerung aus den folgenden Stufen Latène D 2 und D 3, deren letztere mit einer kleinen Gruppe von Skelettgräbern im Gebiet von Isar und Lech bis in Claudische Zeit reicht, sind äußerst spärlich. Damit bestätigen sie indirekt die römischen Maßnahmen gegen die keltisch-raetischen Einwohner.

Aus allen den dargelegten Umständen ergibt sich mit Sicherheit, daß nach dem Feldzug eine starke römische Heeresmacht im Voralpenland stationiert gewesen sein mußte. Wenn wir aus dieser Überlegung heraus den archäologischen Fundniederschlag betrachten, wird besonders deutlich, wie sehr unser Wissen vom zufälligen Auftreten oder Fehlen entsprechender Schlüsselfunde abhängt. 1910/12 förderte ein Kiesgrubenbetrieb in Augsburg-Oberhausen unmittelbar am westlichen Ufer der Wertach, wenig vor ihrem Zusammenfluß mit dem Lech, eine Unmenge römischer Kleinfunde zutage. Diese Tausende von Waffen, Werkzeugen, Pferdegeschirrteilen, Geräten und Ausrüstungsgegenständen römischer Legionäre sind nur als Überreste eines großen Lagers zu deuten. Die Auswertung der Keramik und der über 400 Münzen von dort erlaubte festzulegen, daß dieser Waffenplatz vom 1. Jahrzehnt v. Chr. bis etwa 16 n. Chr. belegt war[15]. Alle diese Funde müssen bei einer Naturkatastrophe von dem höher gelegenen Lager in das Bett der Wertach abgeschwemmt worden sein; trotz Nachforschungen ließ sich aber das Lager selbst nicht ausfindig machen[16]. Der Zahl der Funde nach könnten hier mindestens eine, vielleicht sogar zwei Legionen gelegen haben, als deren eine wir durch eine Besitzerinschrift auf dem Helm von Burlafingen die *Legio XVI Gallica* zu kennen glauben; als eine zweite käme die *Legio XXI Rapax* in Frage. Zu den Legionen gehörten in einem mobilen Feldlager noch entsprechende Hilfstruppen, von denen wir hier die *Ala Pansiana* kennen. Die Lage des Waffenplatzes am Wertachufer bestätigt die offensive Zielsetzung. Etwa in der Mitte vor der Donaufront Süddeutschlands und nur rund einen Tagesmarsch vom Fluß selbst entfernt gelegen, verfügte die Örtlichkeit über sehr gute Verbindungen den Lech entlang über den Reschen nach Italien, über das Südufer des Bodensees nach Gallien, in Richtung Südosten zum Inn sowie von dort nach Süden zum Brenner oder nach Salzburg im Osten. Die rückwärtigen Routen waren durch kleinere Militärstationen gesichert, wie eine erst vor kurzem durch Zufall bei der Ausgrabung einer späteren Befestigung auf dem Lorenzberg bei Epfach entdeckt wurde. Diese Militärstation auf dem Lorenzberg hatte den Nachschub und die Nachrichtenübermittlung auf der Straße am Lech zu sichern und die dortige Lechbrücke und Straßenkreuzung zu schützen. Man nimmt an, daß zu diesem Zweck eine berittene Truppe von 70 bis 80 Mann dort lag. Die anderen Militärstationen dieser Zeit aufzufinden stellt eine Aufgabe der künftigen Landesforschung dar.

Die Frage, ob Legionen gleich nach dem Alpenfeldzug ihr Lager an dem vermuteten Platz in Augsburg-Oberhausen aufgeschlagen haben oder erst etwas später, ist noch offen. Möglicherweise lagen die Truppen zunächst an einem noch unbekannten Ort und nahmen vorher noch 9 v. Chr. am Feldzug des Drusus gegen die Markomannen in Nordbayern und Thüringen teil; dabei wurden die Markomannen »beinahe bis zur Vernichtung« geschlagen und wanderten daraufhin unter Führung des Marbod um 8 v. Chr. nach Böhmen ab. Mit der Stationierung von Legionen im Voralpenland lag die Verwaltung der raetischen und vindelikischen Landstriche in den Händen des Militärbefehlshabers. Eine Inschrift hat uns den ersten dieser Legaten mit seinem vollen Titel überliefert: *Caius Vibius Pansa, legatus Augusti pro praetore in Vindolicis*, zu deutsch: Caius Vibius Pansa, kaiserlicher Statthalter bei den Vindelikern im Rang eines Praetors. Derselbe Pansa hatte vor 15 v. Chr. in Gallien Truppen aufgestellt, darunter die nach ihm benannte *Ala Pansiana*, und dann am Feldzug als senatorischer Offizier und Unterlegat im Heer des Tiberius teilgenommen. Dem Statthalter werden nach unserem bisherigen Wissen unterstanden haben: die 16. und 21. Legion, die *Ala Pansiana*, die *Cohors Trumplinorum* sowie noch andere unbekannte Auxiliarformationen.

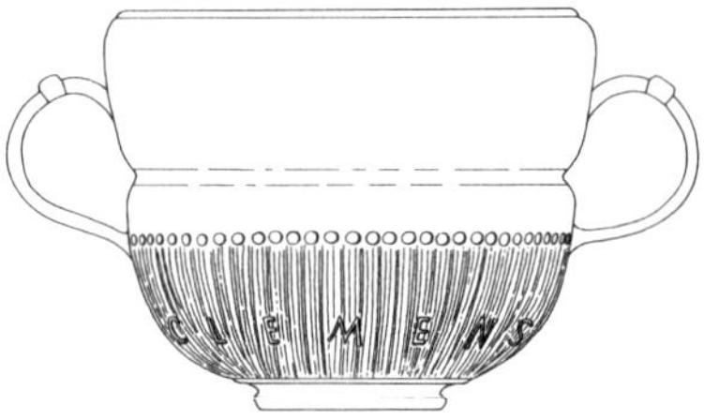

Schälchen des Töpfers Clemens nach Art der Sarius-Schalen vom Lorenzberg bei Epfach. Br. 13,9 cm.

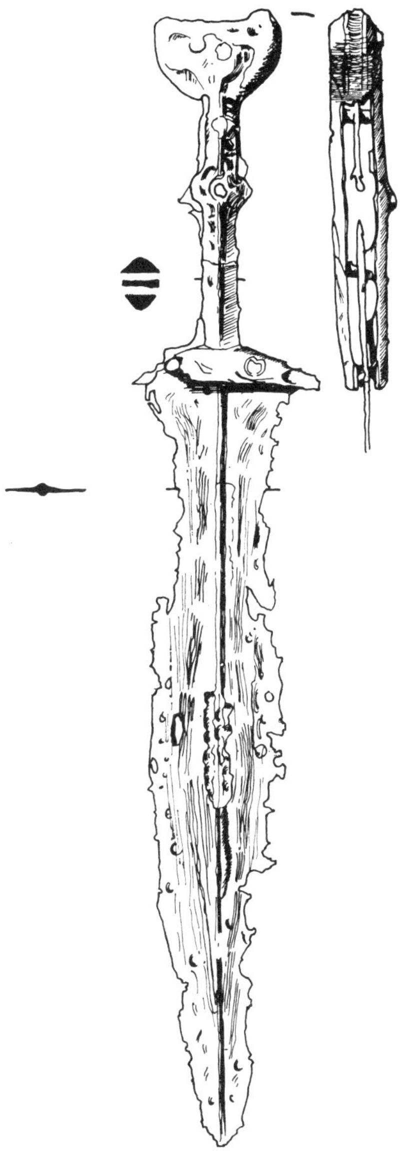

Soldatendolch aus den Funden von Oberhausen, L. 30 cm.

Welchen Anteil nun diese Truppen im Alpenvorland an den Feldzügen der folgenden Zeitspanne hatten, läßt sich noch kaum erkennen. 7 v. Chr. unternahm der mit dem Kaiserhaus verwandte Feldherr Domitius Ahenobarbus, wahrscheinlich vom Mittelrhein aus, einen Zug bis an die Elbe. Dabei kam er mit einem Stamm der germanischen Hermunduren in friedliche Berührung und gestattete ihnen, sich in der ehemaligen *Marcomannia*, die durch den Abzug des Marbod Raum bot, niederzulassen. Damit gelangten die Hermunduren in Teile Nordbayerns, wo sie als friedliche Nachbarn Roms bis ins 2. Jahrhundert n. Chr. nachzuweisen sind. Die ebenfalls teilweise vom Mittelrhein ausgehenden Feldzüge des Tiberius in den Jahren 4 bis 6 n. Chr. gegen Germanien haben wohl zum Teil auch nordbayerisches Gebiet berührt, zumindest waren Truppenteile aus dem Alpenvorland dazu abgestellt, was wir aus der wahrscheinlichen Abkommandierung der *Ala Pansiana* erschließen können. Aus den Jahren 3 vor bis 2 n. Chr. stammt die älteste Inschrift Raetiens, eine Weiheinschrift an Lucius Caesar, einen Enkel des Augustus und vorgesehenen Thronfolger, von der ein Fragment 1965 in Chur-Welschdörfli gefunden wurde[17]. Diese offizielle Weihung könnte andeuten, daß in Chur bereits gewisse regionale Verwaltungsfunktionen ausgeübt wurden.

Im freien Germanien bestanden damals machtmäßig zwei Schwerpunkte, der Bereich der Cherusker zwischen Weser und Elbe, in dem später Arminius führend wurde, und das Markomannenreich des Marbod in Böhmen. Beide mußten bezwungen werden, wenn das Ziel der Ausdehnung des römischen Reiches bis an die Elbe erreicht werden sollte. Nachdem römische Truppen bereits fest an Lippe und Weser standen und bis zur Elbe vorgedrungen waren, schien das vordringlichste Ziel die Bezwingung des Marbod zu sein, um die Elbegrenze mit der Donau zu verbinden. Wieder war ein kombinierter Angriff vorgesehen. Eine Heeressäule bewegte sich 5/6 n. Chr. unter dem Legaten C. Sentius Saturninus vom Truppenplatz *Mogontiacum* (Mainz) aus durch das Land der Chatten nach Böhmen. Ein anderes Heer stieß vom Legionslager *Carnuntum* (Deutsch-Altenburg) nach Norden vor. Die Armee in Vindelicien wird mit dem Stoßkeil von Mainz zusammengewirkt haben. Das Unternehmen nahm seinen planmäßigen Verlauf, als 6 n. Chr. ganz unerwartet und plötzlich in Pannonien ein verheerender Aufstand ausbrach und der Feldzug raschestens durch einen Vertrag mit Marbod beendet werden mußte. Drei Jahre lang tobten heftige Kämpfe, bei denen die Römer gezwungen waren, bis zu 15 Legionen einzusetzen, bis die aufsässigen Pannonier bezwungen waren. Trotz des bezeugten Umfanges der Kämpfe kennt die ungarische Forschung bis heute keinen archäologischen Niederschlag davon[18]. Dieser Umstand mahnt bei der Auswertung des so spärlichen Fundniederschlags des Alpenfeldzugs 15 v. Chr. zu äußerster Vorsicht und erlaubt nicht, daraus Schlüsse auf den Umfang der Kämpfe zu ziehen.

Kaum war Pannonien befriedet, überfielen und vernichteten die Cherusker unter Führung des Arminius das Dreilegionsheer des kaiserlichen Legaten Varus 9 n. Chr. im Teutoburger Wald. Damit war zunächst das Land zwischen Rhein und Elbe wieder verloren und die römische Offensive gestoppt. Vordringlich mußte die entblößte Grenze am Niederrhein gesichert

werden, wozu unter anderem Truppen aus Vindelicien abgezogen wurden. Die Frage, welche Truppe damals abrückte, ob die 16. Legion, die im Herbst 14 n. Chr. dann in Mainz auftauchte, oder wahrscheinlicher die 21. Legion, die bald nach der Niederlage am Niederrhein auftritt, führt in den Bereich der Spekulation.
Am 19. August 14 n. Chr. war Augustus, der erste Alleinherrscher des Imperiums, gestorben. Und gleich nach dem Regierungsantritt des Tiberius (14–37 n. Chr.) erhoben sich die Truppen am Niederrhein und in Pannonien und Noricum. Während die letzteren von Drusus d. J. rasch zur Raison gebracht werden konnten, hatte Germanicus, der Sohn des Drusus d. Ä., große Schwierigkeiten, so daß es geboten schien im Feldlager die Disziplin zu festigen. Dazu kamen noch Gefahren von jenseits der Grenzen, indem suebische Stämme Raetien bedroht zu haben scheinen. So unternahm Germanicus noch im Herbst einen ersten Vorstoß über den Rhein; in ausgedehnten Feldzügen rückte er dann in den Jahren 15 und 16 wiederholt erfolgreich über den Rhein bis an die Elbe vor und besiegte Arminius und die Cherusker in mehreren Schlachten. Die römische Waffenehre war wiederhergestellt, und Germanicus feierte am 26. Mai 17 n. Chr. in einem großen Triumphzug zu Rom seinen Sieg »über die Cherusker, Chatten, Angrivarier und die anderen Völker, die bis zur Elbe wohnen«. Trotzdem waren diese Germanen nicht endgültig bezwungen, und Tiberius gab das kostspielige und selbst bei einer erfolgreichen Eingliederung der Lande bis zur Elbe wenig gewinnversprechende Unternehmen auf. Er überließ die Germanen ihren inneren Zwistigkeiten und beschränkte sich auf eine Defensivgrenze an Rhein und Donau. Damit hatte die Stationierung von Legionstruppen in Vindelicien ihre Bedeutung als Aufmarschbasis gegen Germanien verloren; der Waffenplatz Oberhausen wurde spätestens 17 n. Chr. aufgegeben und ein Legionslager an der am weistesten eingebuchteten Grenzlinie des Hochrheins in *Vindonissa* (Windisch bei Brugg)[19] an der Aare zum Schutze der Verbindungen nach Italien und Gallien angelegt. Dort war die erste Truppe die 13. Legion, von der eine vorherige Stationierung im Voralpenland angenommen wird.

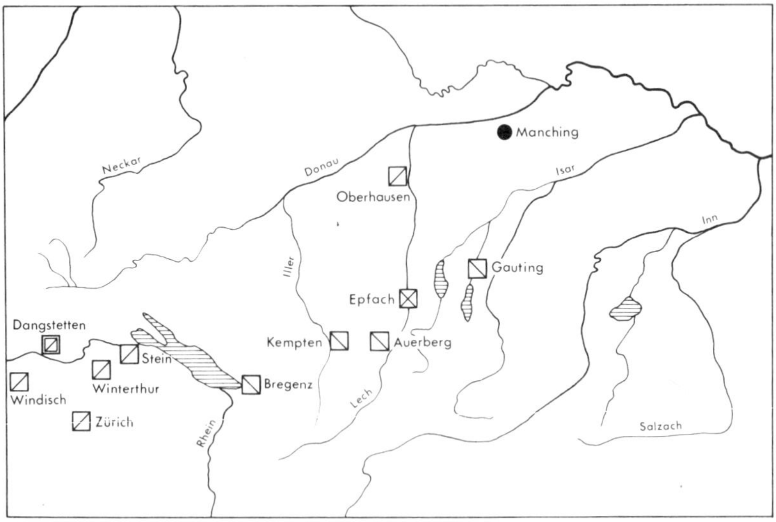

Die Militärplätze und Binnenlandgarnisonen aus der Zeit des Augustus ⧄ *und Tiberius* ⧅

Durch den Abzug der letzten Legionstruppen ergab sich für die raetisch-vindelikischen Lande eine gänzlich veränderte Lage. Schutz und Sicherung des Landes übernahmen nun Binnenlandgarnisonen, ähnlich der Art, wie wir eine aus früherer Zeit auf dem Lorenzberg bei Epfach bereits kennengelernt hatten. Diese Garnisonen lagen entlang der großen Fernverbin-
Abb. 5 dungen, so die auf dem Auerberg[20] bei Bernbeuren und die weiterbestehende auf dem Lorenzberg an der Lechstraße nach Italien, und die Besatzungen in *Brigantium* (Bregenz), *Cambodunum* (Kempten)[21] und *Bratananium* (Gauting)[22] an der Ost-West-Verbindung von Gallien nach Noricum. Zu den Zeugnissen dieser Stützpunkte zählen vor allem entsprechende Funde von Waffen, Ausrüstungsgegenständen und sonstigem Import, aber auch eine etwa 14/17 n. Chr. datierte Weiheinschrift an Drusus d. J., den Sohn des Tiberius, aus Bregenz[22a].

Als Statthalter trat nach dem Abzug der Legionstruppen ein Praefect an die Stelle des Legaten. Als wahrscheinlich ersten nennt eine Inschrift Sextus Pedius, einen Stabsoffizier (*primus pilus*) der 21. Legion, dessen volle Amtsbezeichnung »*Praefectus Raetis, Vindolicis, vallis Poeninae et levis armaturae*« uns anzeigt, daß damals außer Raetien und Vindelicien noch das Wallis zu seinem Verwaltungsbereich gehört hat und daß ihm die leichten Hilfstruppen in diesem Gebiet unterstanden[23]. Der Sitz von Verwaltung und Kommando in jenen Jahren ist unbekannt. Der 19 n. Chr. verstorbene Geograph Strabon (IV 206) nennt als Hauptort der Licatier am Lech (*Licca*) die Siedlung *Damasia* und charakterisiert ihre Lage als die einer Akropolis. Wegen der beherrschenden Geländesituation hat man schon seit langem versucht, die Siedlung auf dem Auerberg mit *Damasia* gleichzusetzen. Das Ergebnis der bisherigen Auerberg-Ausgrabungen läßt die Ausübung von Zentralfunktionen durchaus denkbar erscheinen. Seit spättiberischer Zeit lag der Verwaltungsmittelpunkt zusammen mit einer kleineren Garnison auf der Landzunge zwischen Wertach und Lech, wo sich die Provinzhauptstadt *Augusta Vindelicum*, das heutige Augsburg, entwickelte. Keltische Funde aber blieben bisher auf dem Auerberg und in Augsburg fast völlig aus; *Augusta Vindelicum* war eine römische Neugründung auf jungfräulichem Boden. Zur Begründung in tiberischer Zeit schien allerdings der Name mit Augusta nicht zu passen, der, wie z. B. bei *Augusta Raurica* (Augst bei Basel), eine Anlage zu Lebzeiten des Augustus anzeigen würde. Diesen scheinbaren Widerspruch hilft ein Hinweis auf den Hafen von Ostia aufzulösen, der zwar unter Claudius ausgeführt und sogar erst unter Nero vollendet, doch schon auf Anordnung des Augustus geplant worden war und deswegen den Namen *Portus Augusti* erhielt. Somit läßt sich der Name Augsburg dahingehend erklären, daß es bereits Augustus gewesen war, der die Anlage der Provinzhauptstadt dort vorgesehen hatte.

Noch in der Regierungszeit des Kaisers Tiberius scheinen Hinweise anzuzeigen, daß man begann, Verwaltung und Truppenverteilung straffer zu organisieren. Zumindest wurden damals mit der Anlage des Kastells Aislingen[24], Landkreis Dillingen, erstmals Truppen unmittelbar an der Donau stationiert. Damit deutete sich die neue Konzeption der Truppenverlegung aus dem Hinterland an die Grenze bereits an, eine Konzeption, die dann

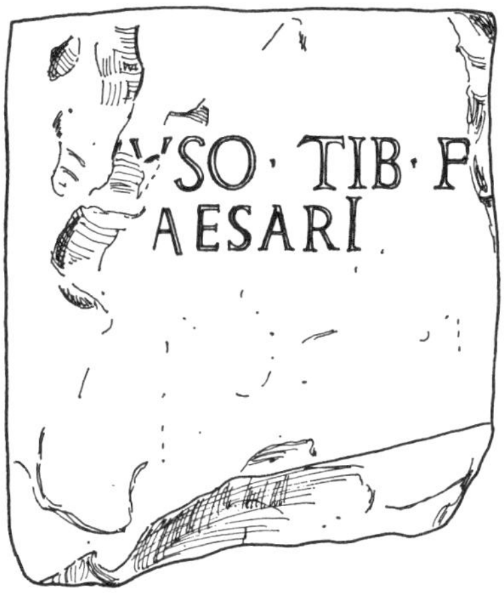

Weiheinschrift für Drusus d. J. aus Bregenz (92×81 cm).

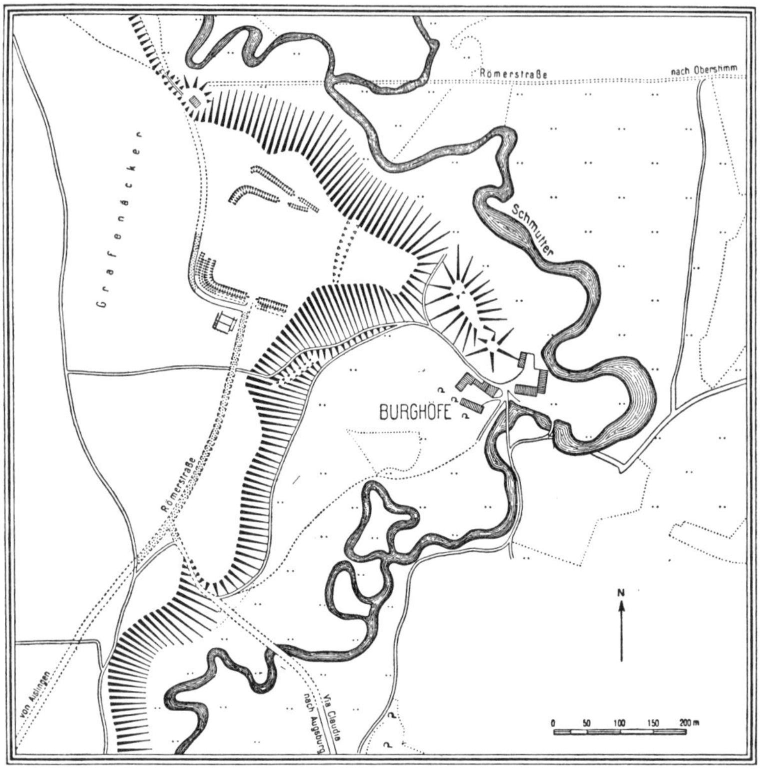

Lage des Kastells auf den Grafenäckern bei Burghöfe, Ldkr. Donau-Ries.

unter Claudius (41—54 n. Chr.) voll verwirklicht wurde. Alle die Garnisonen wie Bregenz, Kempten, Epfach, Auerberg und Gauting verloren ihre Truppen und lebten mit Ausnahme des Auerbergs als zivile Ansiedlungen weiter. Neue Kastelle entstanden entlang der Donau in Hüfingen bei Donaueschingen im Westen[24a], bei Emerkingen[25], in Rißtissen[26], an der Illermündung bei Unterkirchberg[27], wahrscheinlich in Günzburg, bei Burghöfe südlich Donauwörth[28], in Neuburg [29], in Oberstimm [30] und als letztes auf dem Frauenberg über Weltenburg im Osten.

Während alle diese Lager nur in kleinen Teilen ausgegraben werden konnten, ja teilweise lediglich durch Funde angedeutet sind, ermöglichte die Aufdeckung des Kastells Oberstimm südlich Ingolstadt durch H. Schönberger von der Römisch-Germanischen Kommission einen guten Einblick in Aufbau und Einteilung eines claudischen Kastells. Die fast quadratische Anlage war von einem Graben mit dahinterliegendem Erdwall umgeben und konnte durch vier Tore mit hölzernen Torbauten betreten werden. Im Inneren gruppierten sich um ein zentrales Stabsgebäude und die Kommandantenunterkunft in regelmäßiger Anordnung die Mannschaftsbaracken und Pferdeställe; den Namen der Reitertruppe, die in Oberstimm untergebracht war, wissen wir noch nicht. Alle Gebäude waren aus Holzbalken in Blockbauweise oder aus Flechtwerkwänden mit Lehmbewurf erbaut.

Nur selten kennen wir die antiken Namen so früher Kastelle: Hüfingen = *Brigobanne*, Günzburg = *Guntia* (nach dem auf vorrömische Wurzeln zurückgehenden Flußnamen der Günz), Burghöfe = *Summuntorium;*

Rißtissen könnte *Riusiava*, Unterkirchberg *Phaeniana* gewesen sein. Von einem anderen Lager aus dem Anfang des ersten Jahrhunderts kennen wir durch eine Inschrift den Namen *castellum Ircavium* und als Besatzung die *Gaesati Raeti* (raetische »Speerkämpfer«), eine einheimische Miliz von etwa 600 Köpfen; wo allerdings dieses Kastell gesucht werden soll, darüber besteht größte Unklarheit[30a].

Östlich Weltenburg konnten bisher trotz intensiver Forschungen keinerlei schlüssige Hinweise auf Kastelle claudischer Zeit entdeckt werden. Die einzelnen Funde aus der ersten Hälfte des ersten Jahrhunderts n. Chr. sind hier so spärlich, daß man bisher annehmen mußte, die Linie der römischen Kastelle hätte sich damals noch nicht weiter nach Osten fortgesetzt. Der nächste sicher bekannte Stützpunkt an der Donau ist erst wieder das tiberische Kastell *Lentia* in Linz. Die Gründe für diese Lücke im Schutz der Donaugrenze sind vielfach diskutiert worden, ohne daß sich eine gänzlich befriedigende Lösung ergeben hätte. Einleuchtend erschien die Meinung, der Schutz sei deshalb für entbehrlich gehalten worden, weil auf der anderen Seite des Flusses die friedlichen Hermunduren siedelten und die Urwälder des Bayern- und Böhmerwaldes ohnedies jede Annäherung größerer Haufen erschwerten. Tatsächlich ist in diesen Gegenden nördlich der Donau für damals kaum Besiedlung nachzuweisen. Andererseits müssen wir immer wieder mit überraschenden Entdeckungen rechnen, so daß in dieser Frage das letzte Wort noch nicht gesprochen werden kann. Erst in jüngster Zeit entdeckte, noch unveröffentlichte Funde vor der bzw. um die Jahrhundertmitte aus Eining, Regensburg-Kumpfmühl und Straubing lassen sich kaum anders denn als Hinterlassenschaft kleiner Militärposten dieser Zeit erklären.

Einrichtung der Provinzen

In jener Zeit, wahrscheinlich erst unter Claudius, wurden die vindelikischen und raetischen Landstriche mit dem *Vallis Poenina* (Schweiz, Kanton Wallis) zur kaiserlichen Provinz Raetia zusammengefaßt und schieden damit aus dem gallisch-germanischen Oberkommando aus. Ein unmittelbar dem Kaiser unterstellter Procurator aus dem Ritterstand leitete von da an die Verwaltung und führte den Oberbefehl über die in der Provinz stehenden Hilfstruppen (*auxilia*), deren Reiterei in Alen, deren Fußtruppen in Cohorten gegliedert waren. Der raetische Procurator stand als *ducenarius* im Rang höher als die meisten sonstigen Procuratoren, was in der militärischen Bedeutung dieser Grenzprovinz begründet gewesen sein mag. Die Verwaltung gliederte sich in zwei Zweige, einen, der die innere Verwaltung und das Gerichtswesen besorgte, und einen zweiten, in dem die Finanzverwaltung und das Steuerwesen zusammengefaßt war. Als örtliche Organe standen der Verwaltung die Selbstverwaltungskörper der Stadtgemeinden und Landschaften (*municipia* und *civitates*) zur Verfügung. Die eine Dienststelle, genannt das *officium*, war mit Beamten, römischen Bürgern und Freien, besetzt, die Finanzverwaltung, das *tabularium*, mit Freigelassenen und Sklaven. Dazu kam für den Statthalter eine Leib-

Reichverzierte Bronzeschnalle aus dem Kastell Aislingen. Leicht verkleinert.

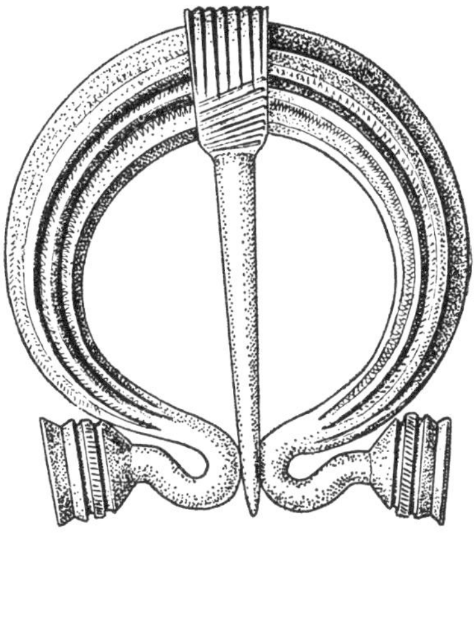

wache von 480 Mann, zur Hälfte zu Fuß und zur anderen zu Pferde. Der Stab des Procurators bestand wohl schon am Anfang mindestens aus 1000 Mann, zu denen dann noch die Familienangehörigen der Bediensteten gerechnet werden müssen.

Der Amtssitz des raetischen Procurators war *Augusta Vindelicum*. Hier muß es neben dem Palast des Statthalters und den Wohnhäusern für die Beamten an öffentlichen Gebäuden das *Praetorium*, das *Tabularium* und die Kasernen für die Leibwache gegeben haben, womit sich Augsburg gleich bei seiner Gründung als stattliches Gemeindewesen zeigt. Der erste dieser Procuratoren dürfte uns durch Zufall ebenfalls wieder bekannt sein; es war Octavius Sagitta aus dem mittelitalischen Paelignerland und damit ein Landsmann des Sextus Pedius.

Mit der Errichtung der Provinzverwaltung hängen die ersten Maßnahmen zur Erschließung und zum wirtschaftlichen Ausbau zumindest im Westteil zusammen. Es wurde nicht nur die Hauptstadt der Provinz angelegt und gebaut; auch in Bregenz und Kempten entstanden unmittelbar nach dem Abzug der dortigen Truppenteile beachtliche Landstädte nach italischem Muster. Nur selten haben wir Gelegenheit, etwas davon erkennen zu können, wie die römischen Städteplaner ihre Ideen hier bei uns verwirklicht hatten. Durch die spätere römische, die mittelalterliche und die neuere Überbauung ist meist sehr viel zerstört, so daß kaum mehr Grundrisse einzelner Häuser, geschweige denn ein Stadtgrundriß rekonstruiert werden können. Erschwerend kommt noch hinzu, daß es weder im Altertum noch im Mittelalter, ja bis in die neueste Zeit hinein üblich war, bei Zerstörungen, Bränden, Umbauten etc. den Schutt abzufahren, sondern daß alles an Ort und Stelle anplaniert wurde. Dadurch ergeben sich Schuttschichten in Augsburg bis zu 7 m Tiefe und in Regensburg von ca. 5 m über der ältesten römischen Schicht.

Da bei solchen Verhältnissen nur in Ausnahmefällen auf grundsätzliche Entdeckungen zu hoffen ist, müssen wir es als besonderen Glücksfall ansehen, daß die römische Stadt *Cambodunum* bei Kempten, die im 3. Jahrhundert n. Chr. auf das andere Illerufer verlegt worden ist, erst in allerjüngster Zeit von der Überbauung erfaßt wurde und dadurch weitgehend erforscht werden konnte. Die Holzhäuser der ersten Stadtanlage haben nach dem Ergebnis der seit 1885 vorgenommenen Ausgrabungen nur wenige Jahrzehnte bestanden; spätestens um die Mitte des 1. Jahrhunderts n. Chr. wurde das Stadtzentrum mit den Gebäuden der städtischen Selbstverwaltung in Stein ausgebaut. Aus dieser Zeit datieren die ersten Steinbauten des Forum und der öffentlichen Bäder. Wir gehen ganz sicher nicht fehl, die gleiche Entwicklung für *Augusta Vindelicum* und *Brigantium* anzunehmen. Mindestens gleichzeitig mit *Cambodunum* wird sich ebenso wie in *Brigantium* auch in *Augusta Vindelicum* neben der Provinzverwaltung ein städtisches Leben mit Handel und Gewerbe entwickelt haben, das seinerseits ebenfalls wieder Selbstverwaltungs- und Repräsentationsbauten bedingte.

Über die Rechtsstellung der Provinzhauptstadt im ersten Jahrhundert ist uns nichts überliefert. Das gilt auch für *Cambodunum* und *Brigantium*.

Alle genannten Städte waren aber zweifellos von Anfang an als Hauptorte *(Civitates)* jeweils eines Teilstammes der Vindeliker organisiert. Bei *Cambodunum* waren es nach Strabon die *Estiones*, bei *Brigantium* die Brigantier und bei *Augusta Vindelicum* möglicherweise die *Licates*, die ja am Lech *(Licca)* gesiedelt haben müssen. Die städtische Selbstverwaltung wurde ausgeübt von *decuriones* (Ratsherren), die als Besitzer großer Landgüter und als Handelsunternehmer gleichzeitig auch die soziale Oberschicht bildeten. Wie in anderen keltischen Gegenden wird unter den *decuriones* auch manch einheimischer Gutsbesitzer gewesen sein, dem bereits damals das römische Bürgerrecht verliehen wurde. Alle Ratsherren mußten jedoch in der Stadt selbst ansässig sein, wodurch sie veranlaßt waren, sich Stadthäuser zu bauen.

Voraussetzung der Integration Raetiens, der wirtschaftlichen Entwicklung und der militärischen Präsenz war natürlich die Herstellung zuverlässiger und schneller Verbindungen, vor allem nach Italien. Da Rom ja überall größten Wert auf den Ausbau eines leistungsfähigen Straßennetzes legte, gibt es bei uns schon bald nach Beginn des ersten Jahrhunderts die ersten Zeugnisse für Straßenbau. Zur Fürsorge für die Verbindungsstraßen gehört ja nicht nur Vermessung, Ausbau, Befestigung und Unterhaltung der Straße, sondern auch die Unterrichtung der Reisenden
Abb. 4 durch regelmäßig aufgestellte Meilensteine mit Entfernungsangaben. Zwei noch erhaltene Steine[30b] aus dem Jahre 46 n. Chr. vermelden uns: »Tiberius Claudius Caesar Augustus Germanenbezwinger, Oberpriester, Inhaber der tribunicischen Gewalt zum sechsten Mal, designierter Consul zum vierten Mal, Imperator zum elften Mal, Vater des Vaterlandes, hat die kaiserliche Claudische Straße, die sein Vater Drusus, der Bezwinger der Alpenländer, konzipiert hatte, vom Po bis zur Donau in einer Länge

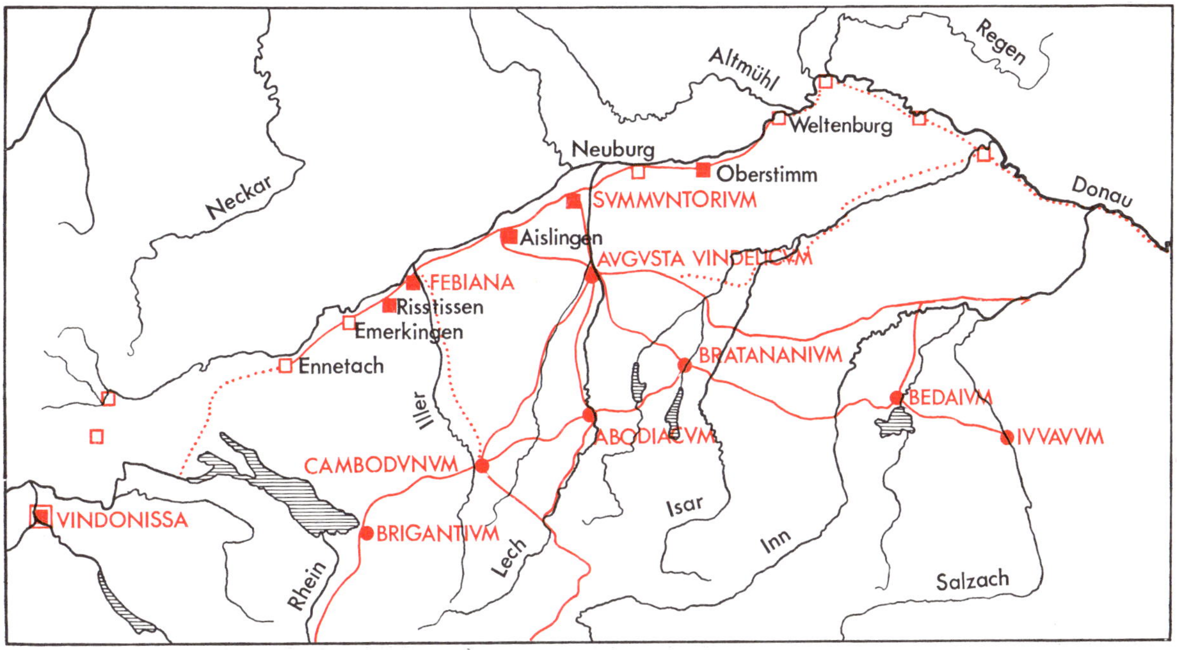

Kastelle und Straßen um die Mitte des 1. Jahrhunderts n. Chr. Signaturen: Quadrate ausgefüllt = gesicherte Kastelle, leer = anzunehmende Kastelle, doppelt = Legionslager; Punkte = Zivilsiedlungen.

von 350 Meilen ausgebaut.« Über ihre Funktion hinaus dienen, wie schon das Beispiel gezeigt hat, die Meilensteine gleichzeitig der kaiserlichen Propaganda. Die *Via Claudia Augusta* war nicht nur die älteste, sondern auch lange Zeit die wichtigste Verbindung zwischen Raetien und Italien[31]. Sie führte vom Etschtal an Meran *(Statio Maiensis)* vorbei über den Reschenpaß ins Inntal; von dort zog sie durch Imst *(Umista)* und Tarrenz *(Tarentum)* über den Fernpaß ins Lechtal, über Füssen *(Foetes)*, Epfach *(Abodiacum)*, Augsburg zum zeitweiligen Endpunkt im Norden Burghöfe *(Summuntorium)*. So gut war diese kaiserliche Claudische Straße ausgebaut, daß noch das ganze Mittelalter über auf ihr ein wesentlicher Teil des Italienhandels abgewickelt wurde und ihre Reste noch bis in die Nachkriegszeit hinein imponierende Bodendenkmäler darstellten. Abb. 3

Vor Füssen zweigte eine Straße, die im Gelände erst vor kurzem nachgewiesen werden konnte, nach Kempten ab[32]. In Epfach kreuzte eine ebenfalls schon sehr früh benützte Ost-West-Verbindung[33], die vom Alpenrheintal, Bregenz, Kempten kam und die dann über Gauting nach Osten weiterführte. Den Übergang dieser Straße über den Lech bei Epfach vermittelte eine hölzerne Brücke, deren Pfeiler vor fast zwei Jahrzehnten bei Niedrigwasser im Fluß beobachtet werden konnten, kurz bevor die Situation durch die fortschreitende Regulierung des Lech für die Stromgewinnung vollständig verändert wurde. Augsburg war als Provinzhauptstadt natürlich der zentrale Straßenknotenpunkt im Alpenvorland. Um die Mitte des ersten Jahrhunderts n. Chr. hat sicher schon die Straße von Augsburg nach Salzburg *(Iuvavum)* als Verbindung nach Noricum bestanden, die sich nach Westen zunächst bis Aislingen und Günzburg, später dann bis in das Rheinland fortsetzte. Die Kastellorte an der Donau waren sicher damals schon alle durch eine südlich des Flusses entlangführende Straße verbunden. Wichtig waren in der Frühzeit an Verbindungen nach Italien noch die Route durch das Alpenrheintal und Chur *(Curia)* über den Splügenpaß oder den Julier, zu der man von Augsburg kürzer über eine direkte Straße nach Kempten gelangen konnte, und die von Salzburg über die Tauern, während der Brenner damals noch keine große Rolle spielte.

Gleichzeitig mit Raetien wurde auch für die Landstriche östlich des Inn die Provinzverwaltung eingeführt. Nach dem dortigen Volkstum erhielt die Provinz den Namen Noricum[34]; Provinzhauptstadt wurde *Virunum* auf dem Zollfeld nördlich Klagenfurt. Durch die engen wirtschaftlichen und stets friedlichen Beziehungen mit den Norikern hatte bei diesen die Romanisierung schon lange vor der Okkupation eingesetzt; so bestand im ersten Jahrhundert v. Chr. auf dem Magdalensberg in Kärnten über dem Zollfeld wohl schon ein *conventus civium Romanorum negotiandi causa* (ein Zusammenschluß römischer Handelsleute). Bald nach der Eingliederung in das Imperium Romanum entstanden so auf dem Magdalensberg als Verwaltungssitz ein *Praetorium* und ein Tempel für *Divus Augustus* und *Dea Roma*. Die Entwicklung ist hier im Gegensatz zu Raetien ungebrochen weitergegangen und viel rascher in der Angleichung an das Mutterland fortgeschritten. Zahlreiche Verleihungen des römischen

Bürgerrechtes in Noricum unter Augustus und Tiberius bezeugen dies ebenso wie die Erhebung von fünf Siedlungen in den Rang von Municipien bereits unter Claudius. Es wurden damals neben *Virunum*, das durch die Verlegung der Siedlung vom Magdalensberg in das Zollfeld entstanden war, auch *Celeia* (Celje), *Aguntum* (bei Lienz), *Teurnia* (St. Peter im Holz) und nördlich der Alpen *Iuvavum* (Salzburg) mit dem römischen Stadtrecht ausgezeichnet. Bei all diesen Städten, mit Ausnahme von *Teurnia*, war etwa gleichzeitig die Verlegung der Siedlung von einer Höhe in eine verkehrsmäßig günstigere Ebene erfolgt. Diesen Vorgang können wir ebenso bei kleineren Ansiedlungen feststellen, etwa bei der von Karlstein, Ldkr. Berchtesgaden, oder analog vergleichbar bei Seebruck, Ldkr. Traunstein *(Bedaium)*, wo der Ort an den Übergang der Römerstraße über die Alz zu liegen kam. Andere Siedlungen, wie z. B. Marzoll, Ldkr. Berchtesgaden *(Marciolae)*, lebten an Ort und Stelle weiter. Wenn die Provinz Noricum auch einen ähnlichen Status erhielt wie Raetien, so scheint doch der gelegentlich im zweiten Jahrhundert auftretende Titel des Statthalters als *Procurator Augusti regni Norici* auf eine andere staatsrechtliche Auffassung hinzudeuten. Und schließlich weist noch der Umstand, daß wir nur zwei, höchstens drei aus Norikern rekrutierte Hilfstruppen kennen, auf die andersartige Geschichte dieses Landes gegenüber Raetien hin, wo in ungleich größerem Maße Aushebungen durchgeführt worden waren.

Mit der Bildung der Provinzen Raetien und Noricum und gleichartigen Maßnahmen in den Westalpen war die Neuordnung an der Nordgrenze im wesentlichen abgeschlossen. Die Grenze Raetiens deckte sich im Norden mit der des Reiches entlang der Donau, führte dann im Westen[35] in nordsüdlicher Richtung auf das Westende des Bodensees zu, von dort über Pfyn *(Ad Fines)* am Ostende des Zürichsees vorbei über den Glärnisch zur Furka. Hier bog die Grenze nach Westen ab, ging über die Berner Alpen und schloß das Ostende des Genfer Sees mit dem dortigen Rhônetal und dem ganzen Wallis ein. Vom Großen St. Bernhard an verlief sie wieder nach Osten über Matterhorn, Lago Maggiore, Bellinzona, Splügen, Maloja-Paß, Ortler bis Meran. Von hier ab ist die Grenzführung nicht genau bekannt; sie wird in allgemein nordöstlicher Richtung auf den Innknick bei Wörgl hin anzunehmen sein. Spätestens von hier ab bildete der Inn bis zu seiner Mündung in die Donau die Grenze zu Noricum[36].

Das Inntal war aber nicht nur die Grenze zwischen zwei römischen Verwaltungsbezirken, sondern schied darüber hinaus zwei kulturell verschiedene Bereiche. Dies zeigte sich damals unter anderem in der verschiedenen Landestracht[37], in dem unterschiedlichen Fortschreiten der Romanisierung und damit dem unterschiedlichen Grad der Erschließung, der wirtschaftlichen Entwicklung und zivilisatorischen Angleichung an das Mutterland. Heute noch können wir all dies bei Ausgrabungen erkennen. In Raetien haben wir teilweise anderes Trachtzubehör, anderen Schmuck als in Noricum. Es wurden andere Keramikarten bevorzugt und hergestellt, und es gibt manche Gefäßformen, die das Inntal nur wenig nach Westen überschritten haben. Ja selbst die Bauweise weist lokale Eigentümlichkeiten auf.

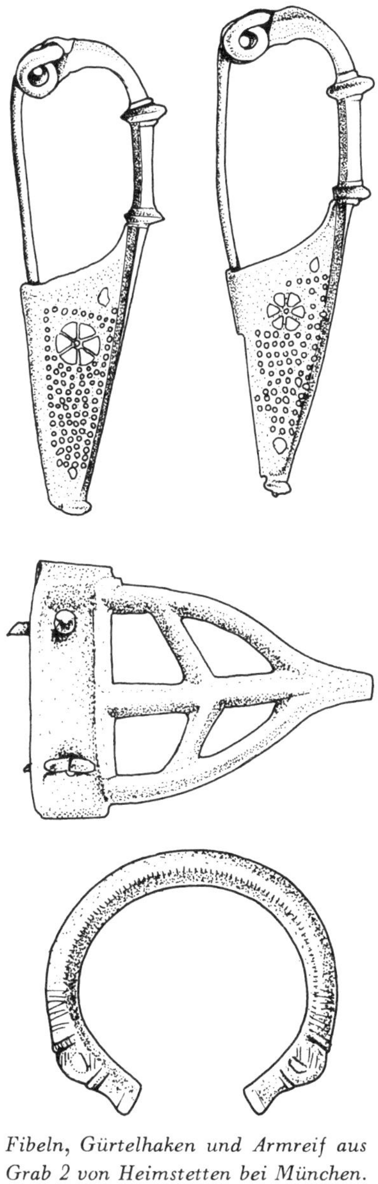

Fibeln, Gürtelhaken und Armreif aus Grab 2 von Heimstetten bei München. Beispiel für die tiberisch-claudische Skelettgräbergruppe im Lech-Isar-Gebiet. Länge der Fibeln 13,5 cm.

Auch für Noricum fiel die Nordgrenze des Imperiums an der Donau mit der Provinzgrenze zusammen. Westlich Wien entfernte sich die Provinzgrenze zwischen Noricum und Pannonien in südlicher Richtung vom Fluß, überquerte nordwestlich *Poetovio* (Ptuj/Pettau) die Drau, schloß *Celeia* mit seinem Territorium ein, um dann über den Kamm der Karawanken und Karnischen Alpen zwischen Bozen *(Pons Drusi)* und Brixen auf die raetische Ostgrenze zu treffen. Manches an der ursprünglichen geographischen Gliederung hatte sich als ungünstig erwiesen und mußte verändert werden. So waren strategische Gesichtspunkte dafür maßgebend, den Nordostteil Noricums mit der Legionsfestung *Carnuntum* bei Petronell und *Vindobona* (Wien) noch vor der Provinzeinteilung abzutrennen und Pannonien zuzuteilen. Auch im Süden Noricums waren Gebiete um *Poetovio* (Ptuj) und *Emona* (Ljubljana) weggefallen. Und auch die Verbindung des Wallis *(Vallis Poenina)* mit Raetien erwies sich als so wenig günstig, daß dieses Gebiet noch unter Claudius wahrscheinlich mit einer anderen Provinz *(Alpes Graiae)* vereinigt wurde. Die einzige Verbindung des Wallis mit der Provinz Raetien über den 2430 m hohen Furkapaß war äußerst schwierig und noch dazu viele Monate im Jahr nicht passierbar

Aus der Zeit des Kaisers Nero (54—68), der ja als unrühmliche Herrschergestalt heute noch zu den bekanntesten römischen Kaisern zählt, haben wir keine Nachrichten über unsere Provinzen. Während in Britannien 61 n. Chr. der große Aufstand der einheimischen Königin Boudicca tobte, ist an Rhein und Donau alles ruhig geblieben, so daß die günstige Entwicklung ungestört weitergehen konnte. Erste, noch recht spärliche Funde aus der Zeit kurz nach der Jahrhundertmitte treten nun auch an der bisher fundfreien Donaustrecke Niederbayerns auf. Bei diesen frühesten Fundpunkten handelt es sich um verkehrsgeographisch wichtige Örtlichkeiten: Burgstall bei Moos[38], wo der alte Verkehrsweg entlang der Isar auf den entlang der Donau trifft, Straubing *(Sorviodurum)*, wo ein prähistorischer Weg durchs Gebirge nach Böhmen seinen Anfang nimmt, und Regensburg an dem Donauknie und der Einmündung von Regen und Naab. Abb. 6

Allerdings bedarf es noch einer ganzen Anzahl glücklicher Funde, bis wir genau wissen, wann der erste römische Soldat hier an dieser Donaustrecke Wache bezogen hat. Nur ein einziger der Soldaten dieser Zeit ist uns mit seiner Familie näher bekannt. Bei Geiselprechting, Gde. Vachendorf, Ldkr Traunstein, wurde 1842 die eine Hälfte eines sog. Militärdiploms[39], der Entlassungsurkunde des Helvetiers Cattaus, gefunden. Cattaus war nach einer langen Dienstzeit in der *Ala Gemelliana* ehrenvoll entlassen worden und hatte mit seiner Frau, der Helveterin Sabina, seinem Sohn Vindelicus und seiner Tochter Materiona das römische Bürgerrecht am 15. 6. 64 n. Chr. erhalten. Ungeklärt ist allerdings, ob Cattaus mit seiner Einheit in Noricum stationiert war, wie der Fundort vermuten läßt, oder in Raetien gedient hat, wie der Name seines Sohnes nahelegen würde. Abb. 7

Wirre Zeiten nach Neros Tod

Das Schwinden der kaiserlichen Autorität und der allgemeine Niedergang von Ordnung und Recht durch die Willkürherrschaft Neros führte zu Verschwörungen und Aufständen. Im Frühjahr 68 empörte sich Julius Vindex, der Statthalter der Provinz *Gallia Lugdunensis*, Anfang Juni wurde der spanische Legat Ser. Sulpicius Galba von seinen Truppen zum Kaiser ausgerufen und sofort in Rom von der kaiserlichen Leibgarde, den Praetorianern, und vom Senat anerkannt. Nero blieb nichts anderes übrig, als sich durch Selbstmord der drohenden Schmach zu entziehen. Doch auch der neue Herrscher konnte sich nicht lange des Wohlwollens der Soldaten erfreuen; schon am 2. 1. 69 proklamierten die rheinischen Formationen A. Vitellius zum Gegenkaiser. Bevor es jedoch zum Kampf kommen konnte, töteten die Praetorianer am 15. 1. Galba und kürten M. Salvius Otho, den Statthalter von Lusitanien, an seiner Statt. Vitellius setzte sein Heer in zwei Gruppen auf parallelen Wegen gegen ihn in Marsch. A. Caecina Alienus sollte mit dem obergermanischen Heer als der östlichen Gruppe über den Großen St. Bernhard möglichst rasch Italien erreichen. Da stellten sich ihm unerwartete Schwierigkeiten in den Weg. Noch bevor er sich mit der 21. Legion in *Vindonissa* (Windisch bei Brugg in der Schweiz) vereinigen konnte, hatten Angehörige dieser Truppe durch die ungerechtfertigte Plünderung eines Geldtransportes für helvetische Miliz (im Kastell Hüfingen?) die Helvetier, die zu dem Kaiser in Rom hielten, zur offenen Rebellion gebracht. Um nun diese Behinderung schnell zu überwinden, schickte Caecina Boten an die raetischen Auxilien, damit diese den Helvetiern in den Rücken fielen. Die Helvetier konnten diesen übermächtigen Angriffen nicht standhalten, das Land wurde verheert und das helvetische Aufgebot am Berge *Vocetius* vernichtet.

Obschon die Provinz Raetien nicht zu den militärischen Schwerpunkten gehörte, stand sie nun mitten in den kriegerischen Auseinandersetzungen um die Macht, Auseinandersetzungen, die den friedlichen Aufbau empfindlich stören sollten. Daß wir über diese Ereignisse und ihre Auswirkungen auf Raetien diesmal ausnahmsweise so genau Bescheid wissen, verdanken wir keinem Geringeren als dem Geschichtsschreiber Tacitus und einer glücklichen Ergänzung seiner Nachrichten durch die Bodenforschung. Nachdem Caecina die helvetische Revolte niedergeschlagen hatte, stand er vor der Frage, ob er trotz der winterlichen Schwierigkeiten direkt nach Italien ziehen oder das dem Kaiser Otho ergebene Donauheer von der Seite her angreifen und zu diesem Zweck über Raetien in Noricum einfallen sollte. In Erwartung dieses Angriffs sammelte Petronius Urbicus, der Prokurator in Noricum, seine Truppen am Inn und brach alle Brükken über den Fluß ab. Zu größeren Kämpfen kam es aber nicht, da Caecina sich entschloß, seine Heeresgruppe nach Italien zu führen. In einem großartigen winterlichen Alpenübergang erreichte die Gruppe, zu der sicherlich auch ein Teil der raetischen Hilfstruppen gehörte, die Poebene, wo sie zur Niederlage Othos am 14. 4. 69 bei *Bedriacum* in der Nähe von Cremona entscheidend beitrug.

Vitellius konnte auch nach dem Tode Othos am 24. 5. 69 der Herrschaft nicht froh werden, da ihm unmittelbar danach mit der Ausrufung Vespasians in Alexandria zum Kaiser ein neuer Gegner erwuchs. Nachdem es dem Statthalter von Pannonien, M. Antonius Primus, gelungen war, die Donauarmee für Vespasian zu gewinnen und Raetien weiter zu Vitellius hielt, wurde der Inn erneut zur Frontlinie. Sommer und Herbst 69 standen sich am Fluß Sextilius Felix, der neue Procurator von Noricum, mit der *Ala Auriana*, 8 Cohorten und der norischen Miliz am östlichen Ufer und der raetische Statthalter Porcius Septiminus mit raetischen Truppenteilen auf der Westseite feindlich gegenüber. Für die nach Italien zur Entscheidungsschlacht ziehenden Donautruppen Vespasians stellte das norische Aufgebot einen wesentlichen Flankenschutz dar. In einer großen Schlacht, wieder bei Cremona, verlor Vitellius am 28./29. 10. die Herrschaft und bei einem Gemetzel in der Hauptstadt am 20. 12. das Leben.

Doch auch damit konnte das Reich noch nicht zur Ruhe kommen. Eine Revolte der Bataver am Niederrhein unter Führung des Julius Civilis hatte sich ursprünglich gegen die Anhänger des Vitellius gerichtet und der Unterstützung des Vespasian gedient. Sie weitete sich durch den Abfall weiterer Hilfstruppen sowie den Zuzug rechtsrheinischer germanischer Stämme immer mehr aus, so daß sie selbst nach dem Tode des Vitellius sich nicht beruhigte und als mächtige Bewegung alle unzufriedenen, freiheitsliebenden und feindlichen Gruppen erfaßte. Alle Legionslager nördlich Mainz wurden erobert, und die Wellen des Aufruhrs gelangten bis an den Oberrhein. Es scheint, daß damals die Idee von einem unabhängigen großen gallischen Reich die Gemüter beherrschte. Erst im Frühjahr 70 konnte Vespasian ein nennenswertes Heer, dem auch die 21. Legion angehörte, nach Norden in Marsch setzen. Zu diesem Heer stieß Sextilius Felix mit seinem norischen Aufgebot, das auf seinem Weg nach Gallien die Provinz Raetien durchquert haben muß. Die Ausgrabungen von W. Krämer 1953 in *Cambodunum* zeigten nun[40], daß die Stadt vor der Zeit des Kaisers Titus gründlich zerstört wurde. Die Zerstörung war so tiefgreifend, daß nicht nur die Wohnviertel, sondern auch alle offiziellen Gebäude davon betroffen waren. Eine mächtige Planierungsschicht aus dem Zerstörungsschutt enthielt eine Menge Reste von Wandmalereien des ersten Forumbaues, Bruchstücke großer, repräsentativer Bronzestandbilder, marmorner Wandverkleidungen und fein gearbeiteter Architekturteile; datiert wird diese Schicht durch Münzen und Scherben von Reliefkeramik (sogenannter Sigillata) in die 70er Jahre, so daß man sogleich an die geschilderten unruhigen Zeiten denken muß.

Gestützt werden solche Vermutungen durch ganz ähnliche Funde in Bregenz und Augsburg und durch die Feststellung von Zerstörungen in den Donaukastellen Rißtissen, Unterkirchberg, Burghöfe und Aislingen. Im Kastell Oberstimm allerdings zeigen sich nur wenige Zerstörungsspuren dieser Zeit, wie H. Schönberger aufgrund seiner Ausgrabungen 1968 bis 1971 exakt feststellen konnte. Es bleibt nun in Frage, ob man die Verheerungen in Raetien auf den Durchzug der 21. Legion, die ja den Beinamen *Rapax* (Unwiderstehliche) führte, oder auf den des norischen Aufgebots, das lange genug feindlich an der Grenze gestanden hatte, zurückführen will.

Sicher ist, daß weite Teile Raetiens damals schwer zu leiden hatten, zumal auch aus anderen Provinzen und aus Italien selbst Plünderungen und Brandschatzungen der durch den Bürgerkrieg verwilderten Soldateska überliefert sind.
Dem Heer des Vespasian unter Führung des Petilius Cerialis gelang es erst nach harten Kämpfen, den Aufstand im Herbst 70 niederzuwerfen. Sextilius Felix mit den norischen Truppen konnte sich hierbei auszeichnen und errang mit seinen Leuten bei Bingen einen Sieg über den Trevererführer Julius Tutor. Schließlich beendete ein weiterer schwer errungener Sieg bei Trier die Kämpfe. Aber nur langsam kehrten wieder Ruhe und Frieden ein.

Erste Grenzvorschiebungen unter Vespasian und Titus

Die langen und heftigen Kriege hatten die Reichsfinanzen ruiniert, ausgedehnte Zerstörungen verursacht und die Ordnung im Heer vielerorts gelöst. Durch neue Steuern und straffe Sparsamkeit verschaffte sich Vespasian die Mittel zur Reorganisation und zu einem großzügigen Wiederaufbau. Als erstes mußte die Reichsgrenze gesichert werden. Das bedeutete für Raetien die Erneuerung der Donaukastelle Rißtissen, Unterkirchberg und Burghöfe und noch anderer Plätze, und zusätzlich die Ver-

Plan von Cambodunum (Kempten). M. etwa 1:6000.

längerung der Lagerreihe nach Osten mit den Kastellen Eining (*Abusina*), Regensburg (*Radaspona*) und Straubing (*Sorviodurum*). Den Wiederaufbau der Städte ließ sich Vespasian ebenfalls besonders angelegen sein. In Rom selbst wurden jetzt erst die Verheerungen durch den großen Stadtbrand unter Nero überwunden und prächtige öffentliche Bauten, das Capitol, das berühmte Amphitheater und verschiedene Tempel auf seine Anordnung hin errichtet. Seine Fürsorge war besonders im schwer geschädigten Helvetierland zu spüren. Der Hauptort *Aventicum* (Avenches)[41] wurde »neu erbaut« und 73/74 zur *Colonia Pia Flavia Constans Emerita Helvetiorum Foederata* mit Stadtrecht erhoben. Sicher hat der Kaiser dieser Stadt, in der sein Vater Flavius Sabinus als Zollbeamter und Geldverleiher tätig gewesen war und er einen Teil seiner Jugend verbracht hatte, stets eine gewisse Verbundenheit bewahrt. Darauf wird auch zurückzuführen sein, daß er die verhaßte 21. Legion aus dem Helvetierland weg nach Bonn verlegte und durch die 11. *Claudia Pia Fidelis* in *Vindonissa* ersetzte. Abb. 8

Die zerstörten Städte *Brigantium*, *Cambodunum* und *Augusta Vindelicum* wurden sogleich größer und schöner wieder errichtet. Dies können wir für Bregenz und Augsburg nur einzelnen Hinweisen entnehmen. In dem Abb. 9

Rekonstruktion der Thermenstraße in Cambodunum; rechts Eingang zum Forum.

Wandmalerei aus dem Forum von Cambodunum (nach Krämer). M. etwa 1 : 18.

später nicht überbauten Kempten zeigten die Ausgrabungen, mit welcher Großzügigkeit man hierbei zu Werke ging. Ohne auf die älteren Anlagen Rücksicht zu nehmen, entstand an der gleichen Stelle ein neues, prachtvolles Forum. Wenn man sich als zeitgenössischer Besucher auf der einen Hauptstraße, der von uns sogenannten Forumstraße, von Nordwesten her dem Forum näherte, so sah man sich beidseits von respektablen mehrstöckigen Privathäusern begleitet. Wagen und Reiter bewegten sich auf einer 10 m breiten Fahrbahn, den Fußgängern dienten auf beiden Straßenseiten durchlaufende, 4 m tiefe Säulenvorhallen, unter denen die Eingänge zu den Häusern, den Läden und Werkstätten sowie den Schenken lagen. Nachdem man eine ganz ähnliche, senkrecht kreuzende, besonders breite Marktstraße, die sogenannte Thermenstraße, überquert hatte, stand man vor dem Haupteingang ins Forum.

Abb. 11

Über eine Freitreppe gelangte der Besucher durch eine offene Säulenreihe in die Eingangshalle und sah sich hier in dem etwa 13 × 9 m großen, mit Fresken geschmückten und stukkierten Raum einem Kaiserdenkmal gegenüber. An diesem Denkmal vorbei erreichte er den rechteckigen, ca. 69 × 37 m großen Innenhof, die *Area*. Der Blick auf den Innenhof mit seiner auf allen vier Seiten umlaufenden offenen Säulenhalle und den angeschlossenen Räumen muß eindrucksvoll gewesen sein. Von der Säulenhalle des Hofes aus konnte man die verschiedenen Räumlichkeiten erreichen: den auf der Eingangsseite, in der Mittelachse des Komplexes liegenden Tempel, links die *Basilica* und nach Überquerung des Innenhofes die *Curia*. Diese und alle anderen Räume waren mit farbigen Fresken, Stuck und z. T. Marmorverkleidungen geschmückt.

Die *Basilica* diente sowohl dem Geschäftsverkehr als auch für Amtshandlungen der Magistratspersonen. Sie hatte die übliche dreischiffige Form und lag parallel zum Innenhof des Forum, von dem aus sie durch drei symmetrisch angeordnete Zugänge zu betreten war. Zwei erhöhte Apsiden an den Schmalseiten des Baus stellten Podien für amtierende Magistratspersonen dar. Die Größe der *Basilica* mit rund 47 × 23,5 m und einer Mittelschiffbreite von 12,5 m läßt sich durchaus mit der *Basilica* am Forum von Pompeji (Mittelschiffbreite 12,4 m) vergleichen und erlaubt uns somit einen Rückschluß auf die Bedeutung, die man damals bei der Ausführung von Neubauten dem Ort *Cambodunum* zugemessen hat.

Die *Curia* nun, ein rechteckiger Bau mit einer Apsis, bildete den Versammlungs- und Amtsraum der Decurionen, des Stadtrates. Bei einer angemessenen Sitzordnung konnten in der *Curia* von Kempten 70 Decurionen Platz gefunden haben. Dies und ein mehrdeutiger Hinweis auf einem Grabstein ließen es W. Schleiermacher als möglich erscheinen, daß *Cambodunum* schon im 1. Jahrhundert vom Vorort der *Civitas Estionum* zum *Municipium* aufgestiegen sei. Da jedoch der Provinzhauptstadt *Augusta Vindelicum* diese Ehrung erst unter Hadrian zuteil wurde, dürfte die genannte Vermutung wenig Wahrscheinlichkeit für sich haben.

Vom Haupteingang des Forum kam man in gerader Fortsetzung der Forumstraße in die nordöstliche Säulenhalle des Innenhofes und an dessen Ende durch einen kurzen Gang in eine große, rechteckige Halle, die den Eingang, das Propylon, zu einem 178 × 238 m weiten, ummauerten Heiligen Bezirk bildete. Dieser Heilige Bezirk enthielt etwa in der Mitte einen erhöhten Brandopferaltar und muß eine weitreichende, überörtliche Bedeutung gehabt haben. Die außergewöhnliche Größe und die Lage im Zentrum der Stadt zeigen uns heute noch an, daß es sich hier um ein besonders wichtiges Heiligtum des Stammes der Estionen gehandelt hat.

Nur getrennt durch eine schmale Gasse, schloß sich mit der Hauptfront an der Thermenstraße nordöstlich an das Forum ein weiterer großer Gebäudekomplex an, den der Ausgräber seinerzeit als »Unterkunftshaus« bezeichnet hatte. Hier betrat man das Gebäude wieder durch Portiken, offene Säulenumgänge an den Hauptfronten, und dann durch eine ebenfalls offene, 25 m breite, zur Straße hin mit einer Säulenreihe abgeschlossene Eingangshalle. Das rund 40 × 60 m große Hauptgebäude enthielt beiderseits eines Innenhofs mit Portikus eine Reihe gleichartiger, kleiner Gästezimmer; dann schloß sich nach Südosten ein großer Hof mit Umgangshallen in der ganzen Gebäudebreite von rund 60 m und einer Länge von über 80 m, nach Nordosten eine öffentliche Badeanlage, die sogenannten kleinen Thermen, direkt nach Osten ein weiterer Hof mit zwei zugehörigen Bauten an. Nach der Bedeutung von *Cambodunum* als Umschlagplatz und entsprechend der Organisation der römischen Kaufmannschaft in Vereinigungen stellte die geschilderte Bautengruppe eine Kombination von Gesellschafts- und Gästehaus solcher Kaufmannsvereinigungen dar, in der diese sowohl ihre Feiern und kultischen Handlungen veranstalteten als auch ihre Kontore unterhielten und ihre auswärtigen Geschäftsfreunde unterbrachten.

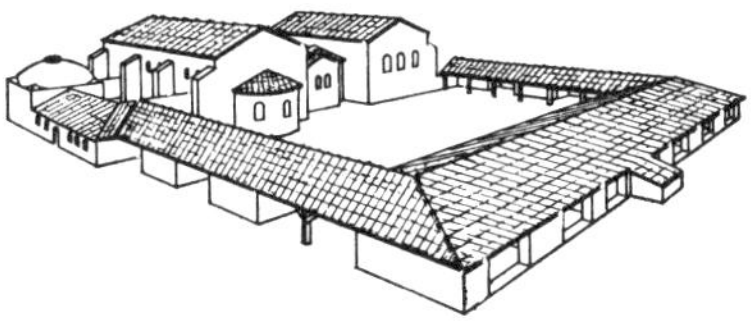

Für die Hygiene der Bevölkerung standen aber nicht nur die erwähnten kleinen Thermen, sondern vor allem die sogenannten großen Thermen zur Verfügung, vor denen die Thermenstraße in einem großen freien Platz endete. Sie waren im Zuge der vespasianischen Bautätigkeit in derselben großzügigen Weise wie die anderen Bauten neu geplant und angelegt worden. Bezeichnend für die Planung sind die Größenverhältnisse dieses ungefähr quadratischen Komplexes, die mit mehr als 70 m Seitenlänge ungefähr den Stabianer Thermen in Pompeji entsprechen. Durch einen großen Eingangs- und Auskleideraum erreichte man das Schwitz-
Abb. 10 bad. Für den Winter stand ein kleinerer, heizbarer Auskleideraum zur Verfügung. Vom Schwitzbad begab sich der Benutzer in den großen Kaltbaderaum, der neben Waschmöglichkeiten verschiedener Art auch ein Schwimmbecken von 8 × 13 m anbot. Daran schloß sich ein mäßig beheizter Ruheraum, das *Tepidarium*, an und schließlich noch ein Warmbaderaum mit der Möglichkeit, sich warm zu baden oder zu waschen. Der körperlichen Ertüchtigung diente ein weiter Hof mit Säulenumgang und Nebenräumen, die *Palaestra*, für Gymnastik, Spiel und Sport. Natürlich hatte eine solche Anlage auch Toiletten für Männer und Frauen.

Von den weiteren öffentlichen Bauten gilt es noch auf die Tempel hinzuweisen. Der Haupttempel im Forum und der Heilige Bezirk wurden
Abb. 12 schon erwähnt. Dazu kamen noch ein Tempelbezirk im Nordwesten der Stadt am Rande der Hochterrasse gegen die Iller, der durch eine dreifache Mauer gegen den profanen Bereich abgegrenzt war, und zwei kleinere Tempel am Beginn der nördlichen Vorstadt bei den großen Thermen. In einer Stadt wie Kempten gab es sicher mindestens ein Theater; doch sind davon bis heute noch keine Spuren aufgefunden worden. Die Innenstadt von *Cambodunum* bot mit ihren öffentlichen und privaten Steinbauten, mit ihren langen Säulengängen, mit ihren Straßen und Plätzen, mit ihren Standbildern und Tempeln sicherlich jedem Besucher ein eindrucksvolles Bild. An das Stadtzentrum schlossen sich nach Norden, Südwesten und Südosten ausgedehnte Vorstädte mit Holzhäusern an, mit denen das Stadtgebiet eine größte Ausdehnung in Nordsüdrichtung von etwa 1 km und eine Breite von etwa 0,5 km erreichte. Unmittelbar am Stadtrand begannen entlang der Fernstraßen die Friedhöfe, von denen wir nur den im Norden an der Straße nach Augsburg kennen.

Daß sich der antike Stadtgrundriß von *Cambodunum* so gut erhalten hat und weitgehend erforscht werden konnte, stellt für das ehemals römische Gebiet nördlich der Alpen einen einmaligen Glücksfall dar. So können wir uns hier ein gutes Bild davon machen, wie die im Mittelmeergebiet

Rekonstruktion der großen Thermen in Cambodunum (nach Kleiss). Stark verkleinert.

entwickelten Grundsätze und Erkenntnisse des antiken Städtebaus auch nördlich der Alpen zur Anwendung kamen. Die italische Atrium-Bauweise mit offenen Innenhöfen, Säulenumgängen und weiten Eingangshallen, wie sie sich im günstigen südlichen Klima entwickelt hatte, wurde vielfach bei öffentlichen und privaten Gebäuden verwendet. Diese Bauten entsprachen unseren rauheren Witterungsverhältnissen nur bedingt, weshalb, z. B. in *Cambodunum*, manchmal nachträglich Fußbodenheizungen eingebaut wurden. Bestechend ist vor allem die Großzügigkeit der Planung und Ausführung, die wir auch für andere Orte annehmen dürfen und die für Kempten zeigt, daß man hier bei dieser an den damaligen Hauptverkehrsstraßen gelegenen Stadt ein künftiges Wachstum vorausschauend einplante.

Doch schon bald setzten Ereignisse ein, die die Entwicklung in andere Bahnen lenken sollten. Wiederholt hatte es sich bei den Feldzügen der Jahre 68/70 als hinderlich erwiesen, daß die Verbindung vom Rhein zur Donau nur auf dem zeitraubenden Umweg über Basel und das südliche Bodenseeufer möglich war. Es mußten kürzere Verbindungen geschaffen werden. Zu diesem Zweck besetzte Gnaeus Pinarius Cornelius Clemens, der Legat des obergermanischen Heeres, das für diesen Feldzug von vier auf fünf Legionen verstärkt worden war, 73/74 von Süden und Westen her das Schwarzwaldgebiet und stieß bis in die Neckargegend vor. Zwar erfahren wir nichts von Kämpfen, doch möchte man solche annehmen, da Clemens für seinen Erfolg die Triumphalornamente erhielt. Noch während des Feldzugs ließ Clemens 74 die notwendige Straße von *Argentorate* (Straßburg) über Offenburg und dann durch das Kinzigtal nach Raetien bauen und durch Kastelle sichern. Wo eine von Süden über *Vindonissa* und Hüfingen kommende Straße auf die neue Ost-West-Route stieß, wurde bei der heutigen Stadt Rottweil nicht nur ein Kastell, sondern auch eine zivile Ansiedlung angelegt. Der Ort erhielt nach einem dort begründeten Heiligtum für das flavische Kaiserhaus den Namen *Arae Flaviae*.

Diese Maßnahmen im Westen der Provinz Raetien bedingten ein entsprechendes Vorgehen weiter östlich. Es scheint, daß schon Vespasian ein Übergreifen über die Donau nördlich Augsburg und eine weitere Verkürzung der Grenze zum Rhein angestrebt hat. Durch erhaltene Bauinschriften wissen wir vom Ausbau eines Alenkastells 77/78 für Günzburg und von einer ersten Neugründung nördlich der Donau, dem Alenkastell Kösching (*Germanicum*), wohin vermutlich die Garnison von Oberstimm verlegt wurde. Noch eine dritte Bauinschrift aus diesen Jahren 79/81 aus dem Kastell Eining ist in Fragmenten erhalten; alle genannten Bauten wurden unter der Leitung des damaligen Procurators der Provinz C. Saturius durchgeführt[41a]. Da wir nur einen kleinen Bruchteil der seinerzeit gesetzten Inschriften kennen, läßt sich der räumliche Umfang und die zeitliche Ausdehnung der damaligen Baumaßnahmen nicht exakt angeben, zumal eine Reihe weiterer Veränderungen bald darauf folgte. Sicher ist jedenfalls, daß damals schon auf der heute bayerischen Donaustrecke der Fluß überschritten wurde und einzelne Truppenteile ihre Kastelle auf dem Nordufer errichteten. Wir müssen natür-

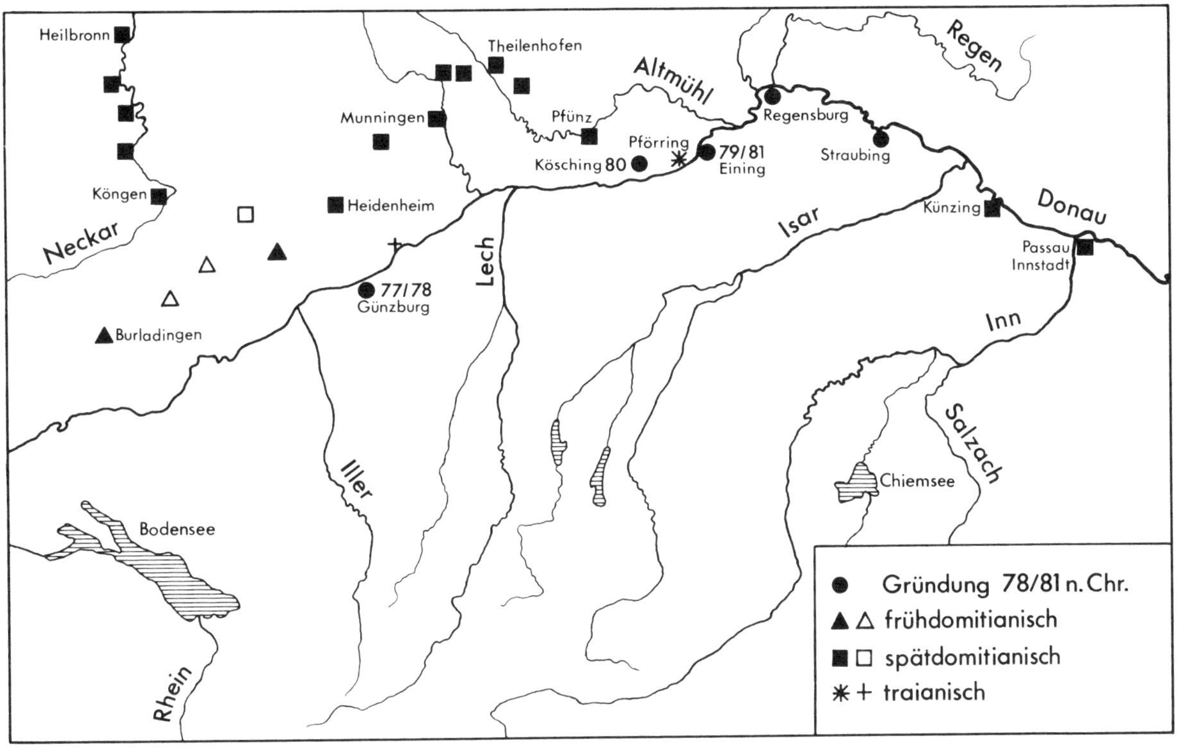

Kastellanlagen am raetischen Limes von Vespasian bis Traian.

lich annehmen, daß die Durchführung solch grundsätzlicher Grenzveränderungen einen längeren Zeitraum in Anspruch genommen hat. Die Arbeiten wurden nach dem Tode Vespasians am 23. 7. 79 unter seinem Sohne Titus fortgesetzt und nach dessen frühem Tod am 13. 9. 81 unter seinem Bruder Domitian weitergeführt.

Die Chattenkriege unter Domitian und ihre Folgen

Die Erreichung und Besetzung des oberen Neckar mit den Kastellen Sulz und Rottweil machte auch nach Osten Veränderungen notwendig. Wohl schon in den ersten Jahren Domitians wurde die obere Donau als Grenze aufgegeben und auf der Höhe der Schwäbischen Alb eine Kastellkette mit den Stützpunkten Burladingen, Gomadingen, Donnstetten (*Clarenna*) und Urspring (*Ad Lunam*) errichtet. Bei dem kurz vorher ausgebauten Kastell Günzburg traf die Alblinie wieder auf die Donau. Damit erhielt die neue Westverbindung von Augsburg nach Straßburg und mit ihr der Donauübergang bei Günzburg besondere Bedeutung.
Diese neue Linie bildete nur kurz die Grenze des römischen Bereichs. Schon bald danach erfolgten wieder Erweiterungen und neue Kastellanlagen. Allerdings ist es heute noch schwierig, den Ablauf genau zu erkennen und exakt zu rekonstruieren. Schriftliche Zeugnisse sind uns keine erhalten, und der allein zur Verfügung stehende archäologische Fundstoff aus den

Kastellen ist oft recht spärlich. Endlich können wir die Funde kaum so präzis datieren, wie es hier bei der raschen Aufeinanderfolge der Ereignisse notwendig wäre. So muß manches hypothetisch bleiben. Gezielte und ausgedehnte Grabungen, die allein Aufschluß geben könnten, werden beim Fehlen von genügend geschultem Personal und entsprechender Mittel nur in wenigen Fällen in absehbarer Zeit möglich sein, und auf datierende Schlüsselfunde bei zufälligen Erdaufschlüssen werden wir kaum hoffen dürfen. Deshalb kann das im folgenden gezeichnete Bild nur im allgemeinen zutreffend sein, im einzelnen aber durch neue Erkenntnisse noch manche Korrektur erfahren.

Eine gänzlich andere Phase in der Entwicklung der römischen Grenze bei uns leitete der Krieg Domitians 83–85 gegen das germanische Volk der Chatten ein. Die Chatten siedelten ostwärts des Mittelrheins zwischen Rhein und Lahn, hatten auf seiten der Cherusker an der Schlacht im Teutoburger Wald teilgenommen und seither öfters mit den Römern die Klingen gekreuzt. Die durch das chattische Gebiet aus dem Maintal bei Frankfurt nach Norden und Nordosten führende Verbindung hatte wiederholt in den augusteischen Germanenkriegen als Vormarschstraße gedient und war durch Stützpunkte gesichert gewesen. Von allen diesen war nach Aufgabe der Eroberungsabsichten nur gegenüber Mainz ein Brükkenkopf bis Höchst geblieben. Vermutlich um die steten Auseinandersetzungen zwischen Cheruskern und Chatten für Rom zu nutzen und wahrscheinlich von den Cheruskern gerufen, marschierte Domitian 83 mit dem wesentlich verstärkten obergermanischen Heer gegen die Chatten. Die Benützung der alten Einfallspforte der Wetterau könnte begrenzte Eroberungspläne gegenüber Teilen des freien Germanien andeuten. Die Vormarschstraße in der Ebene wurde durch Kastelle in Frankfurt und Heddernheim, in Okarben und Friedberg, in Bad Nauheim und möglicherweise noch an bisher unbekannten Orten befestigt und an den gebirgigen Flanken durch kleine Schanzen auf der Saalburg, in Kapersburg und Butzbach im Westen und durch Anlagen in Kesselstadt und Altenstadt im Osten gesichert. Seine ersten Erfolge konnte Domitian, der gleich noch 83 den Ehrentitel *Germanicus* (d. h. Germanensieger) angenommen hatte, zunächst nicht weiter ausbauen, da an der unteren Donau Kämpfe mit den Dakern und mit den Quaden und Markomannen ausgebrochen waren, die starke römische Kräfte banden. Abb. 14

Wenn dieser erste Chattenkrieg Domitians bestimmt nicht zu seinen schwersten Kriegen zählt und auch keine überwältigenden Landgewinne brachte, so charakterisiert er doch den Beginn eines neuen Abschnitts in der römischen Grenzverteidigung. In der römischen Republik und in der frühen Kaiserzeit kannte man keine Reichsgrenzen im Sinne heutiger Staatsgrenzen. Unter den Nachfolgern des Augustus ergaben sich Grenzlinien nur dort, wo Flüsse, wie Rhein, Donau und Euphrat, natürliche Barrieren bildeten. Unter Vespasian entstanden immer mehr Kastelle am Ende des römischen Einflußbereichs und zwar vornehmlich dort, wo wichtige Verbindungswege hineinführten und überwacht werden mußten. Erst im Chattenkrieg nun bildete sich der Begriff einer linearen Grenzverteidigung heraus. Der Generalstabsoffizier Julius Frontinus

8

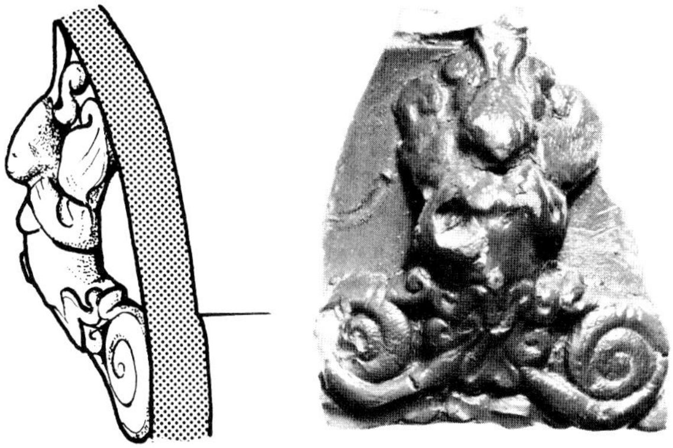

9

10

8 *Fragment eines frühen Sigillatagefäßes mit weiblichem Fabelwesen aus Regensburg-Kumpfmühl. Originalgröße.* — **9** *Frührömischer Sigillatateller mit Auflagen aus Cambodunum. Dm. 31,5 cm.* — **10** *Kempten, 3. Therme (1913), Blick über Kaltwasserwanne (Br. 205 cm) nach Osten.* — **11** *Modell des Forum von Kempten.* — **12** *Der kleine Tempelbezirk von Cambodunum, Luftaufnahme während der Ausgrabungen 1938.*

11

12

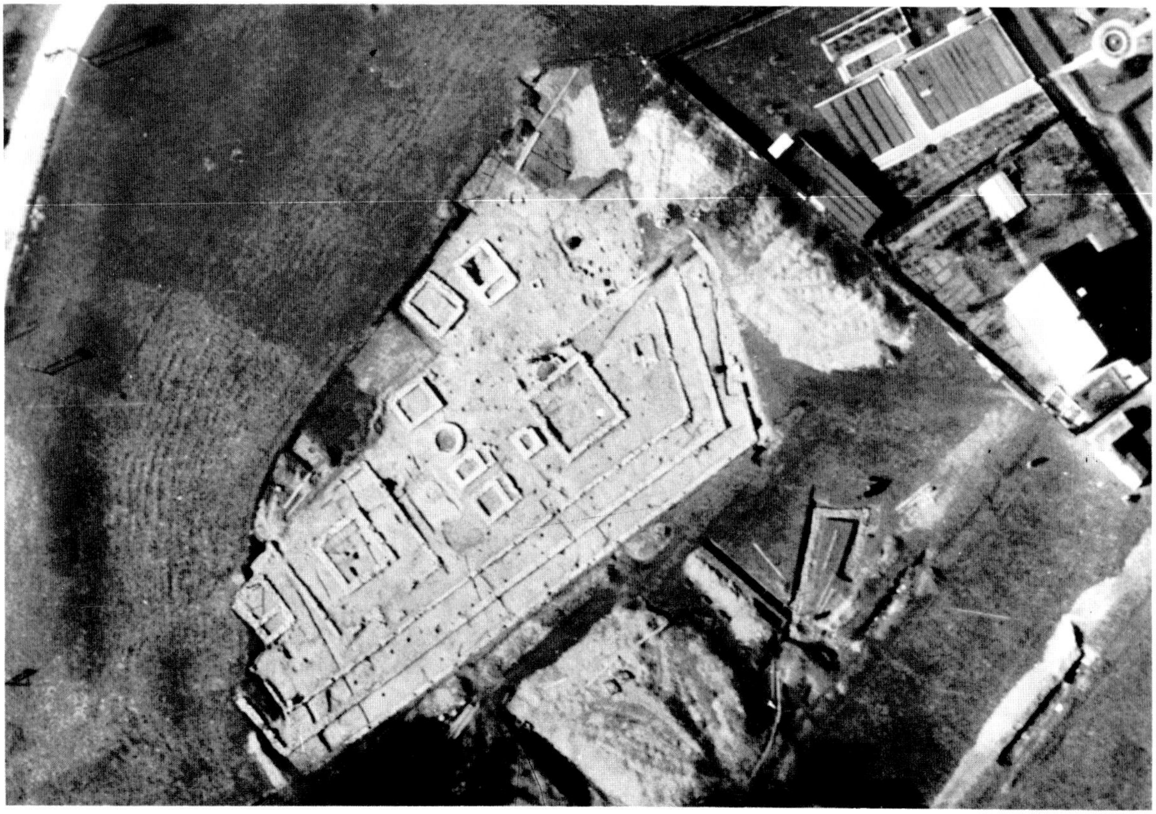

13

14

15

16

13 *Hölzerner Limesturm, Rekonstruktion bei Schwabsberg.* — **14** *Aureus des Kaisers Domitian auf seinen Sieg über die Germanen.* — **15** *Inschrift aus Nassenfels mit dem Namen in der 2. Zeile. Br. 82 cm.* — **16** *Gauting, Sigillataschale mit den Stempeln des CINNAMVS und des CINTVSMVS aus Lezoux. Rddm. 20 cm.* — **17** *Krüge aus dem Warenlager eines Keramikhändlers in Gauting. H. 14 bis 38 cm.*

17

hatte an diesem Feldzug teilgenommen und schildert uns den Vorgang: »Als die Germanen nach ihrer Gewohnheit aus Bergwäldern und dunklen Schlupfwinkeln unsere Truppen überfielen und jedesmal einen sicheren Rückweg in die Tiefe der Wälder hatten, ließ der Kaiser Domitianus Augustus limites auf eine Länge von 120 Meilen anlegen. Er änderte durch diese Maßnahme nicht nur die militärische Lage, sondern unterwarf auch die Feinde . . .« Erstmals begegnet uns damit der Begriff limes in der Gleichsetzung mit Grenzlinie. Diesen Sinn hat das Wort keineswegs immer gehabt. Ursprünglich bezeichnete es einen Weg, eine Bahn, die etwas durchquert. In der römischen Landwirtschaft bedeutete *limes* dann einen Feldweg, der gleichzeitig auch die Besitzgrenze zwischen zwei Grundstücken darstellt. Militärisch entwickelte sich daraus *limes* zum Namen für die Bahn, die Straße, die zur Erschließung ins Feindesland vorgetrieben wurde und weiter dann zur Kennzeichnung der künstlich angelegten Grenzbahnen, die das Reichsgebiet von dem der Barbaren trennten. In dieser Bedeutung sehen wir das Wort bei Frontinus und bei Tacitus, und von dieser ausgehend wird es zur Bezeichnung der Grenze, später der befestigten Grenze, schlechthin.

Der Übergang zur neuen Grenzverteidigung äußerte sich in der Anlage vieler kleiner Kastelle, die damals entlang der Grenze des römischen Abb. 13 Machtbereichs entstanden, und in der Erbauung von Türmen, die die Grenze zu überwachen hatten. So bedingte unter der nunmehrigen Vorstellung von einer linearen Grenze der Vorstoß Domitians nach Norden und Osten in die Wetterau notwendigerweise eine Absicherung nach Süden. Einzelne, noch wenige Funde in Bad Wimpfen, Heilbronn-Bökkingen und Bad Cannstatt deuten an, daß damals römische Vorposten schon am mittleren Neckar stationiert worden waren. Dies bestätigt indirekt auch die 85 erfolgte Organisation der neu besetzten Lande rechts des Oberrheins zusammen mit dem Elsaß als kaiserliche Provinz *Germania superior* (Obergermanien) mit Mainz (*Mogontiacum*) als Hauptstadt. Der verschiedentlich diskutierte Zeitpunkt der Einrichtung dieser Provinzen läßt sich mit Hilfe der Münzkunde exakt festlegen. Aus dem Jahr 85 gibt es nämlich Münzen mit der Rückseitenaufschrift *GERMANIA CAPTA*, und mit diesem Ausdruck pflegte man, wie aus Analogien unter Vespasian und Traian hervorgeht, damals die in Kämpfen errungene Einrichtung neuer Provinzen zu bezeichnen.

Die wenig glückliche Gewaltherrschaft Domitians führte zu allgemeiner Unzufriedenheit. Als erster empörte sich 88 der obergermanische Statthalter L. Antonius Saturninus in Mainz an der Spitze seiner 4 Legionen. Er soll sich dabei mit den Chatten verbündet haben, die ihm zu Hilfe kommen wollten. Bei der Entscheidungsschlacht jedoch im Frühjahr 89, zu der A. Lappius Maximus, der treu gebliebene Statthalter von Niedergermanien, den aufständischen Saturninus am Rhein stellte, konnten die Chatten wegen des starken Eisgangs den Strom nicht überschreiten und somit nicht eingreifen. Sie mußten zusehen, wie ihr Verbündeter Schlacht und Leben verlor. Bald darauf wandte sich der Sieger gegen die Chatten selbst. In diesen Kämpfen, die gelegentlich als der zweite Chattenkrieg Domitians bezeichnet werden, wurde eine Reihe von Kastellen zerstört, aber dann doch bald das rechtsrheinische Gebiet wieder gesäubert. Als Anerkennung ihrer Verdienste erhielten die treu gebliebenen und an den Kämpfen beteiligten Truppenteile die Ehrentitel *pia fidelis* (ergeben und treu), was es uns heute noch ermöglicht, das Heer des niedergermanischen Statthalters zu rekonstruieren. Es scheint, daß der für 89 erschlossene Procurator Raetiens, Norbanus, bei dieser Revolte dem Kaiser seine Treue besonders unter Beweis gestellt und deshalb danach eine rasche Karriere durchlaufen hat, die ihn schließlich bis zum Praetorianerpraefect führte.

Nach Abschluß dieser Kämpfe setzte ein intensiver Ausbau des Limes zu einer sicheren Grenzsperre ein. Nördlich des Mains wurden nur noch wenige Kastelle eingeschoben. In Stockstadt, Unterfranken, entstand das erste obergermanische Lager auf heute bayerischem Boden. Kleine Kastelle durch den Odenwald, größere hinter der Flußgrenze des Neckars fügen sich zu einer ungefähr in Nord-Süd-Richtung verlaufenden Linie, die von Stockstadt über Würzberg, Oberscheidental, Neckarburken, Bad Wimpfen, Heilbronn-Böckingen, Wahlheim, Benningen, Bad Cannstatt bis Köngen (*Grinario*) an der Einmündung der Fils zieht. Ebenso wird die Situation im raetischen Teil der Grenze nördlich der Donau jetzt klarer. In den späteren Jahren Domitians zog hier die Grenzlinie von Kösching im Osten nach Nordwesten zum Kastell Pfünz, von dort über die Standorte Weißenburg, Gnotzheim, das Kleinkastell Unterschwanningen, die Cohortenlager Munningen[41b] und Oberdorf am Ipf zum Alenkastell Heidenheim a. d. Brenz (*Aquileia*). Dadurch, daß die Garnison von Heidenheim[41c], die *Ala II Flavia milliaria pia fidelis*, erst nach dem Jahr 89 und vor 96 von Obergermanien nach Raetien verlegt worden ist, läßt sich der Zeitpunkt der Einrichtung dieser Limeslinie gut umschreiben. Die zwischen Köngen und Heidenheim noch bestehende Lücke konnte erst vor kurzem durch ein bei Luftaufnahmen entdecktes Kastell zwischen Eislingen und Salach, das — obschon nicht ausgegraben — nur in diese Zeit gehören kann, geschlossen werden.

Sicher fehlt uns noch die Kenntnis so mancher Anlage, ist es doch zum Beispiel kaum glaubhaft, daß auf dieser ganzen Limesstrecke nur ein einziges Kleinkastell bestanden haben soll. Die Führung der Grenzlinie in diesem bei Weißenburg und Gnotzheim so weit nach Norden vorspringenden Bogen mutet merkwürdig an und hat deshalb die Forschung immer wieder beschäftigt. Man nahm an, daß hier ebenfalls eine Offensive beabsichtigt war, die sich dann nicht entwickeln konnte. Eine andere Theorie geht davon aus, daß die Römer den beherrschenden Hesselberg in die Überwachung der Kastellreihe einbeziehen wollten, doch hat ebenjener Hesselberg bis heute nur älteres Material, aber keine Siedlungszeugnisse der Kelten oder Germanen geliefert. Auch der Verlauf alter Straßen und wirtschaftliche Gesichtspunkte wurden zur Erklärung herangezogen, doch nichts vermochte uns das Rätsel befriedigend zu lösen.

Weiter nach Osten wurde die Befestigungsreihe durch das Kastell Künzing und, bereits in Noricum, durch das Kleinkastell in Passau-Innstadt (*Boiodurum*)[42] verlängert. Für die Gründung von *Boiodurum* kommt aufgrund der Funde die Zeit Domitians, für Künzing etwa 90/100 in Frage.

Mit der Errichtung der neuen Grenze unter Domitian, die sicherlich teilweise in die Amtszeit des um oder kurz nach 95 tätigen raetischen Procurators C. Velius Rufus fiel, endete das Vordringen der Römer nördlich der Alpen. Die späteren Maßnahmen waren rein defensiv und dienten nur dem Ausbau und der Sicherung, selbst wenn sie verschiedentlich kleinere Gebietsannexionen mit sich brachten. Bei dem endgültigen Verzicht auf offensive Absichten waren am Mittelrhein und in der Wetterau nicht mehr so viele Truppen nötig; es wurden verschiedene Formationen in andere Provinzen verlegt, so die *Legio I Adiutrix* um 85/86 von Mainz nach Pannonien, die *Ala II Flavia gemina milliaria pia fidelis*, die *Ala I singularium* und die *Cohors II Aquitanorum* um 90 nach Raetien u.a.

Durch die konsequente Durchführung einer defensiven Verteidigungskonzeption für den Nordalpenraum unter Traian (98–117) verloren die Grenzen gegen die Germanen an Bedeutung; das militärische Schwergewicht verlagerte sich an die untere Donau und in den Osten. An unseren Limesstrecken wurden die rückwärtigen Auxiliarkastelle aufgelassen, ganz an die Limeslinie herangezogen und somit der unmittelbare Grenzdienst verbessert. Die operative Reserve der 11. Legion in *Vindonissa* konnte 101 von diesem Grenzabschnitt abgezogen werden. Der Limes selbst sollte durch das Einschieben neuer Kastelle und durch den Ausbau von Kleinkastellen zu größeren für Auxiliartruppen (wie z. B. in Stockstadt) verstärkt werden. An der bayerischen Maingrenze folgten nun auf Stockstadt die neuen Cohortenlager Niedernberg und Obernburg. Nördlich der Donau wurde der Grenzschutz durch die wahrscheinlich vor 100 erfolgte Begründung des Kastells Theilenhofen (*Iciniacum*) verbessert. Das Alenkastell Pförring wurde, nur 16 km von dem bereits bestehenden Alenkastell Kösching entfernt, angelegt[43]. Völlig rätselhaft bleibt die Geschichte und Aufgabe eines bei Faimingen am ehemaligen Donauufer angenommenen Kastells. Strategisch gesehen wäre es denkbar zwischen 77/90; die Funde setzen aber erst mit Traian um die Jahrhundertwende ein, zu einer Zeit also, in der dort eine Befestigung gegen alle andernorts getroffenen Feststellungen stehen würde. Wie so oft ist auch hier ohne große Grabungen eine Lösung nicht möglich[44]. Aus diesen Jahren kennen wir nur einen raetischen Statthalter; die Entlassungsurkunde für einen ausgedienten Soldaten vom 30. 6. 107 nennt Ti. Iulius Aquilinus. Halten wir fest: Der endgültige Übergang zur defensiven Haltung nördlich der Alpen und die Anlage einer recht engen Reihe von Kastellen an der Limeslinie sicherten dem Voralpenland über viele Jahrzehnte hin ungestörte Ruhe und schufen dadurch die Möglichkeit einer günstigen Entwicklung.

Ausbreitung der Besiedlung

Die früheste militärische Besetzung des Voralpenlandes beschränkte sich auf das Gebiet zwischen Iller und Lech, über den nach Osten nur der Stützpunkt bei Gauting hinausführte. Ausgehend von der ersten Kunststraße nach Italien, der *Via Claudia Augusta*, hatte sich mit der Verlegung der Garnisonen an die Donau ein bescheidenes Straßennetz entwickelt, das ursprünglich nur rein militärischen Zwecken diente. Diese Straßen besorgten die Verbindungen nach dem Mutterland und den Nachbarprovinzen sowie zwischen den Garnisonen untereinander. Die Abbildung S. 35 vermittelt eine Vorstellung vom Straßennetz um die Mitte des 1. Jahrhunderts n. Chr. Frühe zivile Siedlungen entstanden vor der Zeit des Kaisers Vespasian nur im Bereich dieser Straßen; meist sind es ehemalige Militärstationen. Dabei handelt es sich nur um Siedlungen mit ausschließlich römischen Hinterlassenschaften. Selbst in diesen gab es damals nur wenige Steinbauten; die meisten Privathäuser waren einfache Holzbauten oder Lehmfachwerk-Konstruktionen. Archäologische Spuren der einheimischen keltischen Bevölkerung, die ja ganz sicher noch lange überwogen hat, aus diesen Jahrzehnten sind sehr spärlich; sie beschränken sich auf eine kleine Gruppe von Skelettgräbern (Latène D 3 nach W. Krämer) in einem nicht sonderlich breiten Streifen von der Ostseite der mittleren Isar westwärts bis über den Lech. Das übrige Voralpenland hat uns bis heute aus dieser Zeit noch keine Funde erbracht.

Erst die Veränderungen der allgemeinen Situation unter Vespasian bewirkten eine Ausweitung des Siedlungsgebietes. Die Öffnung direkter Westverbindungen durch den Feldzug des Pinarius Clemens 73/74 und die Stationierung von Truppen an der Donau ostwärts von Weltenburg führten zur Anlage neuer Straßen und damit zur Erschließung bisher abseits liegender Teile im letzten Viertel des ersten Jahrhunderts. Die starke Vermehrung des archäologischen Fundstoffs zeigt uns an, daß um die Jahrhundertwende die meisten bekannten Siedlungsplätze begonnen haben. Mit den neuen Kastellen entstanden die Lagerdörfer, entlassene Veteranen ließen sich oft in der Nähe ihrer ehemaligen Standorte nieder, und so vermehrte sich die Zahl der Ansiedlungen und der Bewohner. Durch die neuen kürzeren Westverbindungen und die Angliederung des Limesgebietes nördlich der Donau verlagerte sich der Verkehr. Das Gebiet zwischen Iller und Lech verlor langsam seine Vorrangstellung. Dies ist bei Cambodunum besonders spürbar, das sich von da an nicht in der bisherigen Weise weiterentwickelt hat. Die wichtigsten Verbindungen zu den Zentren am Rhein führten ja jetzt durch das Limesgebiet nördlich der Donau. Hier waren die meisten Truppenteile stationiert, was ganz natürlich zu einer immer dichter werdenden Besiedlung führte. So nahmen diese Landstriche einen raschen Aufschwung und überflügelten in kurzer Zeit das Land südlich des Flusses, das schon lange vorher zum Reich gehört hatte.

Ein wirtschaftlicher Mittelpunkt entstand in diesen Gegenden beim heutigen Nassenfels, Ldkr. Eichstätt, wo sich ein beachtlicher Marktflecken entwickelte[45]. Durch den Zufallsfund einer Inschrift in der Friedhof-
Abb. 15 mauer kennen wir sogar den Namen, *vicus Scuttarensium*. Es ist zu vermuten, daß sich der Ortsname vom ursprünglich keltischen Namen des Flüßchens Schutter abgeleitet hat. Der blühende *Vicus Scuttarensium* entwickelte sich zu einer Ausdehnung von 450 × 250 m und enthielt eine Reihe mächtiger Steinbauten, wie jenen von 63 × 35 m oder einen anderen von 31 × 13 m, ein größeres Badegebäude, Töpferöfen und verschiedene Werkstätten. Und doch ist unser Wissen darüber recht gering, da nie größere Plangrabungen durchgeführt wurden und das umfangreiche Fundmaterial noch nicht aufgearbeitet werden konnte.

Größere Städte und Marktflecken, etwa der Art wie Nassenfels, gab es in der ersten Hälfte des 2. Jahrhunderts nur wenige in Raetien. Eine größere Ansiedlung lag südlich der heutigen Stadt Neuburg, von der man zufällig einen umfangreichen Friedhof entdeckte[46]. Von einem weiteren größeren Vicus in Günzburg[47], der sein Wachstum der Lage an der Straße Augsburg–Mainz und dem wichtigen Donauübergang zu den Grenzkastellen verdankte, ist heute außer den Kulturschichten infolge der mittelalterlichen und neuzeitlichen Überbauung nur noch wenig vorhanden. Ein anderer kleiner Marktort bei Pocking[48], Ldkr. Passau, entstand wenig südlich der Grenzkastelle und bestätigt, daß die Bedürfnisse der Grenztruppen den Siedlungscharakter Raetiens entscheidend geprägt haben. Lagen aber Marktorte wie Epfach *(Abodiacum)* und Gauting (*Bratananium*) weitab von der Grenze, so kamen sie nur durch ihre Lage an Straßenkreuzungen oder Flußübergängen als Handels- und Umschlag-
Abb. 16 plätze zu Bedeutung. In Gauting[49] fallen einige Steinbauten durch ihre Größe auf. Neben einer öffentlichen Therme ist dies besonders ein rechteckiger Bau von 34,5 × 18,5 m, dessen Verwendungszweck nicht völlig geklärt ist. Er könnte ein großes Lagerhaus, ein *Horreum*, gewesen sein. Seine Lage an einem großen etwa quadratischen Platz mit Kiespflaster (ein Forum?) zusammen mit einem als Rasthaus gedeuteten Bau, läßt es nicht ausgeschlossen erscheinen, daß der große Bau eine *Basilica* war. Bei den Ausgrabungen wurde in beiden Gebäuden je ein Münzschatz in Brandschichten geborgen, der in traianischer bzw. hadrianischer Zeit endigt[50]. Teile Bratananiums sind damals einer Brandkatastrophe zum Opfer gefallen. Da wir nichts von Kämpfen in jener Zeit wissen und nach der allgemeinen politischen Lage keine vermuten können, scheint es sich um einen lokalen Brand gehandelt zu haben. Dieses Feuer zerstörte auch
Abb. 17 das Haus eines Händlers mit Töpfereierzeugnissen (*negotiator artis cretariae)*, in dessen Lager bei der Ausgrabung noch 250 Krüge ganz oder
Abb. 49 in Scherben und mehr als ein Dutzend Venusstatuetten aus weißem Pfeifenton aufgefunden wurden – ein weiterer Hinweis auf die Funktion des Ortes als Handelsplatz.

Die hauptsächliche Siedlungs- und Wirtschaftsform war aber nicht der Marktflecken und das Dorf, sondern der große einzelne landwirtschaftliche Gutshof, die *Villa rustica*. Um ein meist prächtig ausgestattetes Herrenhaus gruppierten sich die Wirtschaftsgebäude, Ställe und Werkstätten sowie die Wohnungen der Landarbeiter. In der ersten Hälfte des 2. Jahrhunderts wurden diese Gutshöfe allmählich in der in Italien üblichen Bauweise ausgebaut; die bedeutendsten Bauwerke dieser Art mit reichen Mosaiken und Wandmalereien entstanden erst in der zweiten Hälfte des 2. Jahrhunderts, weshalb später auf sie näher einzugehen sein wird.

Als ähnlich bevorzugtes Siedlungsgebiet wie der Limesstreifen nördlich der Donau erwies sich nur noch der norische Chiemgau. Die Gründe dafür waren hier jedoch anderer Art. Die gute Verkehrslage an der großen Fernstraße über Salzburg und Augsburg und die Nähe des Municipium Iuvavum haben zur Besiedlung ebenso beigetragen wie die klimatisch günstigeren Verhältnisse. Der größte Ort in diesem Gebiet war *Bedaium* (Seebruck, Ldkr. Traunstein), in dessen römischem Namen die keltische Bezeichnung für den Chiemsee weiterlebte[51]. Wo die Alz den Chiemsee verläßt, war an der Brücke der Römerstraße *Iuvavum—Augusta Vindelicum* schon zu Zeiten des Kaisers Claudius, vielleicht durch Verlagerung einer nahen keltischen Siedlung, ein Vicus entstanden, der sich, nach der Menge der geborgenen Funde zu urteilen, recht gut und rasch entwickelt hat. Die Mehrzahl der Häuser war allerdings stets aus Holz, und bemerkenswerte Steingebäude für öffentliche Einrichtungen kamen bis jetzt noch nicht zum Vorschein. Doch mußten sich die bisherigen Ausgrabungen auf wenige eng begrenzte Notuntersuchungen beschränken. Eine größere Ansiedlung scheint noch bei Tacherting[52], Ldkr. Traunstein, gewesen zu sein; schöne Mosaikböden wurden schon Anfang des 19. Jahrhunderts freigelegt. Leider sind weder Mosaiken noch Pläne erhalten. Ebenfalls über den Rahmen eines Gutshofs hinaus ging die Siedlung bei Karlstein, Ldkr. Berchtesgaden, von der rund ein Dutzend kleinere Steinbauten und ein umfangreicher Friedhof ausgegraben wurden[53]. Diese Gräber lassen sich ganz gut datieren und erlauben uns so, auszurechnen, daß die durchschnittliche Bevölkerungszahl hier in den ersten zwei Jahrhunderten n. Chr. mindestens 60—80 Personen betragen haben muß. Die Lebensgrundlage für dieses Dorf war möglicherweise auch damals schon die Salzgewinnung.

Bei den übrigen zahlreichen Siedlungsstellen im Chiemgau wird es sich um mehr oder minder große Gutshöfe gehandelt haben. Wir wissen wenig von ihnen; von der einen Villa sind ein paar Mauerzüge bekannt, von der anderen einige Gräber. Neuere Ausgrabungen kleineren Umfangs haben nur in den Badegebäuden der Gutshöfe bei Waging, Ldkr. Traunstein und Bernau, Ldkr. Rosenheim, stattgefunden[54]. Ja selbst die am besten bekannte, erst vor wenigen Jahren aufgedeckte große Villa in Marzoll (*Marciolae*), Ldkr. Berchtesgaden, konnte in den Nebengebäuden nicht vollständig ausgegraben werden[55]. Der hier festgestellte Ausbau des Herrenhauses in Stein zur Zeit des Kaisers Hadrian (117—138) liefert uns einen Hinweis, wie es auch bei den anderen gewesen sein könnte.

Die Römerstraßen

Das ältere, geringe Straßennetz konnte natürlich den gestiegenen Bedürfnissen durch die vermehrten Truppenstandorte, die vergrößerten Garnisonen und die zunehmende Besiedlung nicht mehr genügen. Entsprechend den Gepflogenheiten im ganzen römischen Weltreich wurden bei uns die Straßen ihrer entscheidenden Bedeutung gemäß vermehrt, ausgebaut und gepflegt. Noch im ersten Jahrhundert entwickelte sich somit für Raetien und Noricum ein recht dichtes Straßennetz. Kenntnis von diesen Straßen verdanken wir einmal zeitgenössisch-römischen Straßenverzeichnissen und -karten, von welch letzteren die wichtigste der Augsburger Humanist Konrad Peutinger (1465—1547) entdeckt und bewahrt und ihr somit den Namen Tabula Peutingeriana verschafft hat. Ein Verzeichnis, *Itinerarium Antonini* nach dem Kaiser Antoninus Caracalla benannt, überliefert uns Verhältnisse von der Wende des zweiten zum dritten Jahrhundert. Diese Quellen, die nur die großen Haupt- und Durchgangsstraßen verzeichnen, liegen lediglich in mittelalterlichen Kopien vor und enthalten daher zahlreiche Schreib-, Lese- und Deutungsfehler. So bedürfen sie der Ergänzung durch die Erforschung und Feststellung von Resten ebendieser römischen Straßen im Gelände. Heute noch gut kenntlich an ihren geradlinigen
Abb. 3 Dämmen und den sie begleitenden Materialgruben, ziehen die ehemaligen römischen Straßen noch immer Hunderte von Kilometern durchs Land und stellen so das großartige Denkmal einer imponierenden technischen Leistung vor fast 2000 Jahren dar.

Schon frühzeitig wandte sich deshalb das Interesse der Forschung den Römerstraßen zu. Dem verdanken wir aus der ersten Hälfte des vergangenen Jahrhunderts manche Beschreibung von Teilstücken, die heute nicht oder nicht mehr gut auszumachen sind. Die fundamentale Wichtigkeit der Erforschung und Festlegung des Verlaufs der römischen Kunststraßen war den in Bayern tätigen Wissenschaftlern so klar, daß der technische Beirat der akademischen Kommission für die Erforschung der Urgeschichte Bayerns Ende des vergangenen Jahrhunderts ein groß angelegtes Programm für die Untersuchung und Beschreibung des römischen Straßennetzes in Bayern ausgearbeitet hat, das dann 1904 in den Beiträgen zur Anthropologie und Urgeschichte Bayerns veröffentlicht wurde[56]. Ein breiter Erfolg blieb jedoch diesen Bemühungen ebenso wie den noch intensiveren Arbeiten der 20er und 30er Jahre dieses Jahrhunderts versagt. Wir verdanken aber diesen Studien eine Reihe ausgezeichneter Straßenbeschreibungen, insbesondere aus dem Westen Bayerns. Gleichwohl sind viele Straßenzüge überhaupt noch nicht erforscht. Die intensive Umgestaltung der Landschaft durch Flurbereinigungen, technische Neuanlagen, neue Siedlungen etc. läßt die Römerstraßenforschung zu einem äußerst dringlichen Postulat werden, wenn wir nicht auf die Reste und Spuren im Gelände als Quellen in Bälde ganz verzichten wollen.

Noch sind vielfach Römerstraßen als überwachsene Dämme von 6—8 m Breite besonders im Waldgelände, wo der jahrhundertelange Ackerbau nicht nivellierend gewirkt hat, erhalten. Man kann sie relativ einfach erkennen, gibt es doch aus den vorrömischen Zeiten keine durchgehenden, künstlich angelegten Fahrbahnen. Im Mittelalter und in die Neuzeit hinein wurden ja keine Kunststraßen gebaut. In den prähistorischen Perioden benützte der Mensch durchaus Verbindungswege und Straßen; diese Verbindungen hatten sich aber ganz nach den natürlichen Gegebenheiten des Geländes entwickelt, sie umgingen Schwierigkeiten und behalfen sich nur selten mit einer kurzen Aufschüttung oder einem Stück Knüppeldamm. Es liegt auf der Hand, daß sich manche Römerstraße an den zweckmäßigen vorrömischen Verbindungen orientieren mußte. Hier begnügte man sich in römischer Zeit mit einem Ausbau der bestehenden Route. Neuanlagen wurden aber in einer möglichst kurzen und geraden Linie zwischen den zu verbindenden Orten geplant und ausgeführt. Man scheute sich nicht, hierfür einmal eine größere Steigung in Kauf zu nehmen und Flüsse abseits einer Furt mit einer Brücke oder durch eine Fähre zu überwinden. Die Fortschritte der Technik hatten hierfür die Voraussetzungen geschaffen. Dennoch wäre die schnurgerade Straßenführung nicht möglich gewesen ohne ein leistungsfähiges Limitationssystem, das einer systematischen römischen Landvermessung zugrunde liegen konnte.

Für den Bau der Straßen verwendete man das örtlich am günstigsten zur Verfügung stehende Material. Das war im Voralpenland der anstehende Kies, den man an Ort und Stelle beiderseits der Straße zur Aufschüttung des Dammes aushob. Daher finden wir heute noch entlang der Straßendämme in unregelmäßiger Reihung Materialgruben, die zu einem weiteren Charakteristikum für die römische Anlage werden. Nördlich der Donau im Jura wurde das anstehende Steinmaterial verwendet, aus dem die römischen Straßenbauer die Dämme in soliden Steinpackungen herstellten. Als vor einigen Jahren bei der Flurbereinigung in der Nähe von Hainsfarth am Nordrand des Ries eine so gebaute Straße aufgedeckt wurde, wirkte die Oberfläche noch wie gepflastert. Bei aller gegebenen Grundkonzeption blieb der Straßenbau dennoch nicht starr, sondern paßte die Bauweise im Einzelfall durchaus dem Gelände an, so daß wir gelegentlich Halbdämme bei Steigungen, Hohlwege, Knüppeldämme im Moor u. a. finden. Über die Arbeitskommandos, die diese Straßen bei uns angelegt haben, wissen wir praktisch nichts. Wahrscheinlich haben meist Truppenteile diese Arbeiten durchgeführt. Sicherlich waren später auch zivile Arbeitsgruppen beim Straßenbau tätig.

Pflege und Unterhalt der Straßen, zumindest solcher von strategischer Bedeutung, unterstanden der Aufsicht des Militärs. Hierzu dienten die sog. Benefiziarierstationen[57], Wachtposten alter gedienter Legionssoldaten (*beneficiarius consularis*), von denen wir einige an wichtigen Nachschubstraßen und an Straßen zwischen der vorderen Kastell-Linie kennen. In Bayern wissen wir durch erhaltene Weihesteine von solchen Benefiziarierstationen in Obergermanien bei Stockstadt und Obernburg am Abb. 18
Main[58] und in Noricum bei Seebruck am Chiemsee[58a], südlich Passau-Innstadt und bei Salzburg. Auch im Gebiet der Provinz Raetien selbst haben ähnliche Stationen bestanden, wohl bei Bregenz, vielleicht in *Pons Aeni* an der Innbrücke und im Limesgebiet; archäologisch nachweisen ließ sich bis heute noch keine. Wie intensiv die Pflege der Straßen gewesen sein

muß, haben Ausgrabungen an Straßendämmen gezeigt, wo durch dreimalige Auftragung einer neuen Kiesdecke die eingefahrenen Geleisespuren überdeckt und der Straßenkörper etwa 60 cm erhöht worden war[59]. Dem Schutz des Straßenverkehrs dienten vom 2. Jahrhundert an Straßentürme, die in regelmäßigen geländebedingten Abständen errichtet waren. Da als Baumaterial Holz verwendet wurde, konnte man bis heute natürlich nur wenige dieser Türme nachweisen. Der Fürsorge für den Straßenbenützer dienten Raststätten *(mansiones)*, die zur Verpflegung, für die Übernachtung und zum Pferdewechsel zur Verfügung standen[60].

Abb. 19 Bis zu 3 m hohe und 75 cm breite, zylindrische Meilensäulen unterrichteten den Reisenden über die Entfernungen, die er bis zu seinem Ziel noch zurückzulegen hatte. In praktischem Sinn verband man mit dem Angenehmen gleich das Nützliche und machte die Meilensteine durch die Vermerkung des Namens des Kaisers und seiner Verdienste um die Straße zu einem Instrument der kaiserlichen Propaganda.

Bei der großen Bedeutung der Römerstraßen ist die Frage durchaus angebracht, wie wir uns nun den Verkehr darauf vorzustellen haben. In erster Linie sollte die Straße den Bedürfnissen der Truppen dienen, die zu Fuß oder zu Pferd unterwegs waren. Der Nachschub für die Garnisonen kam ebenfalls auf diesen Wegen. Vorwiegend wird man dafür einen zweirädrigen Wagen verwendet haben, manchmal vielleicht einen Wagen mit vier Rädern und gelegentlich auch außerhalb der Alpen Tragtiere.

Abb. 20 Ähnlich wickelte sich der private Gütertransport ab. Dem Personenverkehr dienten prächtige Reisewagen, die auf vier Rädern einen geräumigen, kastenartigen Aufbau hatten. Diese Kastenwagen waren außen mit

Abb. 22 hübschen Bronzefiguren und -beschlägen verziert[61] und beförderten vornehme Personen, die im Innern saßen oder auf einem Ruhebett lagen. Eilige Kuriere überbrachten ihre Nachrichten sicherlich zu Pferd, während die meisten Reisenden sich wohl mehr zu Fuß als zu Pferd fortbewegt haben dürften.

Das Straßennetz[62] der Provinz Raetien war auf die Provinzhauptstadt Augusta Vindelicum als Mittelpunkt orientiert. Hier endete die älteste Verbindung nach Italien, die *Via Claudia Augusta*, hier liefen auch die anderen Straßen nach dem Süden über die Schweizer Alpenpässe zusammen, hierher führte auch die erst im 2. Jahrhundert ausgebaute Brennerstraße über *Vipitenum* (Sterzing) – *Veldidena* (Wilten, Stadt Innsbruck) und *Parthanum* (Partenkirchen), hier lief die Fernstraße vom Balkan über Salzburg an den Rhein nach Mainz durch, hier begann die Straße ins Limesgebiet und nach Regensburg. Diese Verbindung Augsburg–Regensburg ist durch einige Meilensteine recht gut bekannt[63]. Sie war 96 römische Meilen = 142 km lang und führte von Augsburg zunächst nach Norden an *Summuntorium* (Burghöfe) vorbei über den Lech und über die Donau bei Stepperg, wo man vor Jahrzehnten noch die Reste der Brücke gefunden hat; von dort berührte die Straße den *Vicus Scuttarensium* (Nassenfels), die Kastelle *Germanicum* (Kösching) und *Celeusum* (Pförring), überquerte wieder die Donau bei Eining *(Abusina)*, um dann, die Donauwindungen abschneidend, über Abbach, Untersaal, Großberg und Ziegetsdorf von Süden Regensburg zu erreichen. Mit am besten erhalten ist ein

Teilstück der Straße nach Salzburg zwischen Amper und Mangfall, wo sie sich in den großen Wäldern kilometerweit als schnurgerader Damm hinzieht. Wie viele andere Querverbindungen wurde diese Route auch noch bis ins hohe Mittelalter benützt, allerdings ohne daß irgendwelche Ausbesserungen vorgenommen wurden. Ein Zeuge dieses mittelalterlichen Verkehrs ist die Ministerialenburg in der »Römerschanze« bei Grünwald, Ldkr. München, die bis ins 12. Jahrhundert den Isarübergang zu schützen hatte.

Ein Kaiser in Raetien

Mit Hadrian (117–138) war ein Kaiser zur Herrschaft gelangt, der seine Aufgaben anders betrachtete als sein doch mehr dem traditionellen römischen Denken verhafteter Vorgänger. Die Provinzen sah er als vollwertige und gleichberechtigte Glieder seines Reiches an und bemühte sich, durch eine Reform in der Verwaltung seine Gedanken zu realisieren. Seine Wertschätzung der griechischen Kultur mag manches dazu beigetragen haben. Bei dieser Geisteshaltung bemühte sich der Kaiser, alle Teile des Reiches kennenzulernen und überall selbst nach dem Rechten zu sehen. Im Laufe von 13 Jahren bereiste er fast das ganze Imperium, studierte die finanzielle Leistungsfähigkeit der Provinzen, ordnete Bauten und Anlagen an und traf Entscheidungen, die sich noch Jahrhunderte danach segensreich auswirkten. Hadrians Ziel war die wirtschaftliche Entwicklung der Grenzprovinzen, aus denen der Ersatz für die dort stationierten Truppenteile rekrutiert werden sollte und deren Wirtschaft die Versorgung der Grenzgarnisonen selbst zu übernehmen und dadurch für die Vereinfachung des Nachschubs zu sorgen hatte. Dem lagen militärische Überlegungen nicht in erster Linie zugrunde; denn noch war das römische Reich so stark, daß die Grenzlinie nie als schützende Befestigung, sondern als Instrument der Waren- und Personenkontrolle angesehen wurde.

Seine erste Reise führte Hadrian 120/121 zunächst nach Gallien und von da nach Germanien, wo er Maßnahmen zur Festigung der Manneszucht bei den Truppen traf, die Verwaltung ordnete und den Grenzverkehr regelte. Von Obergermanien aus hat der Kaiser dann Raetien besucht. Erstmals erfahren wir so vom Aufenthalt eines Kaisers in Raetien. Nach allem, was wir wissen, scheint vorher nur selten ein Mitglied des Kaiserhauses zu uns gekommen zu sein. So können wir uns vorstellen, welch glanzvollen Empfang die Provinzhauptstadt *Augusta Vindelicum* dem Kaiser bereitete. Hadrian war von der Stadt, die kurz vorher der ca. 55–120 lebende Geschichtsschreiber P. Cornelius Tacitus als die »*splendidissima Raetiae provinciae colonia*« (glanzvolle Koloniestadt der Provinz Raetien) bezeichnet hatte, so angetan, daß er ihr Stadtrecht verlieh und sie zum *Municipium Aelium Augustum* erhob. Daß die Stadt nunmehr den Geschlechtsnamen des Kaisers aus der Familie der Aelier führen durfte, sollte an diese Stadterhebung erinnern.

Nachdem wir von Hadrians Sorge um den Grenzverkehr in Germanien wissen, wurden seit jeher von der Forschung gewisse Maßnahmen am Limes in Obergermanien und Raetien in diese Jahre datiert und mit seinem Besuch in Zusammenhang gebracht. Bisher haben wir uns die Grenze zum freien Germanien als eine Art Schneise oder Grenzlinie vorzustellen, die in Abständen von Holztürmen bzw. hölzernen Aussichtsplattformen zu überwachen war. Nun wurde zur Regelung des Grenzverkehrs und als Grenzsperre die ganze Limeslinie mit einer hohen Palisade aus Eichenstämmen abgeschlossen. Es liegt nahe, in dieser Anlage, die natürlich mit archäologischen Methoden nicht genau datiert werden kann, das Ergebnis einer Anordnung Hadrians zu sehen. Dies wäre zwar denkbar bei Strecken wie bei Weißenburg und Theilenhofen, wo die Limeslinie später gleichgeblieben ist. Auch für das Ostende des raetischen Limes nördlich Pfünz bis Eining an der Donau läßt sich diese Version aufrechterhalten, wenn wir von der älteren Annahme einer späteren Vorverlegung der Strecke um einige km abrücken und in der bekannten Linie zugleich die erste Anlage sehen. Schwierigkeiten macht aber diese Interpretation für den Winkel, in dem der obergermanische und der raetische Limes zusammenstoßen. Hier wurde die letzte Linie, von der wir die Palisade nachgewiesen haben, sicherlich erst unter Hadrians Nachfolger Antoninus Pius (138–161) erreicht, und trotz intensiven Suchens konnte keine ältere, hadrianische Linie, die zu den Kastellen Cannstatt-Köngen-Heidenheim-Oberdorf-Munningen-Gnotzheim gehören würde, gefunden werden. Und dabei war gerade hiernach mit nicht geringem Aufwand und z. T. erheblicher Fachkenntnis geforscht worden, war doch seit der 1892 durch Th. Mommsen angeregten Gründung der Reichslimeskommission der Limes mit seinen Problemen ein bevorzugtes Ziel der deutschen provinzial-römischen Forschung. Die vollständig erschienenen Bände des Sammelwerkes: »Der obergermanisch-raetische Limes des Römerreichs«, legen hiervon ein beredtes Zeugnis ab[64]. Trotz alledem bleiben hier, wie wir gesehen haben, noch viele Fragen offen.

Die Maßnahmen Hadrians am Limes waren durch seinen Besuch in Germanien und Raetien in der Vergangenheit zweifellos erheblich überschätzt worden. Seiner »Heeresreform« hatte man alle nicht näher datierbaren Anlagen, Kastellgründungen und Neuformierungen von Truppen zugesprochen. Auf die Widersprüche bei der Zuweisung der Errichtung der durchgehenden Limespalisade an Hadrian wurde hingewiesen. Bei keinem der Cohorten- und Alenkastelle am Limes ließ sich die Erbauung unter Hadrian sicher nachweisen; in vielen Fällen sprechen sogar die Funde eindeutig dagegen. So bleibt nur noch die Aufstellung der *Numeri*, einer leicht bewaffneten Truppe in kleineren Formationen speziell zur Grenzüberwachung, die auf Hadrian zurückgeführt wurde. Wenn auch der Name damals zuerst auftritt und wir mit neuen Organisationsformen für diese Truppenart in jener Zeit rechnen müssen, so kann dennoch von einer Neuschöpfung keine Rede sein. Wie uns u. a. das Kleinkastell Unterschwanningen beweist, gab es schon viele Jahrzehnte früher Hilfskontingente mit ähnlicher Aufgabenstellung, aus denen später dann die Formationen der Numeri hervorgegangen sind. So zeigt sich, daß außer der unbedeutenden Verlegung einzelner Truppen und eben den wahrscheinlichen Änderungen in der Organisation der *Numeri*[65] unter Hadrian nur geringfügige bautechnische Verbesserungen am Limes ausgeführt wurden. Für größere Maßnahmen bestand keine Notwendigkeit, die Lage an den Grenzen gegen die Germanen war ruhig, und die Provinzen an Rhein und Donau erfreuten sich einer ungetrübten wirtschaftlichen und kulturellen Blüte.

Ein einzigartiges Dokument zur Geschichte Raetiens und Noricums verdanken wir dem Kaiser Hadrian. Zur Erinnerung an seine ausgedehnten Reisen ließ er in seinen späteren Jahren Reiseerinnerungsmünzen, meist Sesterzen (Großbronzen), prägen, deren Rückseite auf die besuchten Provinzen und Nationen Bezug nahm. In 4 verschieden Gruppen von Darstellungen wurde entweder der Ankunft des Kaisers, seiner Reformtätigkeit, seiner Fürsorge für das örtliche Heer oder allgemein der Provinz gedacht. Für Noricum kennen wir zwei Gruppen von Prägungen mit *ADVENTVI AVGusti NORICI* (RIC 904) und *EXERCITVS NORICVS* (RIC 927), für Raetien nur die Art mit *EXERCITVS RAETICVS* (RIC 928–930)[66]. Wir erfahren dadurch, daß das raetische Heer, *Exercitus Raeticus*, ein feststehender militärisch-administrativer Begriff gewesen ist; auf seine Zusammensetzung und Gliederung wird später einzugehen sein. Erstaunen muß hervorrufen, daß bei der Exercitus-Raeticus-Prägung, von der es drei verschiedene Rückseitentypen gibt, verschiedentlich Soldaten den *Aquila*, den Legionsadler, tragen, obwohl damals in Raetien keine Legion gestanden hat. Ob hierfür Gründe vorlagen oder nur der Stempelschneider sich geirrt hat, läßt sich heute noch nicht entscheiden. Nicht näher geklärt ist noch eine Gruppe von Kleinbronzen Hadrians (Nominale: *Semis* und *Quadrans* = $^1/_4$ und $^1/_2$ As), die mit der Rückseite auf die norischen (Erz-?) Bergwerke, die *METalla NORica*, Bezug nehmen[67]. Die allgemein gehaltene Bezeichnung scheint anzudeuten, daß damals auch andere Erze, wie Silber, Kupfer, Blei, Galmei und Zink, in den Ostalpenländern abgebaut wurden. Bei der Frage nach dem Anlaß für diese Prägungen könnte man an eine teilweise Besitznahme der Erzgruben durch den Kaiser denken.

Abb. 23, 24

Abb. 25

Verstärkung der Grenzwehr

In der Zeit des nachfolgenden Kaisers Antoninus Pius (138–161) fallen besonders Maßnahmen auf, die an vielen Orten zur Verbesserung der Abwehrkraft der Limeslinie getroffen worden sind. Mehrfach wurden biegungsreiche Strecken des Limes durch neue gerade und kürzere Trassierungen ersetzt und mit der schon bekannten Palisade abgeschlossen. Die in Holz-Erde-Bauweise errichteten Wehranlagen der Kastelle ersetzte man durch hohe Steinmauern mit festen Türmen und Toren, ebenso wie man die hölzernen Limestürme durch mehrstöckige Steinbauten ersetzte. Eine ganze Reihe von Kleinkastellen und einzelne größere Kastelle wurden zusätzlich in die bestehende Linie eingeschoben. Es könnte in dieser Zeit oder etwas später gewesen sein, daß man schadhaft gewordene Palisadenstrecken durch ein zaunartiges Flechtwerkhindernis ersetzte, wenn nicht überhaupt der Flechtwerkzaun älter als die Palisade ist.

Diese Vorgänge lassen sich im einzelnen am Limes in der Wetterau erkennen, wo von verschiedenen Kastellen durch Inschriften oder Grabungsbefunde der Steinausbau für die Zeit des Antoninus Pius feststeht. Auch am Mainlimes, der bereits in den ersten Jahren Traians durch die Errichtung von Cohortenlagern in Stockstadt, Obernburg und Groß-Krotzenburg und dann später noch durch den Neubau der Cohortenlager in Seligenstadt und Niedernberg ausgebaut wurde, läßt sich trotz schlechten Forschungsstandes die Antoninische Verstärkung aus dem Umbau in Stein von Stockstadt[68] und der Neuanlage des Kleinkastells Wörth und des Cohortenkastells Miltenberg ersehen. Viele Zeugnisse dieser Bautätigkeit erbrachte der Odenwald-Neckar-Abschnitt; der steinerne Ausbau der Befestigung ist bezeugt für das Castell Neckarburken-Ost durch den *Numerus Brittonum Elantiensium*, für die sieben Kleinkastelle von *Numeri Brittonum* im Odenwald und allein für fünf Wachtposten mit Türmen durch Inschriften aus den Jahren 145/146 ebenfalls im Odenwald[69]. Aber noch während oder kurz nach all diesen Arbeiten wurde um die Mitte des Jahrhunderts die gesamte Limeslinie südlich des Mains um 20—30 km nach Osten verlegt, wodurch der tief einspringende Winkel der Grenze zwischen Raetien und Obergermanien erheblich verkürzt werden konnte. In einer fast schnurgeraden Linie zog nun der Limes vom Main bei Miltenberg nach Südosten über die Kastelle Walldürn, Osterburken, Jagsthausen, Öhringen, Mainhardt, Murrhardt, Welzheim bis Lorch, wo er auf den raetischen Abschnitt traf. Eine vor 161 zu datierende Bauinschrift aus dem Cohortenkastell Jagsthausen zeigt uns, wann die Maßnahme beendet war.

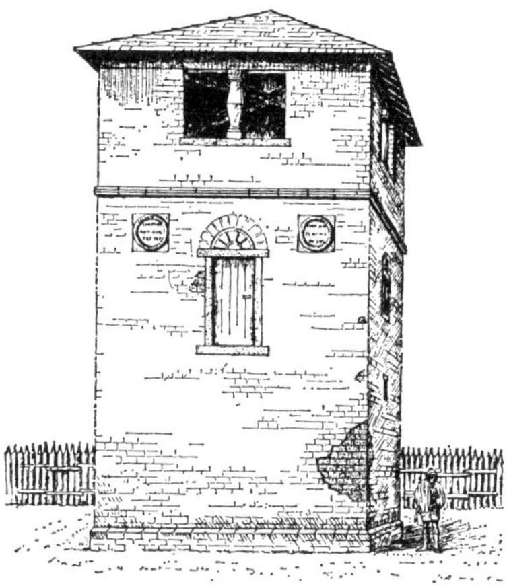

Für den raetischen Limes ist diese Frage nach dem Zeitpunkt der Vorrückung vom Neckar in die äußere Linie von größter Bedeutung, stieß doch sein westlicher Teil unmittelbar an die äußere Linie des obergermanischen Limes an, muß also trotz aller früher vorgebrachter Bedenken mit ihr gleichzeitig entstanden sein. Die gleichzeitige und einheitlich geplante Anlage dieser westraetischen Strecke bestätigt meines Erachtens weiter die ähnlich geradlinie Fortführung nach Westen bis in die Gegend Aalen und Buch, die gleichmäßige, enge Stationierung von Auxiliartruppen im besonders gefährdeten Winkel mit den Kastellen Lorch, Schierenhof, Unterböbingen, Aalen und Buch und schließlich noch das Fehlen jeder andernfalls vorauszusetzenden Zwischenlinie zwischen Lorch und

Abb. 34

Köngen oder Bad Cannstatt. Es sei aber nicht verschwiegen, daß eben auf dieser wichtigen Linie der Forschungsstand besonders schlecht und das Fundmaterial recht spärlich ist.

Südlich Dinkelsbühl kommt der raetische Limes dann auf das Gebiet des heutigen Freistaates Bayern. Das erste Kastell danach ist das nach dem Ort Ruffenhofen benannte, in der Gemeinde Wittelshofen, das spätestens in der Zeit des Antoninus Pius angelegt worden sein müßte. Man wird allerdings ohne neue Arbeiten im Gelände und bei der Fundanalyse nicht zu verlässlichen Feststellungen kommen können.

Rekonstruktion eines steinernen Limesturmes im Odenwald (nach Baatz).

Wie schwer und mühsam der Weg zu gültigen Folgerungen ist, mag einmal am Beispiel des westlich nächstfolgenden Kastells Dambach dargelegt werden. Dieses Kastell war für einen Numerusverband unmittelbar am Limes angelegt worden, um den durch einen Limesbogen eigens einbezogenen Hesselberg abzusichern; seine Begründung könnte sich gut in die Sicherungsmaßnahmen aus der Frühzeit des Antoninus Pius einreihen lassen. Dem scheint jedoch die Aussage der 68 dort gefundenen römischen Münzen zu widersprechen. Die Münzreihe beginnt mit 5 Stück aus der Republik, einem Augustus, 2 Vespasian, 2 Domitian und einem Nerva, 7 Traian und 3 Hadrian, bevor sie dann mit Antoninus Pius auf 13 Stücke steigt, und legt somit eine frühere Gründung nahe. Nun waren aber gerade diese älteren Gepräge, soweit sie ganz sicher als Funde bezeugt sind, so schlecht erhalten, daß sie gewiß lange Zeit im Umlauf waren. Nachdem die Silbermünzen aus der Republik bis ins 3. Jahrhundert und die Bronzemünzen aus der 2. Hälfte des 1. Jahrhunderts und dem 2. Jahrhundert mindestens bis ans Ende des 2. Jahrhunderts in Gebrauch blieben, lassen sich diese Stücke hier nicht für die Datierung verwenden. Wir sehen, wie subtil und differenziert jede Auswertung vor sich gehen muß. Und auch dann ist der Erfolg nicht immer sicher; eine große, 220 × 300 m messende, rechteckige Schanze mit Wall und Graben südlich des Hesselbergs bei Aufkirchen hat trotz Ausgrabungen ihr Alter noch nicht eindeutig verraten.

Für den Ausbau des Limes an der Ostseite des raetischen Bogens ist die Quellenlage besonders günstig. Von fünf der bis zur Donau folgenden sieben Kastelle haben wir Bauinschriften, die uns dokumentieren, daß Gnotzheim *(Mediana)* im Jahre 144, Pfünz *(Vetoniana)* zur Zeit des Antoninus Pius, Kösching *(Germanicum)* und Pförring *(Celeusum)* 141 und Eining *(Abusina)* zwischen 139 und 161 in Stein ausgebaut wurden. Ohne im Fundbestand eine Stütze zu haben, können wir vermuten, daß die eingeschobenen Numeruskastelle Gunzenhausen, Ellingen, Oberhochstadt und Böhming damals angelegt wurden. Wenn das große Kastell bei Theilenhofen *(Iciniacum)* tatsächlich schon vortraianisch ist, so wurde es zumindest wie das Kastell Weißenburg *(Biriciana)* um die Jahrhundert-

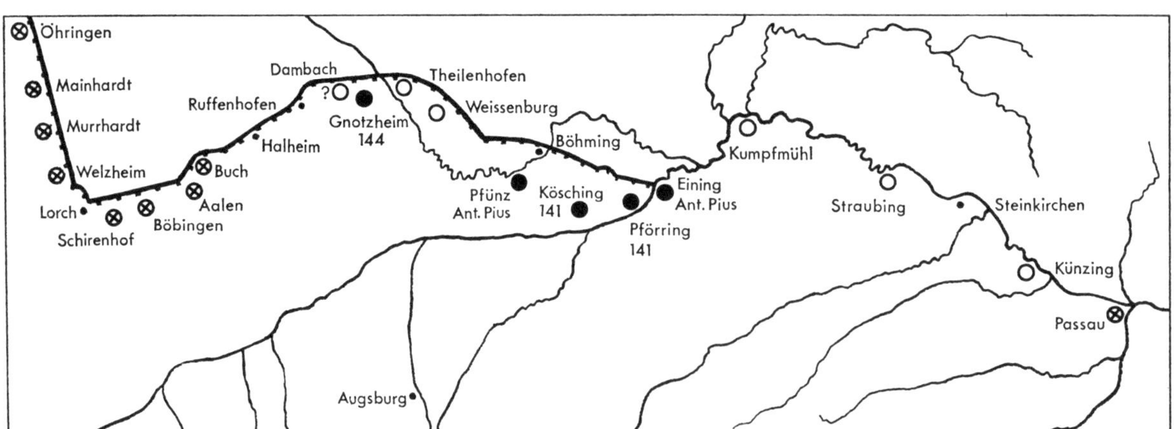

Bautätigkeit am Limes unter Antoninus Pius. Signaturen: Dicker Punkt = Steinausbau durch Inschriften bezeugt, Kreis = Steinausbau durch den Grabungsbefund wahrscheinlich, Kreuz = Neuanlage.

mitte in Stein umgebaut. Auch der »nasse« Limes entlang der Donau war in diese Bautätigkeit einbezogen; Straubing *(Sorviodurum)* präsentierte sich seit dieser Zeit nach dem Ergebnis der Ausgrabungen ebenso als Steinkastell wie Künzing *(Quintana)* und das neue kleine Zwischenkastell bei Steinkirchen. An der Provinzgrenze nach Noricum wurde im Bereich der heutigen Altstadt Passau 139/141 neu ein Kastell für die 9. Batavercohorte errichtet[70], das von der Truppe den Namen *Batavis* erhielt, der dann an die heutige Stadt überging.

Ähnliche Zeugnisse vermehrter Bautätigkeit finden sich ebenfalls in Noricum und weiter die Donau hinunter, so daß wir nicht umhin können, bei der Verstärkung unserer Limeslinie eine einheitliche Planung anzunehmen. Solche erheblichen Aufwendungen, von denen wir ja bestimmt nur einen Teil kennen, wurden nicht ohne Grund und Notwendigkeit gemacht. Die Reichsverteidigung sah sich veranlaßt, die Abwehrwirkung an dieser Grenze zu erhöhen, da Völkerbewegungen und Unruhen hinter der Grenze ganz konkret befürchten ließen, daß die latente Krise schnell militärisch akut werden könnte. Die bevorstehenden Auseinandersetzungen mit den germanischen Stämmen, die später sogenannten Markomannenkriege, scheinen sich bereits abgezeichnet zu haben. Ob es Zufall ist, daß sie Raetien gerade in jenem Abschnitt zwischen Gnotzheim und Eining besonders trafen, von dem wir die meisten Anzeichen intensiver Bautätigkeit haben? Das militärische Schwergewicht hatte sich seit den Tagen des Tiberius (14—37) eindeutig vom Rhein zur Donau hin verschoben. Dies zeigt besonders die Verteilung der Legionen, der Kerntruppen der römischen Armee. Standen zunächst 8 Legionen am Rhein, so waren es unter Antoninus Pius noch 4, während 10 Legionen und bald noch mehr den Schutz an der Donau besorgen sollten.

Die römischen Kastelle der mittleren Kaiserzeit waren alle nach einem einheitlichen Schema angelegt, das ganz unabhängig von der Gegend und dem verwendeten Baumaterial für Legionen genauso verbindlich war wie, natürlich kleiner, für Auxiliarformationen. Die Anlagen bildeten ein Rechteck mit abgerundeten Ecken, welches von einem Erdwall mit hölzerner Brustwehr oder einer Mauer von über 4 m Höhe umgeben war; außen schützten einer oder mehrere Gräben das Ganze. Die Innenfläche wurde durch ein rechtwinkliges Straßenkreuz aufgeteilt, das auf die 4 Tore orientiert war. Die etwa in der Mitte jeder Seite gelegenen Tore waren von zwei hohen Türmen, die Ecken und die Zwischenstrecken von je einem Turm geschützt. Von dem meist feindwärts gerichteten Haupttor, der *porta praetoria*, führte die *via praetoria* zu dem in der Mitte des Lagers gelegenen Stabsgebäude, den *principia*. Die *principia* enthielten die Verwaltungs- und Amtsräume, die Waffenkammern, eine Versammlungshalle und das Fahnenheiligtum, das die Feldzeichen und Götterbilder und in einem Keller die Lagerkasse enthielt. Vor den *principia* verband als Haupt- und Appellstraße die *via principalis* das linke mit dem rechten Principaltor. In der zwischen *porta praetoria und via principalis* gelegenen, meist größeren Lagerhälfte, der *praetentura*, befanden sich die Kasernen für die Mannschaften. Diese waren meist als schlichte Baracken für je eine Hundertschaft, eine *centuria*, gebaut, welche in zehn oder mehr kleinen Doppelräumen zu je 8 Mann, dem *contubernium*, untergebracht war. Im rückwärtigen Teil des Lagers zur *porta decumana* hin, der *retentura*, waren neben dem Kommandantenhaus, eine Art Unteroffizierskasino und verschiedene Versorgungseinrichtungen, gegebenenfalls auch Ställe und ein *horreum* untergebracht. Dieses Vorratshaus enthielt die Verpflegungsvorräte für die Soldaten, die ja mit Naturalverpflegung in Form ungemahlenen Getreides versorgt wurden. Die Soldaten hatten in ihren Unterkünften das Getreide zu mahlen und entsprechend zu kochen, weshalb sich dort auch stets Herde befanden. Außerhalb der Umwehrung eines Kastells lag das immer zugehörige Kastellbad mit Schwitzbad, Kalt- und Warmwasserwannen. Gerade auf Badehygiene legte der Römer, ganz gleich, ob Militär oder Zivilist, besonderen Wert. Beliebt war es, sich nach einem Schwitzbad im Warmbad zu reinigen, in einem Bassin mit kaltem Wasser abzukühlen und dann in einem mäßig beheizten Raum zu ruhen.

Die ziemlich vollständige Rekonstruktion eines Kastells auf der Saalburg[71] bei Bad Homburg über den alten Grundmauern verdanken wir romantischer Begeisterung um die Jahrhundertwende. Trotz aller zeitbedingter Mängel vermag sie den Eindruck eines römischen Lagers noch heute gut zu vermitteln und der Phantasie Brücken zu schlagen. In Bayern ist das Cohortenkastell *Abusina* bei Eining[72] an der Donau am vollständigsten ausgegraben und am besten konserviert. Schon Aventin hatte 1507 das Kastell erwähnt, und stets war die Erinnerung durch die Flurbezeichnung »Burg« lebendig geblieben. Als erster begann der Eininger Ortspfarrer Schreiner 1879 mit Grabungen, die dann später von General Popp und zuletzt vom Bayerischen Landesamt für Denkmalpflege bis zum Ende des ersten Weltkrieges fortgeführt wurden. Manche Fragen natürlich, die wir heute klären könnten, hat man mit den damaligen Methoden nicht zu lösen gewußt. Trotzdem ist der Platz und die Konservierung der Mauerreste so eindrucksvoll, daß man den Besuch nur empfehlen kann. Allerdings wird sich der Besucher zunächst etwas schwertun, die oben geschilderten Grundsätze für den Lagerbau in den konservierten Grundrissen wiederzufinden. Zwar haben wir hier den üblichen rechteckigen Grundriß mit vier Toren, Tor-, Eck- und Zwischentürmen, mit der Umwehrung und den Gräben, doch ist die ganze Anlage asymmetrisch. Diese Abweichung vom üblichen Schema ergab sich dadurch, daß ursprünglich die Nordseite gegen den Abstieg der Römerstraße zum Donauübergang als Praetorial-(Feind-)front gedacht war, diese aber dann noch während des Baues auf die Ostseite verlegt wurde. Bei dem konservierten Grundriß von Eining finden wir in der Lagermitte die *Principia* mit Halle, Innenhof, den Verwaltungsräumen und dem halbrunden Fahnenheiligtum. Südlich des Mittelgebäudes sehen wir heute die Grundmauern eines kleinen, stark bewehrten spätrömischen Kastells, das nach der Mitte des 3. Jahrhunderts eingebaut wurde. Diese Einbauten erschweren natürlich dem unvorbereiteten Besucher die Auseinandersetzung mit dem ursprünglichen Grundriß; am besten wählt man sie als höchsten Punkt zum Platz für die Überschau. Mit Blickrichtung nach Norden sieht man zwischen Principia und Kastellmauer Gebäudeteile, z. T. mit Fußbodenheizung,

Abb. 27
Abb. 28

18

19

20

18 *Weihestein von der Beneficiarierstation in Obernburg:* Iovi Optimo Maximo, IVNONI REGINAE ET GENIO LOCI C. IVLius SERVANDVS BeneFiciarius COnSularis LEGionis VIII AVGustae POSVIT IDIBus IVLiis ALBINO ET AEMILIANO COnSulibus *(= Dem besten und größten Jupiter, der Königin Juno und dem örtlichen Genius hat C. Jul. Servandus,* beneficiarius consularis *der 8. augustäischen Legion ›dieses Denkmal‹ gesetzt am 15. Juli während des Konsulats des Albinus und Aemilianus) 206/227 n. Chr. H. 126 cm.* — **19** *Meilenstein aus Isny (201 n. Chr.). Oben Kaisernamen und Titulatur, unten* »VIAS ET PONTES RESTituerunt/A CAMBoduno Milia Passuum/XI« *(= . . . haben Straßen und Brücken wiederhergestellt, von Kempten 11 Meilen). H. 154 cm.* — **20** *Vierrädriger Wagen mit Faß, Fragment von einem Grabdenkmal, aus Augsburg. H. 61 cm.*

21 *Ehemals vergoldete Rückseite eines Reliefspiegels mit der Darstellung der 3 Grazien, gef. 1973 in einem Gräberfeld des Kastells Pförring. Dm. 9,3 cm. Veröffentlicht: H.-J. Kellner, Drei Grazien aus Bayern. Festschrift J. Werner (1974) 191—196 und G. Zahlhaas, Römische Reliefspiegel, Katalog der Prähistorischen Staatssammlung 16 (1975).* — **22** *Bronzestatuette des Bacchus, gef. 1793 an der Römerstraße im Ebersberger Forst. H. 22 cm.*

22

23

24

25

23 *Sesterz des Hadrian, Rückseite mit* EXERCITVS RAETICVS. *Vergrößert.* — **24** *Die verschiedenen Varianten der Prägungen Hadrians auf das raetische Heer. Originalgröße.* — **25** *Bronzemünzen Hadrians auf die* METALLA NORICA. *Originalgröße.* — **26** *Römische Waffen der mittleren Kaiserzeit aus Raetien. Von links Schwert L. 88,3 cm, Ringknaufschwerter mit tauschiertem Dosenortband, Dolch und Lanzenspitzen, unten Schildbuckel und -fessel, Schwert und Pilum.*

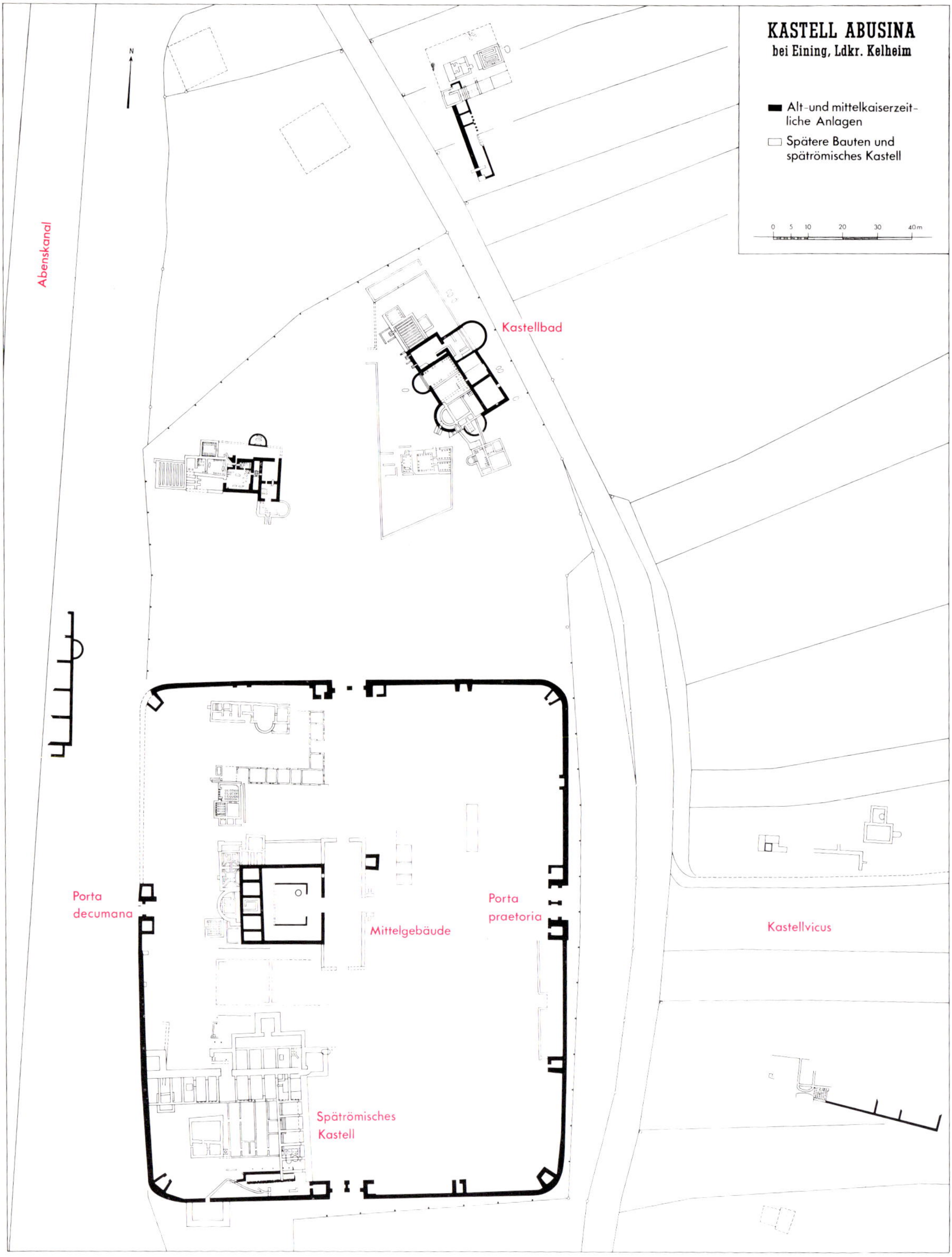
KASTELL ABUSINA
bei Eining, Ldkr. Kelheim
Alt- und mittelkaiserzeitliche Anlagen
Spätere Bauten und spätrömisches Kastell
0 5 10 20 30 40 m
N
Abenskanal
Kastellbad
Porta decumana
Porta praetoria
Mittelgebäude
Kastellvicus
Spätrömisches Kastell

28

27 *Grundriß des Kastells Eining; schwarz = älteste Mauern, hell = spätere Bauten und Befestigung. Am linken Bildrand = Abenskanal. M. nicht ganz 1 : 600.* **28** *Luftaufnahme des Kastells Eining mit den konservierten Mauerresten; oben = früherer Donaulauf, in der Mitte = Principia.* — **29** *Soldat im Schuppenpanzer mit Schwert, Lanze und Schild auf einem Grabstein aus Eining. H. 84 cm.* — **30** *Paradebeinschiene aus Regensburg. L. 37 cm.* — **31** *Paradeschildbuckel, wie einer aus der gleichen Werkstatt in Miltenberg gefunden wurde. H. 24 cm.* — **32** *Spitze eines Beneficiarierabzeichens aus dem Waffenfund von Künzing. L. 29 cm.*

30

31

32

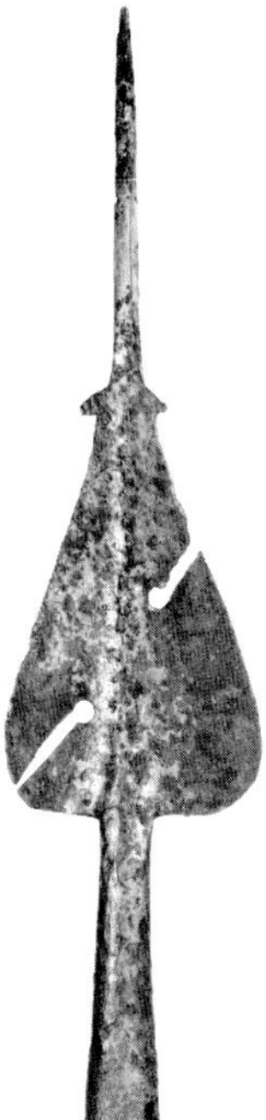

29

33 *Die Biburg bei Pförring im Gelände. In der Bildmitte über Eck als erhöhtes Rechteck das ehemalige Kastell.*

34

35

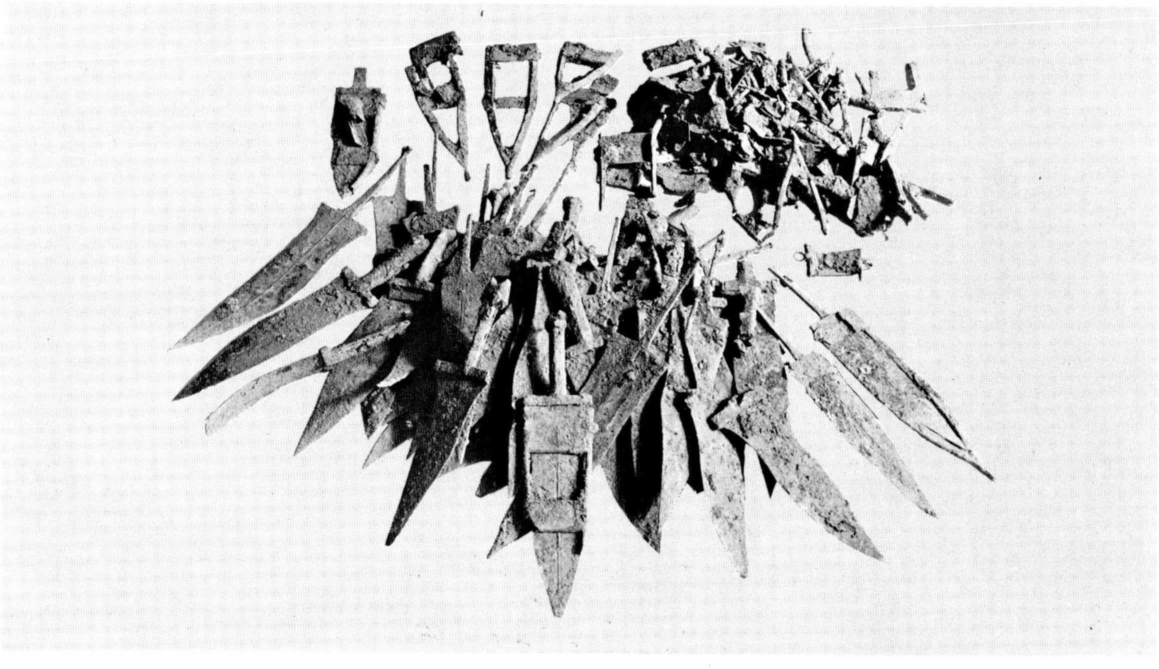

34 *Rekonstruierte Kastellecke von Köngen, Steinausbau zur Zeit Traian/Hadrian.*
35 *Dolche aus dem Waffenfund von Künzing im Zustand der Auffindung.*

die erst nachträglich in der ersten Hälfte des 3. Jahrhunderts eingebaut wurden. Weiter nach Norden außerhalb des Kastells liegt westlich der Straße ein gut beheiztes Wohngebäude, in der älteren Literatur als »Kommandantenvilla« angesprochen. Ostwärts der Straße, die zumindest auf dieser Seite auf ca. 200 m von einer offenen Säulenhalle *(Porticus)* begleitet war, lagen die mehrfach umgebauten Kastellbäder. In der Osthälfte des Lagers standen in Nord-Süd-Richtung die Mannschaftsbaracken. Vor dem Osttor breitete sich weit nach jeder Richtung anstelle der heutigen Äcker, Hopfengärten und Wiesen ein stattliches Lagerdorf *(Vicus)* aus, in dem es mächtige Gebäude von mehr als 50 m Länge gab. Leider ist in diesem Vicus, wie in allen anderen Lagerdörfern in Raetien, niemals planmäßig ausgegraben worden.

Außer in Eining kann man einen Kastellgrundriß nur noch in Weißenburg[73] in der Nähe des Bahnhofs studieren, wo über dem Boden nicht mehr viel erhalten ist, aber wenigstens der Zug der Mauern markiert wurde. Gut zeichnet sich außerdem noch die Situation der Kastelle Pfünz, Böhming und Pförring im Gelände ab. Das derzeit am besten erforschte Kastell in Raetien ist das in Künzing *(Quintana)*[74]. Obschon sich die beiden letzten Bauperioden in Stein durch die Wiederverwendung der Steine für die Bedürfnisse des mittelalterlichen und neuzeitlichen Dorfes und infolge des Ackerbaus nur noch in Resten erhalten haben, waren die Spuren der ältesten Innenbebauung aus der Zeit zwischen 90 und 120 n. Chr.

Abb. 33

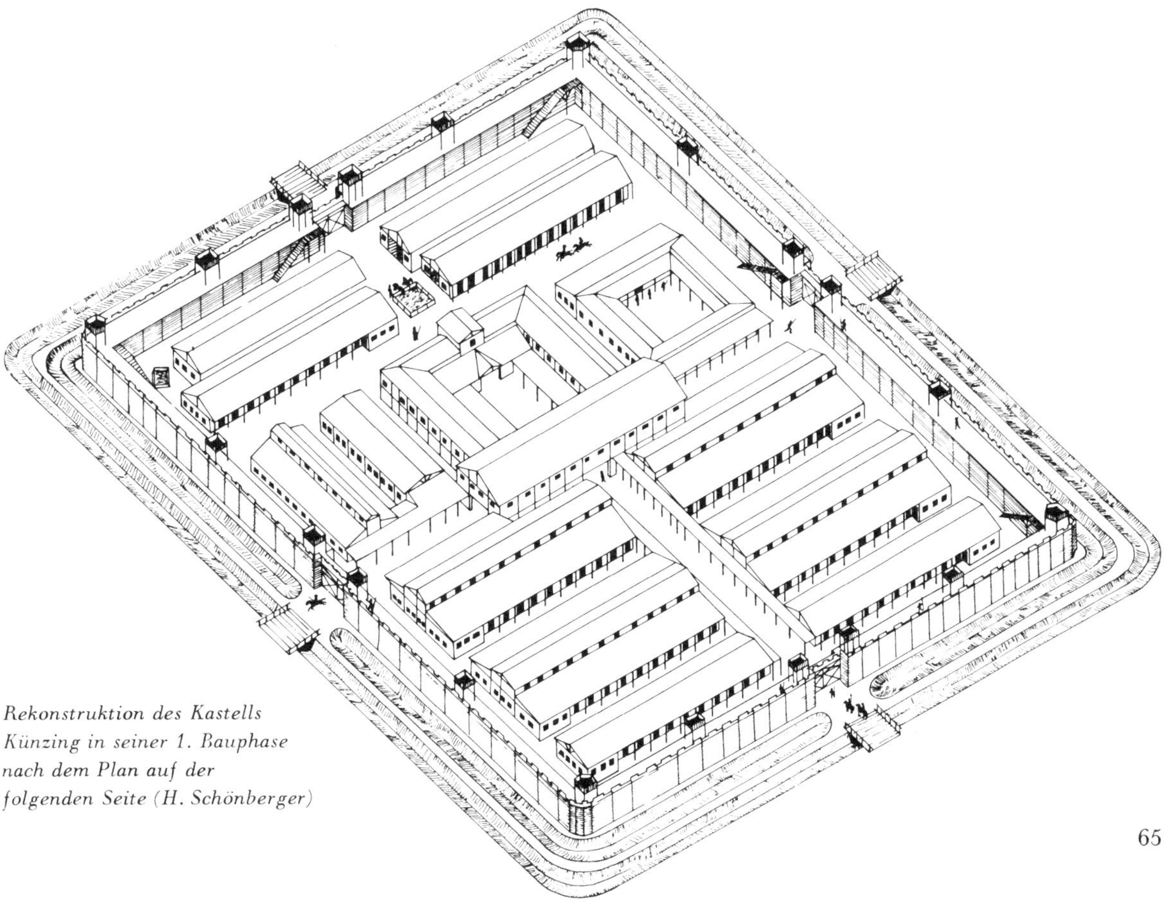

Rekonstruktion des Kastells Künzing in seiner 1. Bauphase nach dem Plan auf der folgenden Seite (H. Schönberger)

Das Kastell Künzing in seiner ersten Periode von ca. 90—120 n. Chr. Besatzung damals wahrscheinlich die 3. Thrakercohorte römischer Bürger mit einer Reiterabteilung. Außen ein Kastellgraben. Innenbauten in Holz: 1—4, 6—9, 18 Mannschaftsbaracken, 11 Kommandantenhaus, 13 Vorratsspeicher, 17 und 21 Wasserbehälter, 12 Principia, 14 Valetudinarium, 19 und 20 Ställe, 5, 10, 15 und 16 unbekannt. M. 1 : 2000 (nach Schönberger).

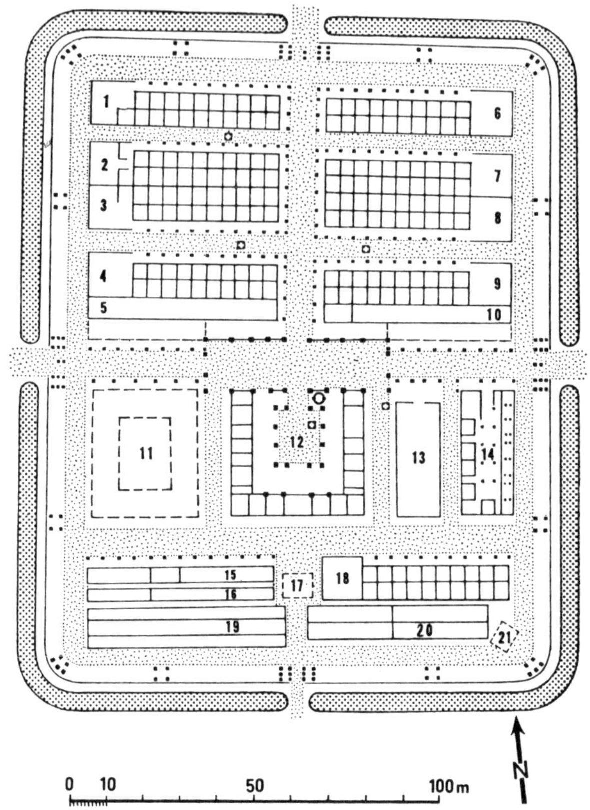

im Boden so gut bewahrt, daß sich eine vollständige Rekonstruktion ergab. Vor der *via principalis*, die z. T. durch die Vorhalle des Mittelgebäudes überdacht war, befanden sich die Mannschaftsbaracken der 3. berittenen Thrakercohorte römischer Bürger. Diese Baracken, für jeweils eine Centurie bestimmt, hatten eine charakteristische genormte Form mit 10 kleinen Raumpaaren für die Contubernien zu 6 oder 8 Mann und einem größeren Barackenkopf für den Centurio. Links neben dem Mittelgebäude war die Wohnung des Kommandanten als Atriumbau, rechts ein *horreum* (Magazin) und ein kleines *valetudinarium* (Lazarett). Ergänzt wurden die Lagerbauten im rückwärtigen Teil durch Ställe und Werkstätten.

Das raetische Heer

Als eigener, fest umrissener Begriff tritt uns der *exercitus Raeticus*, das raetische Heer, durch die Münzprägung unter Hadrian erstmals entgegen. Daß die Truppen in der Provinz eine eigene Gruppe gebildet haben, bestätigen uns darüber hinaus Inschriften, in denen Soldaten oder Chargen als Angehörige dieser Heeresgruppe bezeichnet wurden[75]. Aus

dem 1. Jahrhundert kennen wir kaum einen der hier stationierten Truppenteile mit Namen. Erst mit Beginn des 2. Jahrhunderts wissen wir durch die sogenannten Militärdiplome ziemlich genau Bescheid. Die Militärdiplome[76] sind Urkunden auf Bronzetafeln, durch die Auxiliarsoldaten mitsamt ihren Frauen und Kindern, meist anläßlich ihrer ehrenvollen Entlassung, die Verleihung des römischen Bürgerrechts bestätigt wurde. Sie stellen die Abschrift eines in Rom im Tempel des Augustus verwahrten Originals dar. Bis heute wurden aus Raetien ganz oder in Fragmenten 28 solcher Militärdiplome gefunden. Mit nur einer Ausnahme stammen sie aus dem Zeitraum von 107—168 n. Chr. Gleich das erste Militärdiplom vom 30. 6. 107 ist auch das am vollständigsten erhaltene. Es nennt uns mit 4 Alen und 11 Cohorten die Gesamtstreitmacht der Provinz.
Die Auxiliarformationen des römischen Heeres hatten im allgemeinen einen Mannschaftsstamm von rund 500 Mann, und zwar sowohl die Kavallerie-Einheiten (*Alae*) als auch die Infanterieformationen (*Cohortes*). Seltener waren Doppelalen (*Alae milliariae*) und Doppelcohorten (*Cohortes milliariae*) sowie Cohorten mit einer berittenen Abteilung (*Cohortes equitatae*). Alen gliederten sich in Turmen, Cohorten in Centurien. Daneben gab es die im Rang niedriger stehenden kleineren Grenzwachtformationen, die seit Hadrian *Numeri* genannt wurden, und die Elitetruppen, die Legionen, von denen damals keine in Raetien oder Noricum stand. Die im Weißenburger Militärdiplom für 107 genannten Truppenteile stammten ursprünglich aus den verschiedensten europäischen Provinzen des Reiches. Von ihnen waren nur zwei in Raetien selbst aufgestellt worden (*Coh. I* und *II Raetorum*), die meisten in Spanien (*Ala I Hispanorum Auriana*, *Coh. II* und *V Bracaraugustanorum* und *Coh. VI Lusitanorum*), in Thrakien die *Ala I Augusta Thracum*, die *Coh. III Thracum veterana* und *Coh. III Thracum civium Romanorum* und je eine Cohorte in Gallien (*Coh. IV Gallorum*), Pannonien (*Coh. I Breucorum*[76a]), England (*Coh. III Britannorum*) und Niedergermanien (*Coh. III Batavorum milliaria*), während zwei Alen sich aus verschiedenem Volkstum rekrutierten (*Ala I singularium civium Romanorum pia fidelis* und *II Flavia pia fidelis milliaria*). Später wurden die Truppenteile ohnedies aus der Provinz selbst oder den benachbarten Bezirken ergänzt. Da die Truppenteile ihre Garnisonen wechselten und die inschriftlichen Zeugnisse spärlich sind, ist es für die erste Hälfte des 2. Jahrhunderts noch nicht möglich, eine lückenlose Stationierungsübersicht zu geben.
Bald nach 107 verließen die *Ala I Augusta Thracum* und die *Coh. III Batavorum milliaria equitata* die Provinz Raetien, deren Heer durch die *Ala Gemelliana*, die *Coh. II Aquitanorum c. R.* (= *civium Romanorum*, d. h. römischer Bürger), die *Coh. IV Tungrorum* und eine *Vexillatio* (ein Sonderkommando) der *Coh. II Tungrorum milliaria* verstärkt wurde. Die 4. Tungrercohorte rückte nach 125 wieder ab und wurde durch die *Coh. I Flavia Canathenorum* aus dem Orient ersetzt. Für den jüdischen Feldzug Hadrians mußte 132 das raetische Heer drei Formationen abstellen (*Coh. I Breucorum c. R.*, *III Thracum c. R.* und *III Bracaraugustanorum*), die z. T. erst nach 139 wieder zurückgekehrt sind. Mit diesen zurückgekehrten Truppen und der 139/141 neu nach Passau verlegten *Coh. IX Bata-*

vorum milliaria equitata unterstanden dann vorübergehend dem Kommando in Raetien 4 Alen und 14 Cohorten. Durch die Abkommandierung der *Vexillatio* der 2. Tungrercohorte nach 153 und der *Ala I Hispanorum Auriana* vor 162 ergab sich gegen Ende der sechziger Jahre mit 3 Alen und 13 Cohorten ungefähr wieder der alte Bestand. Neben den Namen des Empfängers, seiner Frau und seiner Kinder, neben deren Herkunft, dem Datum und allen Truppenteilen in der Provinz geben die Diplome jeweils noch den Oberkommandierenden an. Wir kennen dadurch als Procuratoren Raetiens für 107 Ti. Iulius Aquilinus, für 147 C. Iulius Rufus, für 153 Ulpius Victor, für 153/157 T. Varius Clemens und für 166 T. Desticius Severus.

Die Ränge und Laufbahnen im römischen Heer waren genau festgelegt und streng geschieden, und zwar sowohl nach Dienstgrad und -stellung als auch nach der Bezahlung. Die Stabsoffizierlaufbahn blieb in den ersten zwei Jahrhunderten dem ritterlichen Adel, die Führungsstellen dem senatorischen Adel vorbehalten; der Aufstieg in eine höhere Laufbahn war selten. In Inschriften werden die verschiedensten Dienstgrade genannt. Selbst einfache Soldaten stifteten gelegentlich Weihesteine oder bekamen würdige Grabsteine, wie z. B. jener Iulius aus der *Ala II Flavia milliaria* in Heidenheim, der nicht Soldat (*miles*), sondern entsprechend dem höheren Ansehen der Reiterei Reiter (*eques*) genannt wurde. Es erinnert an die Namensschildchen, die so viele von uns noch in ihre Uniformen einnähen mußten, wenn wir ein kleines Bronzetäfelchen in Eining finden, mit dem der Schütze (*pedes*) Statutus aus der Centuria des Sextilius seine Ausrüstung kenntlich gemacht hat. Welcher Anlaß mag wohl den Wachtmeister (*optio*) Flavius Raeticus der *Ala Auriana* in Weißenburg 153 bewogen haben, für das Heil des Antoninus Pius sein Gelübde an Merkur mit einem Weihestein zu erfüllen? Und als die erste Breucercohorte in Pfünz aufgrund eines Gelübdes dem Gott Sedatus einen Weihestein setzen wollte, beauftragte sie den Unteroffizier (*decurio*) Iulius Maximus mit der Ausführung. Man könnte es sich gut vorstellen, daß es die Sorge um ein krankes Kind gewesen ist, die den Hauptmann (*centurio*) C. Restitutus Restutianus und seine Frau Iulia Honorata veranlaßt hat, dem Jupiter und allen Göttern einen Gelübdestein zu setzen, der später im Kloster Seeon vermauert war. Entsprechend ihrer hervorragenden Stellung kommen natürlich die Kommandanten (*praefecti*) der Truppenteile inschriftlich öfters vor. 211 weihte T. Flavius Felix, der Praefect der 3. britannischen Cohorte, in Eining einen Altar an das Kaiserhaus und die Capitolinische Trias Iupiter, Iuno und Minerva. Aus Haunsheim stammt ein Grabstein, den Lucius Noreius Fortunatus, Praefect der *Coh. III Thracum veterana*, seiner geliebten Gattin gesetzt hat, und aus Nassenfels ein Denkmal, das P. Crepereius Verecundianus, Praefect der ersten Breucercohorte, seiner verstorbenen Frau Valeria Honorata gewidmet hat.

Außerordentlich zahlreich sind Funde von Waffen[77] und Ausrüstungsgegenständen von Kastellplätzen, wo sie bei Brand, Zerstörung oder sonstigen Anlässen in den Boden gelangt sind. Da die Waffen kein persönliches Eigentum waren, kommen sie in Gräbern als Beigaben nicht vor.

Die wichtigste Waffe des römischen Soldaten war das Schwert, von dem wir mehrere Typen kennen. Vom 2. Jahrhundert vor bis ins 2. Jahrhundert n. Chr. kämpfte der römische Legionar mit einem zweischneidigen Kurzschwert (*gladius*), das sich im Nahkampf vor allem als Stich-, aber auch als Hiebwaffe bewährte. Die zugehörige Scheide war manchmal ebenso reich verziert wie der Griff. Dem Auxiliarsoldaten stand hauptsächlich ein schmaleres, ebenfalls zweischneidiges Langschwert (*spatha*) zur Verfügung, das mit 65–95 cm wesentlich länger war und vornehmlich als Hiebwaffe diente. Die meist einfachere Scheide endigte in einem Dosenortband[78], in dem die Schwertspitze ruhte und die gelegentlich kunstvoll gearbeitet war. Da der kurze Gladius gegenüber den großen Barbaren nicht genügen konnte, wurde er im 2. Jahrhundert allmählich von der Spatha verdrängt. Daneben kam damals für ein Jahrhundert als Übernahme von östlichen Reitervölkern das Ringknaufschwert mit schmaler Klinge für den Reiterkampf auf. Getragen wurde das Schwert an einem mit Schnallen und Plättchen verzierten Wehrgehänge, das entweder als Koppel oder als Schulterriemen ausgebildet war. Am Wehrgehänge befand sich immer auch noch ein Dolch (*pugio*), für dessen Form die Einziehung der Klinge im oberen Drittel und der Mittelknoten am Griff typisch sind. Gerade in der ersten Hälfte des 1. Jahrhunderts n. Chr. sind die Dolchscheiden außerordentlich reich geschmückt. Die mit einem Holzfutter zum Schutz der geschliffenen Schneide versehene Eisenscheide war tauschiert und mit Niello- oder Emaille-Einlagen versehen. Die tauschierten Muster – Einlegearbeiten mit feinen Metalldrähten aus Silber oder Messing – überzogen die ganze Vorderseite der Dolchscheide oder waren mit Emaille-Einlagen oder schwarz-blauem Niello (Schwefelsilber) kombiniert. Später kamen dann nur noch unverzierte Dolche vor.

Abb. 26

Abb. 1

Neben diesen typischen Waffen für den Nahkampf standen dem römischen Soldaten noch entsprechende Fernwaffen zur Verfügung. Die wichtigste und gefürchtetste davon war das *Pilum*, eine Art Wurflanze mit einem bis zu 80 cm langen vierkantigen Eisenschaft und kleiner Spitze; durch eine große Tülle war die Eisenspitze an einem längeren Holzschaft befestigt. Die Wirkung eines gut geworfenen Pilum war verheerend; es konnte Schild und Panzer durchdringen und so die geschlossene Abwehr der Schilde aufbrechen. Ein besonders schönes Exemplar der nur vereinzelt ganz erhaltenen Pila wurde beim Kastell Eining[79] gefunden. Zahlreiche Funde von Lanzenspitzen aus allen unseren Kastellen zeigen, daß die Wurf- und Stoßlanze für Fußsoldaten und Reiter (*hasta*) allgemein verwendet wurde. Mit Pfeil (*sagitta*) und Bogen (*arcius*) waren hauptsächlich Spezialeinheiten aus Afrika und dem Orient ausgerüstet, wie etwa die aus dem Hauran stammende Garnison in Straubing, die *Cohors I Flavia Canathenorum milliaria sagittariorum*. Seltener werden bei uns armbrustartige Bogen mit mechanischer Spannvorrichtung und einfache Schleudern mit Schleudergeschossen aus Stein, weniger Blei und Ton, in Gebrauch gewesen sein. Schwerere Geschütze gehörten zur Ausrüstung der Legionen und kamen bei Hilfstruppen nur manchmal vor.

Abgesehen von diesen Angriffswaffen, zählten natürlich die Schutzwaffen Helm, Panzer und Schild zur normalen Ausrüstung. Der Helm (*galea*), dessen ältere Form uns bereits durch das Fundstück von Burlafingen bekannt ist, erfuhr bis zum 3. Jahrhundert eine Entwicklung in Richtung auf eine zweckmäßigere Anpassung an die Kopfform. Er ist meist aus Bronze gegossen und getrieben; Eisen als Material kommt äußerst langsam auf. Ganze Exemplare mit den zugehörigen Wangenklappen sind wenige auf uns gekommen; meistens wurden nur kleinere Fragmente gefunden. Das gleiche gilt für den Panzer (*lorica*), der aus Metallschuppen, Kettengliedern oder Schienen (6–8 cm breiten Eisenbändern) zusammengesetzt war. Der Schild (*scutum*) war aus doppelt geschichtetem Holz gearbeitet und mit Leder überzogen. In der Mitte befand sich ein rundes Loch für die haltende Faust. Diese hielt den Schild an der Schildfessel und war durch einen bronzenen oder eisernen Schildbuckel geschützt. Die Legionäre trugen einen großen, rechteckigen, nach der Breite gewölbten schweren Schild, die Auxiliarsoldaten einen kleineren, ovalen oder rechteckigen, die Reiter einen runden oder sechseckigen. Abb. 29

Bei den damaligen Möglichkeiten der Nachrichtenübermittlung kamen den Feldzeichen als Mittel der Truppenführung besondere Bedeutung zu; ihre genaue Zuordnung ist noch nicht voll geklärt. Berühmt ist der Adler (*aquila*) der Legionen, ein Stangenfeldzeichen mit Aufsatz in Tierform. Außerdem gab es Stangenfeldzeichen mit Querholz (*vexilla*) für die Reiterei, solche mit Scheiben (*signa*) für die Infanterie-Einheiten, solche mit Drachen (*draco*) für die Numeri und Lanzenfeldzeichen für die Beneficiarier. Abb. 32

Neben all diesem haben uns Funde, wie der berühmte Schatzfund von Straubing, Ausrüstungsgegenstände und Schutzwaffen erbracht, die so reich verziert sind, daß sie nicht für den Kampf gedient haben können, sondern Parade- oder Ehrenwaffen gewesen sein müssen[80]. Zu dieser Gruppe gehören Gesichtshelme, Schilde, Beinschienen für Reiter und Kopf- und Augenschutz für Pferde. Solche Helme bestehen aus zwei Teilen und ahmen mit der Vorderseite ein vollständiges Gesicht nach. Da sie immer in zwei Arten vorkommen, einem griechischen und einem orientalischen Typ, werden durch diese Funde antike Nachrichten bestätigt, wonach bei Reitervorführungen[81] im römischen Heer zwei Parteien mit Gesichtshelmen mitgewirkt haben. Die Schildbuckel der Zierschilde, die Beinschienen der Paraderüstungen, die Kopfschutzplatten und Augenschutzkörbe für die Pferde waren mit getriebenen Darstellungen geschmückt, die der römischen Soldatenreligion entstammten. Ungeklärt mußte bis heute bleiben, ob Paraderüstungen und Reiterspiele auf thrakische Vorbilder zurückgingen oder ob hier etruskische Tradition weiterlebte. Abb. 139, 140 Abb. 31 Abb. 30 Abb. 76

Die Ausrüstung des römischen Heeres war im allgemeinen recht einheitlich. Den höchsten Stand an Gleichartigkeit erreichte sie jedoch in der Mitte des 1. Jahrhunderts n. Chr., so daß wir für diese Zeit von einer regelrechten Uniform im modernen Sinne sprechen können. Waffen und Rüstungsteile waren im ganzen weiten Römischen Reich ziemlich gleich. Es muß allgemeine Vorschriften oder Musterbücher gegeben haben, nach denen die Ausrüstung in zentralen Waffenfabriken (*fabricae*) und in Werkstätten bei den einzelnen Lagern hergestellt wurde.

Ein einmaliger Sammelfund von Eisenwaffen, der 1962 bei der Ausgrabung im Kastell Künzing[82] in der Gegend der ehemaligen Waffenkammer (*armamentaria*) entdeckt wurde, gibt einen Überblick über die Bewaffnung und Ausrüstung der römischen Auxilien in der ersten Hälfte des 3. Jahrhunderts und damit einen Einblick in eine Waffenkammer der damaligen Zeit. Der Fund enthält 16 Kurzschwerter, z. T. mit Riemenhaltern und Ortbändern, 51 Dolche, meist mit Scheiden, eine Signumspitze, 35 Lanzenspitzen, Geschoßspitzen, Kettenpanzerteile, Beinschienen, 6 Beile, 12 schwere Kreuzhauen, 20 schlankere Kreuzhauen, 7 Pionieräxte, 12 Hacken, 34 Haumesser, Nägel und Zeltpflöcke sowie 29 Schlösser mit Handschellen und Ketten, die zur Fesselung von etwa 60 Kriegsgefangenen ausgereicht haben könnten. Diese Gegenstände tragen — meist allerdings wegen des verbrannten Zustandes nur noch schlecht leserlich — z. T. die eingepunzten oder eingeritzten Namen der ehemaligen Besitzer. Da es im römischen Heer überhaupt üblich war, Waffen und Ausrüstungsgegenstände zu kennzeichnen, tragen manche mehrere Namen.

Die Markomannenkriege

Abb. 36 Marc Aurel (161—180) sah sich schon bald nach dem Beginn seiner Regierung einer äußerst schwierigen Situation gegenüber, die den Bestand des Reiches ernsthaft bedrohte. Die Markomannenkriege brachen, einem verheerenden Unwetter gleich, über den Nordteil des Reiches herein; wir können in ihnen heute die Vorboten der Völkerwanderungszeit erkennen. Im Norden und Osten Europas waren Völkerschaften in Bewegung geraten und hatten andere mit sich gerissen, so daß weithin an den Grenzen des Reiches zahlreiche germanische und pontisch-skythische, aber auch keltische und dakische Volksstämme erschienen, wo sie sich Land erhofften, erbaten oder forderten.

Als erste brachen die Chatten 162 in Obergermanien und Raetien ein. Gleichzeitig drohten im Norden Britanniens Aufstände, überschwemmten die Parther mit ihren Reiterscharen Armenien und brachten dem syrischen Statthalter eine vernichtende Niederlage bei. Noch konnten jedoch die Chatten ohne Mühe durch den nach Obergermanien entsandten C. Aufidius Victorinus zurückgedrängt werden. Raetien scheint damals kaum in Mitleidenschaft gezogen worden zu sein; es gibt jedenfalls keine Hinweise auf wesentliche Zerstörungen. Im ganzen wurde die Lage an der Donau noch nicht als bedrohlich empfunden, da um 162 die *Ala I Hispanorum Auriana* aus Raetien, die *Legio II Adiutrix* aus *Aquincum* und andere Truppen zur Verstärkung des Orientheeres abgezogen wurden. Dort allerdings waren größere militärische Anstrengungen nötig, bis es dem Mitkaiser L. Verus mit seinen Unterfeldherren und dem verstärkten Feldheer in mehrjährigem Ringen gelang, die Parther zurückzuwerfen. Der rasche Abschluß eines Friedens und der unverzügliche Rücktransport des Feldheeres sollte alle Möglichkeiten schaffen, den bedrohlichen Entwicklungen jenseits der Donaugrenze zu begegnen. Da griff die vom Heer

aus dem Orient eingeschleppte Beulenpest (*lues*) so rasch um sich, daß nicht nur die Schlagkraft des durch den harten Orientfeldzug ohnehin erholungsbedürftigen Heeres wesentlich vermindert wurde, sondern auch die Entvölkerung ganzer Landstriche die Versorgung mit Lebensmitteln ins Stocken brachte und akute Hungersnot entstand. Während somit einerseits durch diese fürchterlichste Epidemie des Altertums das militärische und zivile Leben im Reich gelähmt war, bildete sich jenseits der Grenzen die gewaltigste Koalition von Gegnern, der Rom bis dahin gegenübergestanden war.
So wurde der Druck der Barbaren übermächtig, und die ersten starken Germanenhaufen überschritten, wohl in mehreren Wellen, die Donau 167 an der norisch-pannonischen Front. Der Kaiser sah sich genötigt, ein mehr als hundert Jahre altes Vorrecht abzuschaffen und in Italien selbst Aushebungen anzuordnen; es wurden die 2. und die 3. italische Legion aufgestellt. Der Mannschaftsschwund durch die Seuche und dann der Tod des Verus zu Beginn des Jahres 169 ließen eine von der Operationsbasis Aquileia aus geplante Offensive zunächst nicht zum Tragen kommen. Da brachte die vernichtende Niederlage eines römischen Teilheeres von 20000 Mann in Pannonien die Markomannen und Quaden bis Italien, wo sie Aquileia belagerten und *Opitergium* (Oderzo) zerstörten[83]. Pannonien und Noricum wurden jetzt von feindlichen Scharen überflutet; auch Raetien dürfte von Noricum her zu leiden gehabt haben. Die Not der Provinzen und die Bedrohung Italiens selbst zwangen Rom zu außerordentlicher Anspannung aller Kräfte. Unter dem bekannten Feldherrn Q. Antistius Adventus wurde ein Sonderkommando zum Schutz Italiens gebildet, die *Praetentura Italiae et Alpium*[83a], der die beiden neuen Legionen angehörten. Der Kaiser Marc Aurel versuchte nun an der Spitze des Feldheeres in Pannonien die Lage wiederherzustellen. Dies gestaltete sich außerordentlich schwierig, überschritten doch donauabwärts immer weitere Stämme den Fluß, und so nahmen die Kämpfe immer größeres Ausmaß an. Daß die dakischen Kostoboken plündernd bis *Achaia* gelangen konnten und die afrikanischen Mauren in Spanien einfielen, illustriert gut die schwierige Lage des Reiches. Auch an Main und Rhein griffen um 169 die Chatten erneut an, wie uns u. a. ein großer Gold- und Silberschatz aus dem Kastell Stockstadt[84] zeigt. Hier konnte der kaiserliche Legat in Mainz, Didius Iulianus, der spätere Kaiser, mit seinen Truppen für Ruhe sorgen.
Auf die einzelnen Phasen der langwierigen und mühevollen Kämpfe, in denen es Marc Aurel allmählich gelang, seine Hauptgegner, Markomannen, Quaden und Jazygen, niederzuringen, kann hier nur insoweit eingegangen werden, als sie unsere Gegenden berührt haben. In Raetien ist bis 167/168 die Lage friedlich geblieben, erfolgten doch damals noch die normalen Entlassungen der Soldaten nach beendeter Dienstzeit. Danach allerdings müssen Raetien und Noricum erheblich betroffen worden sein, denn es ist berichtet, daß der spätere Kaiser Pertinax an der Spitze eines Sonderkommandos die beiden Provinzen vom Feind befreit hat. Der Zeitpunkt dieser Vorgänge ist uns nicht überliefert; eine Datierung in die Jahre 171/172 hat viel Wahrscheinlichkeit für sich. Nach dieser Säube-

rungsaktion wurde die *Praetentura Italiae et Alpium* aufgelöst und die Verteidigungslinie auf die Nordseite der Alpen verlegt. Aus der Zeit um 173/175 wissen wir von einem Sonderkommando mit zwei Legionen, das an die Stelle der genannten Praetentur trat und dessen Führer vermutlich Caerellius Priscus war.

Schon Tacitus hatte als unmittelbare Nachbarn der Markomannen und Quaden den germanischen Stamm der Naristen bezeichnet. Diese Naristen gehörten dann in den Markomannenkriegen zusammen mit den Hauptgegnern zur großen Koalition gegen das Reich. Ein Feldzug gegen sie (*expeditio Naristarum*) ist uns durch den Grabstein des hierbei gefallenen Feldwebels (*optio*) Aelius Septimus der *Legio I adiutrix* aus *Brigetio* (Ungarn) überliefert. J. Fitz nimmt nun an, daß dieser Feldzug sich an die Säuberungsaktion des Pertinax angeschlossen habe und daß der Tod des Naristenkönigs Valao eigenhändig durch den Präfekten der *Ala I Aravacorum*, ebenfalls aus der Gegend von *Brigetio*, in diesen Kämpfen herbeigeführt worden sei. Eine genaue Datierung dieser Ereignisse ist jedoch ebensowenig möglich wie eine exakte Festlegung des Siedlungsgebietes der Naristen, die eine überholte Theorie fälschlich als germanische Vorbewohner der Oberpfalz in Anspruch genommen hatte. In der Oberpfalz aber haben sich bis heute trotz 20 Jahren intensiver Bodenforschung keinerlei Zeugnisse einer nennenswerten germanischen Bevölkerung im 1. und 2. Jahrhundert n. Chr. gefunden, während andererseits alle uns bekannten Hinweise auf die Naristen aus Pannonien stammen. Die Naristen können also damals nicht in der Oberpfalz, sondern nur wesentlich weiter östlich am Nordufer der Donau gesiedelt haben[85].

Nach dem erfolgreichen Abschluß des Unternehmens im Voralpenland unter Pertinax etwa 172/173 oder nach der Beendigung des Sonderauftrags des Caerillius Priscus um 175 erfolgte für Raetien und Noricum der Wechsel von proconsularischen zu praetorischen Provinzen. Diese Änderung ergab sich aus der ständigen Stationierung je einer Legion in den

Zerstörungen am raetischen Limes in den Markomannenkriegen. Signaturen: Dicke Punkte = sichere, Kreise = wahrscheinliche Zerstörungen, Kreuze = Münzschätze.

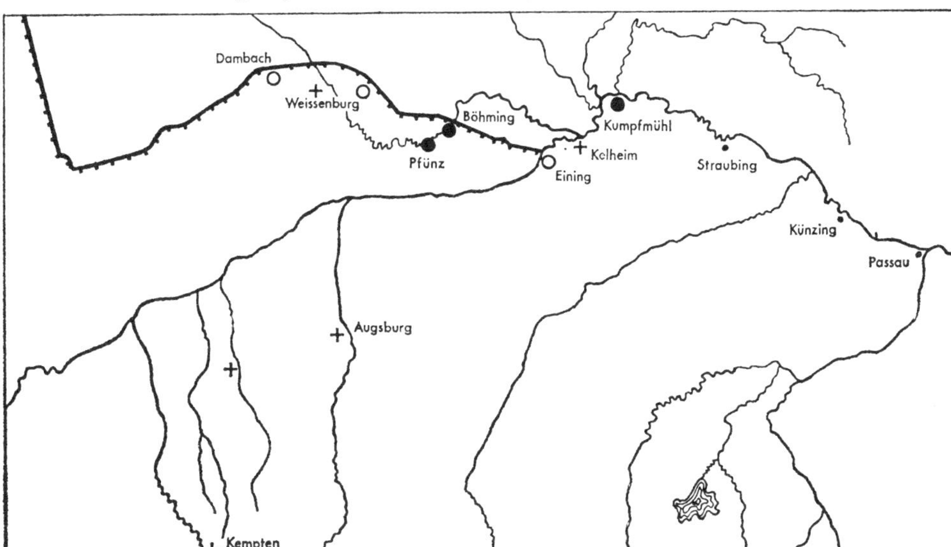

Provinzen, deren Zivilverwaltung nunmehr vom Kommandanten der Legion, einem senatorischen *legatus Augusti pro praetore*, geleitet wurde. Ein Procurator besorgte von da an die Finanzverwaltung. Um 172 dürfte die *Legio II Italica* nach Noricum, und zwar nach Albing, und die *Legio III Italica concors* nach Raetien verlegt worden sein. Noch wissen wir nicht, wo die 3. italische Legion in den ersten Jahren in Raetien stationiert war; das Auftreten von frühen Ziegelstempeln der Legion aus diesen Jahren in einem nur kurzfristig belegten Lager ostwärts Eining und im Fundmaterial von Alkofen deutet an, daß damals Teile der 3. italischen Legion dort gelegen haben. Für die Aufnahme der ganzen Legion allerdings kommt das Lager ostwärts Eining im Unterfeld[86] wegen seiner zu geringen Größe von ca. 360 × 360 m und seiner bei ersten Versuchsgrabungen 1968 festgestellten merkwürdigen Inneneinteilung nicht in Frage.

Durch die Befriedung unter Pertinax war unserem Land die beständige Ruhe noch nicht wiedergewonnen. Zerstörungshorizonte in den Kastellen Regensburg-Kumpfmühl, Eining, Böhming, Pfünz, Weißenburg und Dambach scheinen darauf hinzuweisen, daß 174/175 neuerdings an dieser Strecke ein Einbruch erfolgt ist, soweit die älteren Ausgrabungen verläßlich genug sind und der im Kastell Böhming besonders günstige Befund mit einer dicken Brandschicht trotz allem eine so scharfe Datierung erlaubt. Da derart präzise zeitliche Festlegungen aber nur in seltenen Ausnahmefällen möglich sind, müssen wir damit rechnen, daß einige oder alle der genannten Zerstörungen etwas früher oder später erfolgten, solange nicht moderne feinstratigraphische Untersuchungen Klarheit schaffen. Wollen wir hoffen, daß die günstige Forschungssituation im Kastell Böhming genützt werden kann, bevor Ackerbau und Unverstand diese Chance vernichten. Ergänzt werden die aufgeführten Beobachtungen durch einige Münzschatzfunde aus der Gegend von Kelheim, von der Gelben Bürg, aus Augsburg, Mindelzell und Kempten, die in den sechziger und siebziger Jahren in den Boden gekommen sein dürften. Alle diese Schatzfunde sind jedoch nicht wissenschaftlich einwandfrei und vollständig erfaßt; der aus der Gegend von Kelheim ist sogar viele Jahrzehnte verheimlicht worden und konnte nur aus recht summarischen Notizen rekonstruiert werden. Daß die Markomannenkriege weitreichende Folgen für das Voralpenland gehabt haben könnten, deuten Zerstörungsschichten aus der zweiten Hälfte des 2. Jahrhunderts n. Chr. an mancherlei Orten, z. B. in Augsburg und sogar dem weit im Hinterland gelegenen Baden im Aargau, an. Hier ist aber noch viel Arbeit und manch glücklicher Zufallsfund nötig, bis wir zu klaren Vorstellungen über die Auswirkung der Markomannenkriege für Raetien kommen werden.

Eine weitere Episode aus diesen Kriegen ist uns überhaupt nur durch einen Weihestein bekannt, der schon zu Anfang des 16. Jahrhunderts bei Untersaal im Landkreis Kelheim gefunden wurde und bis heute erhalten blieb. Diesen Stein hatte Flavius Vetulenus, ein Centurio der 3. italischen Legion, dem Iuppiter Stator zum Dank für die glückliche Rückkehr vom Feldzug gegen die Burer (*expeditio Burica*)[87] geweiht. Von den Buren wissen wir, daß sie zu den Gegnern Roms in der damaligen Zeit gehörten

Abb. 37

und daß ihre bergigen Siedlungsgebiete nördlich der Markomannen und Quaden lagen. Solange also die 3. italische Legion mit Teilen noch in der Gegend von Eining und Alkofen stand, mußte, ziemlich gegen Ende der Markomannenkriege und auch der Regierung des Marc Aurel, ein Feldzug Legionsabteilungen weit ins nordslowakische Bergland geführt haben. Heute noch, nach 1800 Jahren, spürt man angesichts des Steins die Erleichterung und Freude des Vetulenus, dem es gelungen war, wohlbehalten in seine Garnison zurückzukommen.

Bald nachdem Vetulenus sein Gelübde erfüllt hatte, bezog die 3. italische Legion ihr Standlager in Regensburg (*Castra Regina*), wo sie fast bis ans Ende der Römerzeit blieb. Hier, am südlichen Donauufer, gegenüber der Mündung des Regen, baute sich die Legion ein festes Lager, das mit seinen Ausmaßen von 542 × 453 m die für eine solche Truppe notwendige Fläche von ca. 25 ha umfaßte. Bruchstücke der monumentalen Bau-
Abb. 39 inschrift, wie eine solche früher wahrscheinlich über jedem der vier Tore angebracht war, wurden vor rund 100 Jahren bei der Aufdeckung der Fundamente der *porta principalis dextra*, des Osttores, ausgegraben[88]. Die daraus zusammengefügte Hälfte der ursprünglichen Inschrift ist noch 3,25 m breit und erlaubt es, den ganzen Text zu rekonstruieren. Wir lesen: »Kaiser Marcus Aurelius Antoninus, Sohn des göttlichen Pius, Bruder des Verus, Enkel des göttlichen Hadrian, Urenkel des göttlichen Traian, des Parthersiegers, Ururenkel des göttlichen Nerva, der Erlauchte, Sieger über Germanen und Sarmaten, Oberpriester, im 36. Jahr seiner tribunizischen Gewalt, Feldherr zum 9. Mal, Consul zum 3. Mal, Vater des Vaterlandes, und Kaiser Lucius Aurelius Commodus, der Erlauchte, Sieger über Sarmaten und alle Germanen, Sohn des Kaisers Antoninus, Enkel des göttlichen Pius, Urenkel des göttlichen Hadrian, Ururenkel des Traian, des Parthersiegers, Urururenkel des göttlichen Nerva, im 4. Jahr seiner tribunizischen Gewalt, Feldherr zum 2. Mal, Consul zum 2. Mal, haben die Mauer mit den Toren und Türmen errichten lassen durch die 3. italische Legion unter der Leitung des kaiserlichen Provinzstatthalters Marcus Helvius Clemens Dextrianus.« Die Angaben lassen die Inschrift in die Jahre 179/180 datieren. Damals muß also das gewaltige Bauwerk fertiggestellt gewesen sein.

Das Legionslager *Castra Regina* hatte den üblichen römischen Kastellgrundriß, den wir in den kleineren Verhältnissen der Auxiliartruppen bereits kennengelernt haben. Eine ca. 8 m hohe und 2 m breite Quadermauer aus Kreidesandstein schloß die rechteckige Anlage mit den abgerundeten Ecken ein. An allen vier Seiten befand sich gegenüberliegend je ein Tor mit zwei starken Türmen, von denen das Nordtor zur Donau, die *porta praetoria*, mit einer Toröffnung von 4 m Breite und 5,80 m Höhe und einem Turmrest von noch 11 m Höhe erhalten ist. Dazu kamen Eck- und Zwischentürme, von denen allerdings so wenige bekannt sind, daß wir nicht sagen können, wie viele das Lager insgesamt hatte. Von der Innenbebauung ist durch dic kontinuierliche Weiterbesiedlung im Mittelalter und in der Neuzeit wenig übriggeblieben. Von den *principia*[89] in der Mitte des Lagers und dem südlich davon anzunehmenden Legatenpalast kennen wir nur einzelne Mauerzüge, die jedoch die Mächtigkeit und Ausstattung dieser Gebäude ahnen lassen. Von den offenen Säulenhallen *(porticus)*, die die *via praetoria* von der *porta praetoria* zu den *principia* und die *via principalis* in Ost-West-Richtung beiderseits begleiteten, hat man einzelne mächtige Basen und Stümpfe gefunden, die zeigen, wie großartig diese Straßen sich dem Zeitgenossen dargestellt haben mögen[89a]. Wenig Überreste wurden bis heute entdeckt von den Kasernen der Mannschaften, die zunächst als Holzbaracken und erst Anfang des 3. Jahrhunderts als Steingebäude errichtet wurden, den Wohnhäusern der Militärtribunen (Stabsoffiziere), dem Lazarett *(valetudinarium)*, den Vorratsspeichern *(horrea)*, den Lagerwerkstätten *(fabricae)*, dem Lagergefängnis *(carcer)* und den anderen Einrichtungen. Von der Wohnung des Lagerkommandanten *(praefectus castrorum)*, die wegen dessen Zuständigkeit für Wirtschaftsfragen *quaestorium* genannt wurde, fehlt ebenfalls jede Spur.

Mit der Stationierung einer Legion in Regensburg waren die raetischen Truppen sowohl an Kopfzahl als auch an Schlagkraft wesentlich stärker geworden. Die Sollstärke der Legion von 6000 Mann vergrößerte den Mannschaftsbestand des raetischen Heeres um etwa 50 Prozent. Geführt wurde die Legion von einem Legaten als Kommandeur, einem Lagerkommandanten *(praefectus castrorum)* als oberstem Wirtschaftsoffizier, sechs Stabsoffizieren *(tribuni militum)* und einer kleinen Stabseinheit. Die Legion war als Infanterietruppe in zehn Cohorten zu je drei Manipeln mit zwei Centurien à 80 Mann eingeteilt, zu denen noch ein Reiterdetachement mit 120 Reitern und technische Einheiten kamen. Durch die bessere Bewaffnung und die Ausrüstung mit Geschützen war die Kampfkraft der Legionen als Kerntruppen größer als die der Auxiliareinheiten.

Das zu jedem Lager gehörige Lagerdorf *(vicus)* wurde für Regensburg gleichzeitig mit der Erbauung des Lagers planmäßig unter der Leitung des staatlichen Verwaltungsbeamten für das gesamte Legionsterritorium *(aedilis territorii contributi et canabarum Reginensium)* Aurelius Artissius angelegt. Als der Kern dieses Lagerdorfes ohne größere Zwischenfälle fertiggestellt war, weihte der dankbar Aedil in Erfüllung seines Gelübdes am Vulkanstage, dem 23. August 178, dem Gott des Feuers, Vulcanus, aus eigenen Mitteln einen Altar, der damit als eine Art Denkmal auf die Gründung Regensburgs gelten kann. Diese *canabae* wuchsen rasch und erreichten bald eine Ausdehnung bis zum Emmeramsplatz im Süden, über den Uferhang zwischen der »Schönen Gelegenheit« und der Albansgasse im Norden und bis zum Arnulfs- und Bismarckplatz im Westen. Ob die zivile Ansiedlung bei *Castra Regina* je solche Größe und Bedeutung erreichte, daß sich ein Gemeinwesen mit Selbstverwaltung herausbildete, muß mangels jeglichen Zeugnisses fraglich bleiben. In Noricum allerdings, wo die *Legio II Italica* um 180/181 ihr Standlager Lauriacum bei Enns errichtete, scheint die Entwicklung genauer bekannt. Hier wurde eine Zivilsiedlung beim Legionslager unter Kaiser Caracalla (211–217) in den Rang eines Municipium erhoben; 5 einzelne Fragmente von Bronzetafeln wurden verschiedentlich als Fixierung des Stadtrechts gedeutet[89b]. Da die Entwicklung bei den beiden Schwesterlegionen in vielen Fällen ähnlich verlief, kamen verschiedene Lokal-

Abb. 38

forscher auf den Gedanken, auch die Zivilsiedlung bei *Castra Regina* könnte Stadtrecht erlangt haben.

Immerhin aber brachten die Markomannenkriege für Noricum und Pannonien erheblich größere Veränderungen mit sich als für die Landstriche weiter westlich. Es waren dort die materiellen Schäden und Bevölkerungsverluste so groß, daß das frühere Lebensniveau nie wieder ganz erreicht wurde. Schon Marc Aurel war bestrebt gewesen, diese Provinzen von neuem zu beleben, indem er germanische Bevölkerungsgruppen aufnahm und ansiedelte; damit sollte auch gleichzeitig versucht werden, den Druck auf die Grenzen zu mildern. So wurden von ihm in der Endphase der Kriege 3000 Naristen in Pannonien seßhaft gemacht. In Verbindung damit kamen immer mehr germanische Soldaten zum römischen Militärdienst, sei es, daß sie als Söldner angeworben oder aus den neuen Ansiedlern rekrutiert wurden. Diese Bevölkerungsbewegungen verstärkten sich unter den Nachfolgern Marc Aurels weiter und nahmen an Umfang immer mehr zu. Demgegenüber schwand das ursprüngliche Selbstvertrauen und Sicherheitsgefühl der römischen Bevölkerung langsam dahin, so daß diese Kriege eine echte Wende bedeuten.

175 n. Chr. waren die Feinde nördlich der Donau so weit niedergekämpft, daß die nach der Lebensbeschreibung Marc Aurels (*vita Marci* 24,5) vom Kaiser beabsichtigte Schaffung zweier neuer Provinzen, Marcomannia und Sarmatia, in greifbare Nähe gerückt schien, als sich der römische Befehlshaber im Orient Avidius Cassius gegen den Kaiser erhob. Dadurch wurde es notwendig, hier Frieden zu schließen und mit einem Heer nach dem Osten zu marschieren. Zu diesem Heer gehörte auch eine Reitereinheit aus Markomannen, Naristen und Quaden unter dem Befehl eines Offiziers aus Pannonien. Obschon das Feldheer bald wieder zurückkommen konnte, waren inzwischen neue Kämpfe entbrannt. Ob diese Raetien und Noricum berührten, läßt sich heute noch nicht sagen. Als dann der erneute Widerstand gebrochen war, wurde Marc Aurel von der Pest ergriffen und im Legionslager *Vindobona* (Wien) am 17. 3. 180 dahingerafft. Sein Sohn und Nachfolger Commodus verzichtete auf Gebietserweiterungen und schloß — übereilt, wie manche zeitgenössische Berichterstatter meinten — unter Beibehaltung der alten Reichsgrenze allgemeinen Frieden. Ob damit wirklich gleich Ruhe und Ordnung in Raetien eingekehrt sind, erscheint nicht ganz sicher. Der Inhalt eines verbrannten Geldbeutels im Keller eines römischen Landhauses bei Straubing schließt mit einer Münze des Commodus von 180. Auch in den folgenden Jahren hat man noch Münzschätze in Raetien verborgen. Von 183 stammt die späteste Münze eines kleinen Fundes bei Faimingen, von 184 die eines größeren Denarschatzes bei Unterammergau und von 186 die eines Bronzeschatzes am Fuß des Auerberges in der Nähe von Bernbeuren. Ohne weitere Hinweise wird man allerdings daraus noch nicht auf kriegerische Ereignisse schließen dürfen. Zumindest aber am obergermanischen Limes kam es in den 80er Jahren zu Kämpfen in der Wetterau, bei denen verschiedene Kastelle, wie z. B. die Saalburg, zerstört worden sind.

Unverzüglich wurde mit dem Wiederaufbau aller zerstörten und beschädigten Kastelle begonnen. Eine Bauinschrift aus dem Kastell Böhming, dessen Verteidigungsanlagen von Abteilungen der 3. italischen Legion und der 1. Breucercohorte 181 neu errichtet wurden, ist ganz erhalten. In Pfünz erneuerte die dort stationierte *Cohors I Breucorum* 183/184 das Kastell selbst. Aus Dambach sind ebenfalls Fragmente einer Bauinschrift aus jener Zeit erhalten. Alle diese Arbeiten standen unter der Oberleitung des damaligen Statthalters Q. Spicius Cerialis, *legatus Augusti pro praetore.* Am obergermanischen Limes wurde ebenfalls unter Commodus gebaut; dazu hat man Kastelle eingeschoben und die Truppen verstärkt. Ob die Befestigung des blühenden Vicus von Faimingen in den Rahmen dieser Sicherungsmaßnahmen gehört, ließ sich durch Grabungen 1970–73 noch nicht klären. Es scheint, als sei zunächst unter Septimius Severus der Vicus mit einer Palisade, dann unter Caracalla mit einer Steinmauer umgeben und erst nach den ersten Alamanneneinfällen das Kastell hineingebaut worden[89c]. Weitere militärische Ereignisse aus den Provinzen Raetien und Noricum sind uns für die unrühmliche Regierung des Commodus nicht überliefert. Im zivilen Bereich ging der Wiederaufbau langsamer voran; dafür sorgte schon die Seuche, die noch immer nicht ganz abgeklungen war. Erschütternd berichtet uns hiervon heute noch ein Grabstein aus Eggstätt nördlich des Chiemsees. Victorinus hat ihn 182 für seinen Vater Julius Victor, seine Mutter Bessa, seine Frau Novella, seine kleine Tochter Victorina und seinen Bruder Aurelius Justinus gesetzt, die alle zusammen an der Seuche gestorben waren[89d].

Septimius Severus

Als Commodus am letzten Tag des Jahres 192 erwürgt worden war, rief die kaiserliche Leibgarde, die Praetorianer, den als Heerführer vor Jahrzehnten im Markomannenkrieg bewährten P. Helvius Pertinax zum Kaiser aus. Aber weder er noch nach seiner Ermordung am 28. 3. 193 M. Didius Iulianus vermochten die Herrschaft in die Hand zu bekommen. Empört über die Anmaßung der Praetorianer und die allgemeine Desorganisation, riefen im Frühjahr des gleichen Jahres die britannischen Truppen ihren Legaten D. Clodius Albinus und die syrischen ihren Oberbefehlshaber C. Pescennius Niger zum Kaiser aus. Zuvor noch hatten die Truppen in *Carnuntum* im April 193 den Statthalter von Oberpannonien L. Septimius Severus zum Purpur erhoben. Dank seiner Tatkraft, der geringeren Entfernung von Rom und seines nicht klaren Zusammenwirkens mit Albinus konnte er am 1. 6. Didius Iulianus beseitigen; es gelang ihm auch, alle Legionen an Donau und Rhein unter seinen Fahnen zu vereinen. Geschickt nutzte er seine Möglichkeiten und feierte in seiner ersten Münzemission die Treue der Legionen, die sich für ihn erklärt hatten. Dadurch kennen wir die 15 Legionen seines Heeres und wissen, daß es Albinus von Britannien aus zwar gelungen war, Gallien und Hispanien für sich zu gewinnen, nicht aber die Truppen der Rheinfront von *Vetera* (bei Xanten) flußaufwärts. Von nur 3 Legionen gibt es in dieser Emission Goldmünzen *(Aurei):* von der *Legio XIIII Gemina*, die Septimius Severus

in *Carnuntum* als erste ausgerufen hatte, und den beiden rheinischen Legionen *I Minervia* in *Bonna* (Bonn) und *VIII Augusta* in *Argentorate* (Straßburg). Während Mattingly und Sydenham noch 1936 das letztere für Zufall hielten, wissen wir heute, daß es sich um kluge Propaganda an der so wichtigen Grenze des Machtbereichs gegen Albinus gehandelt hat. Nachdem auch die 3. italische Legion zu den Truppen des Septimius Seve-
Abb. 40 rus gehörte, haben wir mit einem Denar 193/194 das erste numismatische Denkmal für die Regensburger Legion. Um den Rücken freizuhaben, erkannte Septimius Severus den Albinus zunächst als untergeordneten Mitregenten *(Caesar)* an. So konnte er Pescenius Niger im Osten vernichten, ein Schicksal, das danach 196/197 Clodius Albinus in der Gegend von *Lugdunum* (Lyon) teilte.

Bei diesen Kämpfen scheint die Leistungsfähigkeit des Straßennetzes nicht befriedigend gewesen zu sein, denn für die Donauprovinzen brachte die Regierung des Septimius Severus eine völlige Reorganisation der Verkehrswege. Allein 20 datierte Meilensäulen stammen aus jenen Jahren, die ersten von 195. Etwa 201 wurde die Brennerstraße über *Vipitenum* (Vipiteno/Sterzing), *Veldidena* (Wilten, Stadt Innsbruck), *Parthanum* (Partenkirchen) nach Augsburg gründlich ausgebaut, wovon noch 5 Meilensteine zeugen. Erneuert und verbessert wurden alle wichtigen Fernverbindungen: 195/215 die Straße Augsburg-Regensburg über Nassenfels, Kösching, Pförring und Eining (8 Meilensteine überliefert), eben-

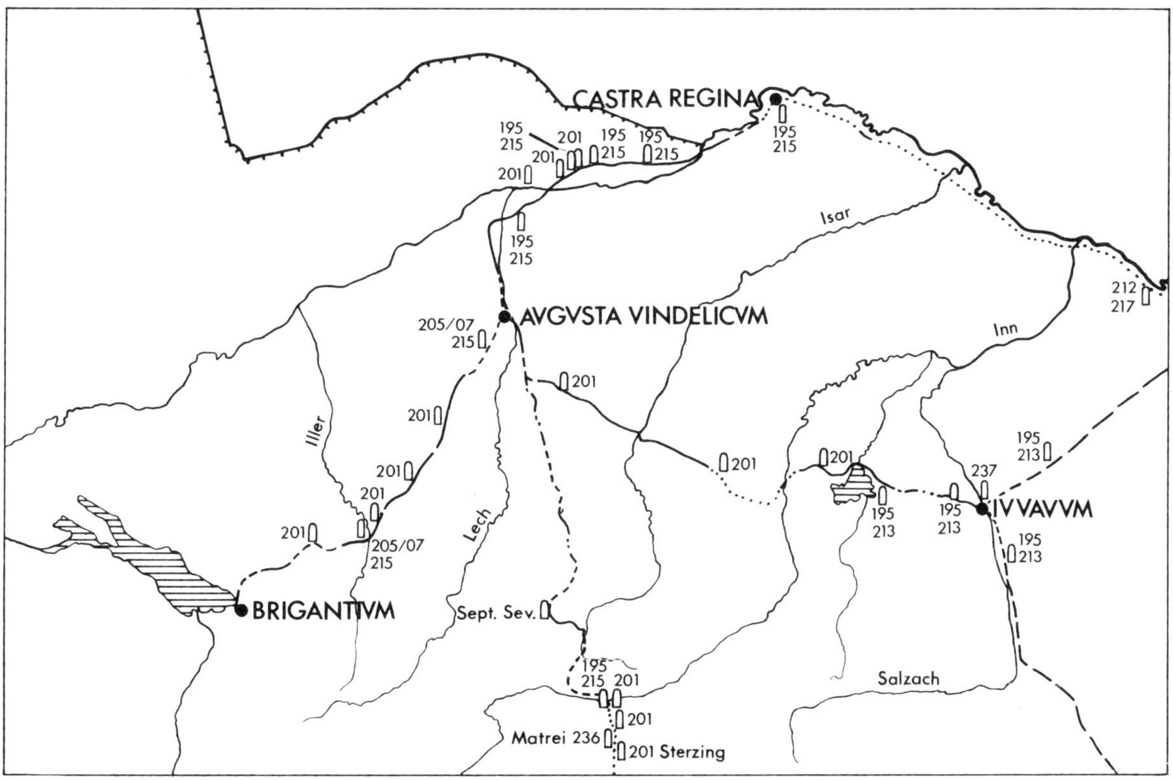

Erneuerung der Fernstraßen unter Septimius Severus; eingezeichnet die Meilensteine und das Jahr ihrer Errichtung. Römerstraßen: Linie = sicherer, Punkte = unsicherer Verlauf.

falls 195/213 die Straße Augsburg-Salzburg, die bei *Pons Aeni* (Pfaffenhofen) den Inn überschritt (5 Meilensteine), und 201 die Route von Augsburg über Kempten und Bregenz nach dem Süden (6 Meilensteine). Da an anderen Straßen keine Meilensäulen aus diesen Jahren gefunden wurden, scheint sich die staatliche Fürsorge auf die militärisch wichtigen Fernverbindungen beschränkt zu haben[89e]. Hier begnügte man sich allerdings nicht mit Straßenbaumaßnahmen allein, sondern sicherte die Straßen durch Wachttürme[90] mit kleinen Besatzungen in geländemäßig bedingten Abständen. Diese Wachttürme dienten ebenso dem Signal- und Nachrichtenwesen wie den Bedürfnissen der Kuriere und dem Schutz des Personen- und Warenverkehrs. Allerdings waren die Verhältnisse in severischer Zeit im ganzen so friedlich, daß man damals noch darauf verzichten konnte, diese Türme durch Wall und Graben zusätzlich zu schützen. Abb. 19

Der Fürsorge für Straßen und Verkehr kann manch andere organisatorische Veränderung entsprochen haben. Damals dürften Kempten *(Cambodunum)* und möglicherweise Bregenz *(Brigantium)* das Stadtrecht erlangt haben und zu Municipien erhoben worden sein[91]. Auch aus Epfach *(Abodiacum)* gibt es Anhaltspunkte dafür, daß dieser Ort in der Zeit des Septimius Severus vielleicht ein römisches Municipium wurde[92]. Durch jeweils eine Inschrift wissen wir, daß Appius Claudius Lateranus etwa Ende des 2. Jahrhunderts und Olus Terentius Pudens Uttedianus Anfang des 3. Jahrhunderts Kommandeure der 3. italischen Legion und Statthalter Raetiens gewesen sind; von beiden ist nichts Näheres bekannt.

Über Ereignisse jenseits der Reichsgrenzen oder gar von Kämpfen aus dieser Zeit haben wir keine Kenntnis. Ein Grabstein in *Carnuntum* verrät uns, daß damals dort Septimius Aistomodius, *rex Germanorum* (ein König bei den Germanen), verstarb und begraben wurde[93]. Es scheint, daß Septimius Severus die Politik seiner Vorgänger weiterführte und Germanengruppen auf Reichsgebiet ansiedelte; von einem solchen germanischen Stamm könnte Septimius Aistomodius, der von Septimius Severus das römische Bürgerrecht erhalten hatte, der »König« gewesen sein. Ruhe und Ordnung waren weitgehend hergestellt, als Septimius Severus hochbetagt bei einer Unternehmung zur Sicherung des Nordens der britannischen Provinz am 14. 2. 211 verstarb.

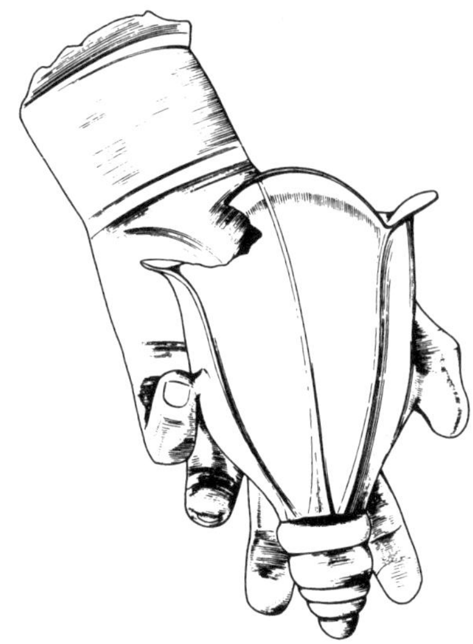

Hand mit Füllhornansatz einer überlebensgroßen, vergoldeten Bronzestatue (geschätzte Größe über 3,5 m) etwa der Fortuna oder Concordia, die ehemals im Forum von Bregenz gestanden hatte.

Städte, Märkte, Gutshöfe

Die Besiedlung Raetiens bietet uns im 2. Jahrhundert ein ganz anderes Bild als in der Zeit vorher; die Organisation der Verwaltung war erheblich weiter durchgebildet. Die Provinzregierung stellte nur die Spitze und Zentrale dar; die untere Verwaltung lag in den Händen von Selbstverwaltungsorganen. Diese hatten ihren Sitz in den Städten oder in kleineren Marktflecken. Da sehr, sehr viele unserer römischen Inschriften, die allein Aufschluß geben könnten, im Mittelalter und in der Neuzeit, entsprechend zugerichtet, wieder zu neuen Bauten verwendet oder gar zu Kalk verbrannt wurden, ist es nicht möglich, ein lückenloses Bild der

36 *Einseitiges Bronzemedaillon des Marc Aurel aus Theilenhofen. Originalgröße.*

37 *Weihestein an Jupiter Stator für Rückkehr aus der Expeditio Burica, gefunden in Untersaal. H. 105 cm.* — **38** *Vulkanaltar aus Regensburg von Artissius, dem Aedil des Legionsterritoriums und der Lagervorstadt von Regensburg. Wahrscheinlich aus dem Jahr 178 n. Chr. H. 112 cm.*

36

38

37

39 *Bauinschrift des Legionslagers Regensburg von 179/180 n. Chr. ergänzter Zustand im Museum Regensburg.* – **40** *Denar des Septimius Severus mit Nennung der 3. italischen Legion. Vergrößert.*

42

41

41 *Grabstein des Salzburger Decurio und Duumvir M. Proculeius Martialis, ehemals eingemauert im Schloß zu Laufen. H. 117 cm.* — **42** *Villa von Marzoll, Ldkr. Berchtesgaden. Blick auf den Südteil des Hauptgebäudes während der Ausgrabung 1962.* — **43** *Scheibenfibel von Nassenfels, Eisenschlüssel mit bronzenem Löwengriff von Straß bei Wasserburg, mit bronzenem Hundegriff von Treuchtlingen, emaillierte Fabeltierfibel von Oberstimm, Eisenmesser mit Beingriff von Straubing, Zapfhahn vom Auerberg. Verschiedene Maßstäbe.* — **44** *Bronzespiegel von Epfach (stehend H. 17,3 cm) und Eining.*

43

44

45

45 *Holzfaß aus Regensburg. H. noch bis zu 110 cm.* — **46** *Tonstempel in Blattform zum Stempeln des Negativmusters in Formschüsseln für Sigillata. H. 4,2 cm.* — **47** *Sigillata-Gefäße und -Formschüssel aus Westerndorf St. Peter. H. des bauchigen Gefäßes in der Mitte 19,5 cm.*

46

47

49

48 *Tonlampen: obere Reihe Karlstein, Prüfening, Kösching, Neuburg (Firma des FORTIS), Regensburg; untere Reihe Model aus Pocking (L. 10 cm), Lampen aus Karlstein und 2 aus dem Gräberfeld von Pförring/Forchheim.* — **49** *Venusstatuetten aus weißem Ton, gef. in Gauting, Sigillatadepot. H. 18,5 cm.*

48

Verwaltungsgliederung im Voralpenland zu rekonstruieren. Städte gab es bei uns ohnedies immer nur wenige. Lediglich von *Iuvavum* und *Augusta Vindelicum* wissen wir sicher, daß sie zu Municipien erhoben wurden; für *Abodiacum*, *Cambodunum* und *Brigantium* läßt es sich mit guten Gründen vermuten. Im Nordwesten und im Osten Raetiens war es anscheinend keinem Ort gelungen, sich zur Stadt zu entwickeln. *Quintana* (Künzing) wird zwar in der Vita Severini aus dem 5. Jahrhundert als Municipium bezeichnet, doch darf man dieses scheinbare Zeugnis aus der Zeit nach dem Zusammenbruch der römischen Reichsverwaltung nicht ohne weiteres auf die Verhältnisse drei Jahrhunderte früher übertragen. Die Annahme, daß die Zivilsiedlung beim Legionslager *Castra Regina* jemals Stadtrecht besaß, ist nichts als eine vage Vermutung.

Nach dem großen Vorbild der Stadt Rom war die Verwaltung in den Municipien organisiert. An der Spitze standen — den beiden Consuln entsprechend — zwei Bürgermeister *(duoviri iure dicundo)*. Sie bildeten mit den 2 untergeordneten Räten für Polizei-Aufgaben *(duoviri aedilicia potestate)* ein Viererkollegium, als dessen Angehörige sie *Quattuorviri* genannt wurden. Aus Raetien ist uns als einziger dieser Männer C. Iulianus Iulius, ein Ratsherr und ehemaliger Bürgermeister in Augsburg *(decurio municipii, quattuorviralis)*, dadurch bekannt, daß er gegen Ende des 2. Jahrhunderts seiner mit 45 Jahren verstorbenen Frau Secundinia Pervinca ein Grabdenkmal setzen ließ. Viel zahlreicher und meist gut datiert sind die Zeugnisse von Salzburger Bürgermeistern. Da die Verwaltungsbezirke der Municipien sich oft weit erstreckten und so das Gebiet von Salzburg bis zum Inn reichte, finden sich Weihe- und Grabsteine der Salzburger Beamten im ganzen Chiemgau. Bedeutend muß das Heiligtum des Lokalgottes Bedaius am Chiemsee gewesen sein, denn es gibt zahlreiche Weihealtäre, die die beiden ersten Salzburger Bürgermeister ihm gemeinsam errichten ließen; ihre Reihe reicht vom Jahr 152 bis 241 n. Chr. Ein vornehmer Mann muß L. Bellicius Quartio, Salzburger Ratsherr und Bürgermeister *(decurio Iuvavensium et duumvir iuris dicundi)* gewesen sein, dessen Grabstein schon um 1500 bei Trostberg gefunden worden war. Ein Grabmal aus Laufen, das der Ratsherr und Bürgermei-
Abb. 41 ster M. Proculeius Martialis und seine Frau Gavia Iustina ihrem verstorbenen Sohn setzen ließen, ist sicher erst viel später aus einem Friedhof bei Salzburg dorthin verschleppt worden.

Die Bürgermeister konnten nur den »ratsfähigen« Familien entstammen, dem *ordo decurionum*. Aus diesem *ordo* kamen — analog dem römischen Senat — die Ratsherren *(decuriones)* als die eigentlichen Träger der Selbstverwaltung. Diese privilegierte soziale Oberschicht hatte sich z. T. aus zugezogenen Kaufleuten, z. T. aus einflußreichen, einheimisch-keltischen Grundbesitzern gebildet. Handel und Landwirtschaft stellten im Voralpenland auch weiter die Grundlagen des Wohlstandes dar. Dieser provinzialen Oberschicht gehörten sogar Leute aus dem römischen Ritterstand an, wie jener C. Antonius Aelianus, der — ein römischer Ritter und Ratsherr von Augsburg *(eques Romanus et decurio municipii Aelii Augusti)* — als Repräsentant des Kollegiums der Kleider- und Leinwandhändler Ende des 2. Jahrhunderts die Erbauung eines öffentlichen Gebäudes veranlaßte. Weniger vornehm war die Familie eines anderen Augsburger Ratsherrn, C. Iulius Achilleus, der den griechischen Teilen des Reiches entstammte. Ende des 2. bzw. Anfang des 3. Jahrhunderts wurde in Epfach P. Ceionius Laelianus, »*decurio municipi*«, bestattet; die Erwähnung seines Ranges ist mit einer der Gründe, für Abodiacum die Verleihung des Stadtrechtes anzunehmen. Abb. 122

Neben der Oberschicht der ratsfähigen Familie gab es natürlich Männer, die zu Wohlstand gekommen waren, aber nicht in den *ordo decurionum* aufgenommen werden konnten. Meist handelte es sich hierbei um freigelassene Sklaven und ihre Nachkommen oder um einheimische (peregrine) Familien niederen Standes. Um diese Schicht auch für die öffentlichen Aufgaben heranzuziehen, ohne ihr jedoch echte Machtbefugnisse einzuräumen, wurde ein zweiter Stand *(secundus ordo)* geschaffen, der ein Sechsmännerkollegium *(seviri Augustales)* bildete. Diesem Gremium oblag die Sorge für die Veranstaltung der Spiele, die Organisation des Kaiserkultes und ähnliche Gemeinschaftsaufgaben, wobei es allerdings die notwendigen Geldmittel aus der eigenen Tasche aufzubringen hatte. Als solcher *sevir Augustalis* begegnet uns Sextus Attonius Privatus, ein Bürger aus Trier, der in Augsburg den Silvanus-Tempel auf eigene Kosten wiederherstellen ließ. Aus einer freigelassenen Familie kam wohl der Augsburger *sevir* Tib. Claudius Euphras, ein Stoffhändler und Purpurfärber *(negotiator artis purpurariae)*.

In Provinzen, in denen es nur wenige Städte gab, wie z. B. Raetien, waren kleinere marktartige Siedlungen *(vici)* Sitz der örtlichen Verwaltung. Solche Verwaltungsbezirke *(civitates)* umfaßten meist geographische Bezirke oder das Gebiet eines kleineren oder größeren Volksstammes; der Hauptort wurde dann zum Vicus und zum Sitz der Verwaltung. Für die Organe der Selbstverwaltung mußten entsprechende öffentliche Gebäude, mindestens ein kleines Forum, zur Verfügung stehen. Die Leitung eines solchen Vicus oblag zwei für ein Jahr gewählten Bürgermeistern *(magistri vici* oder *curatores vicanorum)*, die mit der Polizeigewalt und der Verfügung über Kultus und Bauwesen ausgestattet waren und die untere Gerichtsbarkeit zu besorgen hatten. Auch in *civitates* gab es einen *ordo decurionum*. Es besteht kaum ein Zweifel, daß das Limesgebiet nördlich der Donau von Nassenfels *(Vicus Scuttarensium)* aus verwaltet wurde. Zwei der dortigen Magistrate kennen wir mit C. Iulius Impetratus und T. Flavius Gemellianus, unter deren Leitung *(curam agentes)* die Einwohner *(Vikani Scuttarenses)* einen Tempel für Mars und Victoria erbauen ließen. In einem nur z. T. aufgedeckten Großbau von 63 × 35 m wird eher ein Teil des Forum als das Mittelgebäude eines sonst gänzlich unbezeugten älteren Kastells zu sehen sein. J. v. Hefner vermutete vor rund 100 Jahren sogar, daß das römische Nassenfels Stadtrecht erlangte. Selbst Gauting *(Bratananium)* hatte ja Bauten, die sich als ein kleineres Forum deuten ließen, und könnte somit ein solcher Verwaltungsmittelpunkt gewesen sein.

Neben den Städten und Gemeinden mit Selbstverwaltung für sich und ihren Bezirk gab es Gebiete, die direkt der staatlichen Verwaltung durch das Militär unterstanden. Jeder Legion war zu ihrer eigenen Versorgung ein bestimmtes Gebiet *(territorium legionis)* zugeteilt, dessen Ausdehnung mangels exakter Quellen nur schwer festzustellen ist. Neuere Forschungen am Niederrhein ergaben, daß so ein *territorium legionis* mindestens 35 Quadratkilometer umfaßt haben muß, sicherlich aber erheblich größer war. Das Ganze müssen wir uns als einen großen Bezirk mit einer Anzahl kleiner Bauernhöfe vorstellen, die wohl von Militärpächtern betrieben wurden. Wenn man berücksichtigt, daß jeder Legionär täglich zwei Pfund Weizen als Naturalverpflegung bekam und daß eine Legion bei einer Sollstärke von 6000 Mann somit jährlich fast 1500 Tonnen Getreide benötigte, so ergibt sich ein ungefährer Anhalt für die Größe eines solchen Legionsterritoriums. Da dieses kein Stadtrecht erhalten konnte, war die Verwaltung nur quasimunicipal. An der Spitze stand ein Aedil als Verwaltungsbeamter, wie uns mit Aurelius Artissius der erste in Regensburg bereits bekannt ist. Ihm zur Seite war ein Rat von Decurionen. Der Sitz der Verwaltung lag in der an die Legionsfestung anschließenden Vorstadt *(canabae legionis)*.

Diese Festungsvorstädte waren meist recht ausgedehnt und schlossen die Lager von mehreren Seiten ein. In Regensburg breitete sich die Lagervorstadt mit Zentrum und Schwerpunkt im Westen rings um die Festung aus. Die Bauten hatte man nur zu einem kleineren Teil als massive Steingebäude errichtet; oft waren es Fachwerkhäuser auf Steinsockel in langrechteckiger Form mit einem kleineren Wohnteil und einem großen Wirtschaftsteil. Bauern, Händler und Handwerker bildeten die Bevölkerung, zusammen mit Leuten aller Art, die wie z. B. Gastwirte etc. für die sonstigen Bedürfnisse der Truppe sorgten. Heilige Bezirke mit den verschiedenen Tempeln gehörten ebenso zu den *canabae* wie Bäder und ein Amphitheater. Die wesentlich kleineren Bezirke und bescheideneren Vorstädte *(vici)* bei den Auxiliarkastellen unterstanden ebenfalls der Aufsicht des Militärs; nähere Details hierzu sind nicht bekannt. Leider ist bis heute noch in keinem Lagerdorf in Raetien planmäßig und kontinuierlich ausgegraben worden[94].

Neben den Städten und Märkten, den militärischen Territorien und den *canabae*, bei denen zur Deutung der Bodenfunde meist noch Inschriften oder schriftliche Nachrichten hinzukamen, gab es im Voralpenland Dörfer und Weiler, über die nichts als der Grabungsbefund unterrichtet. Und dadurch, daß der heimischen archäologischen Forschung seit jeher nie genügend Personal und viel zuwenig Mittel zur Verfügung standen, ist jeder dieser Befunde fragmentarisch und erhellt höchstens einen kleinen Ausschnitt der früheren Verhältnisse. Die Fundamentmauern und Siedlungsspuren liegen meist tief im Boden und sind an der Oberfläche nicht zu erkennen. So mag noch manches römische Dorf unerkannt in der Erde verborgen sein.

Eines der interessantesten römischen Dörfer wurde durch Zufall 1951 bei Erdarbeiten nahe dem heutigen Pocking[95] (Niederbayern) entdeckt. Bis dahin wußte man von der römischen Vergangenheit des Ortes überhaupt nichts. Dabei handelte es sich um ein Straßendorf von etwa 500 m Längsausdehnung. Die Funde beweisen die Ausübung der verschiedensten Gewerbe und zeigen, daß es sich hier um eine Handwerkersiedlung handelte, die vorwiegend für die Versorgung der nahe gelegenen Kastelle *Batavis* und *Boiodurum* arbeitete. Die meisten Bauten des Ortes, der erst zur Zeit des Kaisers Traian entstand, waren einfache Holz- und Fachwerkhäuser. Auch die größte römische Siedlung auf dem Boden der heutigen Stadt München wurde 1928 nur zufällig bei der Anlage einer Straße in der Nähe von Denning[96] aufgefunden. Verschiedentliche, leider nie zu Ende geführte Ausgrabungen erbrachten hier Teile einer beachtlichen Ansiedlung mit mehreren Steinbauten, zahlreichen Holzhäusern, Gruben, Kellern, Brunnen, einem Backofen und einem für hiesige Verhältnisse großen Badegebäude. Nachdem diese Siedlung vom Ende des 1. bis ins 4. Jahrhundert bestand, waren die Häuser mehrfach umgebaut und erneuert worden; dies komplizierte die Untersuchungen, die wegen der fortschreitenden Bebauung und des Fehlens entsprechender Mittel nicht abgeschlossen werden konnten. Ein anderes römisches Dorf war schon in den neunziger Jahren des vergangenen Jahrhunderts bei Karlstein[97], Ldkr. Berchtesgaden, aufgedeckt worden. Mindestens 10 Steinbauten stellte man damals fest; die sicherlich vorhandenen Holzhäuser zu erkennen, war man bei den seinerzeitigen Methoden der Grabungstechnik nicht in der Lage. Gleichzeitig mit der Ansiedlung wurde der Brandgräberfriedhof ausgegraben. Aufgrund der Zahl der Bestattungen ergibt sich für die ersten beiden Jahrhunderte n. Chr. eine durchschnittliche Mindestbevölkerung von 60 bis 80 Köpfen. Manche Straßenstationen, wie die Ansiedlung bei Neuburg, die von *Bedaium* (Seebruck) und *Pons Aeni* (Paffenhofen), entwickelten sich zu größeren Plätzen. Meist aber gelangten solche Straßendörfer nur an besonders wichtigen Kreuzungen und Flußübergängen oder in Verbindung mit Zollstationen oder Beneficiarierposten zu einiger Bedeutung.

Außerdem stoßen wir gelegentlich auf mehr oder minder fragmentarische Ausgrabungsbefunde, die darauf schließen lassen, daß es einfache kleinere Siedlungen der weiterlebenden einheimischen Bevölkerung gegeben hat. Manchen der keltischen Grundbesitzer gelang ja der Aufstieg in das römische Bürgertum ziemlich bald, andere Kelten bekamen erst spät und nur wenig Anteil an den Segnungen der römischen Zivilisation. Dieser Gruppe scheinen die Siedelstellen bei Durach in der Nähe von Kempten, bei der Loja-Kapelle in der Gemeinde Sulzberg im Allgäu, am Schmittenholz nordwestlich Dirlewang und bei Wittislingen nördlich der Donau zuzuweisen zu sein[98]. Hier stellen einfache, kleine rechtecktige Bauten mit zwei bis drei hintereinanderliegenden Räumen den vorherrschenden Grundrißtypus dar; Spuren einer Fußbodenheizung sind selten. Unsere Kenntnisse sind allerdings so lückenhaft, daß wir die Frage, ob die dorfartige Siedlung oder der Einzelhof vorherrschend war, noch nicht einwandfrei beantworten können.

Da wir jedoch so viele Fundstellen, deren spärliches Fundmaterial auf eine Einzelsiedlung hinweist, kennen, müssen wir annehmen, daß diese an Zahl sicherlich überwogen hat. Außerhalb der größeren geschlossenen Siedlungen bestimmten die einzelstehenden Gutshöfe das Bild der Landschaft. Dabei konnte natürlich ein solcher Gutsbetrieb mitunter erheblichen Umfang annehmen. Im Rheinland ließ sich häufig als Größe des

Hoflandes eines solchen Betriebes *(Villa rustica)* eine ungefähre Fläche von 100 ha ermitteln. Aus der lateinischen Literatur sind Hofgrößen bis zu 260 ha bezeugt. Verschiedene Anzeichen jedoch deuten darauf hin, daß wir mit noch wesentlich größeren Flächen bis zu 1000 ha zu rechnen haben.

Grundlage für die Planung solcher Landgüter wie der Städte, Legionsterritorien etc. war wieder die systematische römische Landvermessung. Ein rechtwinkliges Limitationsnetz teilte das Land in rechteckige Fluren und Parzellen ein. Wenn es auch manchmal auf alten Katasterblättern so aussehen mag, so halte ich es bei der raschen natürlichen Verwilderung unbebauter Felder doch für ausgeschlossen, daß sich bei uns eine römische Flureinteilung über fast 2 Jahrtausende hin bewahrt haben könnte, wie es gelegentlich allzu leichtfertig ohne jeglichen Nachweis bei modernen quadratischen Fluren behauptet wird.

Für den Betrieb eines solchen Gutes war natürlich eine ganze Reihe von Baulichkeiten nötig. Neben den reinen Wohngebäuden und den Bädern gab es da alle die Nebenbauten, die zu landwirtschaftlichen Großbetrieben dieser Art gehörten, wie Ställe, Scheunen, Remisen, Tennen usw. Da die landwirtschaftlichen Produkte gleich an Ort und Stelle weiterverarbeitet wurden, brauchte man Räumlichkeiten für die Mühle, die Milchverarbeitung, zum Schlachten, für die Herstellung von Leder, evtl. die Flachsverarbeitung, zum Weben, Backöfen und anderes mehr. Werkstätten für die Holzbearbeitung, zum Gießen von Metallen, Schmieden und Töpfereien waren zumindest für die Versorgung des eigenen Betriebs tätig und runden das Bild der großen Villen als das einer selbständigen wirtschaftlichen Einheit ab. Aus rund einem Dutzend Bauten mag sich ein solcher Gutsbetrieb zusammengesetzt haben, die in lockerer Streulage je nach dem Gelände gruppiert waren. Meist faßte eine Hofmauer den ganzen Komplex zusammen.

Trotz der fast 200 bekannten Villenstellen in Bayern ist nur ein einziger Gutsbezirk bei Regensburg-Burgweinting[99] vollständig ausgegraben, und dies noch dazu vor mehr als einem halben Jahrhundert. Das Gut lag am Rand der lößbedeckten Hochterrasse des hier weiten Donautals und orientierte sich mit Hauptfront und -tor an einem im Süden vorbeifließenden Bach. Zusammengefaßt wurde der ganze Komplex durch eine 70 cm starke Hofumfassungsmauer, die insgesamt eine Länge von 402 m hatte und etwa ein unregelmäßiges Viereck mit wahrscheinlich vier Ausgängen bildete. Im Inneren befanden sich, teils freistehend, teils an die Hofmauer angelehnt, 10 Bauten aus Stein, von denen 3 fußbodenbeheizte Räume hatten. Ziemlich zentral in dem mit Bruchsteinen gepflasterten Hof lag das Hauptgebäude mit zwei heizbaren und einem großen unterkellerten Raum, einem Nebengemach und einer Säulenvorhalle im Westen. Nach P. Reinecke bestand der Gutshof von vespasianischer Zeit bis in die Mitte des 3. Jahrhunderts. Verschiedentlich, wie z. B. bei der Villa in Marzoll, wurde noch die Umfassungsmauer in Teilen angeschnitten; nirgendmehr jedoch konnte sie vollständig aufgedeckt werden.

Rekonstruktion der Villa von Stadtbergen bei Augsburg (Högg).

Immer stand, wie wir es in Burgweinting gesehen haben, im Mittelpunkt des Betriebes das Hauptgebäude, das Herrenhaus. Dieses, die eigentliche

Villa, ist meist aus einfacheren Anfängen entstanden und stellt sich uns bei der Ausgrabung im letzten Ausbaustadium dar, wobei oft mehrfache Umgestaltungen, wie z. B. bei der Villa von Peiting [100], die Beurteilung erschweren. Wenn auch die einzelnen Hauptgebäude sicherlich alle verschieden waren, so gehen sie in der überwiegenden Mehrzahl doch auf wenige Grundideen zurück und lassen dadurch verschiedene Typen erkennen. Das vornehme römische Stadthaus mit Innenhof ist der Haustyp, welcher immer die Planung auch der ländlichen Wohngebäude bestimmte. Es bestand kein grundlegender Unterschied zwischen städtischen und ländlichen Wohngebäuden, besonders bei den einfachen und wenig gegliederten Bauten. Ein Unterschied ergab sich höchstens dadurch, daß auf dem Land mehr Platz zur Verfügung stand und so die Gebäude locker angeordnet und nicht mehrere zu einer Insula verbunden waren. Platz und Luxus ließen so mitunter richtige Landschlösser entstehen; darauf kam sogar Vitruvius zu sprechen, wobei er diese Luxusvillen kritisch *pseudourbanae* (quasistädtische) *villae* nannte.

Die prächtigste dieser Luxusvillen aus Bayern wurde schon 1856 in Westerhofen[101] nördlich Ingolstadt entdeckt und ausgegraben. Wenn damals natürlich keine Einzelheiten zum Bau und seiner Entstehungsge-

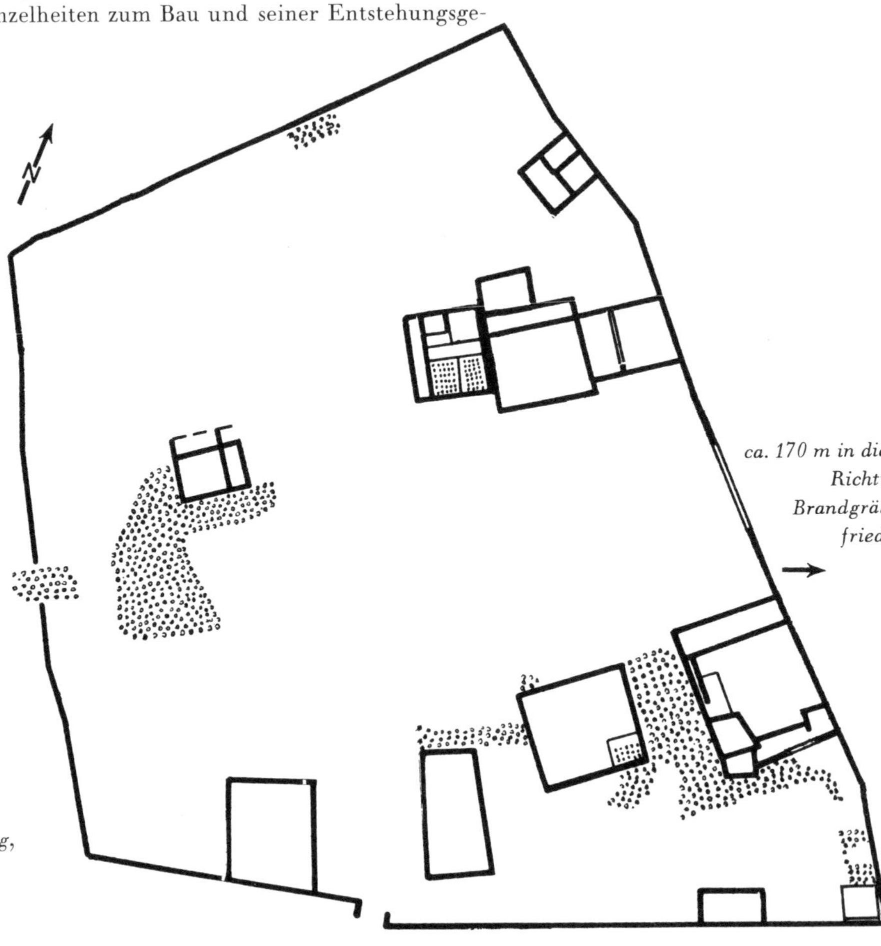

Gutsbezirk von Burgweinting, Ldkr. Regensburg (nach Reinecke). M. 1 : 1000.

Villa von Westerhofen, Ldkr. Eichstätt (nach Reinecke). M. 1 : 500.

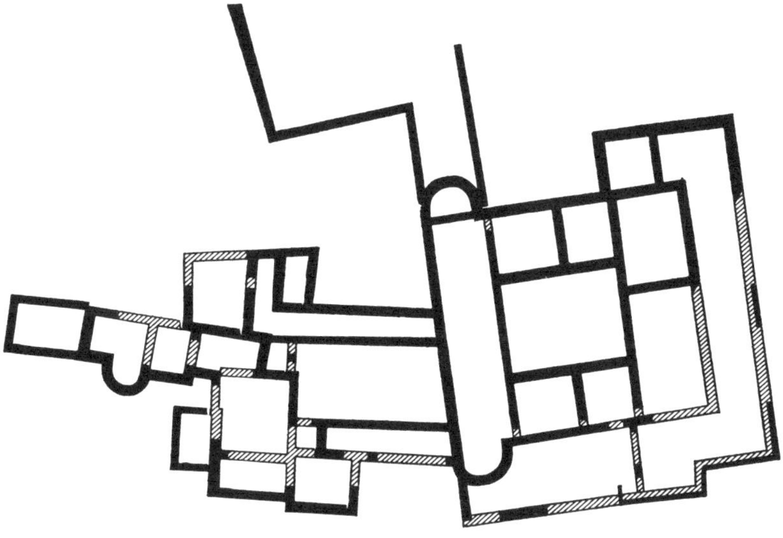

Villa rustica von Peiting, Ldkr. Weilheim-Schongau (nach BVbl.). M. 1 : 500.

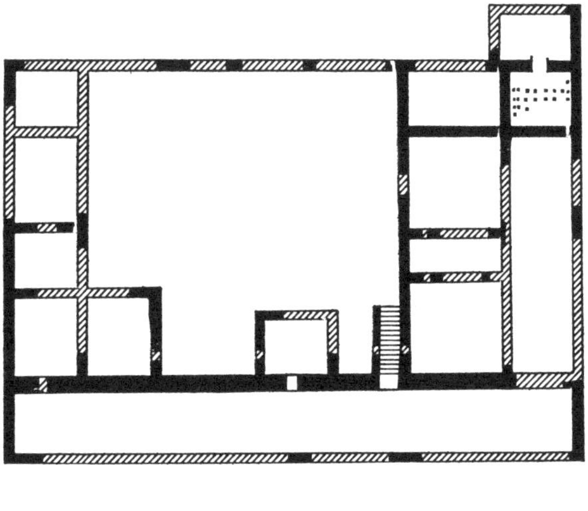

Villa rustica von Schambach, Ldkr. Weißenburg (nach Herrmann). M. 1 : 500.

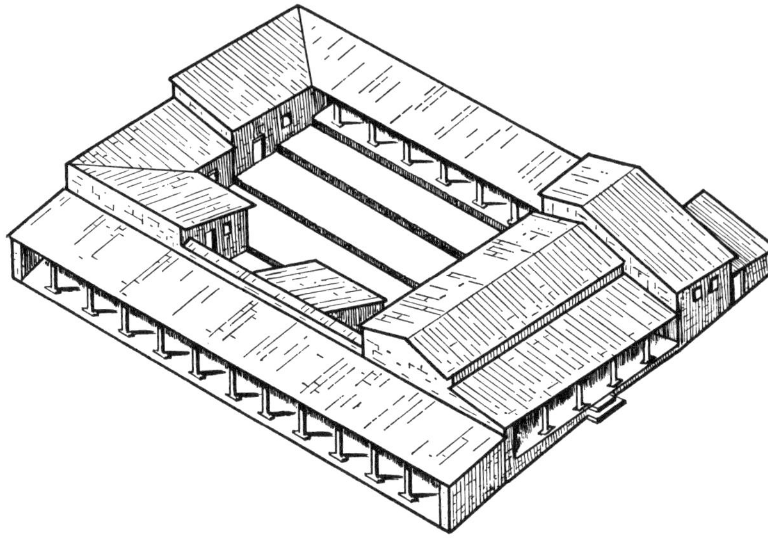

Rekonstruktion des Hauptgebäudes von Schambach (nach Herrmann). M. nicht ganz 1 : 500.

schichte festgehalten und erkannt werden konnten, so ist uns doch ein allgemeiner Grundriß überliefert. Danach hatte der ziemlich rechteckige Komplex eine Ost-West-Ausdehnung von 36 m und eine Tiefe von 22,5 m. Um einen ebenfalls rechteckigen, offenen Innenhof mit Säulenumgang gruppierten sich annähernd symmetrisch die Räume, von denen nur die 4 als Bad besonders stark beheizten Räume in der Südwestecke ihren speziellen Verwendungszweck zu erkennen gaben. Neben dem großzügigen Grundriß und der auffallend reichen Beheizung war der bedeutendste Fund in dieser Villa ein rund 70 qm großer Mosaikboden, der dank der Geschichtsbegeisterung des damaligen Königs Maximilian II. geborgen wurde und heute noch eines der hervorragendsten Denkmäler der Römerzeit in der Prähistorischen Staatssammlung darstellt. Eine Jagdszene in dem Mosaik und die geringe Bonität des Bodens in der dortigen Gegend führten zur Vermutung, es könnte sich hier um eine Art Jagdschloß für den raetischen Statthalter aus dem Anfang des 3. Jahrhunderts gehandelt haben. Zu der Villa von Westerhofen gehörten außerdem ausgedehnte Nebengebäude, von denen bei verschiedenen Erdarbeiten kleine Ausschnitte zutage gekommen sind, und eine Umfassungsmauer, die den registrierten Spuren nach ein Geviert von etwa 250 m Seitenlänge einschloß. Mit seinem von Säulen umgebenen Innenhof (Peristyl) repräsentiert der Bau von Westerhofen den häufigsten Typ der römischen Villa. Zum selben Typ scheint die Villa von Peiting zu gehören, bei der allerdings die westliche Hauptfront durch zwei seitlich ausgreifende Apsiden begrenzt war und vielfache Veränderungen während der langen Benutzung vom 2. bis 4. Jahrhundert den Grundriß sehr verunklart haben.

Mitunter ist einer Villa mit Peristyl an der Eingangsseite noch eine Säulenhalle *(Porticus)* angefügt. Ein bescheidenes Beispiel mit vereinfachtem Innenhof stellt die erst kürzlich musterhaft ausgegrabene Villa bei Schambach[102], Ldkr. Weißenburg i. B. dar, zu der F.-R. Herrmann eine anschauliche Rekonstruktion geliefert hat. Bei dem Hauptgebäude eines

Gutshofes an der Stadtgrenze von Straubing gegen Alburg[103] kam zum kleinen Innenhof eine breite Säulenvorhalle hinzu, die von zwei seitlich vorgeschobenen Baukörpern begrenzt wurde. Die hier von M. Kirmaïer versuchte Rekonstruktion ist wegen des fragmentarischen Grabungsbefundes nicht so sicher wie die von Schambach. Zahlreiche Keller und Gebäudespuren zeigen, daß der Straubinger Bau Mittelpunkt eines ausgedehnten Gutsbetriebes war, in dem nach Ausweis der aufgefundenen 7 Brennöfen eine eigene Ziegelproduktion bestand. Das Prinzip der seitlich vorgeschobenen Bauteile ist bei unseren Villen häufig, weshalb wir vom Typ der Risalitvillen sprechen[103a]. Zu diesen zählt der 1846 ausgegrabene Bau bei Mauren[104], Ldkr. Donau-Ries, ebenso, wie das erst vor kurzem
Abb. 42 aufgedeckte Herrenhaus von Marzoll[105] *(Marciolae)*, Ldkr. Berchtesgaden. Letzteres zeigt vor allem in dem vierten Bauzustand etwa in der Zeit von Hadrian bis ins letzte Drittel des 2. Jahrhunderts die risalitartig vorgeschobenen Seitenflügel, zwischen denen vorne eine Mauer den Hof abschloß. Vier turmartige Eckrisalite hatte schließlich ein Bau, der Anfang der dreißiger Jahre bei Dirlewang[106] aufgedeckt wurde. Die Funde sprechen für eine Besiedlung im 2. und in der ersten Hälfte des 3. Jahrhunderts, weshalb man den Bau für eine *Villa rustica* hielt. Allerdings kommen in dieser Zeit solche Grundrisse mit 4 Türmen eigentlich nicht vor. Dagegen ist der Typ einer befestigten Villa rustica mit 4 Türmen im 3. und 4. Jahrhundert in Pannonien und Dalmatien recht verbreitet[107], so daß dieser Bau ohne gründliche Nachprüfung hier nur mit Vorbehalt aufgeführt werden kann. Es könnte ja ohne weiteres bei uns nach den ersten Alamanneneinfällen solche befestigte Villen gegeben haben.

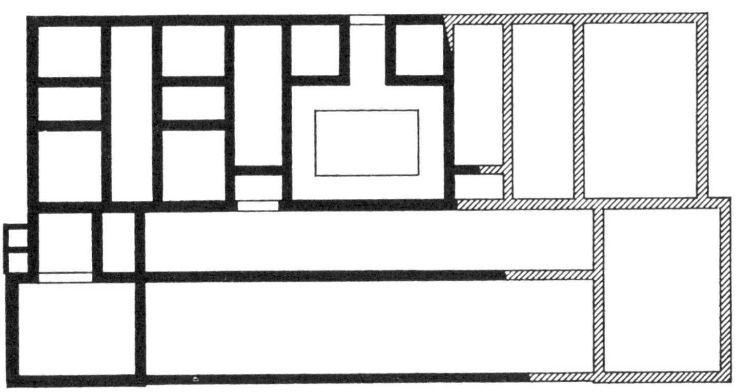

Villa von Alburg bei Straubing (nach Keim). M. 1:500.

Rekonstruktion des Hauptgebäudes von Alburg (nach Kirmaier). M. etwas größer als 1 : 500.

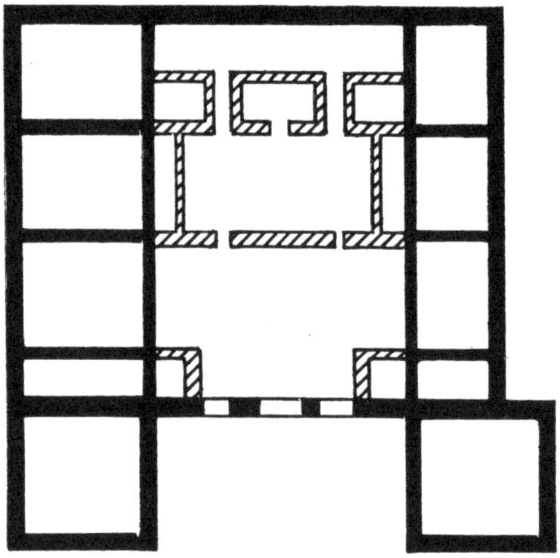

Villa von Mauren, Ldkr. Donau-Ries. M. 1:500.

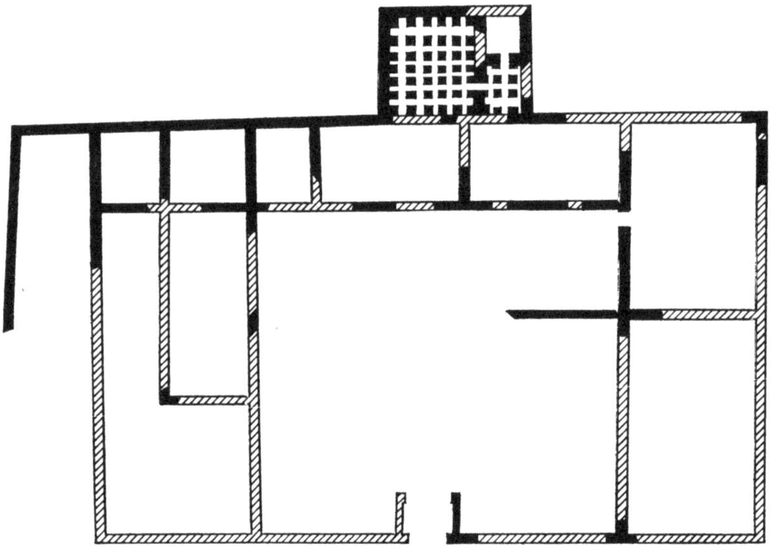

Villa von Marzoll, Ldkr. Berchtesgaden (nach Christlein). M. 1 : 500.

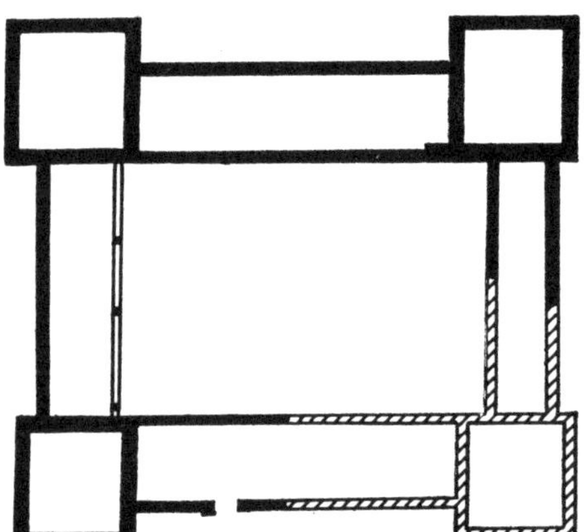

Gebäude von Dirlewang (nach Ohlenroth). M. 1 : 500.

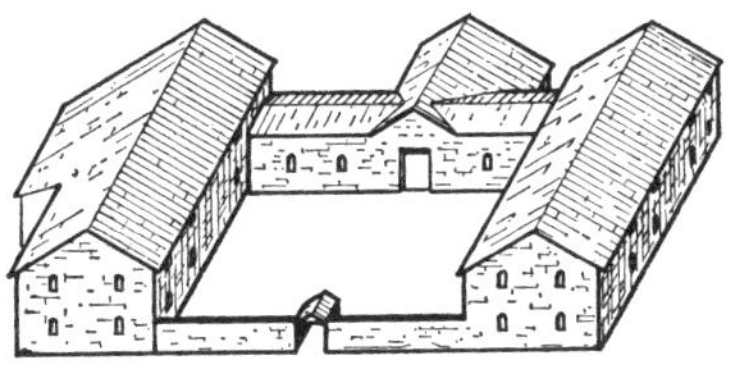

Rekonstruktion des Hauptgebäudes von Marzoll (nach Christlein).

Aus der wirtschaftlichen Situation des Voralpenlandes ergibt sich, daß viele Villen recht einfach und schlicht gestaltet waren. Das wenig anspruchsvolle Hauptgebäude des Gutshofes von Regensburg-Burgweinting wurde als kleine Porticusvilla mit Mittelkorridor schon erwähnt. Eine Villa mit zwei langen Seitenkorridoren grub man 1952 bei Arrondierungsarbeiten in Berg[108] bei Türkheim aus. Dieser Typ ist bei uns selten und mehr in Gallien und in der Belgica verbreitet gewesen. Bescheidene Villen stellten das Gebäude bei Reimlingen[109], Ldkr. Donau-Ries, dar, bei dem zwei kleine quadratische Türmchen von 2,5 m an der Vorderfront die Eckrisalite andeuten sollten, und die viereckige Anlage beim Rußbaumholz, Gde. Bubesheim, Ldkr. Günzburg, bei der zwei schmale Gebäudeflügel zusammen mit der Hofmauer einen ebenfalls rechteckigen, wahrscheinlich überdachten Hof einschlossen[110].

Gemeinsam ist allen Villen stets eine sonnige Lage, meist an einem nach Westen oder Süden geneigten Hang, und eine günstige Nähe zum Wasser. Ackerbau und Viehzucht bildeten die wirtschaftliche Grundlage. Je nach der Lage und dem Boden standen entweder Getreidebau oder Sonderkulturen, wie Obst- und Weinbau, Flachs- oder Gartenkulturen, im Vordergrund. Auch wenn die Landwirtschaft nicht die Haupterwerbsquelle des Besitzers war, spielte sie, selbst in der Nähe von Städten, immer eine große Rolle. Vermögende Kaufleute, Beamte u. a. hielten sich Gutsbetriebe in der Nähe der Stadt, deren Wohngebäude ihnen als Landhäuser dienten. Es liegt auf der Hand, daß sich die wirtschaftliche Stellung des Besitzers in der Anlage und der Ausstattung bemerkbar machte. Als Beispiele mögen die Villa von Marzoll ca. 9 km vor Salzburg und der Gutsbetrieb von Wehringen ca. 15 km südlich Augsburg dienen. Mosaiken, Wandmalereien und Stuckdekor gehörten zur Ausstattung einer komfortablen Villa rustica ebenso wie Fußbodenheizung, ein Bad und ein ziegelgedecktes Dach. Als Baumaterial wurde das örtlich vorkommende Material verwendet, vielfach Tuff oder Kalkstein, und für das Fundament Bruchsteine oder Geröll. Die in der Architektur beliebten Säulen waren bei den einfacheren Gebäuden aus Holz, bei den repräsentativen aus Stein. Gelegentlich machten überhaupt erst Funde von Steinsäulen auf eine Villa aufmerksam, wie z. B. in Hausen bei Fürstenfeldbruck[111], wo in einer Kiesgrube an der mehrere Meter hohen Wand immer wieder ganze Säulen herunterfielen.

Über die Besitzer der Villen wissen wir nur wenig; sie werden bunt gemischt gewesen sein wie die ganze Provinzbevölkerung. Zu den einheimischen Grundbesitzern, die sich im Laufe der Zeit den römischen Lebensstil zu eigen machten, gesellten sich durch Handel, Wirtschaft und Verwaltung ins Land gekommene Römer und entlassene Veteranen aus allen Teilen des Reiches, deren Höfe wohl hauptsächlich in der Nähe der Kastelle lagen. Dadurch erklärt sich, daß gerade im Gebiet hinter dem Limes[112] und im Ries[113] besonders viele Villenstellen angetroffen wurden und das Land hier besonders dicht besiedelt war.

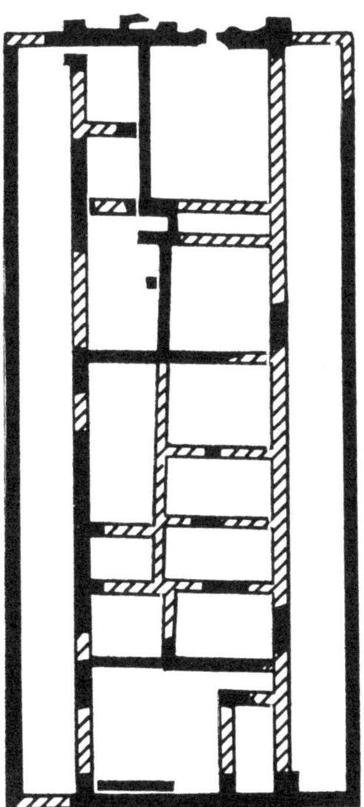

Villa von Berg bei Türkheim (nach BVbl.). M. 1 : 500.

Aus der ersten Zeit der römischen Herrschaft ergaben sich bis jetzt keine Spuren eines zivilen Wirtschaftslebens. Die verbliebene einheimische Bevölkerung mußte sich ziemlich ausschließlich selbst versorgen und lebte auf der Grundlage der Naturalwirtschaft und des Tauschens. Handel und Verkehr dienten allein den Erfordernissen der Truppe und wurden von ihr selbst betrieben. Erst nach der Mitte des 1. Jahrhunderts entfaltete sich Privatinitiative, die dann z. B. von Hadrian mannigfache Förderung erfuhr. Dazu trugen ebenso die Vermehrung des Truppenbestandes mit seinen gesteigerten Bedürfnissen bei als auch die Zunahme der Bevölkerung, die Entstehung städtischer Zentren und der weitere Ausbau des Landes.

Bei der Grundproduktion nahm die Landwirtschaft stets den ersten Platz ein. Ackerbau und Viehzucht wurden durch die Angliederung an das Römische Reich sicherlich nie unterbrochen, aber erst seit der Mitte des 1. Jahrhunderts können wir ihre Spuren zunehmend deutlicher fassen. Stets läßt sich hierbei, wie bei allen anderen Lebensäußerungen, das bereits erwähnte Zivilisationsgefälle von West nach Ost beobachten, das sich aus der früheren Erschließung des Landes zwischen Iller und Lech ergeben hat. Immer wieder stoßen wir unter den Funden, insbesondere aus den Villae rusticae, auf eiserne Geräte für den Ackerbau, wie Pflüge, Hacken, Spaten, Sicheln, Sensen sowie Wetzsteine.

Durch günstige Funde sind wir sogar darüber unterrichtet, was bei uns angebaut wurde[114]. Unter den Getreidearten stand der Gemeine Weizen an der Spitze, demgegenüber der Anbau von Zwergweizen erheblich geringer war. Eine noch kleinere Rolle spielte der Anbau von Dinkel, Roggen und sechsteiliger Gerste. Eine wertvolle Ergänzung der Getreidenahrung bildete die Ackerbohne in ihrer kleinsamigen Form, die zu den wichtigsten Nahrungspflanzen gehörte und damals in der Ernährung die Rolle spielte, die mehr als ein Jahrtausend später die Kartoffel übernahm. Bemerkenswert ist, daß in der Römerzeit bei uns nur Kulturpflanzen verbreitet waren, die bereits seit der Jungsteinzeit, bzw. beim Roggen seit der Eisenzeit, hier heimisch gewesen sind. Die Einbeziehung des Voralpenlandes ins Römerreich führte nicht zu Änderungen im Ackerbau und zur Übernahme von Kulturpflanzen aus dem Mittelmeergebiet in nennenswertem Ausmaß. Dies gilt genauso für das Obst, von dem man Äpfel und Nüsse seit dem Neolithikum bei uns zu schätzen wußte. Neu ist der Weinbau, den neben verschiedenen Geräten und einzelnen Flurnamen zwei Weihesteine an den Weingott Liber Pater bezeugen.

Die Viehzucht besaß schon in der keltischen Zeit große Bedeutung für die Ernährung, wie an den Funden aus Manching zu sehen war. Auch hierbei sind die Verhältnisse ziemlich gleichgeblieben. Zeugnisse für die Viehzucht bilden neben den Tierknochen als Speiseabfällen u. a. Schafscheren und Glocken für Kühe, Ziegen und Schafe. Bronzene Kuhglocken sind bis in die Weideflächen bei Oberstdorf[115] und Miesbach gefunden worden, so daß Almwirtschaft als eindeutig nachgewiesen angesehen werden kann. Interessant ist die Gegenüberstellung der Speiseabfälle aus der dörflichen

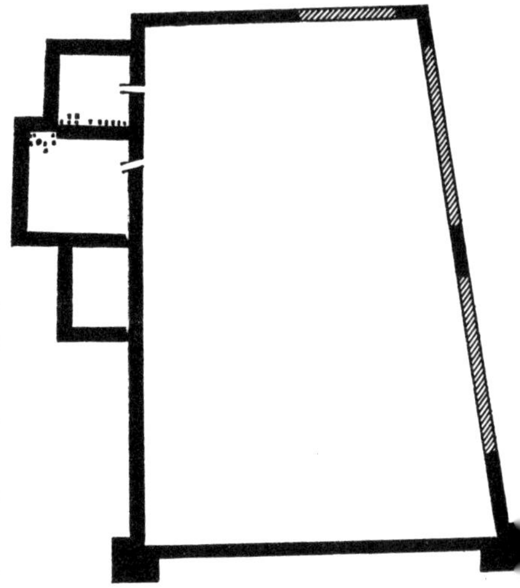

Villa von Reimlingen, Ldkr. Donau-Ries. M. 1 : 500.

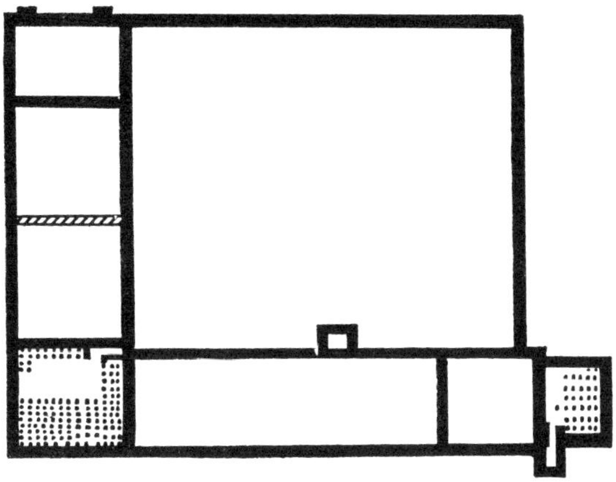

Villa von Bubesheim, Ldkr. Günzburg. M. 1 : 500.

Siedlung von *Pons Aeni*[116] und jener aus der Villa rustica von Berg bei Türkheim[117]; sie erlaubt nicht nur eine Beurteilung der Viehhaltung, sondern gibt zugleich einen Hinweis auf die verschiedenen Bedürfnisse einer dörflichen Bevölkerung und der Bewohner eines ländlichen Herrenhauses. Beziehen wir in diese Übersicht noch die Tierknochenfunde aus der Grabung 1953 in der Stadt *Cambodunum*[118] ein, so bekommen wir einen guten Überblick über Viehhaltung und Ernährung in den verschiedenen Lebensbereichen des römischen Voralpenlandes. Dominierend war die Rinderzucht, hinter der die Haltung von Schweinen, Ziegen und Schafen zurücktrat. Die Rinderknochen machen in *Cambodunum* 63%, in *Pons Aeni* 60% aus, die vom Schwein 19% bzw. 25%, die von Schafen und Ziegen 9% bzw. 9,5%. In der Villa von Berg waren die Verhältnisse ungefähr ähnlich. Die Knochen von Pferden liegen jeweils um 5%, die von Hunden um oder unter 1%, wobei sehr fraglich bleibt, ob diese Tiere gegessen worden sind. In Berg fehlen Pferd und Hund. Die unterschiedlichen Ansprüche der verschiedenen Bevölkerungsschichten zeigen sich beim Geflügel; haben wir in *Pons Aeni* bloß 0,35 % Hühnerknochen und die Reste einer Gans, in *Cambodunum* 1,5% Hühnerknochen und Reste von 2 Enten, so überrascht in der Villa von Berg ein wesentlich größerer Anteil der Hühner mit 20 Knochen von mindestens 6 Individuen und das Auftreten von 10 Taubenknochen von mindestens 5 Tieren[118a].

Der Jagd kam für die Ernährung keine große Bedeutung zu. Bei den drei verglichenen Plätzen fällt der außerordentlich geringe Prozentsatz an Wildtieren auf. Hirsch, Reh und Wildschwein wurden in Pons Aeni gejagt und gegessen, Hirsch, Reh, Wildschwein, Hase und Eichelhäher in Cambodunum, Hase, Reh und Rebhuhn in der Villa von Berg. Eine Beeinflussung durch den südlichen Geschmack könnte darin gesehen werden, daß man in Cambodunum Weinbergschnecken, Austern und Frösche, in der Villa von Berg Weinbergschnecken, Amseln und Drosseln sowie Venusmuscheln genossen hat. Die Ausübung des Weidwerks war entsprechend organisiert, wie ein Grabstein aus Salzburg andeutet. Auf diesem begegnet uns ein Jagdunternehmer Lollius Honoratus, der einen Jäger *(vestigiator)* Profuturus beschäftigte[119].

Zur Grundproduktion gehörte mannigfache Rohstoffgewinnung, die sich

Rekonstruktion des Hauptgebäudes von Bubesheim.

allerdings meist nur mehr oder minder indirekt nachweisen läßt. Den Betrieb örtlicher Kies- und Sandgruben setzt die Bautätigkeit voraus, ohne Tongewinnung ist die Herstellung von Töpferwaren und Ziegeln nicht denkbar. Aus der Untersuchung verwendeten Materials wissen wir, daß Steinbrüche bei Nassenfels, in der Gegend von Kelheim und am Untersberg bei Salzburg betrieben wurden. Der Gebrauch von Tuff als Baumaterial war so beliebt und verbreitet, daß wir mit zahlreichen örtlichen Tuffbrüchen rechnen müssen. Die für die Latènezeit nachweisbare Erzgewinnung aus dem anstehenden Raseneisenerz scheint in der Römerzeit kaum fortgesetzt worden zu sein; da lag die ergiebige und qualitätvolle norische Erzproduktion denn doch zu nahe. Dagegen deuten Einzelfunde auf das Bestehen einer Verbindung von Berchtesgaden zum Dürrnberg bei Hallein hin, was auf eine Benutzung der Salzvorkommen im Raum Bad Reichenhall – Berchtesgaden – Dürrnberg bezogen werden könnte. Holzgewinnung und Herstellung von Holzkohle wird über den Eigenbedarf hinaus nur in der Nähe größerer Siedlungen vorgenommen worden sein.

Verarbeitende Betriebe lassen sich archäologisch natürlich besser erfassen und konnten bisher schon wiederholt nachgewiesen werden. An erster Stelle sind die landwirtschaftlichen Produkte zu erwähnen. Handmühlen gab es in jeder Villa rustica, in den Dörfern und Weilern, aber auch in den Kastellen, da ja die Soldaten Rohgetreide als Verpflegung erhielten. Nachdem die *molinarii* (Mühlenarbeiter) in Günzburg dem Neptun einen Altar geweiht haben, müssen hier an der Günz eine oder mehrere größere Mühlen gewesen sein. Dies läßt annehmen, daß anderwärts für die Versorgung größerer Orte ebenfalls Mühlen bestanden. Sonderkulturen wurden bei uns angelegt und ihre Produkte dann weiter verarbeitet, wie ein in der Villa von Marzoll gefundener Flachshechel zeigt. Schließlich gilt es noch, die an allen Siedlungsstellen sehr zahlreich auftretenden sog. Reibschalen zu erwähnen; diese weiten und dickwandigen Schüsseln, in der Form ähnlich dem neuzeitlichen Weidling, hatten eine durch eingesetzte kleine Quarzsteinchen besonders rauhe Innenseite und dienten – überwiegend auf Haushaltbasis – der Gewinnung von Milchprodukten.

Abb. 108

Hauptsächlich für die lokale Versorgung arbeiteten zahlreiche kleinere Handwerksbetriebe, deren mehr oder minder deutliche Hinterlassenschaften verschiedentlich bei Ausgrabungen zutage kamen. Noch viel häufiger, als die aufgefundenen Brennöfen es zeigen, müssen kleine Töpfereien gewesen sein, die den örtlichen Bedarf an Gebrauchsgeschirr deckten. Die örtliche Keramik war jedoch so sehr einem einheitlichen Zeitgeschmack und Bedürfnis unterworfen, daß überall fast die gleichen Formen hergestellt wurden und nur wenige örtliche Verschiedenheiten zu beobachten sind. Töpferöfen konnten, allerdings nicht überall mit der gleichen Zuverlässigkeit, festgestellt werden in Bibereck bei Dachau, in Reichling bei Landsberg, bei Mindelheim, in der Nähe von Dirlewang, in Nassenfels, in Taimering und Mangolding bei Regensburg und bei der Villa Straubing-Alburg. Die Töpfereien in Pocking und Pfaffenhofen am Inn lagen schon an der norischen Grenze und zeigen dies deutlich durch ihren typischen, ganz nach dem Osten tendierenden Formenschatz. Anders als diese Töpfereien für die reine Gebrauchskeramik ist die Töpferwerkstatt von Westheim[120] bei Augsburg zu beurteilen, die mit ihren Keramiken mehr auf die differenzierteren Bedürfnisse der Hauptstadt ausgerichtet war.

Auch Glas wurde im Voralpenland erschmolzen. In Pocking konnte aus römischer Schicht ein Stück Glasfluß geborgen werden, an dem noch Reste der Tonwanne hafteten. Pons Aeni lieferte ebenfalls Rohglasstücke in verschiedenen Färbungen. Allerdings wird man bei uns wohl nur Fensterglas und ganz einfache Gefäße hergestellt haben. Bei der damaligen Wirtschaftsweise waren überdies zahlreiche örtliche Schmieden nötig, die die Herstellung von Geräten ebenso besorgt haben wie deren Reparatur. Verschiedentlich begegnen deshalb unter den Hinterlassenschaften typische Schmiedewerkzeuge. In Pocking haben die Schmiede ihr Rohmaterial durch die Verhüttung von Eisenerz selbst gewonnen; die bei den Grabungen gehobenen, weitgehend ausgeschmolzenen Eisenschlacken zeugen noch heute davon. Unter den Eisengeräten aus römischen Siedlungsstellen stoßen wir immer wieder auf Punzen, Stichel, Durchschläge, Feilen, Nageleisen und anderes. Neben Eisen wurde auch Bronze verarbeitet,
Abb. 43 doch läßt sich bei den zahlreich gefundenen Bronzegegenständen nicht
Abb. 44 entscheiden, ob sie in der Provinz selbst gefertigt oder durch den Handel
Abb. 21 hereingebracht wurden. Holz war als Material und Baustoff so wichtig, daß wir häufig die Werkzeuge dafür, wie Stemmeisen, Beile, Löffelbohrer, Lochbeitel, Sägen und anderes mehr finden.

Die Fähigkeit zur Holzverarbeitung war sicherlich allgemein verbreitet. Und dennoch muß es auch Spezialhandwerker gegeben haben, die die schönen, bis zu 1,60 m hohen Holzfässer herstellten, von denen je zwei in Regensburg und Kempten ergraben werden konnten[121]. Das große Regens-
Abb. 45 burger Faß hatte ein Fassungsvermögen von ca. 650 l und diente ursprünglich ebenso wie viele andere dem Transport von Wein. Die Erwähnung eines Purpurfärbers in Augsburg macht uns mit einem städtischen Handwerksbetrieb bekannt. Ebenfalls nur in den größeren Städten werden wahrscheinlich Spezialhandwerker die vielen Tätigkeiten ausgeübt haben, die für die Abwicklung des täglichen Lebens wichtig waren, wie z. B. Bäcker, Schneider, Schuster etc.; in den Dörfern und Gutshöfen versorgten sich die Leute selbst.

Künstler und Handwerker waren damals keine getrennten Begriffe; der Künstler ging aus dem Handwerk hervor und blieb ihm immer verbunden. Bis in diese Zeit gibt es bei uns keinen Unterschied zwischen Bildhauer und Steinmetz. Es waren alles Handwerker, nur eben mit mehr oder minder großen Fähigkeiten. Und auch der Maler bemalte die Wände einfarbig oder mit Ornamenten oder figürlichen Darstellungen, je nachdem es gewünscht bzw. bezahlt wurde. So gilt es, an dieser Stelle der kleinen Handwerksbetriebe oder Handwerkergruppen zu gedenken, deren Arbeiten als Steinplastiken, Mosaiken, Wandmalereien, Groß- und Kleinbronzen, Edelmetallschmuck und geschnittene Steine auf uns gekommen sind. Ein Unterschied zu den vorher erwähnten Kleinbetrieben bestand nur darin, daß naturgemäß diese Erzeugnisse eine weitere Verbreitung gefunden haben und eine stärkere individuelle Aussage enthalten. Aus diesem Grund werden sie im Abschnitt über die Kunst zu würdigen sein.

Sigillataschale von Pfaffenhofen bei Rosenheim, Kreis des Dicanus. M. 1 : 4.

Daneben gab es im Voralpenland einige größere Manufakturen mit zahlreichem Personal, die Massenprodukte herstellten und oft über weite Entfernungen vertrieben. In erster Linie sind hier die Töpfereizentren für Terra Sigillata in Westerndorf St. Peter[122] und Pfaffenhofen am Inn[123] zu nennen, deren Erzeugnisse in den Provinzen Noricum, Pannonien, Dalmatien und sogar Dacien abgesetzt wurden. Als Terra Sigillata bezeichnen (Abb. 47) wir heute feines Tafelgeschirr mit einem festen hochroten, glänzenden (Abb. 46) Überzug. Von dieser Keramik gab es glatte Gefäße in wenigen typischen Formen und reliefverziertes Geschirr, das aus Formschüsseln gefertigt wurde. Da die ornamentalen oder bildlichen Darstellungen von jedem Meister in individueller Komposition zusammengestellt und häufig mit dem Namen gestempelt waren, haben wir noch jetzt die Möglichkeit, die Erzeugnisse der einzelnen Fabriken gut zu unterscheiden. Die wichtigsten Töpfermeister in Westerndorf waren COMITIALIS, HELENIVS und ONNIORIX, in Pfaffenhofen ein DICANVS oder DIGNVS. Nach der Menge gefundener Sigillata und nach den an die hundert bekannten Töpfernamen[123a] müssen die Betriebe bedeutend gewesen sein. Bei einer solchen Massenproduktion ist eine entsprechende Organisation des Absatzes zwingend anzunehmen, obschon wir bis heute noch keine Anzeichen davon gefunden haben. Obwohl die Töpferei in Westerndorf seit mehr als 150 Jahren bekannt ist, konnte erst vor kurzem mit der wissenschaftlichen Bearbeitung und mit planmäßigen Ausgrabungen in der dortigen Region durch die Prähistorische Staatssammlung begonnen werden. Keramische Massenprodukte waren auch die Tonlampen, die außerordentlich häufig (Abb. 48) gefunden werden und für die sicherlich in Raetien ein oder mehrere Produktionszentren bestanden haben[124]. Bestimmte Darstellungen im Lampenspiegel sind besonders bei uns häufig, während für die Lampen mit dem Namen der Firma auf der Unterseite die Herstellungsorte nicht bekannt sind[125]. Große Betriebe waren sicher die Ziegeleien in Bad Abbach, wo die *Legio III Italica* ihre Ziegel herstellte und noch Privatunternehmer, etwa ein M. Vindelicius Surinus, tätig waren[126]. Neben diesen Ziegeleien betrieb die Legion – meist außerhalb des Lagers – eine Reihe von Fabriken und Werkstätten, die der Aufsicht eines eigenen Offiziers, dem *praefectus fabrum*, unterstanden. Ähnlich unterhielten die Auxilien kleinere Betriebe wie Ziegeleien, Waffenschmieden u. a.

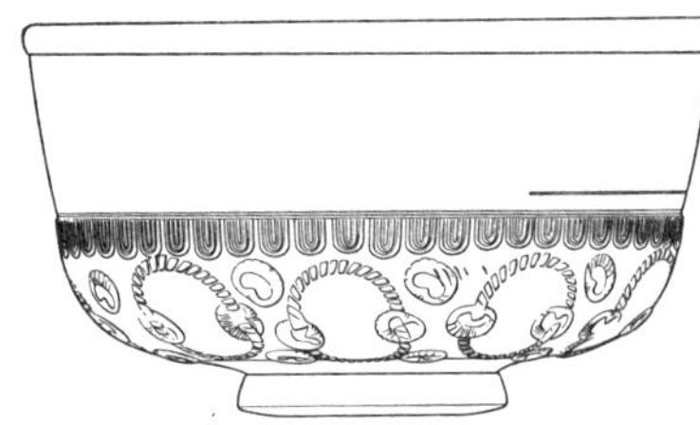

Sigillataschale von Pfaffenhofen bei Rosenheim, Kreis des Dicanus. M. ca. 1 : 5.

Sigillataschale von Pfaffenhofen bei Rosenheim, Art des Helenius. M. über 1 : 4.

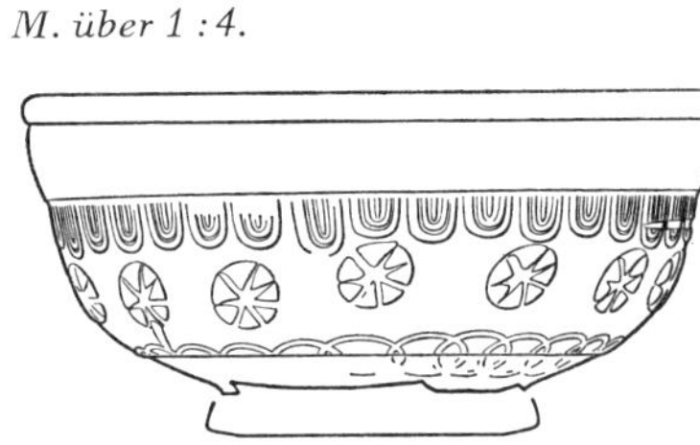

Der Handel lag in den Händen einer Kaufmannsschicht, die in verschie-

50 *Votivtäfelchen an Jupiter Optimus Maximus Poeninus vom Großen St. Bernhard, gewidmet durch T. Cl. Severus,* frumentarius *der 3. italischen Legion in Regensburg. Br. 20,3 cm.* — **51** *Darstellung der Verschnürung eines Warenballens auf einem Grabdenkmal aus Augsburg. Br. 135 cm.*

50

51

53

52 *Hals einer Amphore mit Inhaltsangabe:* Liq(uamen) scomb(ri) excel(lens) M. Valeri Maxumi = *Hervorragende Makreelensauce von M. Valerius Maxumus.* — **53** *Grabstein des Tib. Cla(udius) Satto, Bürger aus Kempten und Veteran der 10. Legion Gemina, verstorben in Aquincum bei Budapest. H. 205 cm.*

52

54

55

54 *Geldumlauf der mittleren Kaiserzeit: Aureus des Nero von Gaimersheim, Denar des Domitian von Gauting, Sesterz des Hadrian von Kempten, Dupondius des Traian von Oberstimm, As des Traian von Gauting, unten Denar des Hadrian von Kempten, Antoninian des Gordian III von Pocking, As des Gordian III von Künzing. Originalgröße.* — **55** *Börsenarmreifen von Eining-Unterfeld und Kösching. Br. 10—10,5 cm.* — **56** *Kompositkapitell von Augsburg. H. 78 cm.* — **57** *Grabmal eines Ehepaares aus Augsburg. H. 182 cm.* — **58** *Statue eines Mannes in der Toga von Nassenfels. H. 133 cm.*

56

57

58

59 *Familiengrabstein aus Regensburg, gesetzt von den lebenden Eltern Cl. Donatus, Reiter der 3. italischen Legion, und Pedania Profutura für die verstorbenen Töchter Cl. Ursa (2 Jahre 10 Tage alt) und Gesatia Lucia (4 Jahre alt). H. 70 cm.*

59

60 *Schwangau, Ldkr. Ostallgäu. Badegebäude. Rekonstruktion des Raumes der Kaltwasserwanne aus den geborgenen Freskenfragmenten. Innenbreite 2,76 m, Tiefe ohne Fensternische 2,29 m, Höhe 3 m.*

61 *Epfach, Ldkr. Weilheim — Schongau. Marmortorso einer Venus, gefunden um 1810; 1858 vom Wirt in Rauhenlechsberg übernommen. H. 40 cm.*

62 *Tittmoning, Ldkr. Traunstein. Neuentdecktes Fußbodenmosaik in situ; vom L. f. D. in der Zeit vom 5. 9. bis 17. 10. 1974 ausgegraben und gehoben. Das Mosaik zeigt in den Farben weiß, dunkelgrau und rotbraun zwei gerahmte Kassetten mit sich überschneidenden, rosettengefüllten Kreisen und mit einem Sechseckmuster. —*

63 *Westerhofen, Ldkr. Eichstätt. Das 1856 aufgefundene Fußbodenmosaik nach seiner Konservierung 1955/62. Breite 700 cm.*

62

64 *Marzoll, Ldkr. Berchtesgaden. Mosaik während der Aufdeckung 1960.* — **65** *Das konservierte Mosaik mit Peltenmuster in rot, blaugrau und weiß Br. 712 cm.* — **66** *Wandmalereien aus Schwangau, Ldkr. Ostallgäu. Oben mythologische Szene, unten Meerdarstellung.* — **67–70** *Bronzen:* **67** *Minerva von der Putzmühle bei Fürstenfeldbruck H. 14,7 cm,* **68** *Mars von Regensburg mit Lampe H. 15 cm und Gorgonenhaupt von Kellmünz Br. 7,3 cm,* **69** *Pferdeprotom von Eining H. 4,5 cm,* **70** *Haselmaus von Oberstimm L. 5 cm.*

64

65

66

67

68

69

70

71 *Bronzebeschlag von Forchheim mit Szene aus dem Triumphzug des Dionysos. Dm. 11 cm.* — **72** *Vergoldeter Silberring mit Gemme von Bozen.* — **73** *Silberner Fingerring mit »MERcurius« von Eining.* — **74** *Goldene Ohrgehänge von Regensburg und Eining.* — **75** *Lampenständer aus Bronze in Form eines tropaeum von Ketterschwang. H. 25 cm.* — **76** *Kopfschutzplatte für Pferde mit Mars und Gorgonenmasken aus dem Schatzfund von Straubing. H. 45,5 cm.* — **77** *Gemme aus rotem Jaspis von Eining. Hirsch vor Wagen, gesteuert von Hund. Br. 1,3 cm.*

75

71

72

73

74

76

77

78

79

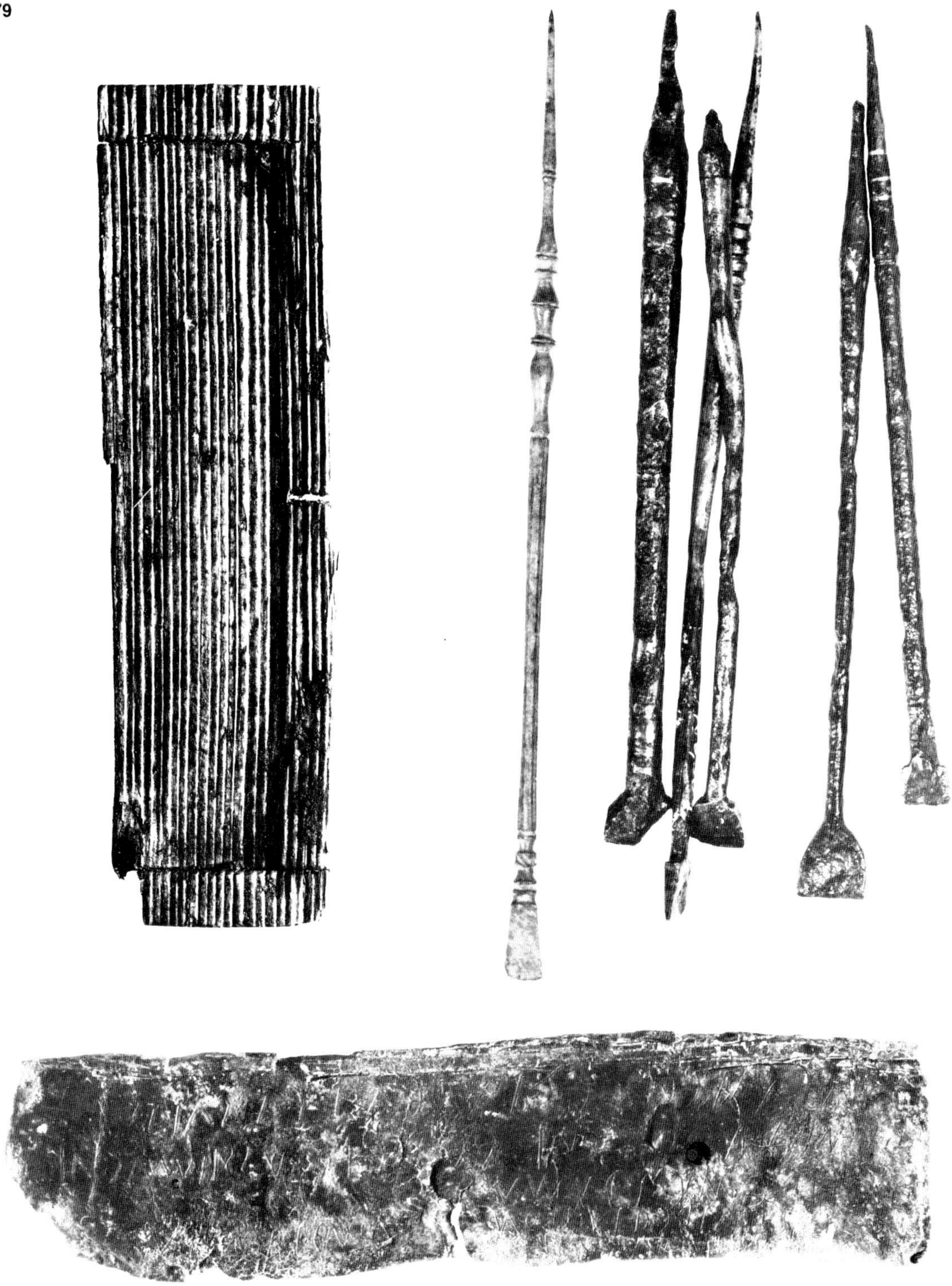

78 *Eiserner Fingerring mit dunkelroter Jaspisgemme (Minerva) von Eining. Etwa vierfach vergrößert* — **79** *Schreibgerät und Schrift. Schreibtäfelchenfragment aus Tannenholz von Kempten H. 12,5 cm, Bronzestilus aus Mainz L. 13,5 cm, Eisenstili aus Raetien, z. T. mit Tauschierung, unten Bleitäfelchen mit Liebeszauber aus Peiting Br. 17 cm.* — **80** *Badegebäude von Schwangau. Grabungsaufnahme. In der Mitte Warmwasserwanne auf Hypokaustpfeilern.* — **81** *Badegebäude von Waging, Ldkr. Traunstein, Grabungsaufnahme mit den Hypokaustgewölben.*

80

81

denen Sparten spezialisiert und organisiert war. Den Fernhandel besorgte eine weit ausgreifende Organisation, die *negotiatores cisalpini et transalpini*, deren Niederlassungen in Köln, Avenches, Lyon und Budapest bezeugt sind, die aber mit Wahrscheinlichkeit auch in Augsburg vertreten waren. Eine spezielle Gruppe bildeten die Lebensmittelhändler, von denen die *negotiatores salsari, leguminari cives Romani* (Händler mit Eingesalzenem und Gemüse, römische Bürger) in *Vindonissa* inschriftlich vorkommen. In Augsburg ließ in der 2. Hälfte des 2. Jahrhunderts ein Schweinehändler *(negotiator porcarius)* und Stadtrat auf eigene Kosten einen Tempel wiederherstellen. Durch den Lebensmittelhandel kamen Wein, Öl und Oliven, Datteln, Fischsaucen und Austern zu uns. In Augst fand man im Keller eines Weinhändlers noch an die 40 Weinamphoren, in Avenches Krüge mit Oliven und Datteln. Interessant sind Amphoren, auf die mit Tinte geschrieben war, welche spezielle Fischsauce sie enthielten. Ein besonders schönes Beispiel stammt aus Augsburg. Hier lesen Abb. 52 wir: *Liq(uamen) scomb(ri) excel(lens) M. Valeri Maxumi* = Hervorragende Makreelensauce von M. Valerius Maxumus. Wie weitreichend der Handel mit Lebensmitteln betrieben wurde, illustriert der Fund von Reis weit aus dem Osten und Kichererbsen aus dem äußersten Südosten Europas im Abb. 51 Legionslager von Neuß[127]. Textilhändler *(negotiator artis purpurariae* und *negotiatores vestiariae et lintiariae)* wurden als Angehörige der Augsburger Oberschicht bereits erwähnt. Für die Verteilung der Töpfereierzeugnisse war der Händler mit Keramik *(negotiator artis cretariae)* von großer Wichtigkiet; wir kennen in Raetien einen aus Lorch ganz im Abb. 49 Westen durch seinen Grabstein und einen in Gauting durch die Entdeckung seines Warenlagers. Schließlich gab es noch den Einzelhändler oder Kramer, der in Inschriften einfach als *negotiator* erscheint. Zusammengefaßt waren die Kaufleute einer Stadt in einer Art Zunft, dem *collegium negotiantium.*

Der Waren- und Personenverkehr wickelte sich hauptsächlich über die großen Fernstraßen ab, doch wurden, wo immer möglich, Flüsse für Schiffstransporte benützt. Letztere sind bei uns zwar nur für die Spätzeit auf Donau und Inn bezeugt; wir dürfen sie aber unbedenklich auch für die früheren Jahrhunderte annehmen. In Regensburg wurde nordwestlich des Legionslagers ein wohlausgebauter Schiffslandeplatz gefunden. Der Überwachung des Fernverkehrs diente die Einrichtung von Zollgebieten[128]. Der Westen des Reiches mit allen gallischen Provinzen, den beiden Germanien und Raetien, gehörte zum Zollbezirk der *Quadragesima Galliarum*, an dessen Grenzen ein Zoll von ca. $2^1/_2\,\%$ erhoben wurde. Die Abb. 95 südöstlichste Zollstation in Raetien lag in Obermais bei Meran. An der Ostgrenze Raetiens begannen dann die Stationen des illyrischen Zollgebietes *(publicum portorium Illyrici)*, das Noricum und die Donauprovinzen umfaßte. Illyrische Zollstationen kennen wir aus dem Eisacktal bei Säben, in *Pons Aeni* und vom norischen Innufer gegenüber Passau.

Mehr der Nachrichtenübermittlung denn der Personenbeförderung diente die Organisation des Postwesens, das nur öffentliche Aufgaben wahrzunehmen hatte. Von der Zentrale in Rom ausgehend, waren immer mehrere Provinzen unter einem *praefectus vehiculorum* zu einem Postsprengel zu-

Bronzene Schnellwaage von Arxtham, Ldkr. Rosenheim. L. 37,8 cm.

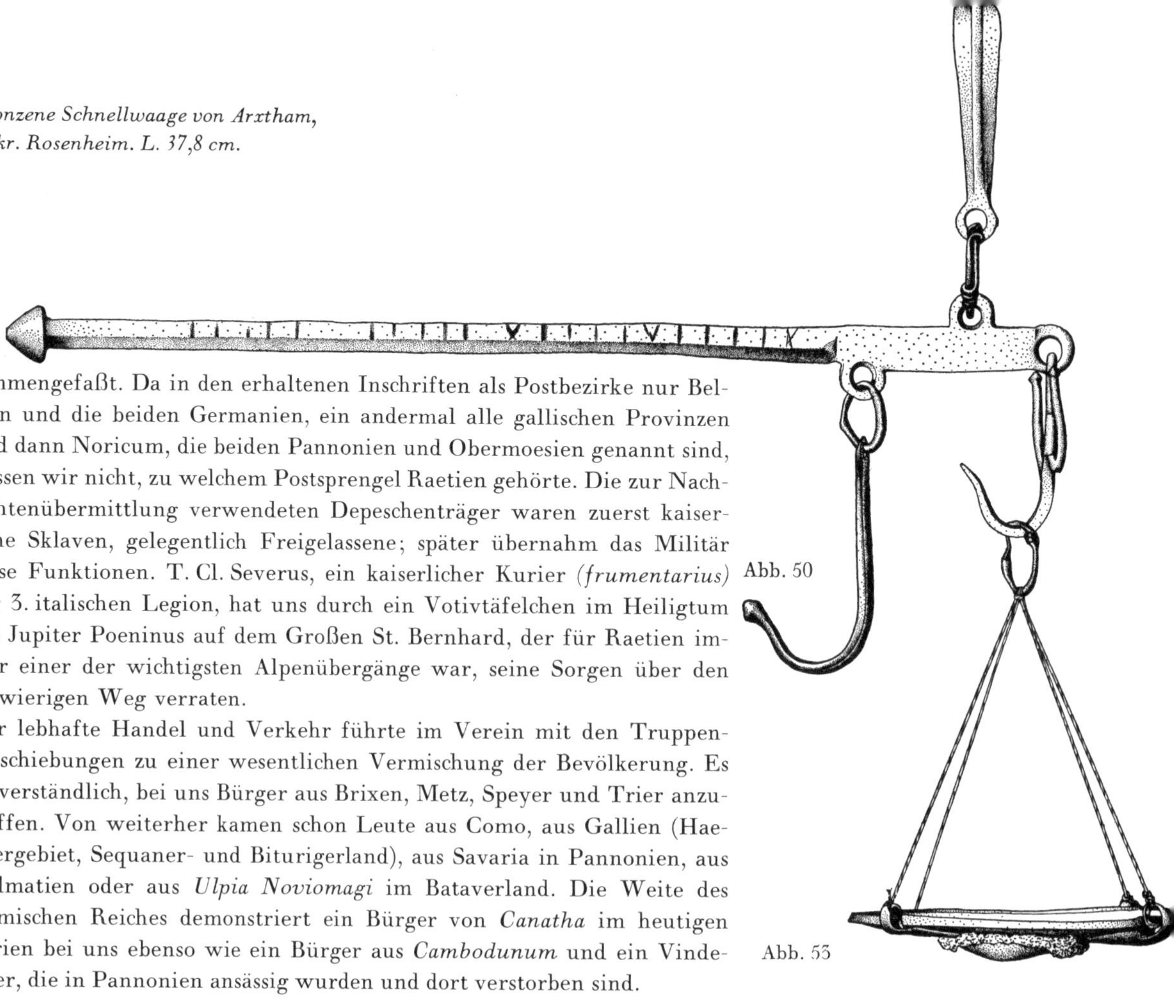

sammengefaßt. Da in den erhaltenen Inschriften als Postbezirke nur Belgien und die beiden Germanien, ein andermal alle gallischen Provinzen und dann Noricum, die beiden Pannonien und Obermoesien genannt sind, wissen wir nicht, zu welchem Postsprengel Raetien gehörte. Die zur Nachrichtenübermittlung verwendeten Depeschenträger waren zuerst kaiserliche Sklaven, gelegentlich Freigelassene; später übernahm das Militär diese Funktionen. T. Cl. Severus, ein kaiserlicher Kurier *(frumentarius)* Abb. 50 der 3. italischen Legion, hat uns durch ein Votivtäfelchen im Heiligtum des Jupiter Poeninus auf dem Großen St. Bernhard, der für Raetien immer einer der wichtigsten Alpenübergänge war, seine Sorgen über den schwierigen Weg verraten.

Der lebhafte Handel und Verkehr führte im Verein mit den Truppenverschiebungen zu einer wesentlichen Vermischung der Bevölkerung. Es ist verständlich, bei uns Bürger aus Brixen, Metz, Speyer und Trier anzutreffen. Von weiterher kamen schon Leute aus Como, aus Gallien (Haeduergebiet, Sequaner- und Biturigerland), aus Savaria in Pannonien, aus Dalmatien oder aus *Ulpia Noviomagi* im Bataverland. Die Weite des Römischen Reiches demonstriert ein Bürger von *Canatha* im heutigen Syrien bei uns ebenso wie ein Bürger aus *Cambodunum* und ein Vinde- Abb. 53 liker, die in Pannonien ansässig wurden und dort verstorben sind.

Geldumlauf und Zahlungsverkehr

Mit den römischen Legionären kam die römische Geldwirtschaft und die römische Münze zu uns. Einen charakteristischen Ausschnitt aus dem zur Zeit des Augustus umlaufenden Münzvorrat zeigen die 370 Münzen aus dem Fundbestand von Augsburg-Oberhausen[129]. Damals hatte das römische Münzwesen einen Stand und eine Differenzierung erreicht, die es dann lange Zeit beibehielt. Die Goldmünze *(aureus)* galt 25 Denare aus Silber. Den Wert beider Münzsorten bestimmte das enthaltene Edelmetall. Beide Metalle waren also Währungsmetalle; wir haben somit eine bimetallische Währung vor uns. Als Scheide- oder Kreditmünzen, d. h. als Kleingeld für den täglichen Bedarf, fungierten der Sesterz und der Dupondius aus Bronze und der As und der seltene kleine Quadrans aus Kupfer. Die Relationen blieben im 1. und 2. Jahrhundert gleich und waren: 1 Aureus = Abb. 54 25 Denare = 100 Sesterzen = 200 Dupondien = 400 Asse. Der As unterschied sich vom Sesterz durch den kleineren Durchmesser und das andere Metall, vom Dupondius mit der Strahlenkrone dadurch, daß der Kaiser auf der Vorderseite einen Lorbeerkranz trug. Der Geldumlauf wurde, wie wir aus den vielen Tausenden von Fundmünzen ersehen können, im wesentlichen von den Münzen aus unedlem Metall bestritten. Silbermün-

Tönerne Sparbüchsen aus Pfaffenhofen bei Rosenheim. Höhe der linken Sparbüchse 7,5 cm.

zen sind im Fundbestand der Siedlungen und Kastelle in Raetien nicht häufig; sie wurden vorwiegend als Spargeld verwendet und kommen deshalb überwiegend in Schatzfunden, dann aber meist zu Hunderten, vor[130]. Goldmünzen werden bei uns wegen ihres großen Wertes wohl immer Seltenheiten dargestellt haben. Da die Münzen fast alle gut datiert sind, bilden sie in Verbindung mit dem anderen Fundmaterial eine wertvolle Geschichtsquelle und führen durch ihre statistische Auswertung nach Siedlungs-, Schatz- und Grabfunden in größeren Gebieten zu interessanten historischen Erkenntnissen[131].

Über die Entwicklung der Löhne und Preise in den ersten zwei Jahrhunderten wissen wir aus unserem westlichen Reichsteil so wenig, daß sich bis heute noch kein deutliches Bild ergibt. Die Verhältnisse dürften in dieser Zeit ziemlich stabil geblieben sein, wenn wir von einer leichten Minderung des Denarwertes und damit seiner Kaufkraft absehen. Der Jahressold eines Legionärs mag dies illustrieren; er betrug unter Augustus 225 Denare (Tageslöhnung ca. 10 Asse), ab Domitian 300 Denare und unter Commodus 375 Denare. Als interessante Preisangabe, die erst in jüngster Zeit in Noricum entdeckt worden ist, sei aufgeführt, daß eine Sigillata-Bilderschüssel des CINNAMVS aus der zweiten Hälfte des 2. Jahrhunderts 20 Asse gekostet hat[131a].

Seine Barschaft trug man damals in einem Beutel aus Leder oder Stoff bei sich, wie verschiedene Spuren bei Ausgrabungen andeuten. Hauptsächlich von weiblichen Wesen wurde ein Börsenarmreif aus Bronze allein oder aus Bronze und Eisen verwendet, bei dem durch das Aufschieben auf den Arm der Verschluß verriegelt und damit jeder Verlust unmöglich gemacht war. Daß die Leute jener Zeit schon auf dieselbe Art wie wir heute sich zu sparen bemühten, zeigen die Funde von Sparbüchsen in Pons Aeni, wo in den Töpfereien auch Sparbüchsen selbst hergestellt wurden. So sehen wir: Die römische Doppelwährung bedingte ein differenziertes und für die damalige Zeit unerhört modernes Münzwesen, wie es mehr als ein Jahrtausend lang nirgendwo mehr entwickelt werden sollte.

Abb. 55

Kunst

Alle Erzeugnisse der darstellenden und bildenden Kunst sind aus dem Handwerk hervorgegangen. Wenn ich trotzdem an dieser Stelle das künstlerische Schaffen gesondert betrachte, so soll damit vor Augen geführt werden, bis zu welcher kulturellen Blüte und zivilisatorischen Verfeinerung sich das Leben selbst in einer der ärmeren Provinzen des Reiches entwickelt hat. Mit den größten Eindruck auf die Zeitgenossen wird die Steinarchitektur gemacht haben, deren prächtigste Zeugnisse die öffentlichen Gebäude in den Städten und Vici, die Forumsbauten, Tempel, Bäder, aber auch Tore, Villen und Heiligtümer gewesen sind. Allerdings hat sich gerade von dieser Denkmälergruppe nichts oder nur sehr wenig erhalten. Selten ist ein Grundriß bekannt, manchmal zeugt von einem großen Bau allein ein Kapitell, wie jenes korinthische aus Kellmünz, von einem Porticus nur ein paar Säulen, wie in Hausen bei Fürstenfeldbruck, oder ein paar Säulenbasen, wie in Regensburg, und manchmal finden sich, wie in Augsburg, gut behauene und schön skulptierte Architekturteile ohne näheren Zusammenhang. Von dem bedeutenden Tempel des Apollo Grannus in Faimingen, der als Wallfahrtsziel besonders reich ausgestattet war, haben Heimatforscher 1888/90 die Fundamente und einzelne Basen für die Halbsäulen des Umgangs ausgegraben[132]. Die Kenntnis von einem mächtigen, innen vollständig bemalten Gewölbebau in Augsburg verdanken wir nur einer mühsamen Rekonstruktion aus den gefundenen Malerei- und Verputzresten.

Abb. 39

Abb. 56

Abb. 60

Der Monumentalarchitektur gegenüber sind die Skulpturen durchaus nicht frei von provinziellen Eigenheiten. Obwohl sich naturgemäß an den antiken Zentren die Funde häufen, sind doch Grabsteine, Reste von Grabaedikulen, Turmgrabmäler, Weihesteine, Altäre und Steinplastiken über das ganze Land hin verstreut. Heimische Steinmetzwerkstätten befanden sich sicherlich in Augsburg und Regensburg, aber auch in Nassenfels, in Salzburg und an anderen Orten. Als charakteristische Beispiele sei nur auf die Grabdenkmäler von Ehepaaren in Augsburg[133], auf die Familien-Grabreliefs in Regensburg und auf den berühmten Togatus von Nassenfels[134] verwiesen. Neben diesen zweifellos hier geschaffenen Skulpturen begegnen Arbeiten aus südalpinem Marmor von besonders feinem Stil, bei denen es ungeklärt bleibt, ob man das Rohmaterial oder die fertigen Statuen über die Alpen transportierte[134a]. Den Resten nach haben einst mindestens fünf fast lebensgroße Figuren und zwei Büsten aus Marmor in Kellmünz *(Caelius Mons)* gestanden, wo sie in spätrömischer Zeit in die Befestigungsmauer als Spolien vermauert wurden. Arbeiten aus südlichem Marmor, bzw. Fragmente davon, fanden sich weiter in Westerhofen bei Ingolstadt, Gauting, Epfach und Weißenburg.

Abb. 57

Abb. 59

Abb. 58

Abb. 61

Zu den hervorragend gepflegten Kunstgattungen gehörten Mosaikarbeiten aus verschiedenfarbigen Steinchen zur reichen Ausschmückung des Fußbodens. Hier treffen sich bei uns gallisch-obergermanische Ausstrahlungen, als deren prächtigstes Denkmal wir das Anfang des 3. Jahrhunderts n. Chr. entstandene Mosaik von Westerhofen bei Ingolstadt zu betrachten haben, mit einem norischen Werkstättenkreis um Salzburg, für dessen Arbeiten ein Mosaik aus Marzoll[135] als typisch gelten kann. Die Würdigung der Malerei muß sich auf Wandmalereien beschränken, da sich bei uns die sonstige nur in geringen Spuren erhalten hat. Die Reste von Wandmalereien, meist in der al-secco-Technik, seltener als Fresco, sind nicht nur in großer Zahl in den Mittelpunkten städtischen Lebens, sondern auch häufig in Villae rusticae und sogar in den Kastellen anzutreffen. Doch läßt sich hier in der starken Bevorzugung rein ornamentaler Motive das Kulturgefälle zu Italien deutlich ablesen. Durch die qualitätvolle figürliche Wandbemalung steht die Ansiedlung von Schwangau bei Füssen[136] über dem hiesigen Durchschnitt.

Abb. 63

Abb. 62, 64, 65

Abb. 66

Lebensgroße, vergoldete Bronzestandbilder[137] von Gottheiten oder des göttlichen Kaisers, vielfach zu Pferd, waren nicht nur auf dem Forum der Städte *Augusta Vindelicum*, *Brigantium* oder *Cambodunum*, sondern auch in den Mittelpunkten der größeren oder kleineren Militärlager, wie

Abb. 73 Bronze, weiter die Fingerringe mit den Namen von Göttern und Tintenaufschriften auf Keramik und Bein, welch letztere sich allerdings nur in seltenen Fällen lesbar erhalten haben. Von den Töpfern in Westerndorf und Pfaffenhofen möchten wir annehmen, daß sie die Bedeutung der Buchstaben kannten, mit denen sie ihren Namen auf die Erzeugnisse stempelten.

Auch zu rechnen hat man verstanden; hierzu benützte man Rechenbretter und runde oder elliptische Rechenmarken, wie sie ähnlich für Brettspiele verwendet wurden. Deshalb werden diese Rechenmarken bei Publikationen meist vereinfachend unter den Spielmarken aufgeführt. Daß die einheimische Bevölkerung bestrebt war, sich der hohen Reichskultur anzugleichen und an ihr teilzuhaben, dokumentieren Grabsteine, auf denen die Eltern noch keltische Namen tragen, der Sohn jedoch von seinem lateinischen Namen her nicht mehr in seiner keltischen Abstammung erkennbar ist. So können wir den gewaltigen Vorgang der Romanisierung bei uns aus kleinen Anzeichen erschließen, einen Vorgang, der die große zivilisatorische Kraft des Römischen Reiches zeigt und der sich in den nahöstlichen Provinzen ebenso verfolgen läßt wie im Westen des Reiches. Es gibt keine Anhaltspunkte dafür, wie sich die Kenntnis der römischen Sprache und Schrift bei uns verbreitet hat. Sicher dürfte sein, daß die Soldaten der Legionen und Hilfstruppen lateinisch sprachen und, soweit sie es nicht schon konnten, während ihrer Dienstzeit lesen und schreiben lernten. Diese Kenntnisse verbreiteten sich über sie im militärischen Bereich und im Umkreis der Lager. In den großen Städten gab es bestimmt größere oder kleinere Unterweisungsstätten, in denen die Jugend lernte.

Abb. 79 Funde von Schreibtäfelchen und vor allem die in die Hunderte gehenden Schreibgriffel *(stili)* aus allen Gegenden zeigen, daß es etwas ganz Alltägliches war, zu schreiben. Die mitunter hübsch verzierten stili aus Bronze oder Eisen dienten dazu, die Schrift in das Wachs auf der Innenseite der hölzernen Schreibtäfelchen einzuritzen und allenfalls mit dem breiten anderen Ende wieder zu löschen. Sogar die höhere römische Bildung fand bei uns Eingang; zumindest waren die Werke der Dichter und Schriftsteller hier nicht unbekannt, denn auf einem in Bregenz 1908 gefundenen Wandverputzstück ließen sich noch Verse aus der Dichtung der Aeneis von Vergil (12, 58) identifizieren.

Es ist verständlich, daß daneben alle die zivilisatorischen Lebensgewohnheiten und Verfeinerungen, die die Römer entwickelt hatten, Eingang bei uns gefunden haben. Berühmt sind die kombinierten Fußboden- und

Abb. 80, 81 Wandheizungen (Hypokaustheizungen)[143]. Von einer Feuerstelle außerhalb des Raumes oder der Raumgruppe wurde erhitzte Luft in Kanälen oder in der ganzen Breite des Raumes unter dem Fußboden durchgeleitet und dann mittels Hohlziegeln in der Wand nach oben geführt. Das Ergebnis war eine ideale Raumerwärmung, wie sie in Mitteleuropa nach dem Ende des Römischen Reiches erst wieder in allerjüngster Zeit technisch ermöglicht werden konnte. Die römischen Bäder, wie sie sich bei jeder Siedlung befanden, waren nach demselben Prinzip beheizt. Bei den Räumen für die Feucht- oder Trockenschwitzbäder mußten natürlich die Heizanlagen entsprechend stärker sein. Die Badehygiene selbst stellte ebenfalls eine wesentliche Neuerung bei uns dar. Die Wohnräume waren innen entsprechend sorgfältig ausgestattet. Dennoch dürfen wir sie uns auch nicht entfernt ähnlich möbliert wie moderne Wohnräume vorstellen; das Mobiliar war immer spärlich. Von den Möbeln hat sich nichts erhalten außer Bronzebeschlägen von Klinen (Ruhebetten), Schränken, Kästen oder Tischen, einmal ein zusammenklappbares Bronzetischchen und gelegentlich durch die Beigabe im Grab ein eiserner Klappstuhl. Beleuchtet wurden die Räume nachts von Öllämpchen aus Ton, seltener Eisen oder Bronze. Sorgfältig verzierte Ständer boten die Möglichkeit, mehrere Lampen zur besseren Raumausleuchtung zusammenzufassen. Abb. 75

Sanitätswesen und Hygiene

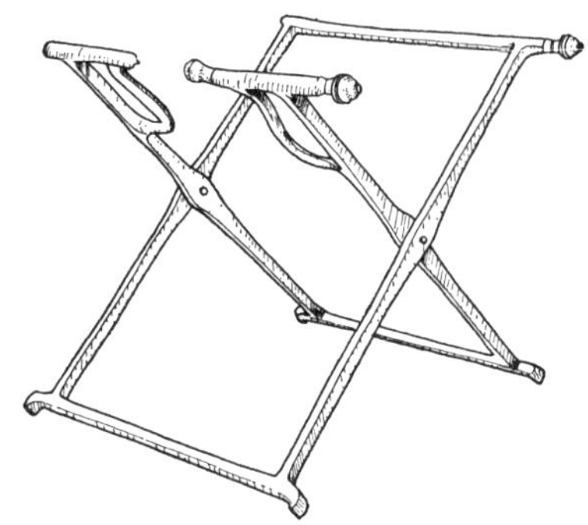

Eiserner Klappstuhl mit Bronzebeschlägen aus einem Grab von Wehringen, Ldkr. Augsburg. H. 44,5 cm.

Der Umfang des medizinischen Wissens war in der römischen Kaiserzeit erheblich erweitert worden. Hierzu hatten besonders zwei Ärzte beigetragen: Cornelius Celsus zur Zeit des Tiberius und Galenus, der Leibarzt des Kaisers Marc Aurel, dessen Schriften für $1^1/_2$ Jahrtausende die Hauptquellen des medizinischen Wissens bildeten. Die Betreuung der Truppen erstreckte sich nicht nur auf die ärztliche Behandlung im Krankheitsfall, sondern auch auf vorbeugende Maßnahmen, Ernährungsvorschriften und Rekonvaleszenzkuren; manche Kaiser widmeten gerade den sanitären und medizinischen Einrichtungen in Krieg und Frieden ihre besondere Aufmerksamkeit. Allen Legionen und Auxiliareinheiten waren Ärzte zugeteilt, die bei den größeren Truppenteilen den Rang eines Offiziers, bei den kleineren einen entsprechend niedrigeren hatten. Dem Arzt einer Legion waren dann noch *medici ordinarii* (gewöhnliche Ärzte) im Gefreitenrang zugeteilt, von denen wir aus Regensburg einen Ulpius Lucilianus namentlich, einen zweiten anonymen durch seinen Titel auf einem schwer beschädigten Grabstein kennen. Ergänzt wurde der ärztliche Dienst bei der Truppe durch Sanitäter *(capsarii)*.

Außerhalb des Militärs gab es noch Ärzte beim Stab des Provinzstatthalters, und auch die hohen und vermögenden Beamten hielten sich Leibärzte. Unter den Ärzten waren sehr viele Griechen und viele, insonderheit von den Leibärzten, stammten aus dem Sklavenstand. Die medizinische Betreuung der Bevölkerung besorgten Zivilärzte, die bei entsprechendem Können durchaus finanziellen Vorteil aus ihrer Kunst zu ziehen wußten. Immer sind Gräber von Ärzten besonders reich ausgestattet. Das Skelettgrab eines Arztes von Wehringen, Landkreis Augsburg, enthielt neben den Beigaben üblicher Art an Keramik und Glas ein Bronzekästchen mit Abb. 83
Schnappverschluß und fünf Innenfächern, in deren mittlerem die Tageskasse, in deren vier äußeren Heilkräuter verwahrt waren. Ein hölzernes Etui, das innen und außen mit goldverziertem Leder überzogen war, bot in entsprechenden Aussparungen eine gute Aufbewahrungsmöglichkeit für die chirurgischen Instrumente, wie Skalpelle, Wundhaken, Spatel, Sonde und Pinzette. Schließlich kam noch eine Schiefertafel als Unterlage zum Mischen und Anrühren von Salben hinzu.

Eine besondere Stellung nahmen die Salben gegen Augenkrankheiten ein; sie wurden als Stäbchen ausgeformt und dann mit einem Stempel versehen. Diese viereckigen Stempel aus grünem Speckstein, von denen sich fast 300 erhalten haben, brachten in zwei Zeilen den Namen des Augenarztes, von dem das Rezept stammte, dann den Namen des Medikamentes und schließlich die Krankheit, gegen die es helfen sollte. Dieser Brauch stammte aus Gallien und hatte sich von dort über die beiden Germanien, Britannien und die Donauprovinzen verbreitet. Aus Raetien kennen wir drei solcher Stempel[144], von denen uns zwei aus Regensburg als Ärzte Q. Pompeius Graecinus und L. M. Memorialis, der aus Straubing C. Iulius Stephanus nennen. Da von unserem Q. Pompeius Graecinus auch ein Stempel in Dalheim (Luxemburg) gefunden wurde, müssen nicht unbedingt alle drei Ärzte in Raetien tätig gewesen sein. Möglicherweise hat ein anderer Arzt oder ein Arzneimittelverkäufer Rezepte und Stempel erworben und dann seine Salben hier vertrieben.
War ein Soldat ernsthaft erkrankt, kam er in das Lazarett *(valetudinarium)*. Die Lazarette in Legionslagern waren ausgedehnte rechteckige Gebäude von 65—80 m×70—100 m Fläche mit doppelten Raumfluchten um einen fast quadratischen Innenhof. Sie boten Hunderten von Patienten Platz und unterstanden der Verwaltung durch einen Lazarett-Feldwebel *(optio valetudinarii)*. Obwohl sich der Platz recht gut vermuten läßt, ist bis heute noch keine Spur des Valetudinariums in Regensburg festgestellt worden; die spätere Überbauung führte ebenso dazu, daß wir über die Innenbebauung des Legionslagers *Castra Regina* wenig wissen, wie der Umstand, daß sich die moderne Bodenforschung in Regensburg fast nur auf die Außenmauern beschränkte. In den Kastellen der Alen und Cohorten waren die Lazarette entsprechend kleiner und bescheidener. Die neuesten Ausgrabungen im Kastell Künzing durch H. Schönberger vermitteln uns einen guten Eindruck, wie ein Valetudinarium für eine Cohorte ausgesehen hat. Der Holzbau im Außenmaß von 15×36 m lag mit der Schmalseite an der *via principalis* in unmittelbarer Nähe der *porta principalis dextra*. Durch einen kleinen Porticus von 4 Holzsäulen gelangte man in einen lang-rechteckigen Innenhof, an dessen beiden Seiten sich die Räume für die Kranken befanden[145].
Nach der Entlassung aus dem Lazarett war die Heilfürsorge für den Soldaten noch nicht beendet. Wir haben Nachrichten, daß Rekonvaleszenten zu Kuraufenthalten geschickt worden sind. Hierfür kamen an Heilbädern in unseren Gegenden diejenigen in Frage, die bereits damals betrieben wurden und über entsprechende Einrichtungen verfügten, z. B. Baden im Aargau *(Aquae Helveticae)*, Baden-Baden *(Aquae)*, Wiesbaden *(Aquae Mattiacorum)* u. a. An solchen Orten mit den Bädern, Heilstätten, Ärzten und Tempeln strömten die Heilungsuchenden aus dem ganzen Land zusammen. Die göttliche Hilfe war ja den Menschen der damaligen Zeit eine notwendige Voraussetzung für die Heilung; deshalb entwickelten sich bestimmte Heiligtümer zu berühmten Wallfahrtsstätten, in denen erfahrene Ärzte und entsprechende Krankenheilstätten nach Möglichkeit für die Realisierung der göttlichen Hilfe sorgten. Als berühmtestes Heiligtum galt im Altertum das des Aesculapius in *Epidaurus*.

Eine weithin bekannte Wallfahrtsstätte bei uns war in Faimingen das Heiligtum des Apollo Grannus, den man speziell bei Erkrankungen anzurufen pflegte. Eine mehr als 3 m lange Weihinschrift war dem Apollo Grannus und der heiligen Hygia (Göttin der Gesundheit) gewidmet. Von einem der dortigen Priester, dem *Haruspex* Iulius Salutaris, wissen wir durch einen erhaltenen Weihestein. Leider sind die meisten Inschriften aus Faimingen schlecht lesbar, fragmentiert oder mangelhaft überliefert. Aus dem Wenigen, was mit Wahrscheinlichkeit zu lesen ist, ergibt sich aber doch, daß der Ort mehr als lokale Bedeutung gehabt hat. M. Vulpius Secundus, ein Centurio der dritten italischen Legion, rief hier Apollo Grannus an. Terentius, ein Bürger von Brixen, verstarb hier, wo er vermutlich Heilung gesucht hatte. Lucius Noreius Fortunatus, Praefect der dritten thrakischen Veteranencohorte, begrub hier, wohin er sie in der vergeblichen Hoffnung auf Heilung gebracht hatte, seine Frau. Der raetische Legat Dionysius dürfte, als er 219/221 eine Weihinschrift für das Wohl des Kaisers Elagabal setzen ließ, persönlich anwesend gewesen sein. Ein großer Tempel ist in Faimingen bekannt, weitere, dazu Unterkünfte und Behandlungseinrichtungen für die Heilungsuchenden wird man vorauszusetzen haben. So nahmen diese Wallfahrts- und Badeorte ungefähr eine Stellung ein, die man mit der moderner Krankenhäuser oder Sanatorien vergleichen könnte.

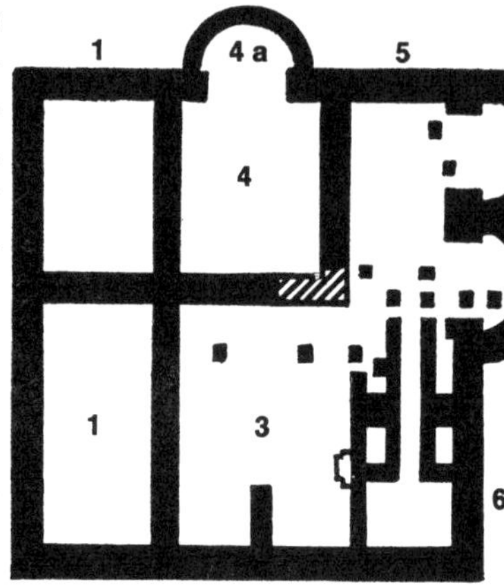

Badegebäude von München-Denning mit Pfeiler-Hypokaustheizung (nach Wagner). M. 1 : 200.

Eine Krankengeschichte lassen uns heute noch unmittelbar zwei Weihesteine miterleben, die in Obernburg am Main gefunden worden sind[146]. Der aus *Saldas* in Italien stammende Praefect der 4. berittenen Aquitanercohorte römischer Bürger L. Petronius Florentinus im dortigen Kastell war schwer erkrankt. Die Erkrankung muß in der Tat sehr schwer gewesen sein, denn der Cohortenarzt M. Rubrius Zosimus aus *Ostia* wollte seiner ärztlichen Kunst nicht allein vertrauen und machte für die Genesung seines Chefs ein großes Gelübde an Jupiter, Apollo, Aesculap, Salus und Fortuna. In Erfüllung seines Gelübdes setzte er allen diesen Göttern einen schönen Weihestein. L. Petronius Florentinus ist dann bei solch mächtiger Hilfe tatsächlich gesund geworden. Zum Dank für seine Genesung stiftete er selbst noch dem Jupiter als oberstem Gott einen Votivstein. In beiden erhaltenen Inschriften hat sich uns die Geschichte dieser Krankheit bis heute bewahrt.

Badegebäude von Waging, Ldkr. Traunstein, mit norischer Gewölbe-Hypokaustheizung. M. 1 : 200.

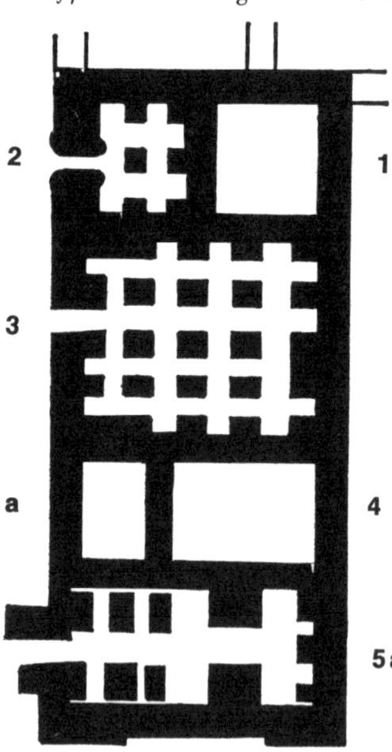

Die Abhängigkeit der Gesundheit von Hygiene und Sauberkeit war den Römern voll bewußt. Beim Militär wurden deshalb hohe Anforderungen an die Reinlichkeit von Mann und Kleidung gestellt. Aber nicht nur der Reinlichkeit, sondern auch der Gesunderhaltung dienten die Bäder, die sich zwangsläufig bei jedem Kastell und bei jeder zivilen Ansiedlung befanden und von denen mehrere in jeder Stadt vorhanden waren. Einteilung und Konstruktion der Badeanlagen war überall dieselbe, neben den Lau- und Warmbädern für die Reinigung gab es noch Räume für das Schwitzbad und die anschließende Abkühlung mit kaltem Wasser sowie manchmal Schwimmbecken für das Training des Körpers. Die Thermen in Kempten wurden schon erwähnt. Trotz unseres geringen Wissens um die Bauten im römischen Augsburg[147] kennen wir eine Doppeltherme in der Pettenkoferstraße 8b, eine große Thermenanlage in der Georgenstraße 1–7 und die Spuren wahrscheinlich eines dritten Bades Pfärrle – Am Fischertor 2.

Für die Trinkwasserversorgung in den Städten begnügte man sich nicht mit gewöhnlichen Brunnen, wie es im ganzen Mittelalter üblich war. Man legte oft lange Zuleitungen an, um frisches und gesundes Trinkwasser in die Stadt zu bringen. Wer hat nicht schon bewundernd vor den Resten römischer Aquaedukte gestanden? Auch Augsburg verfügte über eine, wenn die Spuren richtig gedeutet sind, sogar recht mächtige Wasserzuleitung, deren Reste verschiedentlich angetroffen wurden. Nach Kempten brachte ebenfalls eine Leitung frisches Wasser; sie führte verdeckt quer durch den großen Tempelbezirk. Das nicht benötigte Leitungswasser gelangte über öffentliche Brunnen in die Kanalisation, wo es der Beseitigung der Abwässer diente. Öffentliche Aborte, wie ein recht sorgfältig angelegter in Kempten ausgegraben werden konnte, gab es in allen Städten und Kastellen. Eine ständige Wasserspülung sorgte für die Reinhaltung der Anlagen.

Trotz aller dieser Vorsorge reichte das medizinische Wissen der damaligen Zeit nicht aus, kleinen oder gar großen Seuchen wirksam zu begegnen. Von der Ausbreitung der Schwarzen Beulenpest zur Zeit der Markomannenkriege und den verheerenden Folgen war schon die Rede. Diese Epidemie zählt zu den schlimmsten des ganzen Altertums und hat dazu geführt, daß weite Landstriche entvölkert wurden. Bei uns hatte besonders Noricum und das östliche Raetien zu leiden. Andere Epidemien blieben mehr lokal begrenzt und überlieferten sich uns nur selten. Eine Massenerkrankung war nachzuweisen durch die genaue analytische Untersuchung des Inhalts einer Abortgrube im Kastell Künzing, die in der zweiten Hälfte des 2. Jahrhunderts und in der ersten des 3. Jahrhunderts benützt wurde; dort hatten die Soldaten unter erheblicher Wurmverseuchung durch den Darmschmarotzer Trichuris trichiura zu leiden[148]. Auch auf diesem Gebiet wird die eben erst begonnene Anwendung naturwissenschaftlicher Untersuchungsmethoden für archäologische Befunde mit der Zeit sicherlich zu einer bedeutenden Erweiterung unseres Wissens führen.

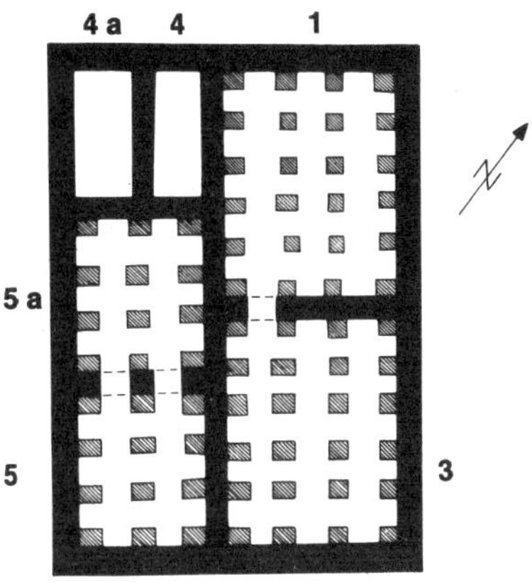

Badegebäude einer Villa rustica in Leustetten, Ldkr. Berchtesgadener Land, mit Gewölben aus Keilziegeln. Ausgegraben Sommer 1971. M. 1 : 200.

Badegebäude von Gauting (nach Krämer). M. 1 : 200.

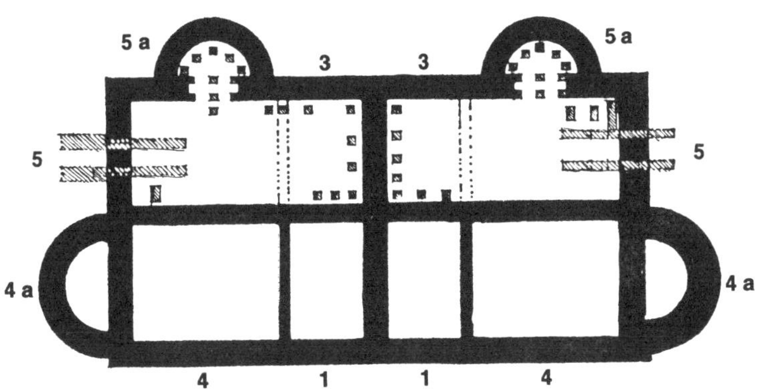

1 *Eingangsraum* (Apoditerium), **2** *Schwitzbad* (Sudatorium), **3** *Laubad* (Tepidarium), **4** *Kaltbad* (Frigidarium) *mit* **4 a** *Wanne*, **5** *Warmbad* (Caldarium) mit **5 a** Wanne, **6** Heizraum.

Rekonstruktion des Bades von Gauting (nach Krämer).

Religion und Kult

Die Römer waren ein frommes Volk; sie lebten »in der Erkenntnis der Wahrheit, daß alles durch den Willen der Götter gelenkt und regiert wird«, wie Cicero noch im 1. Jahrhundert v. Chr. feststellte. Dennoch hatten sie kein tiefes inneres Verhältnis zu ihren Göttern, sondern standen ihnen distanziert gegenüber, jedoch peinlich bemüht, ihnen gerecht zu werden. Die Gewissenhaftigkeit den Göttern gegenüber veranlaßte sie auch, fremde Götter bei sich aufzunehmen und ihnen Verehrung zu zollen. Diese Einstellung führte zu großer Duldsamkeit gegen die religiösen Vorstellungen der unterworfenen Völker; die einheimischen Götter wurden römischen Gottheiten gleichgesetzt und gingen so im römischen Götterhimmel auf. Die Gleichsetzung der einheimischen keltischen Götter mit römischen Vorbildern begann natürlich zunächst bei den Hauptgottheiten und dehnte sich dann bald bis auf die Landschafts-, Stammes- und Ortsgottheiten aus. Vielfach wurde der römische Name auf die einheimische Gottheit übertragen, wodurch sich die weitere Entwicklung der Glaubensvorstellung unserer Kenntnis entzieht. Oft stellte man dem einheimischen Namen den Namen des römischen Gleichbildes voran. Allerdings berichtet kein antiker Schriftsteller von diesen Vorgängen; wir können sie nur aus den uns überkommenen Steindenkmälern, Bronzestatuetten, Terrakotten und anderen Kleinfunden erschließen, wenn sich auf ihnen entsprechende Hinweise befinden. Das römische Verhältnis zu den Göttern führte zu einem gewissen Formalismus in der Kultausübung, aus dem sich die Vergöttlichung der Kaiser und der Kaiserkult entwickeln konnten. Die religiösen Vorstellungen unserer keltischen Ureinwohner sind uns weitgehend unbekannt; seit Beginn der römischen Herrschaft bildete der Kult der römischen Götter die offizielle Religion. Es gehörte zu den Gepflogenheiten für bestimmte Gebiete zentrale Staatsheiligtümer einzurichten, wie z. B. das Heiligtum der Roma und des Augustus in Lyon für Gallien, die *Ara Ubiorum* in Köln für Niedergermanien und die *Arae Flaviae* in Rottweil für das Decumatland. Ein solches Heiligtum war sicherlich auch der große Tempelbezirk in Kempten; selbst wenn sein Name nicht überliefert ist, so wird doch dieses Heiligtum als überörtliches in Raetien gedacht gewesen sein. Zumindest ist bis heute kein ähnlicher Kultbezirk im bayerischen Voralpenland entdeckt worden.

Die kultische Verehrung des Kaisers und des kaiserlichen Hauses wurde in den ersten Jahrhunderten n. Chr. sehr stark betont, stellte sie doch ein wichtiges Bindeglied für die verschiedenen Teile des großen Reiches dar. Eine bedeutende Anzahl von Weihesteinen beginnt deshalb mit der Formel: *In Honorem Domus Divinae* = zur Ehre des göttlichen Kaiserhauses; allerdings begegnet sie uns hier erst etwa ab 170 n. Chr. Stets folgen dann die Namen der eigentlich angesprochenen Götter nach, ganz gleich, ob es sich um Hauptgötter oder lediglich Heroen oder Genien handelt. Es finden sich aber auch Weihungen allein an das Kaiserhaus, zu dessen Ehre in Pförring sogar der Cohortenpraefect Cornelius Rogatus den Wiederaufbau eines ob seines Alters eingestürzten Tempels gewidmet hat.

Im Mittelpunkt der offiziellen Kultübung stand die capitolinische Trias: Jupiter, Juno und Minerva. Jupiter, gleichgesetzt mit dem griechischen Göttervater Zeus, war stets als Himmels- und Lichtgott mit der Gewalt über Blitz und Ungewitter die zentrale Figur des römischen Pantheons. Sein Name *Iupiter Optimus Maximus* (Jupiter als bester und größter aller
Abb. 84 Götter) begegnet infolgedessen in der formelhaften Abkürzung *I. O. M.* außerordentlich oft als erster oder gar einziger auf raetischen Weihesteinen. Trotzdem wird er zunächst nur ganz selten mit einer anderen Gottheit identifiziert und in engen Zusammenhang gebracht. Die wenigen lokalen Beispiele hierfür sind einmal die Gleichsetzung mit dem keltischen, in der Chiemseegegend beheimateten Gott Arubianus, die auf zwei Weihesteinen aus Pittenhart und Chieming vorkommt, und weiter die Verschmelzung mit dem lokalen Berggott auf dem Großen St. Bernhard *(Summus Poeninus)* zum Iupiter Poeninus, der speziell in seinem Paßheiligtum von den Reisenden verehrt wurde. Dem offiziellen Kult ent-
Abb. 18 sprechend erscheint Jupiter öfters zusammen mit *Iuno Regina* (Juno der Götterkönigin) oder mit Juno und Minerva. Meist jedoch hat man sich an ihn allein gewandt; seine Weihesteine sind über das ganze Land verstreut. Dies müssen wir analog für seine Heiligtümer annehmen, auf welche der Text der Steine von Weißenburg, Göhren und Regensburg sogar direkt hinweist. Typisch für das Bemühen, keine der vielen Gottheiten zu übersehen und dadurch zu erzürnen, sind Weihungen, wie jene aus Gundremmingen, die ein Opferdeuter *(haruspex)* aus Faimingen dem *Iupiter Optimus Maximus* und allen Göttern und Göttinnen gewidmet hatte, oder jene aus Augsburg, mit der der Ratsherr Adiutorius Romanus sein Gelübde an *Iupiter Optimus Maximus* und an alle übrigen Götter und Göttinnen erfüllte.

Eine Gruppe von besonderen Jupiterdenkmälern hat unser Gebiet im Westen gerade noch erreicht; es sind dies die sog. Jupitergigantensäulen. Auf dem Kapitell dieser bis über 9 m hohen Steinsäulen befand sich ein
Abb. 85, 86 über einen schlangenfüßigen Giganten reitender Jupiter. Stets war die
Abb. 87 Basis mit Götterreliefs geschmückt und der runde Säulenschaft mit Schuppen verziert. Die Legende des Kampfes der Götter gegen die Giganten stammt aus der römischen Vorstellungswelt. Daß hier einheimisches Gedankengut eingeflossen ist, zeigt die Beigabe eines Rades als Attribut für Jupiter, das ihn eindeutig mit dem keltischen Himmelsgott Taranis verbindet. Auffällig ist, daß die Jupitergigantensäulen gegen Ende des 2. Jahrhunderts besonders beliebt werden, zu einer Zeit also, in der bei

uns vermehrt orientalische Kulte eindrangen und wirksam wurden. Die Zeugnisse dieser Säulen in unseren Gegenden beschränken sich auf Funde von Fragmenten zweier Denkmäler in Obernburg und die inschriftliche Erwähnung einer Säulenstiftung aus Niederstotzingen bei Ulm.

Der Menge der aufgefundenen Standbilder, Inschriften, Statuetten etc. nach scheint Merkur, der Gott des glückhaften Handels und der Kaufleute, den Göttervater an Beliebtheit noch übertroffen zu haben. Der Handel und die Kaufmannschaft spielte im Leben unserer Provinz eine große Rolle. Dementsprechend werden Zeugnisse der Merkurverehrung im ganzen Land gefunden; besonders häufen sie sich naturgemäß in der Hauptstadt. Von allen den Altären, Weiheinschriften und Votivsteinen sei nur auf den Altar hingewiesen, den der Statthalter Appius Claudius Lateranus als designierter Consul und Mitglied des römischen Priesterkollegiums der *XV viri sacris faciendis* (15 Männer für die Vornahme heiliger Handlungen) ca. 180/190 n. Chr. gegenüber dem Merkurtempel aufstellen ließ. Wir erfahren dadurch von einem sonst unbekannten Merkurtempel in Augsburg. Eine besonders hübsche Basissäule toscanischer Form zeigt durch ihre Inschrift, daß auf ihr einst ein Kultbild des Merkur stand. Wohin die steinernen Kultstandbilder des Merkur, die man ganz oder fragmentiert in verschiedener Größe in Augsburg entdeckte, gehörten, ist unbekannt. Dasselbe gilt für eine halblebensgroße Bronzestatue, von der nur noch der Arm mit dem Geldbeutel zutage kam.

Abb. 90
Abb. 91

Die kleinen bronzenen Merkurfigürchen, von denen als Fundorte neben Augsburg nur Kempten, Pfaffenhofen am Inn, Regensburg, Rogging, Straubing, Eitting bei Mallersdorf und Pfofeld im Limesgebiet genannt seien, dienten der privaten Verehrung im Hausaltar. Diese Bronzestatuetten geben den Gott nackt mit leichtem Mantel, mit Flügelhut, Geldbeutel und Stab *(Caduceus)* in römischer Auffassung wieder. Der Torso einer fast lebensgroßen Figur aus Burghöfe und die Sitzstatue von Wettelsheim zeigen den Merkur bekleidet, was heimische Einflüsse verrät. Sicherlich hat man einen wichtigen keltischen Gott mit dem vielseitigen und beliebten Merkur identifiziert; sein Wirkungskreis ging ja weit über Geschäftsangelegenheiten hinaus. Dies zeigen Votivsteine, wie der von Heidenheim, den Aelius Florentinus für das Wohl seines Sohnes Primitivus setzen ließ, oder der von Emetzheim, den ein Feldwebel *(optio)* der *Ala Auriana* in Weißenburg für das Heil des Kaisers Antoninus Pius 153 n. Chr. dem Merkur widmete. Auch das durch einen Weihestein erfüllte Gelübde eines *duplicarius* (Oberfeldwebel) der Ala Auriana und die Merkurstatue im jüngeren Mithrasheiligtum von Stockstadt scheinen kaum mit der ursprünglichen Funktion des Merkur für die Kaufleute zusammenzuhängen.

Abb. 92
Abb. 93

Die vielerlei Gleichsetzungen mit anderen, einheimischen, lokalen und sonstigen Gottheiten haben dem Merkur weitere Zuständigkeitsbereiche gebracht, die wir im einzelnen nicht ansprechen können. Man kannte hier im 2. und 3. Jahrhundert n. Chr. den Mercurius Arcecius in Bregenz, den Mercurius Martutinus in Augsburg, den Mercurius Cimbrianus in Miltenberg und ganz Obergermanien und den Mercurius Censualis, dem 204 die Weihrauchhändler in Regensburg einen altersschwachen Tempel wiederherstellen ließen. Nicht völlig geklärt ist der Beiname des Mercurius Cimiacinus, dem 211 in Ludenhausen bei Epfach ein Heiligtum mit Statue und Altar errichtet wurde[149]. Hier könnte eine Ableitung von *cimex* (Wanze) vorliegen und Merkur speziell als Ungeziefervertilger verehrt sein, ähnlich wie noch im 18. Jahrhundert der selige Carmeliter Dominicus gegen die Wanzenplage angerufen wurde. Auch in Gersthofen bei Augsburg befand sich ein Merkurheiligtum, in dem ein Tempel nach einem Gelübde von P. Aelius Senno errichtet wurde und aus dem vier Merkurstatuen mehr oder minder erhalten geblieben sind. Wo der Merkurtempel stand, dessen Weiheinschrift in Dünzling bei Ingolstadt gefunden wurde, blieb uns bis heute verborgen.

Am besten bekannt ist das Merkurheiligtum auf dem Ziegetsdorfer Berg, 2 km südlich der Innenstadt von Regensburg[150]. Neben der Fernstraße über Eining nach Augsburg und in das Limesgebiet, genau an der Stelle, wo der ankommende Reisende den ersten Blick auf *Castra Regina* tun konnte bzw. der Scheidende den letzten, wurde eine Gruppe von drei Steinbauten und sieben Altarbasen 1934/35 ausgegraben. Der Hauptbau war ein quadratischer gallo-römischer Umgangstempel mit 14 m Seitenlänge. Der Innenraum bedeckte ein Quadrat von 7 m Länge und hatte eine apsidenartige Nische für das Götterbild. Daneben lagen noch zwei kleinere Rechtecktempel, wieder mit apsidenartigen Nischen. Reich war die Grabungsausbeute an allerdings durchweg zerschlagenen Kultbildern und Inschriften. Außer dem großen Kultbild des Merkur aus dem Haupttempel, das einst einen goldenen Lorbeerkranz trug, kamen noch
Abb. 88 zwei Merkurstatuen, eine seiner Kultgenossin Maia Mater und vier weitere, nicht mehr identifizierbare Standbilder, dann die ursprüngliche
Abb. 89 Tempelwidmung, zehn Altäre und sechs Weiheinschriften ans Licht. Zusammen mit Münzen und anderen Kleinfunden erlauben diese Denkmäler erstmals die Geschichte eines Heiligtums zu rekonstruieren. Danach wurde das Heiligtum in den letzten Jahrzehnten des 2. Jahrhunderts nach der Anlage der Legionsfestung begründet und ein erster Tempel dem Merkur geweiht. Reisende Kaufleute, wie z. B. zwei Bürger aus Trier, und abkommandierte Chargen und Soldaten der 3. italischen Legion trugen durch ihre Weihegaben zu seiner Blüte bei. Dieser Reichtum lockte plündernde Germanenhaufen an, die wohl in dem großen Alamanneneinfall von 233 n. Chr. die heilige Stätte plünderten und zerstörten. C. Rufonius Placidus, ein Feldwebel *(optio)* der 3. italischen Legion, stellte den vom Feuer zerstörten Tempel wieder her *(templum ignae consumptum restituit)*, wie eine Inschrift bekundet. Brandspuren und eingemauerte Teile von zerschlagenen Plastiken bezeugten dies bei der Ausgrabung. Nochmals muß nach der Mitte des 3. Jahrhunderts das Heiligtum dasselbe Schicksal betroffen haben, da auch diese Wiederaufbauinschrift bei einer neuerlichen Herstellung in das Fundament des Tempels eingemauert worden war. In der Constantinischen Zeit wurde dann der Tempel endgültig zerstört und die Kultbilder geköpft und zerschlagen. Ob dies wieder germanische Plünderung oder jetzt christlicher Eifer besorgt hat, verraten uns die Funde nicht.

Apollo in seiner ursprünglichen Bedeutung wurde bei uns kaum verehrt, wie aus dem Fehlen entsprechender Inschriften zu sehen ist. Nur ein Relief aus der Nähe von Obernburg, ein anderes zusammen mit Minerva und Merkur von Nassenfels und eine Bronzestatuette aus dem Vicus von Weißenburg zeigen ihn mit der Lyra, seinem musischen Attribut. Als Heil- und Gesundheitsgott wußte man ihn zu schätzen, wobei er stets in keltischer Interpretation als Apollo Grannus auftritt. Von der Wallfahrtsstätte in Faimingen, wo man die Fundamente eines 14,8×8,7 m großen Podiumtempels mit einem 3,5 m breiten Umgang schon vor 80 Jahren gefunden hat und aus dessen Umgebung sieben dem Apollo Grannus geweihte Inschriften stammen, war schon die Rede. Einer der Weihesteine, auf dem M. Ulpius Secundus, ein Centurio der 3. italischen Legion, die Erfüllung seines Gelübdes durch die Stiftung eines silbernen Votivbildes anzeigt, bestätigt uns, auf welche Weise sich auch hier, wie im gesamten griechisch-römischen Bereich, die Tempelschätze gebildet haben. Auf zweien dieser Weihesteine wird Apollo Grannus zusammen mit der keltischen Quellgöttin Sirona angerufen, die ihrerseits in den germanischen Provinzen mit Diana, der römischen Mondgöttin und Patronin der Jagd und der Waldtiere, identifiziert erscheint.

Kalksteinstatuette einer Hygia aus Obernburg. H. noch 52,4 cm.

Als Sohn des Apollo galt Aesculapius, der Gott der Heilkunde, von dem wir ein Heiligtum in Salzburg, Kaigasse, kennen, und der zusammen mit Apollo auf dem bereits erwähnten Weihestein des Arztes Zosimus in Obernburg angerufen wurde. Die Tochter des Aesculapius ist Hygia, die Göttin der Gesundheit. Wir finden sie mit Apollo Grannus und Sirona auf einer Tempelweihung in Faimingen und allein mit dem Schlangensymbol auf einem Relief aus Obernburg[151]. Der Kult des Apollo Grannus war über Faimingen hinaus weit verbreitet, wie Weihesteine von Baumburg bei Trostberg und von Ennetach bei Mengen demonstrieren. Auf ersterem wird Apollo zusammen mit Sirona, auf letzterem zusammen mit den Nymphen – als Verkörperung heilender Quellen – angerufen. Die Nymphen, die auf einem Votivstein aus Tittmoning allein verehrt wurden, und Sirona verbinden diesen Kultkreis mit dem des Waldgottes Silvanus und seinen Begleiterinnen, den Silvanae. Diesen letzteren zusammen weihte in Pfünz ein Veteran anläßlich seiner ehrenvollen Entlassung ein Denkmal. In Augsburg hatte Silvanus sogar einen eigenen Tempel, den Sextus Attonius Privatus, ein Bürger aus Trier und Angehöriger des Sechsmännerkollegiums *(cives Trever, sevir Augustalis)*, aus privaten Mitteln wiederherstellen ließ.

Gelegentlich erscheint Fortuna, die Glücksgöttin, in Verbindung mit dem ebengenannten Götterkreis, war sie doch zugleich Schutzgöttin der Bäder und der Gesundheit. Als Glücksbringerin verehrte sie jedermann, wie Altäre und Bronzestatuetten und ein in Nassenfels anzunehmendes Heiligtum zeigen. Glück hatte aber ganz besonders nötig der Soldat, weshalb wir Altäre und Weihesteine vorwiegend in Kastellorten (Stockstadt, Aalen, Weißenburg, Böhming, Eining und Regensburg) gefunden haben. Eine besondere Eigenschaft der Göttin tritt uns in Fortuna redux, die glückliche Rückkehr verbürgt, entgegen, welcher ein Decurio der *Ala I Flavia (Gemelliana)* an der Donau bei Untersaal eine Weihung setzte.

Abb. 94
Abb. 95
Abb. 96
Abb. 97, 98

Eine ganz andere Stellung im Kultleben unserer Vorfahren nahm Venus,

82

82 *Augenarztstempel des Q. Pompeius Graecinus aus Regensburg mit Nennung verschiedener Medikamente. Originalgröße.* — **83** *Bronzekästchen aus Grab 7 von Wehringen (Arztgrab). 13,4×8,3 cm.*

83

84

85

86

87

84 *Altar mit Weihung an Jupiter von Jul. Impetratus aus Nassenfels, gef. 1558. H. 35 cm.* — **85**—**86** *Jupiter Gigas aus Obernburg. H. 66 cm.* — **87** *Säulenteil aus Obernburg, vermutlich von vorigem Denkmal.*

88–91 *Weihungen an Merkur:* **88** *zus. mit Maia Mater von C. Servandius Serotinus, centurio der 3. italischen Legion (H. 114 cm) ebenso wie* **89** *(H. 59 cm) vom Tempel Regensburg-Ziegetsdorf,* **90** *vom Bürgle bei Gundremmingen (H. noch 37 cm),* **91** *auf einer toskanischen Säule von Sept. Faustus in Augsburg (H. 51 cm).*

91

88

90

89

92 *Bronzene Merkurstatuette von Rogging, Ldkr. Regensburg. H. 14,1 cm.* — **93** *Merkurbüste als Laufgewicht von einer Schnellwaage aus Kempten. H. 12,6 cm.* — **94** *Diana-Lunabüste als Möbelbeschlag aus Eining. H. 5,5 cm.* — **95** *Dianaaltar eines Zöllners der Quadragesima Galliarum in der Statio Maiensis (Meran). (CIL VI 5090).* — **96** *Fortunarelief aus Gnotzheim. H. 42 cm.* — **97** *Fortunastatuette aus Regensburg. H. 11 cm.* — **98** *Kleine Fortuna mit Steuerruder und Füllhorn aus Aislingen. Originalgröße* — **99** *Bacchus mit Pedum und Hase (Beschlag) von Eining. Neufund 1972. H. 8 cm.*

94

92

93

97

99

98

95

96

100 *Venus beim Lösen der rechten Sandale, aus Augsburg. H. 18 cm.* — **101** *Venusstatuette, gef. in Wallersdorf, Ldkr. Dingolfing-Landau. Etwa Originalgröße.*

100

101

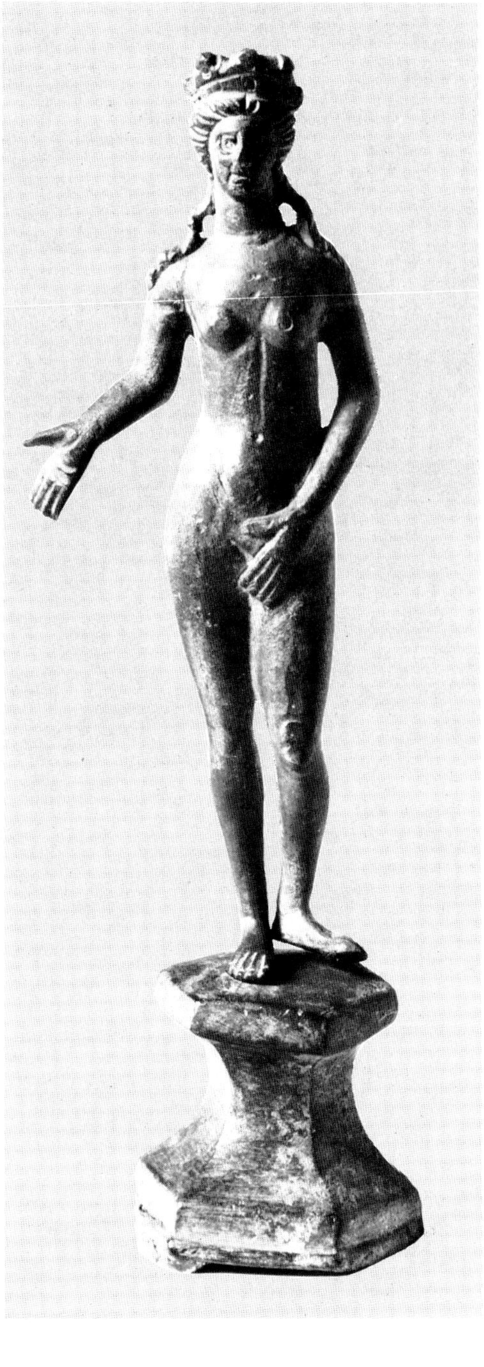

102 *Sandsteinrelief mit Merkur (links mit Caduceus, Flügelhut und Hahn) und Vulkan am Amboß, mit Resten der antiken Bemalung. Die meisten Altäre und Grabsteine waren bemalt. Aus Rheinzabern, H. 34 cm.*

103 *Kalksteinstatuen der Victoria und des Mars aus dem Tempel am Weinberg bei Eining. H. 48 und 42 cm.* — **104—107** *Denkmäler des Epona-Kultes.* **104** *Relief aus Nassenfels H. 60 cm,* **105** *Relief aus Sulz H. 55 cm,* **106** *Altar des Florus aus Kempten H. 60 cm,* **107** *Relieffragment aus Bregenz. 90 cm,* **108** *Neptunaltar der Mühlenarbeiter aus Günzburg. H. 82 cm.* — **109** *Altar für den Danubischen Neptun von der römischen Donaubrücke bei Stepperg, Ldkr. Neuburg. H. 36 cm.* — **110** *Altar mit Weihung an Gontia von einem Centurio der 1. italischen Legion, Günzburg. H. 60 cm.* — **111** *»Kaiseraltar« für Caracalla und Julia Domna von 211 n. Chr. aus Eining. H. 127 cm. Unter der Inschrift ist das Stieropfer dargestellt, das T. Fl. Felix assistiert von 3 Personen darbringt. Von links Diener mit Stier, von rechts mit Korb.* — **112** *Altar mit Weihung an Bedaius und die Alo(u)nae von den beiden duumviri L. Cassius Lucullus und C. Vindius Constans, gef. in Chieming. H. 45 cm.* — **113** *Altar mit Weihung an die Alounae von 241 n. Chr. aus Chieming. H. 60 cm.* — **114** *Weihinschrift an Isis Regina aus Laaser Marmor, gef. in Augsburg. H. 15,8 cm.*

103

104

105

106

107

108

109

110

111

113

112

114

115

115 *Marmorfigur der sitzenden Kybele, gef. 1864 südlich Gauting. H. 18,5 cm.* — **116** *Sandsteinfiguren des Cautes und des Cautopates aus dem 2. Mithräum von Stockstadt. H. 60 cm.* — **117** *Brandgrab 28 aus dem Friedhof von Neuburg in Fundlage. In dem raetischen Gefäß Leichenbrand und Glasfläschchen.* — **118** *Glasgefäße als Leichenbrandbehälter, Fundorte von links: Aquileia (mit Bleideckel), Regensburg, Lauingen und Wehringen (H. 49 cm).*

116

117

118

die Göttin der weiblichen Tugenden und der Fruchtbarkeit, ein. Öffentlich wurde sie kaum verehrt, wir kennen jedenfalls bis heute keinen Tempel, keinen Altar, keine Inschrift oder keine sonstige Weihung an sie aus Bayern. Demgegenüber sind die kleinen Venusfigürchen aus Bronze
Abb. 49 und Ton in Funden zahlreicher als ähnliche von anderen Gottheiten. Im häuslichen Bereich hatte man also vielfachen Grund, Venus anzurufen, und legte deshalb großen Wert darauf, sie im Hausaltar aufzu-
Abb. 100, 101 stellen. Konnte man nun eine der qualitätvollen teuren Bronzefiguren, wie solche u. a. in Augsburg, Wallersdorf in Niederbayern und Karlstein gefunden wurden, nicht erschwingen, so besorgte man sich eine jener Tonstatuetten, wie sie die Keramikhändler in großer Zahl feilboten. In demselben Sinn, in dem man die Göttin Venus dem täglichen Leben eng verbunden sah, ist es zu deuten, wenn ihre Darstellungen so oft unter den Motiven auf Sigillata-Bilderschüsseln vorkommen.

Zu den bevorzugt angebeteten Göttern gehörte im 2. Jahrhundert noch Hercules, der vom griechischen Heros allmählich zum römischen Gott der Straßen, des Handelsverkehrs und der Schwerarbeiter geworden war. So war es ganz natürlich, daß man das Gewicht an einer Schnellwaage von Arxtham bei Rosenheim als Herculesbüste ausformte[152]. Wir kennen eine Weiheinschrift aus Stockstadt, ein Votivrelief in Salzburg, eine Kultgemeinde der Herkulesverehrer in Kempten, und sogar Ende des 3. Jahrhunderts noch weihte der raetische Statthalter Aurelius Mucianus dem Hercules in Augsburg ein Standbild.

Sehr wichtig war in der damaligen Zeit auch Volkanus, der Gott der
Abb. 102 Schmiede und Herr des Feuers, lag es doch in seiner Macht, Feuersbrünste zu verhindern. Deshalb hat auch Aurelius Artissius, der Aedil des Legionsterritoriums, die Regensburger Lagerstadt *(canabae Reginensium)* unter seinen besonderen Schutz gestellt und Iulius Marcianus ihm in Augsburg einen Altar errichtet. Ob die Aufstellung einer Kalksteinstatue in Augsburg, von der man den Torso 1919 gefunden hat, demselben Zweck diente oder von einschlägigen Handwerkern veranlaßt war, läßt sich nicht mehr feststellen. Wenn wir einen besonders schönen Vulkanus im Bildfeld von Westerndorfer Sigillataschalen finden, so mag wohl der Wunsch des Töpfers nach einem guten Feuer für das Gelingen des Brandes und die Bitte um Verschonung von Schadenfeuer dahinterstehen.

Vulkan, als Gott der Schmiede, auf Sigillatagefäßen von Westerndorf. Originalgröße.

Seltener sind Weihedenkmäler an die Parzen *(Parces)*, die Geburts- und Schicksalsgöttinnen, durch deren Anrufung man künftiges Unheil abwenden wollte. Wir wissen nur von Inschriften in Augsburg und Pförring. Die Stiftung eines Tempels für die Unterweltgötter Pluto und Proserpina in Augsburg durch eine Flavia Veneria Bessa ist ein Einzelfall. Sonst erscheint Pluto im allgemeinen unter seinem lateinischen Namen Dis Pater. In Heidenheim war es wieder eine Frau, Iulia Flora, die dem Dis Pater und der Proserpina einen Altar stiftete, während sonst die Weihungen eigentlich fast durchweg von Männern vorgenommen wurden. Es nimmt nicht wunder, daß man sich besonders bei Verfluchungen der Unterstützung des Unterweltgottes versichern wollte.

Einen interessanten Hinweis auf frühen Weinbau in der Regensburger Gegend bringt ein in Regensburg »Am Weinweg« gefundener Altar an den Deus Liber Pater (= Bacchus), dessen Verehrung dort eigentlich nur in Verbindung mit dem Anbau von Wein denkbar ist[152a]. Abb. 99

Typisch für den römischen Götterkult ist der bereits erwähnte Hausaltar, der zentral, nahe am Herd, so ziemlich in jedem Haus eingerichtet war. Neben den Figürchen der speziell verehrten Götter befanden sich dort immer Abbilder der Laren und Penaten, der Hausgötter, denen der Schutz der Familie in und außer Haus oblag. Was an Statuetten so ein Hausaltar *(Lararium)* enthalten haben kann, zeigen uns Funde wie jener von Nagydém in Pannonien oder der Schatzfund von Straubing, von dem später die Rede sein wird.

Durch die Begrenzung ihres Kultes nehmen jene Gottheiten eine besondere Stellung ein, die allein von den Soldaten und Veteranen verehrt wurden und deren Wirkungsbereich entsprechend nur das Militär umfaßte. An der Spitze dieser »militärischen« Gottheiten standen Mars und Victoria, der Kriegsgott und die Siegesgöttin, die häufig zusammen verehrt wurden. Sicher standen ihre Kultbilder und Altäre im Lagerheiligtum *(sacellum)* jedes Kastells. In stärkerem Maße als bei den bisher behandelten Göttern, höchstens mit Ausnahme von Jupiter und dem Kaiserhaus, scheint der Kult für dieses Götterpaar Sache der Öffentlichkeit gewesen zu sein. In Augsburg wurde ein Tempel für Mars und Victoria von der Stadtgemeinde wiederhergestellt *(templum ... res publica civitatis Aeliae Augustae restituit)*. Eine Weiheinschrift in Nassenfels wurde von der Gesamtheit der Bewohner, den *Vikani Scuttarenses*, gesetzt, unter denen sich sicherlich viele Veteranen befanden. Dagegen war es in Regensburg ein Veteran und ehemaliger Unteroffizier im Stab eines Tribunen, Sullanius Albucius, der einen solchen Tempel 211 wiederherstellen ließ. In Augsburg gab es sogar eine Genossenschaft der Marsverehrer *(contubernium Marticultorum)*, welche Mars und Victoria einen Altar weihte. Nicht weit von Eining lag auf der beherrschenden Höhe des Weinberges[153] ein kleiner Tempel, bei dessen Ausgrabung man noch die Kultbilder der beiden Götter fand. Der Tempel war etwa 233 von den Alamannen zerstört worden, wobei beiden Statuen die Köpfe abgeschlagen wurden. Von den wertvollen Weihegeschenken in den Heiligtümern hat sich kaum etwas erhalten, einzig eine silberne Votivplatte der Victoria in Weißenburg ist auf uns gekommen. Die bemerkenswerte Ausführung rechtfertigt es noch, auf die Victoriastatue von Nassenfels, das Victoriarelief von Obernburg und die bronzenen Marsstatuetten von Gnotzheim, Regensburg und Straubing hinzuweisen. Abb. 15 Abb. 103

Selbstverständlich wurde Virtus, die personifizierte Tugendgottheit der Tapferkeit, in den Kastellen verehrt; ein Altar in Stockstadt zeugt hiervon. Eine bevorzugte Rolle im Kultleben des Soldaten spielten die Campestres, die Göttinnen des Lagers, und die ursprünglich keltische Pferdegottheit Epona als Beschützerin der Pferde[154]. Ein Marmoraltar in der Reitergarnison Pförring war ihnen zusammen von der dortigen Truppe, der *Ala I singularium pia fidelis civium Romanorum*, unter ihrem Praefecten Aelius Bassianus gewidmet. Typische Epona-Reliefs, die die Göttin meist quer sitzend auf einem im Paßgang nach rechts gehenden Pferd zeigen, wurden in Weißenburg, Nassenfels, Augsburg, Bregenz und dann Abb. 104, 107

Abb. 105 zahlreich weiter im Westen gefunden. Auch der einzige im kleinen Tem-
Abb. 106 pelbezirk von Kempten ausgegrabene Altar war ihr geweiht. Ebenfalls zu diesem kultischen Kreis werden die vermutlich ursprünglich keltischen Muttergottheiten der Suleviae zu zählen sein. Interessant ist, daß der einzige Votivstein für sie von einer Frau, der Iulia Paterna, in Nassenfels gesetzt wurde.

Wie das Lager seine eigenen Gottheiten hatte, gehörte auch zu jedem Truppenteil ein eigener Genius. So hatte T. Flavius Felix, der Cohorten-
Abb. 111 praefect, 211 einen Weihealtar in Eining nicht nur an das Kaiserhaus und die Capitolinische Trias, sondern auch an den Genius der 3. britannischen Cohorte errichtet. Die Bronzestatuetten eines Genius aus Künzing und Straubing werden sich sicherlich auf die dortigen Truppenteile bezogen haben. Gelegentlich brachten Truppen den Kult lokaler Gottheiten aus ihrer Heimat mit, wie z. B. die 1. Breucercohorte die Verehrung des Sedatus aus ihrer pannonischen Heimat an der unteren Save nach ihrem Standort Pfünz. Möglicherweise ist der in Gallien bekannte Gott Sucellus, dessen Verehrung in Raetien einzig ein Weiherelief aus Ostendorf bei Wertingen anzeigt, auf solche Weise zu uns gelangt.

Mit den letzten beiden Namen sind wir bereits zu der schier unübersehbar großen Gruppe der lokalen Gottheiten gekommen, die aus der Personifikation geografischer Begriffe entstanden sind und die stets örtlich gebunden blieben. Ein charakteristisches Beispiel ist Noreia, zuerst die Göttin des norischen Stammes, dann der Provinz Noricum. Als solcher hatte ihr 244/249 n. Chr. Septimius Claudianus, Tribun der 5. Breucercohorte, einen Weihestein setzen lassen, der in Weihmörting bei Passau wiedergefunden wurde. Ähnlich wird es für Raetien eine Provinzgöttin gegeben haben, obschon natürlich hier keine so alte und geschlossene Tradition vorgelegen hat wie bei den Norikern.

Vergegenwärtigen wir uns die große Rolle, die Flüsse und Seen für den Verkehr und die Wirtschaft im Reich spielten, ist es selbstverständlich, wenn der Herr der Gewässer, Neptun, bei uns ganz die Funktion eines Gottes der Landgewässer angenommen hat; hierbei wird er ausgesprochen oder stillschweigend mit dem örtlichen Flußgott gleichgesetzt. Dies ist bei uns für die Donau *(Danuvius)* bezeugt. Von der römischen Brücke
Abb. 109 bei Stepperg im Landkreis Neuburg stammt ein Altar für Jupiter und den Danubischen Neptun *(Neptunus Danuvius)*. Wenn die Mühlenarbei-
Abb. 108 ter *(molinarii)* von Günzburg dem Neptun einen Kalksteinaltar setzen ließen oder Einwohner von Faimingen eine Neptunstatue aufstellten, so haben sie sicherlich dabei alle an den örtlichen Danubischen Neptun gedacht. An den Flußgott Danuvius wenden sich auch Weihungen bei Mengen und von Rißtissen. Wenn C. Iulius Flaventinus, ein Centurio
Abb. 110 der 1. italischen Legion, in Günzburg der Gontia einen Altar geweiht hat, so kann er die Flußgöttin der Günz oder die Göttin der Ansiedlung gemeint haben, da damals beide den gleichen Namen trugen. Bedaius, von dem in der Gegend des Chiemsees zehn Altäre herausgekommen sind, wird der Gott dieses Gewässers gewesen sein und nicht der des umliegen-
Abb. 112 den Gaues. Bedaius erscheint auf den Weihungen zusammen mit dem anderenorts unbekannten Iupiter Arubianus oder zusammen mit den

Alounae, in denen wir die Stammesgöttinnen des dort siedelnden keltischen Stammes der Alaunen zu sehen haben. Manches Mal hat man sich auch begnügt, die örtliche Gottheit anonym zu belassen und sie als *Genius loci* anzusprechen. Örtlich gebunden waren ebenfalls die Wegegöttinnen, bei denen man je nach der Situation Quadruviae bei Kreuzwegen, Triviae bei Wegegabelungen u. a. unterschied. Abb. 113

Diese vielfältige, aber sich dem Zeitgenossen doch in einer gewissen Ordnung darbietende römische Götterwelt wurde nun im 2. Jahrhundert n. Chr. von orientalisch-hellenistischen Mysterienkulten durchdrungen, überlagert und mit neuen Sinngehalten erfüllt. Diese durchweg alten Kulte waren zwar in Rom schon lange bekannt gewesen, aber erst im 2. Jahrhundert schienen die bisherigen religiösen Formen so sinnentleert, daß die orientalischen Kulte durch ihre geheimnisvollen Riten mit Sühneopfern, Weihen, Taufen und Lehren eine große Anziehungskraft ausüben konnten. Zur Verbreitung trugen orgiastische Kultzeremonien und Verheißungen für das Jenseits bei. Die Verehrung des schon erwähnten ländlichen italischen Segensgottes Liber Pater nahm Züge des griechischen Dionysoskultes an, der wiederum mit dem Auferstehungskult der kleinasiatischen Göttermutter Kybele und ihrem Partner Attis in Beziehung stand. Ein kleines, besonders qualitätvolles Kultbild der Kybele aus Gauting illustriert uns, daß sich ihre Verehrung auch bei uns durchsetzte. Wir finden sie als *Mater Deum* (Mutter der Götter) auf einer Weiheinschrift aus Faimingen und auf Altären aus Stockstadt, als *Magna Mater* (Große Mutter) auf Weihesteinen am Rhein. Der Kult der ägyptischen Göttin Isis Regina mit ihrem Partner Osiris – Serapis, ein Vegetationsmythos mit Tod und Auferstehung, war mit der Kybele-Verehrung nahe verwandt und stand seit früher Zeit mit ihr in Verbindung. Bei uns war er weniger beliebt; lediglich aus Augsburg ist er durch das Votivrelief des Flavius Endiapractus aus Laaser Marmor und durch eine bronzene Serapisbüste bezeugt[155]. (Abb. 115; Abb. 114)

In allerstärkstem Maße aber bestimmten um die Wende zum 3. Jahrhundert die syrisch-persischen Licht- und Sonnenkulte das religiöse Leben, wobei das Heer durch die Beliebtheit des unbesiegbaren Sonnengottes starken Anteil hatte. Der Sonnengott von *Heliopolis* (Baalbeck) wird nur einmal in Nassenfels auf einem Weihealtar des Soldaten T. Flavius Castus der *Legio XIV Gemina* aus *Carnuntum* als *Iupiter Optimus Maximus Aeliopolitanus* genannt. Weit mehr wurde der göttliche Herr aus Doliche in der Commagene als *Iupiter Optimus Maximus Dolichenus (Dolocenus, Dulicenus)* und gleichzeitig als unbesiegter Herr des Himmels und des Lichtes, als *Sol Invictus*, bei uns verehrt. Daß gerade letztere Eigenschaften die richtigen waren, die Herzen der Soldaten für seinen Kult zu begeistern, liegt auf der Hand. Vor den Toren des Kastells Pfünz lag ein 18×22 m großes Heiligtum (Dolichenum), von dem wir durch aufgefundene Weihetäfelchen sogar den Priester *(sacerdos)* Demittius kennen. Etwas weiter vom Kastell entfernt lag das Dolichenum in Stockstadt, aus dem verschiedene Weiheinschriften stammen. Bei den Kastellen Straubing und Obernburg wurde der Kult des Unbesiegten gleichfalls gepflegt. Funde aus Faimingen dokumentieren die enge Kultbeziehung zwischen dem *Iupiter Dolichenus* und der *Mater Deum.* Einmal erscheinen sie auf der schon erwähnten Inschrift zusammen, zum anderen auf einem leider stark beschädigten Doppelrelief. Jupiter tritt uns hier auf einem Stier stehend mit Blitzbündel und Doppelbeil entgegen. Dem *Sol Invictus* geweihte Inschriften tauchten bisher in Faimingen und Epfach auf, wobei sich die damalige Interpretation vermutlich schon eng mit dem Verehrungskreis des Mithras berührte.

Von all diesen orientalischen Kulten kam der des Mithras, des persischen Genius des Lichts, zur weitesten Verbreitung und zur größten Anhängerschaft[156]. Das Werden und Vergehen in der Natur wurde hier zum Abbild der steten Auseinandersetzung von Gut und Böse, die in aktivem Kampf gegen die Fehler und Mängel im eigenen Ich und in der Welt die Anhänger ständig nachvollziehen mußten. Da der Kampf und Sieg des Mithras zu seiner Himmelfahrt geführt hatte, verbürgte er dadurch den Gläubigen Erlösung und Unsterblichkeit. Er wurde verehrt in Höhlen oder eingetieften rechteckigen Kulträumen für die Gemeinde (Mithräen), an deren Schmalseite das Kultbild des stiertötenden Gottes angebracht war. Zwei Mithräen, die zeitlich aufeinanderfolgten, sind beim Kastell Stockstadt aufgedeckt worden[157]. Vom Kultbild selbst waren nur noch geringe Reste vorhanden. Dagegen haben sich die beiden Begleiter des Mithras, Cautes und Cautopates, Verkörperungen des Tages und der Nacht, erhalten. Beide tragen sie eine Fackel, der eine, Cautes, als Symbol der Morgendämmerung nach oben, der andere, Cautopates, als das des Sonnenuntergangs nach unten gekehrt. Bemerkenswert ist der Fund eines silbernen Weihereliefs im jüngeren dieser Heiligtümer; auf ihm ist in feiner Treibarbeit die Tötung des Stieres durch Mithras altarhaft dargestellt.

Abb. 116

Wie sich der Kult des Dolichenus-Sol und der des Mithras berühren, durchdringen und schließlich fast eins werden, zeigen der Fund eines Altars an *Iupiter Optimus Maximus Dolicenus conservator* im jüngeren Mithräum von Stockstadt, ein Weihestein aus dem Eisacktal mit der Inschrift: *Deo Invicto Mithrae et Soli socio*, ja schließlich der zusammenfassende Name *Sol Invictus Mithras.* Ein Altar aus dem leider noch nicht ausgegrabenen Mithräum bei Gunzenhausen ruft den Gott bereits so an, ein zweiter beginnt seine Weiheformel als Bezug auf die Geburt des Mithras aus einem Felsen mit: *Petre Genetrici.* Die übrigen Weihungen aus Günzburg und bei Teisendorf beginnen mit der üblichen Formel *D.I.M. (Deo Invicto Mithrae).*

Zum Kult des Mithras gehörten mystische Weihen, Taurobolien (Stieropfer) und Kultmahle, bei welchen wohl Tongefäße mit aufgelegten Schlangen verwendet wurden. Im älteren Mithräum von Stockstadt hat man jedenfalls ein solches Gefäß gefunden. Scherben ähnlicher Keramik mit Schlangenauflage sind im 2. und 3. Jahrhundert häufig[158]. Das schönste und auch reichste aus dieser Gruppe ist das Kultgefäß aus Pocking, das nicht nur drei Schlangen zeigt, sondern noch zusätzlich drei apotropäische (durch magische Kräfte abwehrende) Masken und drei weitere Ausgüsse hat. Der Mithraskult gelangte im 3. Jahrhundert immer mehr zu einer beherrschenden Stellung und nahm Züge einer offiziellen Staatsreligion an.

Wie sich die Ausübung dieser vielfältigen Kulte bei uns abspielte, ob und welche Formen der Organisation es gegeben hat, darüber läßt sich aus den vereinzelten Nachrichten kein allgemein gültiger Eindruck gewinnen. Daß wir einen Fall kennen, wo der raetische Statthalter dem römischen Priesterkollegium der *Quindecemviri sacris faciendis* (Fünfzehnmännerkollegium zur Vornahme religiöser Handlungen) angehörte, wurde schon erwähnt, ebenso das Bestehen einer Genossenschaft der Marsverehrer *(contubernium Marticultorum)* in Augsburg. Wenn auf einem wahrscheinlich für Kultzwecke hergestellten beschrifteten Sigillatagefäßfragment in *Pons Aeni*, wo damals keine Garnison lag, Ende des 2. bzw. Anfang des 3. Jahrhunderts *contubernales* erscheinen, so wird sich das wohl auch auf ein solches *contubernium* bezogen haben. Welcher Art dies allerdings gewesen sein könnte, läßt sich nicht erkennen. In Kempten bildeten die Anhänger des Hercules eine eigene Gemeinde. Der schon genannte Weihestein aus dem Eisacktal berichtet uns von einer Gemeinschaft der Verehrer des Mithras und des Sol *(collegium)*. Genauso spärlich sind Hinweise auf die Träger des Kultes, die Priester. Am Jupiterdolichenustempel in Pfünz war der oben genannte Priester *(sacerdos)* Demittius tätig. An Opferdeutern *(haruspices)* wirkten im jüngeren Mithräum von Stockstadt ein Pa . . . Perpetuus, wahrscheinlich am Apollo Grannus-Tempel in Faimingen ein Iulius Salutaris.
Auf den offiziellen Charakter römischer Kultausübung weist die außerhalb der Provinz gefundene Nennung eines *pontifex sacrorum Raeticorum*, eines höheren Priesters für die raetischen Heiligtümer, (CIL V 3927) hin. Dem entspricht die häufige Verbindung öffentlicher Ämter mit priesterlichen Funktionen; M. Albinius Felix, Ratsherr und Verweser priesterlicher Aufgaben *(decurio municipii et sacerdotalis)* ist ein Beispiel dafür aus Augsburg. Auch das Kollegium der *seviri Augustales* muß eigentlich hier angeführt werden. Dieser in jedem Municipium bestehende, jährlich gewählte Sechsmänner-Rat war ursprünglich dem Dienste des Geschlechtes der Iulier geweiht, hatte später seine priesterliche Tätigkeit auf die Verehrung des Kaiserhauses ausgedehnt und mit der Zeit durch die Erfüllung noch anderer municipaler Aufgaben einen eigenen bevorzugten Stand zwischen den Ratsherren und den normalen Bürgern gebildet. Die wenigen aus Augsburg bekannten *seviri* wurden bei der Behandlung der Städte bereits aufgeführt. Damit ist unser Wissen erschöpft, ohne daß es heute schon möglich wäre, diese Mosaiksteinchen zu einem Bild von der Ausübung der römischen Kulte und von ihren Trägern zusammenzufügen.

Grabbrauch

Wie in allen vor- und frühgeschichtlichen Zeiten gehören auch in der römischen Kaiserzeit die Gräber zu den archäologisch wichtigsten Fundgruppen, war es doch üblich, den Toten die verschiedensten Gegenstände mit ins Grab zu geben. Diese Beigaben vermitteln uns nun Hinweise auf die gleichzeitig benützten Gegenstände, günstigstenfalls sogar zusammen mit einer Datierung, und erlauben es, in der Auswertung größerer und länger belegter Friedhöfe die Entwicklung der Formen zu überblicken. Da sich immer wieder die Art und Weise der Grablegung geändert hat, ergeben sich hieraus Anhaltspunkte für die Datierung und Aufschlüsse über die Sitten und über die Vorstellungswelt. Leider aber ist, um es gleich vorweg festzustellen, die Quellenlage in Bayern sehr schlecht: Es sind nur wenige Friedhöfe bekannt, nur in einer ganz kleinen Anzahl von ihnen wurde planmäßig geforscht, und keiner der Friedhöfe ist vollständig ausgegraben worden. Zu den meisten Siedlungen kennen wir die Friedhöfe nicht, bei vielen Friedhöfen nicht die Siedlung, und dies gilt sowohl für Städte als auch Dörfer und Villen. Um die Bevölkerungsentwicklung erforschen zu können, würde man eine wissenschaftlich vollständig erschlossene Siedlung mit ebenfalls vollständig fachkundig ausgegrabenen Friedhöfen benötigen. Von einem solchen Idealfall sind wir unendlich weit entfernt; zu viel ist aus Unachtsamkeit und Unkenntnis und sogar Böswilligkeit zerstört worden. Und bot sich in den letzten Jahrzehnten einmal bei einer kleineren Siedlung eine der seltenen günstigen Forschungsgelegenheiten, so konnte sie aus finanziellen oder personellen Gründen nicht genutzt werden.

Die keltischen Vorbewohner legten im 1. Jahrhundert v. Chr. keinen Wert auf den Totenkult; ein Nebeneinander von Leichenverbrennung und Körperbestattung wurde begleitet von einem Verfall der Beigabensitte[159]. Eine kleine Skelettgräbergruppe tiberisch-claudischer Zeit zwischen Isar und Lech ist der letzte archäologische Gräberniederschlag des einheimischen Elements[160]. Der gegen Ende der römischen Republik allgemein gewordene Brauch der Leichenverbrennung ist von Anfang an in allen römischen Siedlungen üblich. Schon die ältesten römischen Gesetze schreiben vor, daß nur außerhalb der Siedlungen bestattet und verbrannt werden darf. Deshalb liegen die Friedhöfe vor den Orten beiderseits der Straße. Je nach Größe und Bedeutung des Ortes entstanden damit Gräberstraßen, von denen die berühmteste und prachtvollste die *Via Appia* in Rom ist.

An diesen Straßen erfolgte teilweise mit großem Pomp die Verbrennung, entweder in einer allgemeinen Verbrennungsstätte *(ustrina)* oder schon in der vorbereiteten Grabgrube *(bustum)*. Auf den geschmückten Scheiterhaufen kam die Leiche in festlicher Totenkleidung mit einzelnen Gegenständen des persönlichen Bedarfs, dazu Weihrauch, wohlriechende Öle und ähnliches, weiter Opferfleisch, Gefäße mit Öl, noch andere Keramik usw. Während der Totenklage wurde das Ganze verbrannt. Je nachdem wir die Asche (vom Prähistoriker Leichenbrand genannt) entweder ohne Behältnisse in eine kleine Grube geschüttet oder in einer Urne beigesetzt gefunden haben, unterscheidet man Brandschüttungs- und Urnengräber. Beobachtungen von R. Nierhaus an einem Teil des Gräberfeldes von Cannstatt erbrachten durch die Feststellung einer unterschiedlichen Behandlung des Leichenbrandes ein weiteres Kriterium. Einmal nämlich hatte man die Reste der verbrannten Knochen sorgfältig ausgelesen und unter Beigabe unverbrannter Keramik in einem Behältnis der Erde übergeben, im anderen Fall wurde der Leichenbrand, die Asche, die Holzkohle und die Reste der verbrannten Beigaben zusammen in einer Grube bestattet.

Was die Gründe für die unterschiedliche Behandlung waren, ist uns heute und bleibt uns wohl immer verborgen.

In Raetien herrscht, verglichen mit Obergermanien, wo die Sitte des urnenlosen Brandgrabes überwiegt, der Brauch vor, den säuberlich ausgelesenen Leichenbrand in einem Behältnis der Erde zu übergeben. Entgegen der früheren Ansicht, daß urnenlose Brandgräber eine sozial schwache Schicht repräsentieren, scheinen diese Bräuche unabhängig von der Stellung und dem Vermögen des Bestatteten zu sein. Diese Unterschiede werden aber bei uns in der Wahl des Behältnisses und in den Beigaben faßbar. Die einfachste Form war die Beisetzung des Leichenbrandes in einem Säckchen aus Stoff oder anderem vergänglichen Material, das sich uns nur noch durch die scharfe und eng begrenzte Lagerung der kalzinierten Knochenteilchen bei der Ausgrabung im Boden zu erkennen gibt. Am häufigsten war die Verwendung eines Tongefäßes als Urne, wobei Abb. 117 man vielfach Töpfe, gelegentlich andere Gefäße gebrauchte oder sich sogar mit einem Bruchstück begnügte. Einen Teller oder einen Scherben nahm man zur Abdeckung der Urne, die meist frei in der Erde stand, verschiedentlich aber zum besseren Schutz von Steinsetzungen, einfachen Ummauerungen oder aufgestellten Ziegeln umgeben war. Gehobene soziale Schichten bevorzugten die Verwendung von Urnen aus Glas oder Blei.

Häufig, und nicht nur auf Raetien beschränkt, ist die Beisetzung des Leichenbrandes in fast kugelförmigen Glasurnen mit waagerecht nach außen Abb. 118 umgelegtem Rand, die speziell für diesen Zweck hergestellt und stets mit einem Bleideckel verschlossen wurden. Daneben kamen in Einzelfällen Sonderanfertigungen oder die Verwendung entsprechend großer Glasflaschen vor. Diese Aschenbehälter mußten natürlich ganz besonders geschützt werden, wozu man runde oder viereckige Behälter aus Stein anfertigte. Im Friedhof von Wehringen[161], Ldkr. Augsburg, kam ein großes Steinossuar in Quaderform vor, in das eine runde Vertiefung für die Glasurne und eine kleine Ausbuchtung für die Grablampe eingearbeitet war. Bei einem 1951 leider nicht von Anfang an fachkundig geborgenen Grabfund in Obernburg sollte eine rechteckige, kleine, steinerne Aschenkiste die Überreste der oder des Toten schützen[162]. Ein besonders interessanter Fund von 1960 im Hof des Realgymnasiums in Augsburg[163] erbrachte einen Aschenbehälter in Form eines Hauses, der die Bleiurne mit dem Leichenbrand aufgenommen hatte. Über solch einer Beisetzung erhob sich immer ein Grabdenkmal oder sogar eine Grabkapelle *(aedicula)*. Nur ganz selten lassen sich noch Zusammenhänge von Grab und Denkmal annehmen; im allgemeinen haben die Grabsteine schon bald eine neue Verwendung gefunden.

Wenden wir uns nun dem Inhalt der Gräber zu. Die Fortschritte der Anthropologie erlauben in den meisten Fällen durch eine Analyse des Leichenbrandes eine Aussage über den Bestatteten, zumindest über sein Geschlecht und evtl. sein Alter. Da die verbrannten Knochen des Opferfleisches in den Leichenbrand kamen, ließ sich durch tieranatomische Untersuchungen feststellen, daß Schweinefleisch vorwiegend mit auf den Scheiterhaufen gegeben wurde[164]. Die Sachbeigaben in den Gräbern lassen sich, obschon dem individuellen Spielraum kaum Grenzen gesetzt waren, unter drei verschiedenen Gesichtspunkten sehen, die sich allerdings z. T. recht eng berühren. Entsprechend der Vorstellung von einem Weiterleben nach dem Tode, wollte man den Toten einmal mit dem ausstatten, was er dringend hierfür benötigen würde. Als erstes brauchte der Verstorbene einen Obolus, damit ihn der Fährmann Charon über den Grenzfluß in die Unterwelt übersetzen konnte. Deshalb enthalten viele Gräber eine einzelne Münze, wobei die Angehörigen manches Mal glaubten, mit einem abgegriffenen Stück oder gar einer zeitgenössischen Fälschung ihre Verpflichtung erfüllen zu können.

Damit nun der Tote auf seinem langen Weg keinen Mangel leiden müsse, gab man ihm Speise und Trank als Wegzehrung in Tongefäßen mit ins Grab. Und schließlich wollte man auch nicht haben, daß dem Verstorbenen in der Unterwelt gerade jene Gegenstände fehlen, an denen sein Herz besonders hing oder die er für die Ausübung seines Berufes benötigen würde. Kindergräber enthalten öfters Spielzeug. In einem fanden wir kürzlich ein Miniaturgefäß und ein kleines Eisenbeil, beides für normale Verwendung viel zu klein und unbrauchbar. Die Terrakotta eines Knaben mit Ziege aus dem Salzburger Friedhof am Bürglstein kann nur als Spielzeug gedeutet werden.

In Frauengräbern kommt allerlei Schmuck vor sowie oft ein Kästchen mit Toilettengerät, Spiegel und Haarnadeln. Kleine Glasfläschchen, oft irrig Tränenfläschchen genannt, mögen hier Parfüm, in Männergräbern Salben, Öle und andere Essenzen enthalten haben. Den Männern wurden Werkzeuge, Schreibgeräte oder Instrumente mit ins Grab gegeben. Ein besonderes Beispiel ist das erwähnte Arztgrab von Wehringen. Ob die Mitgabe eines Beutels mit einigen Münzen nur für die Reise ins Totenreich gedacht war oder eine besondere Vorliebe für das Geld andeuten sollte, mag offenbleiben.

Sicher spielte der Wunsch nach einer übermäßigen Repräsentation eine Rolle bei zwei Gräbern aus dem großen Friedhof von Regensburg, in denen neben Partien von Rind und Schaf oder Ziege in einem Fall 316, im anderen 730 Münzen über das ganze Grab verstreut beigegeben wurden[165]. Da aber zudem noch eine große Menge Hühnereier in diese Gräber getan wurde, haben wir für den ganzen Vorgang bestimmt auch eine magische Beziehung anzunehmen. Inwieweit eine solche bei dem Grab 3 von Wehringen gegeben ist, stellt sich als interessantes Forschungsproblem.

Abb. 119, 120

Zum Inhalt dieses letzteren Grabes gehören ein Dreifuß, ein Vierfuß, 27 Bronzegefäße und ca. 200 Gefäße aus Ton oder Glas, von denen mehr als ein Dutzend bronzene und 66 irdene Gefäße so gut erhalten waren, daß sie wieder zusammengesetzt werden konnten. Zu derselben Gruppe gehört die Grablege mit der Aschenkiste, die 1951 in Obernburg entdeckt wurde und aus der 49 Tongefäße ergänzt werden konnten.

Eine besonders interessante und problemreiche Beigabengruppe stellen die Terrakottafigürchen dar, die in manchen Gräberfeldern, wie z. B. Karlstein bei Bad Reichenhall, Seebruck-Graben und Salzburg-Bürglstein, besonders zahlreich auftraten. Götterfiguren, wie Venus, Fortuna, Minerva oder Matrones, ebenso der ägyptische Totengott Anubis in Schakalgestalt lassen sich mit religiösen Vorstellungen motivieren. Aber wie sollen wir erklären, daß eine Terrakotta-Nachbildung des berühmten Dornausziehers mehrmals vorkommt sowie Knabenbüsten, Reiter, Pferde und Gespanne? Nachdem es überdies noch Darstellungen aus dem täglichen Leben gibt, wird man darauf verzichten, eine einheitliche, kultbezogene Deutung für alle Terrakotten in Gräbern suchen zu wollen.

Tauben und Hühner wurden gegenüber allen anderen Terrakotten so zahlreich ins Grab gegeben, daß wir symbolische Bedeutung annehmen können. Die Taube als fliegender Bote zu den Göttern, das Huhn als Symbol der Fruchtbarkeit und der Hahn, der häufig als Begleiter des Merkur dargestellt wird, scheinen im Totenkult eine Rolle gespielt zu haben. Außerordentlich groß war die Bedeutung der Lampe als Symbol des ewigen Lichtes. Lampen leuchteten bei der Beisetzung, wurden benutzt und unbenutzt mit ins Grab gelegt und sollten den Toten auch im jenseitigen Leben Helligkeit spenden. Außerdem hatte das Licht der Lampe unheilabwehrenden Charakter. Eine der schönsten Grablampen aus Bayern lag in Grab 2 von Wehringen, wo in dem Steinossuarium eigens für sie eine Nische ausgehauen war[166]. Die Lampe hat die Form eines beschuhten Fußes, bei dem zwischen der Sohle und den Zehen die Lampenschnauze mit dem Loch für den Docht herauskommt. Da die Fußbekleidung keine gewöhnliche Sandale, sondern das Stiefelchen des Weingottes Dionysos ist, besitzt diese wahrscheinlich in Italien hergestellte Lampe eine doppelte symbolhafte Bedeutung. Abb. 121

Als drittes läßt sich die Beigabe von Keramik beobachten, die für die symbolische Teilnahme des Verstorbenen am Totenmahl bestimmt war. Das Totenmahl der Überlebenden hatte im römischen Bestattungsritus eine große Bedeutung. Da man nicht der Auffassung war, daß mit dem Tode alle Verbindung abbricht, wollte man dem Verstorbenen die Teilnahme an diesem Mahl ermöglichen und legte das hierfür benötigte Geschirr im Grab nieder. So enthalten viele Gräber Geschirrsätze für die vollständige Totenmahlzeit. Die Forschung zu diesem Punkt ist noch ziemlich jung, doch zeichnet sich jetzt schon ab, daß mit vierteiligen, neunteiligen und zwölfteiligen Geschirrsätzen zu rechnen ist.

Betrachten wir einmal ein Durchschnitts-Brandgrab bei der Ausgrabung, wie es hier am Beispiel von Grab 28 aus dem Friedhof bei Neuburg a. D. gezeigt wird. Als Urne wurde ein Gefäß der sogenannten raetischen Keramik verwendet, einer Keramik, deren hauptsächliche Produktionszentren in Raetien lagen und die durch ihren feinen Ton, ihre dünne Wandung und einen schwarzen, metallisch glänzenden Überzug charakterisiert wird. Gerade diese Art und Form wurde bei uns gerne als Aschenbehälter gebraucht. In der Urne befand sich außer dem Leichenbrand noch ein kleines Glasfläschchen für Salböl. Daneben lag eine Sigillatatasse, vermutlich vom Trankopfer am Grab. Die Urne ist umgeben von einer dicht gepackten Lage verschiedener Tonscherben. Da die Grabgrube ungestört war, haben wir die Bestattung ungefähr so vor uns, wie sie damals angelegt worden war. Es wurden also seinerzeit nicht nur ganze Gefäße, sondern auch Scherben in die Erde gegeben. Soweit es sich um verbrannte Scherben handelt, sind die Gefäße im Feuer des Scheiterhaufens zersprun- Abb. 117

Raetischer Henkeldellenbecher aus einem Grab bei Neuburg. H. 10,4 cm.

gen. Immer wieder wurden selbst bei außerordentlich sorgfältig geborgenen Brandgräbern eindeutig unverbrannte Scherben gefunden, die sich nicht einmal zu einem Viertel eines Gefäßes oder noch weniger zusammenfügen ließen. Uns noch unbekannte Vorgänge im römischen Totenkult führten also dazu, daß von Gefäßen nur Bruchstücke ins Grab gelangten. Ob es sich dabei um die vielleicht abseits zerschlagenen Gefäße des Trankopfers am Grab oder um bewußte Beigabe von Scherben handelte, muß sich erst herausstellen.

So manche der geschilderten Bräuche, wie z. B. die Teilnahme des Verstorbenen an seinem eigenen Totenmahl, erklären sich aus der damaligen Überzeugung, daß die Seele auch nach dem Tode noch eine Zeitlang in der Nähe des Körpers verbleibe, also am oder im Grab Aufenthalt nehme. Dieser Glaube führte in einzelnen Fällen dazu, daß man in die Tonurne ein kleines, rundes Loch (Seelenloch) schlug, damit nach der Abdeckung und Bestattung die Seele die Möglichkeit habe, zu entweichen.

Abb. 123

Bisher war die Rede von den Bestattungsbräuchen in Raetien und Obergermanien; sie waren in Noricum im wesentlichen gleich, wenn wir Friedhöfe bei Städten wie Salzburg[167], Wels *(Ovilava)*, Lorch *(Lauriacum)* und bei dörflichen Siedlungen wie Karlstein[168] betrachten. Weit verbreitet aber war in Noricum der bei uns seit der Frühlatènezeit ausgestorbene Brauch, über den Bestattungen einen Grabhügel aufzuwerfen. Solche Hügelbestattungen lassen sich bis zum Ende des 2. Jahrhunderts n. Chr. verfolgen. In Hügelgräbern ist manchmal eine große Menge Keramik enthalten wie z. B. in einem bei Obereching auf dem rechten Ufer der Salzach[169]. Im bayerischen Anteil der Provinz Noricum wurden ebenfalls solche römischen Hügelbestattungen festgestellt auf dem Exenberg bei Kay[170], bei Hörafing[171], Gde. Weildorf, früher Landkreis Laufen, und in Leonhardspfunzen, Gde. Stephanskirchen, Ldkr. Rosenheim. Am unteren Inn in der Gegend bei Pocking hat sich dieser Bestattungsbrauch, wenn wir den älteren Berichten soweit vertrauen wollen, über den Fluß nach Westen erstreckt[172], was ein weiteres Indiz dafür sein würde, daß das norische Gebiet und dann die Provinz Noricum zumindest bis in das 2. Jahrhundert nicht schon am Inn, sondern erst weiter westlich zu Ende war. Die übrigen bekannten, vereinzelten römischen Grabhügelbestattungen liegen so weit westlich bei Pfünz und im Ries, daß sie keinen direkten Zusammenhang mit dieser norischen Sitte gehabt haben werden.

Neben der allgemein üblichen Brandbestattung ist die Sitte, den Verstorbenen in gestreckter Rückenlage unverbrannt zu beerdigen, auch im 1. und 2. Jahrhundert nie ganz verschwunden. Selbst in Rom haben einzelne vornehme Geschlechter daran festgehalten. Es scheint, daß sich bei uns Körpergräber in den Friedhöfen zwischen den Brandbestattungen nur in der ersten Hälfte des 1. Jahrhunderts und dann erst wieder im 2. Jahrhundert n. Chr. nachweisen lassen. Allerdings sind es wenige Skelettbestattungen, die sich zwischen oder bei den Brandgräbern selbst in größeren Friedhöfen finden, und meist Kindergräber. Eine Ausnahme bildet der erwähnte Friedhof von Hörafing, in dem unter den 16 aufgedeckten Bestattungen 8 Körpergräber waren; von diesen entfiel wieder die Hälfte auf Kinderbestattungen. Bis jetzt ließ sich allerdings nicht erkennen, ob sich die Skelettgräber gleichmäßig über das ganze 2. Jahrhundert verteilen oder etwa am Ende des Jahrhunderts häufen. Letzteres möchte man vielleicht vermuten, nachdem sich im 3. Jahrhundert die Körperbestattung allgemein durchgesetzt hat.

An römischen Bestattungsplätzen aus dem 1. und 2. Jahrhundert kennen wir aus Bayern etwa 90. Der älteste davon ist der Nordfriedhof von *Cambodunum*, der erst 1952 entdeckt wurde und in dem seit 1960 in regelmäßigen Grabungskampagnen bereits 411 Gräber geborgen werden konnten[173]. Diese gehören der tiberischen bis flavischen Zeit an, sind großenteils gut mit Beigaben ausgestattet und spiegeln die auch später üblichen Brandgräbersitten wider. Bisher vereinzelt blieben das Fundament eines kreisrunden Mausoleums von 3,8 m Durchmesser in einem Mauerquadrat von 12 m und wenige spätrömische Körpergräber.

Auch die Friedhöfe von Augsburg[173a] erbrachten Grabfunde aus der ersten Hälfte des 1. Jahrhunderts n. Chr. Durch die spätere Überbauung wurden allerdings nur wenige Gräber fachgerecht geborgen, so daß hier die Quellenlage besonders schlecht ist. Die Lage dreier Bestattungsplätze kennen wir mit einiger Sicherheit; es sind dies ein Friedhof im Nordwesten, wo die *Via Claudia* die Stadt verließ, einer im Südwesten an der Straße nach Kempten und einer an der *Via Claudia* nach Süden. Auf »hauptstädtischen« Reichtum waren in den bekannten Gräbern bisher nur wenig Hinweise zu spüren. Dieser scheint sich eher in dem bereits erwähnten Friedhof von Wehringen zu zeigen, wird es sich doch wahrscheinlich bei den wohlhabenden Besitzern des dortigen Gutshofs um eine Familie aus der Hauptstadt gehandelt haben.

An weiteren Friedhöfen ziviler Siedlungen seien als die größeren nur noch erwähnt ein Gräberfeld nördlich Faimingen, wo von 6–700 geschätzten Bestattungen 454 vor langer Zeit und jetzt wieder etliche ausgegraben wurden, eines von Reichling, das mit über 50 geborgenen Gräbern wohl zu dem jenseits des Lech gelegenen Abodiacum zu rechnen ist[174], ein erst kürzlich entdecktes südlich von Neuburg a. D.[175] mit über 100 Gräbern und schließlich noch eines von Roggden[176], Ldkr. Dillingen, mit 41 Bestattungen. Daß alle diese Orte in der Region Iller-Lech liegen, zeigt einerseits die früher einsetzende Besiedlung dieser Gegend, beruht aber mit auf dem Zufall, daß von den Friedhöfen vergleichbarer Siedlungen wie etwa Gauting oder Nassenfels bis heute nur wenige Gräber geborgen werden konnten. Nur Seebruck erbrachte unlängst über 200 Gräber. Bemerkenswert ist, daß auf heutigem Münchner Gebiet eine Anzahl solcher Bestattungsplätze in Pasing, Allach, Hartmannshofen und Aschheim gefunden wurden, die zusammen mit den bekannten Siedlungen in der Aubinger Lohe, in Berg am Laim, Denning, Englschalking und Oberföhring beweisen, daß die Münchner Schotterebene[177] damals durchgehend locker besiedelt war, zumal noch einige einzelne Gräber hinzukommen. Obwohl es in Raetien nicht üblich war, über den Gräbern Erdhügel aufzuwerfen, so hat man doch öfters die alten vorgeschichtlichen Grabhügelfriedhöfe wieder benützt und in die Hügel einzelne Bestattungen hineingegraben. Wir kennen solche Fälle im Raume von München in Feldmoching, Bergkirchen und Lochhausen. Aus der Gegend südwestlich und westlich gibt es in Monatshausen, Vorderfischen, Pähl, Wilzhofen, Wielenbach, Etting, Maising, Schöngeising und Schlingen Beispiele für römische Nachbestattungen in vorgeschichtlichen Grabhügeln. Der eine Hügel über dem Grab 105 des Friedhofs von Leonhardspfunzen am Ostufer des Inn hat mit den eben erwähnten Erscheinungen nichts zu tun und muß zu den norischen Grabhügelbestattungen gezählt werden. Ob er der einzige an diesem Platz war, läßt sich nicht mehr sagen, da von mehreren hundert Gräbern nur über hundert annähernd bekannt wurden. Der größte Friedhof im norischen Teil lag im Reichenhaller Becken bei Karlstein und dürfte mit 326 Grablegen ziemlich ausgegraben sein.

Die Friedhöfe bei den Kastellen unterscheiden sich weder in den Bestattungssitten noch in den Beigaben von rein zivilen Gräberfeldern, waren doch Waffen und Ausrüstung kein persönliches Eigentum des Soldaten, konnten also nicht mit ins Grab gegeben werden. An den von den Kastelltoren wegführenden Straßen wurden außerhalb des Lagerdorfs die Friedhöfe angelegt, in denen natürlich Militär und Gefolge zusammen die letzte Ruhe fanden. Lediglich die Feindseite des Lagers blieb im allgemeinen von Bestattungen frei. Vom frühen Kastell Oberstimm wurden bis heute 55 Gräber geborgen[178]; viele frühe Gräber kamen im Laufe der Zeit auch in Günzburg heraus. Beim Kastell Straubing[179] kennen wir alle drei Friedhöfe an den Straßen nach Osten, Süden und Westen leider jeweils nur aus wenigen Grabstätten. Wenn die topografische Lage des Kastells Pfünz auch den hauptsächlichen Friedhof an der Straße nach Süden vermuten läßt, so kann doch unmöglich mit 187 festgestellten Bestattungen die ganze Sterblichkeit erfaßt sein. Vom Kastell Obernburg, das am hier süd-nördlich fließenden Main liegt, ist je ein Friedhof an der Straße nach Süden und an der nach Norden bekannt. Im Westen dürfte ebenfalls einer zu suchen sein. Gerade in den letzten Jahren wurden Friedhöfe bei zwei Kastellen neu gefunden: Sowohl bei Eining als auch bei Pförring konnten durch das jetzt übliche tiefere Pflügen einige Gräber
Abb. 21 entdeckt und geborgen werden[179a].

Die große Massierung von Soldaten und Troß durch die Stationierung einer Legion in *Castra Regina* bedingte natürlich große Friedhöfe. Wie zu erwarten, lagen diese an den von den drei rückwärtigen Lagertoren ausgehenden Fernstraßen nach Augsburg, zum Brenner und nach Straubing. Der größte in Raetien bekannte Bestattungsplatz überhaupt befand sich an der Straße nach Augsburg; seine Belegung wird auf etwa 6000 Gräber geschätzt, von denen nur etwas über 1000 beim Bau der Eisenbahn und des Bahnhofs 1872–1874 schlecht und recht geborgen werden konnten[180]. Die stärkere Besiedlung in der Umgebung der Legionsfestung fand ihren Niederschlag in zahlreichen kleineren Friedhöfen; wir wissen von solchen aus dem 2./3. Jahrhundert bei Mangolding, Poign, Taimering, Burgweinting, Alteglofsheim, Riekofen und Prüfening, ja sogar nördlich der Donau bei Steinweg. In einem Zentrum wie Regensburg war die Ausstattung mit Beigaben und mit Denkmälern erwartungsgemäß ziemlich reich.

Eine Auswertung der raetischen Grabdenkmäler und -inschriften würde in stilistischer, geistesgeschichtlicher, soziologischer Hinsicht lohnend erscheinen. Trotzdem kann sie in diesem Zusammenhang nicht unternommen werden. Das wenige, was sich an Grabsteinen in Raetien erhalten hat, ist in künstlerischer Hinsicht fast durchweg bescheiden. Dieses Bild entspricht aber nicht den früheren Verhältnissen; viele Bruchstücke und Fundamentspuren weisen uns heute noch darauf hin, daß prächtige Grabmonumente entlang der Straßen auch in Raetien den Reisenden begrüßten. Dennoch scheint es, daß in den Rheinlanden und in Noricum Abb. 127 noch mehr und qualitätsvollere Grabdenkmäler errichtet wurden. Die raetische Grabplastik zeigt keine einheitlichen Züge, zu verschiedene Abb. 122, 124 Einflüsse haben sich hier gekreuzt. Einzelne Merkmale in der Komposition und in der Ornamentik lassen trotzdem deutliche Unterschiede zwischen Noricum und Raetien erkennen. Hier aber wie dort bildete die römische Kunst mit ihren Musterbüchern die maßgebliche Grundlage, von der aus in mehr oder minder provinzieller Abwandlung und mit mehr oder minder großem Können die örtlichen Steinmetzwerkstätten ihre Erzeugnisse geschaffen haben[180a].

Die Form und Ausführung der Grabsteine ist durchaus nicht einheitlich; je nach dem Wunsch und dem Vermögen des Bestatteten — man stellte seinen eigenen Grabstein nicht selten schon zu Lebzeiten auf — oder seiner Hinterbliebenen gab es verschiedene Arten. Am häufigsten kommen Grabstelen (flache und hohe Grabsteine) mit giebelförmigem Aufbau vor, mit Abb. 125 oder ohne reliefartige Bilder des Verstorbenen und seiner Angehörigen. Mehr Aufwand machten die reicher geschmückten Grabaltäre erforderlich, bei denen auf der Vorderseite die Inschrift, auf den Nebenseiten Portraits oder andere anlaßbezogene Darstellungen angebracht worden waren. Beliebt waren, besonders in Noricum, Delphine als Boten zur Unterwelt, aber auch Szenen aus dem Alltag oder allegorische Darstellungen Abb. 126 von Freuden im Jenseits. Eine jugendliche Tänzerin auf einem Grabaltar aus Regensburg diene hier als Beispiel. Schlanke Pyramiden mit Pinienzapfen an der Spitze schließen manchen Grabaltar nach oben ähnlich ab, wie es bei den großen Monumenten üblich war. Größere nischenförmige Denkmäler enthalten dann bis zu lebensgroße Hochreliefs des oder der Verstorbenen. In Augsburg war recht beliebt die Abbildung des Ehepaares Abb. 57 auf großen Grabaltären, wie wir sie weder in Pannonien und Noricum noch im Rheinland und in Gallien in gleicher Art kennen. Diese Grabmäler von Ehepaaren wurden als Ausdruck persönlicher Repräsentation für die dauernde Sicherung öffentlichen Ansehens gedeutet und in diesem Sinne mit römisch-großstädtischen Vorstellungen verbunden. Die im ganzen Reich üblichen Totenmahlszenen sind bisher nur einigemal in Augsburg und Regensburg als Nebenszenen auf Grabaltären vorgekom- Abb. 123 men.

Repräsentationsbedürfnis ließ aber noch ganz anderes entstehen; da sind einmal die pfeilartig aufragenden Turmgrabmäler, deren berühmtestes, das Grabmal der Secundinier, in Igel heute noch 23 m hoch ist. So stolze Ausmaße erreicht das einzige aus dem Voralpenland erhaltene Pfeilergrabmal von Augsburg-Oberhausen nicht. Dieses wurde bereits 1709 an Abb. 128 seinem ehemaligen Standplatz zufällig ausgegraben und steht jetzt im römischen Museum Augsburg. Es kommt mit seinen Teilen, Stufenunterbau, Sockel mit Inschrift, Zwischengesims, Hauptteil mit plastischem Schmuck auf drei Seiten, Giebelfeld und Schuppendach, nur auf die bescheidene Höhe von 4,5 m. Die Mehrzahl der uns überkommenen Reliefdarstellungen werden von ähnlichen Pfeilergrabmälern stammen, so daß ihre ursprüngliche Zahl in Augsburg, Regensburg und in kleineren Orten nennenswert gewesen sein muß. Zu den hervorragenden Grabmonumenten zählen die Grabtempel (Mausoleen) und die Grabkapellen *(aediculae)*, die vornehmlich in Noricum beliebt waren. Bei uns wurde noch kein solcher Grabbau entdeckt. Wir können die frühere Existenz nur in verschiedenen Fällen erschließen, wie z. B. in Kellmünz *(Caelius Mons)*, wo in der spätrömischen Kastellmauer u. a. vier lebensgroße Marmorfiguren, verschiedene Säulen und Kapitelle herausgekommen sind. Man möchte vermuten, daß dies alles eher von mehreren Grabkapellen als von einer einzigen großen Anlage stammt. Der bekannte Togatus von Nassenfels stand einmal in einer kleinen Aedicula oder war zumindest zur Aufnahme in eine solche bestimmt. Auch die Grabbauten, deren Fundamente man in Wehringen fand, gehören hier erwähnt; wie wuchtig sie gewesen sein mögen, deutet eine steinerne Pinienzapfenbekrönung von 1,50 m Höhe aus dem benachbarten Oberottmarshausen an[181].

Alle Grabmale besaßen eine Inschrift, die die Familien oder die Einzelpersonen der Nachwelt überliefern sollte. Man folgte dabei den Vorbildern in Rom und Italien und benützte bestimmte Formeln und Schemata, die immer wiederkehrend verwendet wurden. Häufig begann der Text mit einer Anrufung der Schattengötter: *Dis Manibus (D.M.)* und ab Ende des 2. Jahrhunderts erweitert zu: *Dis Manibus et perpetuae securitati* (= den göttlichen Seelen und der ewigen Ruhe geweiht). Nach diesen Gebetsanruf folgen die Namen der Verstorbenen und ihrer nächsten Angehörigen. Außer den Verwandtschaftsgraden findet man selten nähere Angaben zu Person und Beruf. Lediglich öffentliche Ämter, die gesamte militärische Laufbahn mit allen Kommandos und priesterliche Funktionen wurden immer genau aufgeführt, verdienten es doch besonders diese Leistungen für die Gemeinschaft, der Erinnerung bewahrt zu werden. Den Schluß der Grabinschrift bildeten ein frommer Wunsch für den Toten *(opto terra sit levis tibi* = ich wünsche, daß dir die Erde leicht sei) und technische Angaben über die Errichtung des Grabes (z. B. *heredes pudenti matri fecerunt* = die Erben ließen [den Grabstein] der ehrbaren Mutter ausführen). Die Inschriften nennen bei uns höchstens zwei und nur in Ausnahmefällen drei Generationen. Obgleich das geschilderte Grundschema immer beibehalten wurde, so sind doch bei der einleitenden und bei der abschließenden Formel mancherlei Varianten möglich. Eine Grabinschrift, die früher im Schloß zu Laufen eingemauert war, beginnt anders und verzichtet auf Schlußformeln; sie lautet: *In memoriam M. Proculei Iustini M. Proculeius Martialis decurio et IIvir et Gavia Iustina parentes*, d. h.: Zum Gedenken an M. Proculeius Justinus (haben) die Eltern M. Proculeius Martialis, Ratsherr und Bürgermeister (von Salzburg) und Gavia Justina (diesen Grabstein errichten lassen). Das, was wir jetzt in Klammern ergänzt haben, war für die Zeitgenossen so verständlich und bekannt, daß es nicht auf dem Stein zu stehen brauchte.

Abb. 41

Pinienzapfen als Grabdenkmal-Bekrönung von Oberottmarshausen, Ldkr. Augsburg. M. 1 : 20.

Von den starken familiären und menschlichen Bindungen jener Zeit berichten uns die Inschriften. Wir spüren heute noch den Schmerz um die verlorene Frau aus einem Grabstein in Regensburg, wenn wir lesen: *Dis manibus et memoriae dulcissimae Flaviae Florinae Marcellinius Marcianus signifer legionis coniugi incomparabili faciendum curavit*, d. h.: Den göttlichen Seelen und dem Gedenken an die teuerste Flavia Florina. Marcellinius Marcianus, Fähnrich der (3.) Legion hat (dies Denkmal) seiner unvergleichlichen Frau setzen lassen. Auf einem bei Augsburg gefundenen Grabstein trauert der Ratsherr und gewesene Bürgermeister C. Iulianus Iulius um »seine innig geliebte, liebevoll für ihn sorgende Gattin, eine wahrhaft vortreffliche Frau und ein einmaliges Vorbild an Sittsamkeit, die 45 Jahre, 7 Monate und 21 Tage gelebt hat«. Starkes Gefühl wird spürbar, wenn in Regensburg Vindelicius Surinus, der »unglückselige Vater«, den Tod seiner drei Kinder beklagt, oder wenn Quintilianus und Fortunatus, Freigelassene und Erben, ihrem »allerbesten Schutzherrn« ein Denkmal setzen[181a].

Über die offiziellen Tätigkeiten und die persönlichen und familiären Verhältnisse hinaus werden manchmal auch weiterreichende Beziehungen aus den Inschriften ersichtlich. Vor wenigen Jahren kam im Fundament des Münsterturmes auf Frauenchiemsee ein Grabaltar ans Licht, den Witwe und Kinder dem mit 50 Jahren verstorbenen Claudius Decrianus setzen ließen[182]. Er war *decurio ornatus aput municipium Altinatum*, d. h. ehrenhalber Ratsherr der Stadt *Altinum* in Oberitalien. Diese Auszeichnung setzte Verdienste des Cl. Decrianus um die Stadt voraus, die für einen eingesessenen Noriker sich eigentlich nur mit intensivsten Handelsbeziehungen erklären lassen. In der Tat waren die Kontakte des norischen Chiemgaues über die Alpen nach Süden recht eng, wurde doch in Bernau der Grabstein eines Bürgermeisters von *Teurnia* (St. Peter im Holz), auf Frauenchiemsee der eines Aedils ebenfalls aus *Teurnia* und bei Wasserburg der eines Bürgermeisters von *Aguntum* (bei Lienz) gefunden.

Hinweise auf das wirtschaftliche Leben bringt eine Reihe von Grabsteinen, in deren Schlußformel noch die Herstellungskosten für das Denkmal mit aufgenommen wurden. Auf einer Grabplatte aus Epfach findet sich genau aufgeführt, daß »Publia Ceionia Vindelica, Tochter und Erbin, ihrem Vater, einem Ratsherrn, wie es durch das Testament vorgeschrieben war, für 6000 Sesterzen (den Grabstein) hat errichten lassen«. Natürlich bestanden hier große Unterschiede; in Augsburg gab ein Freund für den Stein des ehemaligen Centurio Taurinius Montanus 4000 Sesterzen aus, eine Tochter für das Denkmal ihres Vaters C. Managnius Iustus, eines Centurio der 3. italischen Legion, dagegen 16000 Sesterzen. Als Flavius Vettius Titus aus *Savaria* in Pannonien mit 48 Jahren gestorben war, errichteten ihm seine zwei Freigelassenen und Erben ein Grabmal für 13000 Sesterzen. Wir müssen bestimmt annehmen, daß damit Fl. Vettius Titus eine seiner Stellung als Verwalter der kaiserlichen Einkünfte in Raetien *(advocatus fisci Raetici)* entsprechend würdige Ruhestätte gestaltet worden ist[182a].

Von Freigelassenen, die zu Ansehen und Besitz gelangt waren, haben wir gut ausgestattete Grabdenkmäler. Von freigelassenen Frauen erfahren

Abb. 125
Abb. 127

119–120 *Bronzen und Keramik aus Grab 3 von Wehringen. Dm. des Tellers oben rechts 50 cm. H. des Dreifuß 97 cm.* – **121** *Bronzene Fußlampe aus Grab 2 bei Wehringen. L. 13,2 cm.* – **122** *Löwe (Symbol des allbezwingenden Todes) von einem Grabmal in Regensburg. H. 70 cm.*

119

120

121

122

123

124

125

123 *Totenmahlszene von einem Grabdenkmal aus Augsburg. Br. 209 cm.* — **124** *Grabaltar für die Familie des Augsburger Ratsherrn C. Jul. Achilleus. H. 132 cm.* — **125** *Grabstein aus Egerndach, den sich die Freigelassenen Acutus und Amanda bereits zu Lebzeiten aufstellen ließen (Vivi Fecerunt). H. 146 cm.* — **126** *Szene aus einer Weinschenke von einem Grabmal in Regensburg. Br. 97 cm.*

126

127 *Grabaltar für Amanda, die mit 50 Jahren verstorbene Freigelassene des Q. Tessius, in Seebruck. H. 185 cm.*
128 *Pfeilergrabmal für die Familie des T. Flavius Primanus, gef. in Augsburg-Oberhausen. H. 450 cm.*

127

128

wir weniger. Einmal hat uns ein Grabstein in aller Kürze doch eine ergreifende Liebesgeschichte überliefert. In der Gegend der Innbrücke der Straße nach Salzburg lebte ein wohlhabender Bürger namens L. Septimius Iulianus. Ein öffentliches Amt bekleidete er nicht; er wird wohl Kaufmann gewesen sein und vielleicht ein kleines Landgut besessen haben. Irgendwo begegnete ihm die junge und hübsche griechische Sklavin Tyche. Er kaufte sie, ließ sie frei, wodurch sie seinen Namen Septimia bekam, und heiratete sie. Als Septimia Tyche dann nach längerer Ehe mit 35 Jahren plötzlich starb, betrauerte er ihren Tod zutiefst und widmete ihr einen Grabaltar, seiner »teuersten Frau und Freigelassenen« *(coniugi et libertae karissimae)*[182b].

Aber selbst Sklaven konnten durchaus in Verhältnisse gelangen, in denen es ihnen möglich war, ihren Angehörigen gute Grabsteine zu setzen. Von St. Georgen bei Laufen stammt ein Grabmal, das Senecio, ein Sklave der Terentia Honorata, seinem mit 65 Jahren verstorbenen Vater Cl. Seneca setzen ließ. Und in Salzburghofen war eine Tafel aus Untersberger Marmor eingemauert, die der Sklave Maurus, wohl ein Afrikaner, seiner mit 36 Jahren verstorbenen Frau aufs Grab hatte setzen lassen. Wir bekamen schon aus diesen wenigen Beispielen einen guten Einblick in das Leben, das Denken und Fühlen zu der Zeit, als die Provinzen des Voralpenlandes sich ihrer größten Blüte innerhalb des Römischen Reiches erfreuen konnten[182c].

Freundschaft, Liebe, Ehe

Wie stark gefühlsbetont unsere Vorfahren zur Römerzeit gelebt und geliebt haben, war schon aus verschiedenen Grabinschriften zu erkennen. Schmerz und Trauer fanden oft ihren über die Jahrhunderte hinweg ergreifenden Ausdruck. Es gibt aber noch eine Reihe weiterer Funde, die uns schlaglichtartig dieses starke Gefühlsleben und den geistigen Hintergrund erhellen. Deshalb erscheint es angebracht, auch diese Seite hier wenigstens anklingen zu lassen. Nicht nur eine freundschaftliche Gesinnung des Schenkenden braucht zum Ausdruck zu kommen bei Fibeln mit der Aufschrift *Utere felix* (= gebrauche sie als Glücklicher, d. h. sei glücklich, solange du sie verwendest) oder bei Fibeln und Tonbechern mit *Vivas* (= du mögest leben), wie etwa bei jenem Spruchbecher von
Abb. 153 München, Berg am Laim. Diesen Wunsch gibt ein ähnlicher Becher aus einem Skelettgrab von Potzham bei München erweitert wieder als *Vivite felices* (= ihr möget glücklich leben). Schon eine engere Bindung verrät
Abb. 130 dagegen eine Zwiebelknopffibel aus Regensburg mit der Aufschrift *Vivas amica* (= du sollst leben, meine Freundin). Ein echtes Bekennen zu ihrer Liebe muß es dargestellt haben, wenn ein Mädchen in Regensburg sich entschlossen hatte, den geschenkten Ring zu tragen, der die Aufschrift
Abb. 132 trägt: *Da do vita amica* (= gib [mir deine Liebe], ich gebe [sie dir], [mein] Leben, [meine] Freundin). Wenn auch in der Formulierung stark verkürzt, so werden dennoch die beiden Ringe aus Alkofen mit *Vita* ähnliche Gedanken zur Grundlage haben. Nicht ganz eindeutig ist die Verwendung einer Fibel in Gestalt eines M von Rißtissen; die Fibel hat die

eingepunzte Inschrift: *Spes amor, si me amas.* Wir können nun den Sinn: Meine Hoffnung ist die Liebe, wenn du mich liebst, sowohl auf einen Träger beziehen, der sich der Gefühle seines Partners nicht sicher ist, als auch als Aufschrift für ein Geschenk deuten.

Wenn man es nicht wagte, seine Liebe zu gestehen oder trotzdem keine Gegenliebe fand, nahm man seine Zuflucht zu einem Liebeszauber, der durch die Anrufung von Göttern oder Dämonen wirksamer gemacht werden konnte. Das schon erwähnte Bleitäfelchen aus der Villa bei Peiting[183] zeigt uns ein Beispiel solchen Liebeszaubers. Ein Clemens beklagt sich hier, daß die von ihm geliebte Gemella über das seiner Natur erträgliche Maß hinaus schlaff und teilnahmslos sei und wünscht, »wie seine Natur sich Gemella, so möge Gemella sich ihrerseits sein Ungestüm herzhaft gefallen lassen und Vergnügen daran haben«; sie möge ihm selbst im Schlaf nicht untreu werden und ihn auch dann lieben, wenn sie ihn nicht sehe. Dieses Bleitäfelchen mit dem Liebeszauber war in einem Raum der Villa bei Peiting, wahrscheinlich dem Schlafgemach der Gemella, eingemauert. Wenn sich nun zwei mit oder ohne Liebeszauber gefunden hatten, so schenkte man sich auch damals schon Ringe, von denen der schwere Goldring von Meinheim, Ldkr. Weißenburg i. B., zu den schönsten gehört. Er zeigt auf der Ringplatte zwei verschlungene rechte Hände als Symbol der ehelichen Treue. Ein Zeugnis großer ehelicher Liebe stellen die beiden singulären bronzenen Scheibenfibeln aus einem Brandgrab von Regensburg-Prüfening dar. Ein liebender Gatte hatte seiner Frau in der 2. Hälfte des 2. Jahrhunderts sein und ihr Portrait auf jeweils einer Fibel darstellen lassen. Dieses Fibelpaar begleitete die Frau durchs Leben und war ihr nach dem Tode ins Grab mitgegeben worden[183a].

Abb. 79

Abb. 134

Abb. 129

Liebende waren wegen ihres beneidenswerten Zustandes von Unheil besonders bedroht. Kräfte des Bösen konnten ebenso zu einer plötzlichen Abneigung zwischen Eheleuten führen wie die Gesundheit der Paare, besonders als Brautleute oder junge Ehepartner, bedrohen. Übertragen wurde das Unglück hauptsächlich durch den Bösen Blick[184], und hiergegen galt es sich durch die Anrufung bestimmter Götter und durch Amulette zu schützen. Die größte Wirksamkeit erhoffte man sich von den phallischen Amuletten. Sie, die ursprünglichen Symbole der Fruchtbarkeit und Zeugungskraft, sollten kinderlosen Frauen zu Nachwuchs verhelfen, verhindern, daß der Mann impotent und die Frau unfruchtbar würde, und schließlich den Bösen Blick jeder Art für Mensch und Tier abwehren. Apotropäische Wirkung wurde auch dem Handgestus der *fica* und dem Halbmond *(lunula)* zugeschrieben, weshalb man gelegentlich, um ganz sicherzugehen, mehrere dieser Symbole zu einem Amulett vereinigte. Diese Amulette, die recht häufig gefunden werden, wurden um den Hals getragen, an der Kleidung angebracht oder an den Wagen bzw. das Pferdegeschirr gehängt.

Abb. 131

Abb. 135

Abb. 133

DIE ALAMANNENSTÜRME IM 3. JAHRHUNDERT

Erstes Auftreten der Alamannen

Ohne daß es die Zeitgenossen zunächst gewahr wurden, ja überhaupt gewahr werden konnten, begann bald nach dem Anfang des 3. Jahrhunderts nicht nur für das Voralpenland ein neuer Geschichtsabschnitt. Aus dem Nordosten kommend, hatten sich germanische Stämme und Gruppen an die Reichsgrenzen herangeschoben; im Zuge dieser Bewegungen waren neue Stammesverbände entstanden, deren kriegerischer, beutegieriger Sinn auf die blühenden römischen Provinzen gerichtet war. Das Entstehen dieser neuen Gruppierungen können wir nicht im einzelnen verfolgen; für uns treten sie erst ins Licht der Geschichte in dem Moment, da sie das erstemal ihre Waffen mit den römischen Truppen kreuzten. Ein Verband war aus einem Teil der suebischen Semnonen entstanden, mit dem benachbarte und verwandte Stämme verschmolzen; zum ersten Male wurde für sie der Name Alamannen genannt, als sie 213 den obergermanisch-raetischen Limes angriffen. Weiter im Norden bildete sich etwa zur selben Zeit der noch mächtigere Stammesverband der Franken heraus, deren Name allerdings erst nach 250 auftaucht, als sie etwa 254/257 den Rhein bei Köln überschritten und gleich durch Gallien bis Spanien vorstießen. Durch diese Völkerbewegungen wurden die nördlichen Provinzen des Reiches für fast ein Jahrhundert zum Schauplatz heftiger Kämpfe und großer Verheerungen, die bereits als Anzeichen der beginnenden Völkerwanderung zu verstehen sind.

Den knappen antiken Nachrichten zufolge waren alamannische Scharen 213 nach Raetien und wohl auch Obergermanien eingedrungen. Der Einbruch scheint nicht tief gewesen zu sein; bis heute haben sich noch keine sicheren archäologischen Spuren davon entdecken lassen. Ein fragmentarisch bekannter Schatzfund aus dem Kastell Gnotzheim[185] könnte allenfalls dazu zu zählen sein, vielleicht noch die recht unsicher überlieferten Funde von Dambach, Kösching und vom Ringberg bei Untersaal. Es sieht so aus, als wäre der alamannische Einfall nicht gänzlich überraschend gekommen, denn die Gegenmaßnahmen erfolgten schnell.

Über den Feldzug von 213 gegen die Alamannen, den der Kaiser Caracalla persönlich leitete, gibt es eine Reihe von Nachrichten und Hinweisen. Am 11. August traten in Rom »auf dem Capitol vor dem Heiligtum der Götterkönigin Juno die *fratres Arvales* zusammen, damit, da unser Herr der heiligste und fromme Kaiser *M. Aurelius Antoninus Augustus*, der Oberpriester, im Begriffe ist, über die raetische Grenze zur Vertreibung der Feinde das Land der Barbaren zu betreten, diese Angelegenheit ihm günstig und glücklich gelinge, und brachten Opfer dar . . .«, wie wir aus den heute noch erhaltenen *Acta* dieser Bruderschaft entnehmen können. Die *fratres Arvales* waren ein altes Priesterkollegium von zwölf Männern, das ursprünglich um den Segen für das Ackerland *(arvum)* und die Saaten, später, seit Augustus, um den Schutz der Götter für das Kaiserhaus zu bitten hatte.

Im Sommer 213 hat dieser Feldzug begonnen, der ganz sicher schon längere Zeit vorbereitet war. Hierzu hielt sich Caracalla in Raetien auf; Fragmente dreier Inschriften in Eining scheinen auf einen Besuch des Kaisers in diesem Kastell hinzuweisen. Daß der Kriegszug gut vorbereitet wurde, zeigt die weit zusammengeholte, sicherlich recht stattliche Truppenansammlung, von der wir ja nur einen kleinen Teil kennen. Den Kern bildeten die Einheiten des obergermanischen und des raetischen Heeres, von dem wir nur die Teilnahme der *Cohors I Breucorum* aus Pfünz und Böhming sicher bezeugt haben. In Böhming gefundene Inschriftfragmente ließen sich nämlich zu einem Weihealtar ergänzen, den 215 die genannte Cohorte der *Fortuna redux*, der glücklich zurückführenden Göttin, gewidmet hatte. Zu den hiesigen Truppen waren weit entfernt stationierte Formationen gestoßen, wie die *Legio II Traiana* aus *Nicopolis* bei Alexandria in Ägypten und Abteilungen der *Legio II Adiutrix* aus *Aquincum* in Unterpannonien sowie Abordnungen von wohl fast allen Legionen Europas. Einen Teil des Heeres, möglicherweise mit Detachements aus Moesien, befehligte C. Octavius App. Suetrius Sabinus als *comes Augusti nostri* (Begleiter unseres Kaisers) und *praepositus vexillationum Germanicae expeditionis* (Kommandant der Detachements für den Feldzug gegen die Germanen), wie wir aus seiner Laufbahn wissen.

Über den Verlauf des Kriegszuges berichten die Quellen nicht einheitlich. Cassius Dio, ein zeitgenössischer Schriftsteller und scharfer Kritiker Caracallas, erzählt von unsinnigen Kastell- und Stadtgründungen im Feindesland, von großen Grausamkeiten und militärischen Schwierigkeiten, die Caracalla nur dadurch überwinden konnte, daß ihm die Barbaren den Sieg gegen teures Gold verkauften. Diese Darstellung ist jedoch zweifellos einseitig und stark übertrieben. In einem Geschichtswerk, das uns unter dem Verfassernamen des Aurelius Victor überliefert ist und das, im darauffolgenden Jahrhundert geschrieben, schon den wünschenswerten Abstand hat, ist von einem Sieg Caracallas über die Alamannen in der Nähe des Mains zu lesen, in einem anderen (Spartian) von einem Sieg unfern der raetischen Grenze. Die Wirkung der römischen militärischen Macht muß jedenfalls stark gewesen sein, denn selbst Cassius Dio gibt zu, daß sich germanische Stämme bis zur Elbemündung daraufhin dem Kaiser unterworfen haben.

Auch für die raetische Grenze konnte sicherlich der Zug des Kaisers die unmittelbare Gefahr beseitigen, denn schon 215 befanden sich Abteilungen der 3. italischen Legion beim Feldzug gegen die Parther; man hätte ja bei akuter Gefährdung keine Truppen von diesem Grenzabschnitt abgezogen. Vor dem 6. Oktober war der ganze Feldzug bereits zu Ende, an diesem Tag nämlich kamen in Rom die *fratres Arvales* wieder zusammen, um für das Wohl des Kaisers und für den Sieg über die Germanen Dankopfer darzubringen. Zu diesem Zeitpunkt schon hatte Caracalla den Ehrentitel *Germanicus Maximus* (überragender Sieger über die Germa-

Rekonstruktion der raetischen Mauer in der Nähe von Aalen (nach einem Modell im Limesmuseum).

nen) angenommen, der vom folgenden Jahr an auf Münzen und Inschriften erscheint. Die Rückreise nach Rom führte über Obergermanien und dabei über Baden-Baden, wo der Kaiser die Wiederherstellung der erneuerungsbedürftigen Thermen anordnete und den Ort zur *Civitas Aurelia* erhob. Der Sieg über die Germanen wurde im militärischen und zivilen Bereich gefeiert; Inschriftfragmente aus den Kastellen Gnotzheim, Weißenburg und Eining dürften zu kleineren Siegesdenkmälern gehört haben. Sogar in Gutshöfen sah man sich veranlaßt, Inschriften für Caracalla anläßlich seines Sieges aufzustellen, wie der Fund aus dem Gutshof bei Meimsheim in der Nähe von Heilbronn anschaulich macht.

Nach Abschluß der Kämpfe wurde C. Octavius App. Suetrius Sabinus als Statthalter in Raetien eingesetzt[186]. Da er vorher kaum gleichzeitig Praepositus einer Heeresabteilung und Legat der 3. Legion war und 214 als *Consul ordinarius* erscheint, wird seine Statthalterschaft nur wenige Monate gedauert haben. Der Grund für ein so kurzfristiges Amt mag gewesen sein, daß er Maßnahmen zur Beseitigung etwaiger Kriegsschäden und den weiteren Ausbau der Limeslinie einleiten sollte. Und in der Tat sind ungefähr in der damaligen Zeit enorme Baumaßnahmen am obergermanischen und am raetischen Limes festzustellen. Auf ihrer gesamten Länge von 550 km vom Rhein bis zur Donau wurde die Limeslinie ausgebaut und verstärkt[187]. Am obergermanischen Limes hob man hinter der bestehenden Palisade einen tiefen Spitzgraben aus und schüttete den Aus-

Plan des Burgus in der Harlach, Ldkr. Weißenburg. M. 1 : 500.

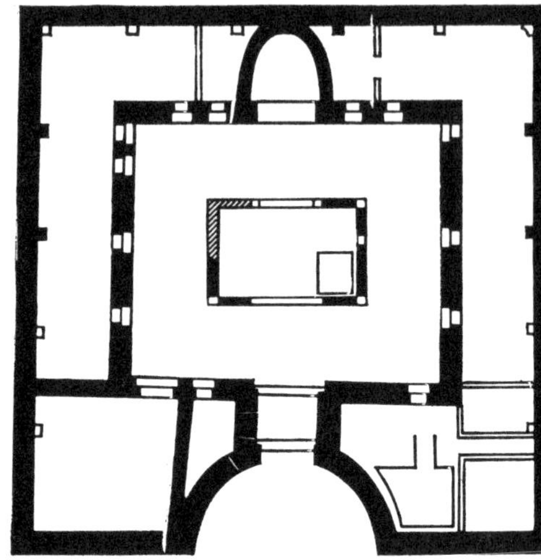

hub als mächtigen Wall auf. Beim raetischen Limes wurde die Palisade auf der ganzen Länge durch eine ca. 1,2 m starke und etwa 3 m hohe Steinmauer ersetzt. Das Steinmaterial für die Mauer brach man aus dem in der Nähe verfügbaren Gestein; teilweise fand man an Ort und Stelle noch die Reste der Kalköfen, die für die Herstellung des Mörtels dienten. Vielfach hatte man die bereits bestehenden Steintürme weiterverwendet und die Mauer an sie angestoßen. Andere, in die Mauer eingebundene Türme zeigen jedoch an, daß die Linie bei der Erbauung weiter verstärkt wurde. Die Errichtung dieser sog. raetischen Mauer einheitlich auf einer Gesamtlänge von 166 km, davon 110 km in Bayern, stellte eine der gewaltigsten technischen Leistungen der Frühzeit dar. Noch heute können wir in manchen Teilen den geraden Zug dieser ehemaligen Mauer über weite Entfernungen hin verfolgen, und selbst dieser verwitterte Mauerrest noch ist außerordentlich eindrucksvoll.

Zu der Zeit, als die raetische Mauer erbaut wurde, kam am Limes und in anderen Teilen des Imperiums eine neue Befestigungsart auf[188]; entsprechende Anlagen wurden in Raetien z. T. gleichzeitig mit der Mauer errichtet. Es sind kleinere quadratische Befestigungen mit 13—32 m Seitenlänge, die nun scharfkantige Ecken und nur noch ein Tor hatten. Diese Befestigungen wurden bisher verschieden bezeichnet, als Burgi, Feldwachen, Kasernen, bis jetzt ihr Typ als Vorläufer der spätantiken Centenaria erkannt werden konnte. Ein sehr gut erhaltenes Beispiel für diese Centenaria ist der »Burgus« in der Waldabteilung Harlach bei Weißenburg[189]; diese Anlage gehört mit ihren 32 m Seitenlänge zu den größten ihres Typs. Zu dem einzigen Tor, über dem sich wohl ein Turm erhob, sprang die Südfront halbkreisförmig ein. Die Räume der zweigeschossigen Anlage gruppierten sich um einen rechteckigen Innenhof, der durch einen überdeckten Umgang auf 9,70 × 6,50 m verringert wurde. Genau dem Eingang gegenüber befand sich ein kleines Heiligtum in einer apsidalen Nische. Auch heute noch stehen die Mauern dieser kleinen Befestigung bis zu 2 m hoch, so daß ein Besuch lohnt. Den ganzen Limes entlang entstanden solche Centenaria, wie verschiedentlich aufgefundene Spuren an-

deuten. Leider ist sonst keine dieser Anlagen wissenschaftlich zufriedenstellend untersucht.
Von größeren Befestigungsbauten Caracallas wissen wir wenig. Cassius Dio berichtet zwar, daß der Kaiser bei seinem Feldzug Befehl gegeben habe, Kastelle und Städte anzulegen, doch kennen wir die zugehörigen archäologischen Befunde nicht. Lediglich Faimingen erhielt anstelle des Erdwalles eine Steinmauer als Wehr um den Vicus und das neue Kastell, das entweder unter Caracalla oder nach dem Alamanneneinfall von 233 n. Chr. angelegt wurde. Da der kränkliche Caracalla wohl auch das Heiligtum des Apollo Grannus in Faimingen aufgesucht haben dürfte, kann hier in der Tat manches auf seine Anordnung zurückgehen. Weiter im Osten dürfte damals anläßlich ihrer Erhebung in den Rang einer Koloniestadt *(Colonia Aurelia Antoniniana)* die Befestigung der norischen Stadt *Ovilava* (Wels) angelegt worden sein.
Verständlich ist bei der geschilderten militärischen Situation, daß man den strategisch wichtigen Straßen besondere Fürsorge angedeihen lassen mußte. Wenn gelegentlich die Aufstellung von neuen Meilensteinen aus Gründen kaiserlicher Propaganda erfolgte, so können wir in diesem Falle die Meilensteine aus der Zeit des Caracalla mit Ausbau und Sicherung der Verbindungen in Zusammenhang bringen, stammen doch die erhaltenen Säulen gerade von den Straßen, denen durch die Alamannengefahr besondere Bedeutung zukam. Das war einmal die Querverbindung Regensburg—Nassenfels—Augsburg, dann die Nachschubstraße von Italien über den Brenner nach Augsburg und die Verbindung von Augsburg über Salzburg nach dem Osten und Süden. Die Achse entlang der Donau zwischen den beiden Legionen in Regensburg und Lorch wurde damals ebenfalls wesentlich ausgebaut und verbessert.
In der inneren Entwicklung des großen Reiches ließ Caracalla durch eine wichtige Anordnung die in der Zwischenzeit eingetretenen Veränderungen sichtbar werden. Durch die weitgehende Romanisierung des einheimischen Elements in den Provinzen, durch die starke Bevölkerungsvermischung und durch das längst üblich gewordene Aufsteigen von Familien in den Provinzen in die höchsten Würden hatte sich in Verbindung mit dem Absinken Italiens das ursprünglich große Gefälle zwischen Mutterland und Provinzen mehr oder minder ausgeglichen. Damit war den Provinzen im ganzen Reichsgefüge mehr Bedeutung und mehr Gewicht zugekommen. Diese Veränderungen zeigen sich u. a. auch darin, daß schon Septimius Severus die Legionskommandanten nicht mehr ausschließlich aus dem senatorischen Adel, sondern vermehrt aus dem Ritterstand ernannte; es steht jetzt nicht mehr immer ein *legatus*, sondern mitunter ein *praefectus legionis* bzw. *praeses provinciae* an der Spitze. Der Erlaß der *Constitutio Antoniniana*, durch die allen freien Reichsangehörigen das römische Bürgerrecht verliehen wurde, 212 durch Caracalla, stellte somit keinen revolutionären Akt, sondern lediglich die staatliche Anerkennung einer vollzogenen Entwicklung dar.

Durch die Heirat des Septimius Severus mit Iulia Domna aus der syrischen Priester-Fürsten-Familie von *Emesa* war diese Familie zu großem Einfluß gelangt. Ein naher Verwandter der Iulia Domna, vielleicht sogar ein Bruder oder Vetter, C. Iulius Avitus Alexianus[190], bekleidete irgendwann in den Jahren 204 bis 207 das Statthalteramt in Raetien. Hier hatte er in Augsburg, wahrscheinlich vor dem lokalen Capitolium, dem *Deus Sol Elagabalus*, dem örtlichen Sonnengott seiner Heimat, an repräsentativer Stelle einen Altar errichtet, von dem Teile erst kürzlich gefunden wurden, Abb. 136 ein Zeichen, wie durch den wachsenden Einfluß der orientalischen Familien die Verbreitung der östlichen Kulte im Westen gefördert wurde. Sonst wissen wir von der Tätigkeit des Alexianus in Raetien nichts. Er war 208 *consul suffectus* und begleitete dann 209/211 als *comes* den Septimius Severus in den Britannischen Feldzug. Auch in den Jahren 213—215 war er als *comes* im Stab Caracallas bei Feldzügen; es dürfte sich aber eher um den Krieg gegen die Parther als um den geschilderten Alamannenfeldzug gehandelt haben. Unter der Regierung seines Großneffen Elagabal (218—222), der den Versuch unternahm, die Verehrung des *Sol Elagabalus* zur beherrschenden Staatsreligion zu machen, bekleidete Alexianus wichtige, allerdings nicht zu einflußreiche Staatsämter. Der einzige aus der Zeit Elagabals bekannte kaiserliche Legat in Raetien, Dionysius, stammte wiederum aus dem Orient; dies bestätigt den damaligen bestimmenden Einfluß des Ostens. Dionysius widmete dem Apollo Grannus in Faimingen für das Wohl des Kaisers *Marcus Aurelius Antoninus*, wie Elagabal wirklich hieß, einen Weihestein, wohl im Zusammenhang mit einer Erkrankung des Kaisers.

Unter der Herrschaft des Severus Alexander (222—235), des letzten Kaisers aus jener syrischen Familie, sind es zunächst die Ereignisse im Orient, die die Reichspolitik bestimmen. Die Lage vor der raetisch-obergermanischen Grenze blieb immer noch ruhig, wahrscheinlich als Erfolg der Maßnahmen Caracallas. Im Osten war die Macht der Parther, des alten Gegners Roms, allmählich zurückgegangen; verschiedene Unterkönige konnten ihre Bedeutung bis zu praktischer Selbständigkeit vergrößern. Einer dieser Unterkönige in der Landschaft Persis, Ardeschir I. Babekan aus der Dynastie der Sassaniden[191], hatte die meisten seiner Kollegen beseitigt, sich 224 zum Großkönig erklärt und 226 durch den Sieg über den letzten Arsakidenkönig Artaban V. wieder ein zentral gelenktes großes Reich geschaffen. Gleichzeitig erneuerte er die alten persischen Traditionen und erhob in diesem Sinne Anspruch auf das ganze Gebiet des ehemaligen Perserreiches bis zum Hellespont. Dadurch kam Ardeschir sofort in scharfen Gegensatz zum Römischen Reich, was ernste kriegerische Auseinandersetzungen zur Folge hatte. Für Rom schien ein energisches Eingreifen geboten. Severus Alexander zog ein Heer zusammen und brach 231 zu einem Feldzug in den Orient auf. Ohne die Gruppen des Heeres im einzelnen genau zu kennen, wissen wir doch, daß die Truppen an Rhein und Donau hierzu erhebliche Kontingente zu stellen hatten; so war z. B. die 30. Legion aus Xanten an diesem Orientfeldzug beteiligt. Der Kaiser konnte mit seinem Heer in Persien und Armenien erfolgreich sein und die Reichsgrenzen behaupten.

Während sich der Kaiser und sein Heer noch in Antiochia von den Strapazen des Feldzuges erholten, brachen die Alamannen mit großer Wucht erstmals über die geschwächte Limesgrenze herein. Die weiteren Vorgänge können wir nicht besser schildern, als es der zeitgenössische Geschichtsschreiber Herodian getan hat: »Da ängstigten ihn« (den Kaiser) »plötzlich Botschaften und Briefe und versetzten ihn in noch größere Sorge. Denn es schrieben ihm die Männer, denen die Regierung von Illyricum anvertraut war: ›Die Germanen überschreiten Rhein und Donau, verheeren das römische Gebiet und greifen die an den Stromufern stationierten Truppen wie auch Städte und Dörfer mit großer Streitmacht an. Die Völker Illyricums, deren Gebiet an Italien grenzt, sind daher in nicht geringer Gefahr. Darum ist deine persönliche Anwesenheit erforderlich mitsamt dem Heer . . .‹ Diese Nachrichten beunruhigten Alexander, drückten aber auch die aus Illyricum stammenden Soldaten des Heeres nieder, da sie glaubten, ein doppeltes Unglück erlitten zu haben: sie dachten an ihre Leiden im Perserkriege, und nun kamen die Nachrichten vom Tode ihrer Angehörigen durch die Hand der Germanen. Sie murrten daher und schimpften auf Alexander, der . . . angesichts der Gefahr im Norden zauderte und zögerte. Es hatten aber auch Alexander selbst und seine Freunde jetzt wirklich Angst um Italien selbst. Denn sie achteten die persische Gefahr für nicht halb so groß wie die von seiten der Germanen.« Soweit Herodian.

Die archäologischen Befunde bestätigen und ergänzen diesen Bericht in außerordentlich treffender Weise, ja sie geben geradezu ideale Gelegenheit, diese Nachrichten durch die Befunde aus dem Boden zu verdeutlichen und Umfang und Gefahrenzonen dieses Alamanneneinfalls zu erkennen. Wir können in diesem Fall, da wir historische und archäologische Nachweise besitzen, einmal sehen, wie sich echte und große Katastrophen archäologisch niedergeschlagen haben, und werden dadurch gewarnt, bei der Interpretation vereinzelter Brandschuttschichten oder isolierter Schatzfunde sofort an größere kriegerische Ereignisse zu denken.

Daß es gleich beim ersten großen Alamannensturm 233 (und dann auch bei späteren, ähnlichen Einfällen) zu einer solchen Katastrophe kommen konnte, lag im System der römischen Grenzverteidigung begründet, das der veränderten weltpolitischen Situation nicht mehr entsprach. Hatte das in den Grundzügen unter Domitian konzipierte System einer linearen Grenzverteidigung im Zenit der römischen Macht und gegenüber schwächeren Gegnern genügt, dem Reich die *Pax Romana* (den römischen Frieden) zu sichern, so konnte es bei einer Verschiebung der Kräfteverhältnisse nicht mehr ausreichen. Im 3. Jahrhundert ging nun das Imperium politisch, wirtschaftlich, ethnisch und in vieler anderer Hinsicht einer gewaltigen Krise entgegen, während jenseits der Grenzen durch die Zuwanderung germanischer Völker starke Kräftekonzentrationen entstanden.

Ich glaube, daß man zur Zeit des Caracalla diese Lage schon erkannt hatte und dies beim Feldzug des Jahres 213 eine Rolle spielte. Noch lange versuchte man mit der Strategie, im Gefahrenfall durch eigens zusammengezogene Feldheere das Vorfeld bedrohter Grenzen zu säubern, der veränderten Lage gerecht zu werden, ohne daß man sich zu einer grundlegend neuen Konzeption entschließen konnte. Für solche Unternehmungen stand aber keine mobile Heeresreserve zur Verfügung; aus den ohnedies zu schwachen Grenzbesatzungen mußten für die Aufstellung von Eingreiftruppen Teile (Vexillationen) abgezogen werden, was viel Zeit brauchte und die Grenzverteidigung noch mehr schwächte. Diese Verminderung der Verteidigungskraft blieb natürlich den Gegnern nicht verborgen, und so standen im 3. Jahrhundert im weiten Römischen Reich die großen Kämpfe und Kriege in einem ursächlichen inneren Zusammenhang. Auch der große Alamannensturm von 233 ist im Zusammenhang mit dem vorhergehenden Perserkrieg des Severus Alexander zu sehen, für den man aus den hiesigen Grenzabschnitten Teile der Formationen abgezogen hatte.

Der alamannische Überfall von 233 hat die Grenzverteidigung des raetischen Limes nördlich der Donau völlig überraschend getroffen. Wie plötzlich und unerwartet der Angriff erfolgte, dafür lieferten die Ausgrabungen am Kastell Pfünz einen immer wieder zitierten, besonders bezeichnenden Hinweis[192]. Die Wachen des Tores an der Südseite, die am leichtesten zugänglich und infolgedessen das Ziel des ersten Angriffs war, hatten keine Gelegenheit mehr, die abgestellten Schilde zu ergreifen; noch bei der Ausgrabung lagen die Überreste der Schilde dort. Die Skelette der Wachen im Südostturm fanden sich noch da, wo sie der Feind überrascht und erschlagen hatte. Verschiedentlich kamen Skelette von Erschlagenen und überall massenhafter Brandschutt zutage und zeugten von Tod und Untergang. Eine eigene Episode aus dieser Katastrophennacht in Pfünz erzählt der Schatz aus dem Dolichenus-Tempel vor dem Kastell. Diesen Schatz von rund 100 Denaren hatte einer, vielleicht der Priester, während des Überfalls aus seinem versteckten Aufbewahrungsort geholt, um damit zu flüchten. Nur wenige Meter weit war er gekommen und dann samt seinem Schatz im brennenden Inferno geblieben. Die jüngste, durch den Umlauf überhaupt noch nicht abgegriffene Münze dieses Schatzfundes war in Rom 232 geprägt worden und liefert uns so den exakten Nachweis, daß Kastell, Tempel und Lagerdorf in ebenjenem Alamanneneinfall von 233 untergegangen sind. Da der Brandschutt dieser Katastrophe die römischen Schichten nach oben abschloß, wissen wir, daß damals das römische Pfünz sein endgültiges Ende fand.

In jenen Tagen sind noch andere Kastelle vernichtet worden oder haben zumindest schweren Schaden gelitten. Für Dambach weiter im Westen belegt ein kleiner Münzschatz, das Abbrechen der Münzreihe[193] und ein Depotfund von Bronzegefäßen[194] die Zerstörung in dieser Katastrophe. An der Nahtstelle zum obergermanischen Limes erschien der Feind ebenfalls mit Übermacht, wie wir aus einem großen Münzschatz bei den Kastellen von Welzheim[195] ersehen können. Zur gleichen Zeit kamen am Ostende des raetischen Limes bei den Kastellen Pförring und Eining[196] Münzfunde in den Boden. 233 war für Regensburg und seine Bewohner ein hartes Jahr, wurden doch die Gutshöfe von Burgweinting und an der Kumpfmühler Straße ebenso wie der Merkurtempel auf dem Ziegetsdor-

fer Berg zerstört und die ganze Umgebung verwüstet. Ja selbst die Legionsfestung *Castra Regina* wurde erheblich in Mitleidenschaft gezogen. Beim
Abb. 137 Neubau des bombenbeschädigten Hauses Frauenbergl 4 stieß man Anfang der fünfziger Jahre auf Säulenstümpfe des großen Portikus an der ehemaligen *via praetoria*. Die Fundamentquader dieser Säulen standen unmittelbar über den Säulenstümpfen des älteren, ersten Portikus. Eine durchgehende mächtige Schicht von Brandschutt zeigte an, daß der ältere Portikus bei einer Feuersbrunst zugrunde gegangen war. Glücklicherweise gaben uns zwei Münzen von Severus Alexander aus dieser Schicht den Zeitpunkt[197] exakt an.

Das nächste Kastell ostwärts an der Donau, Straubing, fiel ebenfalls 233 den Alamannen zum Opfer, wie die Bearbeitung der Funde und Befunde
Abb. 138 durch N. Walke[198] ergeben hat. Ein unweit davon in Kirchmatting[199] gefundener Münzschatz von 1169 Denaren bestätigt dies. Höchstwahrscheinlich ist auch der große Schatzfund von Straubing damals verborgen worden[200]. Bei Neubauten auf dem Gelände der *Villa rustica* an der Stadtgrenze gegen Alburg stieß man im Oktober 1950 auf einen umgestülpten 42 cm hohen und 72 cm weiten Kupferkessel, unter dem eine Menge Bronzegegenstände geborgen und um den eine Anzahl eiserner Geräte niedergelegt waren. Dieser im ganzen Römischen Reich einmalige Fund enthielt 7 Masken von bronzenen, ehemals vergoldeten Gesichtshelmen,
Abb. 139, 140 davon 4 vom hellenistischen und 3 vom orientalischen Typ, eine eiserne Hinterkopfhälfte zu diesen Helmen, 5 reichverzierte Beinschienen mit
Abb. 76, 141, 142 Knieschutz, 8 kunstvoll gearbeitete Kopfschutzplatten für Pferde, 7 Götterfiguren aus Bronze und noch kleinere Bronzebeschläge, -sockel u. a. Die eisernen Gegenstände stellen ein buntes Gemisch von Waffen, Werkzeugen, Geräten und Beschlägen dar; erwähnt seien ein Langschwert, ein Dolch, 3 Lanzenspitzen, eine Baumsäge von 69,2 cm Länge, weitere Sägeblätter, ein Hobeleisen, eine Kelle, eine Sense, eine Trense, 7 Hufschuhe für Pferde, ein Pferdekamm, eine Fessel mit Schloß, Schlüssel und Haken Brechstangen und allerlei Kleingerät bis zum Nagel herunter. Gerade diese vielfältige Zusammensetzung hat den Gedanken nahegelegt, daß unter Ausnutzung der allgemeinen Verwirrung ein Plünderer sich aus der Waffenkammer des Kastells, aus einem kleinen Heiligtum und von anderen Orten das Ganze zusammengetragen hatte. Dabei war er weder vor den Gesichtsmasken für die militärischen Reiterspiele noch vor den Figuren der gütigen Hausgötter oder der des Kriegsgottes Mars zurückgeschreckt. So verließen ihn dann auch bald mit seiner schweren Last die Götter und die Kräfte, und er verscharrte hastig seine Beute in der trügerischen Hoffnung, den Germanen entkommen und später seinen Schatz holen zu können.

Die Funde führen uns recht anschaulich vor Augen, daß es den andringenden Alamannenscharen an verschiedenen Abschnitten gelungen ist, den Limes zu durchbrechen und die Verteidigungsanlagen auszuschalten. Und genauso geben uns die verborgenen Schätze kund, in welche Richtung der Hauptstoß erfolgte und wie weit sich Angst und Schrecken verbreiteten. Von den über 20 Münzfunden aus Bayern, die sicher oder wahrscheinlich 233 verborgen wurden und die noch durch rund ein Dutzend aus Baden-

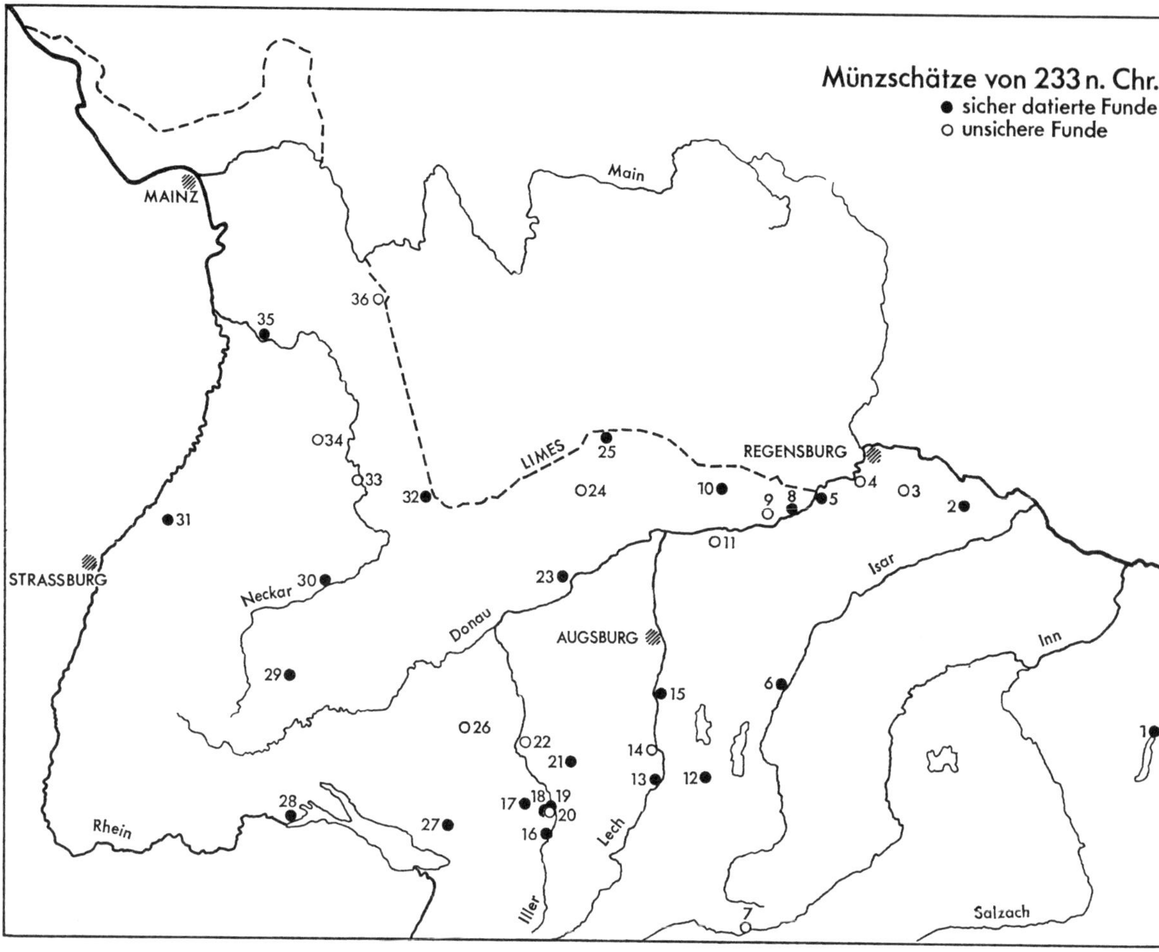

Württemberg ergänzt werden, stammen allein 12 aus der näheren und weiteren Umgebung von Kempten. Die hauptsächliche Richtung der feindlichen Plünderungen zielte also in diese Gegend und von dort auf die Verbindungen nach dem Süden; die Alamannen scheinen damals noch nicht tief in die Alpen eingedrungen zu sein, da von dort bisher keine Münzschätze jener Zeit bekannt geworden sind. Die Kartierung der Münzschätze macht die auffallende Häufung im Allgäu besonders deutlich. Allein in der unmittelbaren Umgebung von Kempten fand man 4 zum Teil beachtliche Schätze, von denen der von Wiggensbach[201] der interessanteste ist. Er setzte sich zusammen aus 407 Silbermünzen, 2 goldenen Ohrgehängen, 2 filigranverzierten silbernen Scheibenfibeln, Emaillefibeln, Fingerringen, Halsketten u. a. Als die Katastrophe über Kempten hereinbrach, rafften ein Kemptener Bürger seine Barschaft und seine Frau ihren wertvollen Schmuck zusammen und flohen nach Westen in die Wälder. Aber schon nach 8 Kilometern, beim heutigen Wiggensbach, zweifelten sie so stark am Gelingen ihrer Flucht, daß sie ihre Habe dem Boden anvertrauten im Glauben, so eher das Leben retten zu können. Das gelang

Münzschätze aus dem Katastrophenjahr 233 n. Chr.
Fundorte: 1 Seewalchen am Attersee, 2 Kirchmatting bei Straubing, 3 Pfakofen, Ldkr. Regensburg (?), 4 Ringberg bei Saal, Ldkr. Kelheim, 5 Eining, Ldkr. Kelheim, 6 München-Harlaching, 7 Wilten/Innsbruck, 8 Pförring, Ldkr. Eichstätt, 9 Kösching, Ldkr. Eichstätt, 10 Pfünz, Ldkr. Eichstätt, 11 Grasheim, Ldkr. Neuburg a. D., 12 Marnbach, Ldkr. Weilheim, 13 Jagstberg bei Schongau, 14 Epfach bei Schongau, 15 Haltenberg, Ldkr. Landsberg, 16 Martinszell, Ldkr. Oberallgäu, 17 Wiggensbach, Ldkr. Oberallgäu, 18 Kempten, Spinnerei, 19 Kempten, Spickelstraße, 20 Kempten, Bühel, 21 Ronsberg,

ihnen nicht, so daß sie ihren Schatz nicht wieder heben konnten. Die Stadt Cambodunum selbst erlitt sehr starke Zerstörungen; alle öffentlichen Gebäude sanken in Schutt und Asche. Erst 1958 stieß man bei Bauarbeiten mitten im römischen Stadtgebiet auf einen Münzschatz[202] von 670 Denaren und Antoninianen, das Kapital eines Kempteners, das beim Brand seines Hauses verschüttet wurde.

Für die ungeschützten kleinen Siedlungen des offenen Landes waren die Auswirkungen des Alamanneneinfalls verheerend. Fast alle Villen und die meisten der dörflichen Ansiedlungen fanden damals ihr Ende. Unter den Funden aus vielen Villen sind Münzen von Severus Alexander die jüngsten. Selbst in Nassenfels stammen die letzten, sicher verbürgten Fundmünzen von diesem Kaiser. Die Münzschätze aus dem Jahr 233 streuen von der Mitte über den ganzen Westen Südbayerns, und in manchem isoliert gefundenen, wie z. B. in jenem von München-Harlaching, haben wir die Barschaft eines geflüchteten Gutsbesitzers zu sehen. Oft enthalten die Funde neben Münzen auch Schmuck, wie der von Wiggensbach
Abb. 144, 145 oder jener von Rembrechts[203], Kr. Tettnang, oder der Fund von Eining I und der Schatz von Seewalchen am Attersee[204] als östlichster dieser Zeit. Wohl die meisten der nicht näher datierbaren Sachfunde aus dem zweiten Drittel des 3. Jahrhunderts gehören in diesen Horizont. Dies gilt besonders für die vier Sammelfunde aus dem Ringwall von Manching. Einer von
Abb. 143 diesen ist der größte Schatz von Silbergeschirr[205] aus Bayern und enthält einen großen Teller, ein Tablett, eine Kasserolle, zwei Becher und drei Löffel. Eine noch nicht voll gedeutete Inschrift auf der Kasserolle dieses Fundes läßt vermuten, daß es sich hier um das silberne Tempelgeschirr eines Heiligtums beim Kastell *Keleusum* (Pförring) gehandelt hat, mit dem der Priester in seiner Not hinter den Wällen des im unwegsamen Moor liegenden früheren keltischen Oppidum vergeblich Schutz suchte.
Abb. 146 Militärischen Ursprungs war genauso der zweite, ein Bronzefund mit Geschirr, Rüstungsteilen und Eisengerät.

Nicht berührt hat der Alamanneneinfall von 233 den Osten des bayerischen Voralpenlandes und die Provinzhauptstadt Augsburg. Erst 1961 wurde bei Bauarbeiten am Realgymnasium »an der blauen Kappe« das gut ausgestattete Brandgrab eines Mädchens aufgedeckt[206]. Die Bestattung ist durch Münzen in die Jahre 245/250 datiert. Solange eine so reiche Grablegung vor der Stadtmauer Augsburgs möglich war, muß das wirtschaftliche und gesellschaftliche Leben der Stadt noch in Ordnung gewesen sein. Dasselbe gilt auch für die weitere Umgebung von Augsburg, denn das reiche Arztgrab aus dem Friedhof der *Villa rustica* von Wehringen ist durch Münzbeigaben in die Zeit Gordian III. datiert.

Geringer, aber doch immerhin wesentlich sind die Spuren dieser Kämpfe von 233 am obergermanischen Limes. Durch Grabungen ist die Zerstörung der Kastelle Holzhausen, Butzbach, Echzell und Altenstadt nachgewiesen. Ein Münzfund in Mainz selbst weist darauf hin, daß sogar in dieser großen Legionsfestung die Lage nicht mehr als sicher anzusehen war. Von den Kastellen könnte außer Welzheim nur das Westkastell von Öhringen einen unsicheren Münzschatz, der auf feindliche Überfälle im Jahre 233 zu beziehen ist, andeuten. Nachdem nun im Westkastell eine Inschrift von

Ldkr. Ostallgäu, 22 Buxheim, Ldkr. Unterallgäu, 23 Gundelfingen, Ldkr. Dillingen a. D., 24 Nördlingen, 25 Dambach, Ldkr. Ansbach, 26 Eberhardzell-Bestlishof, Kr. Biberach, 27 Rembrechts, Gde. Haslach, Kr. Tettnang, 28 Schrotzburg, Kr. Konstanz, 29 Unterdigisheim, Kr. Balingen, 30 Einsiedeln, Kr. Tübingen, 31 Baden-Baden, Kr. Rastatt, 32 Welzheim, Kr. Waiblingen, 33 Benningen, Kr. Ludwigsburg, 34 Güglingen, Kr. Heilbronn, 35 Heidelberg-Neuenheim, 36 Walldürn, Kr. Buchen.

231 die Erneuerung der Wasserleitung vermeldet und dieselbe Wasserleitung 241 wiederhergestellt werden mußte, sind Zerstörungen in den Jahren dazwischen (also um 233) ziemlich sicher.
Noch in diesen Jahren unter Severus Alexander liegen mit großer Wahrscheinlichkeit die Anfänge zweier Maßnahmen, die dann am Ende des Jahrhunderts allgemein durchgeführt wurden. Damals scheint man mit der Schaffung der sog. *milites limitanei* bzw. *ripenses* begonnen zu haben, d. h. man hat Soldaten bei den Grenzkastellen fest angesiedelt, ihnen Ländereien zugewiesen und sie verpflichtet, diese zu bebauen und zu beschützen. Ja selbst auf die Nachkommen konnten diese Felder vererbt werden, wenn diese dieselbe Verpflichtung übernahmen, wie uns die Historia Augusta vermeldet. Damit entfiel die Soldzahlung in der bisherigen Höhe, wodurch sich der Zustrom neuer Münzen zumindest verringerte. Diese Veränderung, deren Umfang und Ausmaß wir heute noch nicht annähernd abschätzen können, erschwert uns natürlich die Beurteilung des Münzumlaufs unter und nach Severus Alexander.

Neue Kämpfe

Der Kaiser Severus Alexander war mit dem Heer im Orient aufgebrochen und zog dem Feind entgegen. Auf seinem Zug zum Rhein hat er sich auch für einige Zeit in Regensburg aufgehalten. Eine große Marmortafel sagt uns heute noch, daß damals 57 Soldaten einer Verpflegungstruppe ihm zu Ehren für Mars und Victoria eine Weihegabe gestiftet haben. Dies deutet auf eine persönliche Anwesenheit des Kaisers hin. Bezeichnend für die Situation sind die verehrten Götter. Als Severus Alexander sein Heer zum Feldzug gegen den Feind in der Nähe von Mainz bereitgestellt hatte, wurde er von unzufriedenen Soldaten 235 ermordet. Der nach ihm zum Kaiser ausgerufene Maximinus Thrax drang bald siegreich nach Südosten ins Feindesland vor, scheint Nordbayern durchzogen zu haben und war bereits zum Winterbeginn 235 im unterpannonischen *Sirmium*. Seine Erfolge müssen nennenswert gewesen sein, denn er nahm daraufhin 236 den Titel *Germanicus Maximus* an, und die *Victoria Germanica* wurde in der Münzprägung gefeiert. Wiederherstellungsarbeiten an zerstörten Kastellen haben unverzüglich eingesetzt. Es existiert eine Bauinschrift von 237 aus dem Kastell Öhringen-Ost; der Grabungsbefund beweist einen Wiederaufbau in den Kastellen auf dem Feldberg, Saalburg, Kapersburg, Butzbach und Echzell. Eine Inschrift der 9. berittenen doppelten Batavercohorte in Weißenburg ist vermutlich so zu deuten, daß diese Truppe, die in Passau abseits der Kämpfe gelegen hatte, am Limes bei Wiederaufbauarbeiten eingesetzt war[207].
Abb. 147
Trotzdem reichte die militärische Kraft nicht mehr aus, alle Kastelle wiederherzustellen; Holzhausen am obergermanischen und Pfünz am raetischen Limes und sicherlich noch eine Reihe weiterer blieben hinfort unbesetzte Ruinen. Die für Truppenbewegungen und Nachschub so wichtigen Straßen und Brücken wurden z. T. wieder instand gesetzt, wie uns erhaltene Meilensteine berichten. Im zivilen Bereich ging alles dies

natürlich viel langsamer vor sich. Die Anzeichen eines Wiederaufbaus von Wohnhäusern in Kempten sind sehr bescheiden und behelfsmäßig.
Von der Basis *Sirmium* aus führte Maximinus Thrax erfolgreich Unternehmungen gegen Sarmaten und Jazygen, die ihm die Ehrentitel *Sarmaticus* und *Dacicus* einbrachten. Da erhoben sich 238 zuerst in Afrika, dann in Rom selbst Gegenkaiser, die die Unterstützung des Senats hatten. Maximinus marschierte mit dem Heer nach Italien und wurde bei der Belagerung von Aquileia von seinen Soldaten erschlagen. Nachdem auch die beiden Augusti Balbinus und Pupienus in Rom den Tod fanden, konnte sich Gordian III. im ganzen Reich als Kaiser durchsetzen. Diese Kämpfe banden die römische Heereskraft; die Barbaren jenseits der Grenze nutzten die Situation diesmal wieder aus. An der unteren Donau überschritten die Goten den Grenzfluß, weiter im Westen drohten die unruhigen Karpen. So wäre es gut denkbar, daß die Alamannen ebenfalls die Schwäche der Verteidigung genutzt hätten. Nachdem nun aus Raetien, Noricum und Obergermanien einige Münzschätze vorliegen, deren letzte bekannte Münzen etwa 236 geprägt wurden (Salzburg-Mitterbacherbogen, Niederaschau, Langengeisling, Eining II, Fridingen bei Tuttlingen und Osterfingen bei Schaffhausen), meinte ich ursprünglich, für 236 oder bald danach einen neuen Überfall annehmen zu können[208]. Nun ist es immer etwas gewagt, aus den Schlußmünzen von Schatzfunden allzu präzis ein historisches Ereignis zu erschließen, wenn dieses nicht zusätzlich durch antike Nachrichten oder andere Quellen und Befunde bezeugt ist. Wir müssen ja damit rechnen, daß durch das Spiel des Zufalls gerade Münzen aus den allerletzten Jahren vor der Vergrabung nicht mehr in den Bestand hineingekommen sind. So schließen z. B. Schatzfunde aus dem Horizont von 233 schon mit Münzen von 229, 230 oder 231, ohne daß wir deshalb berechtigt wären, für diese Jahre Überfälle zu vermuten. Deshalb scheint mir heute bei der Annahme eines alamannischen Eindringens in der 2. Hälfte der dreißiger Jahre so lange Zurückhaltung geboten, bis neue archäologische Beobachtungen hier mehr Klarheit bringen.

Abb. 144

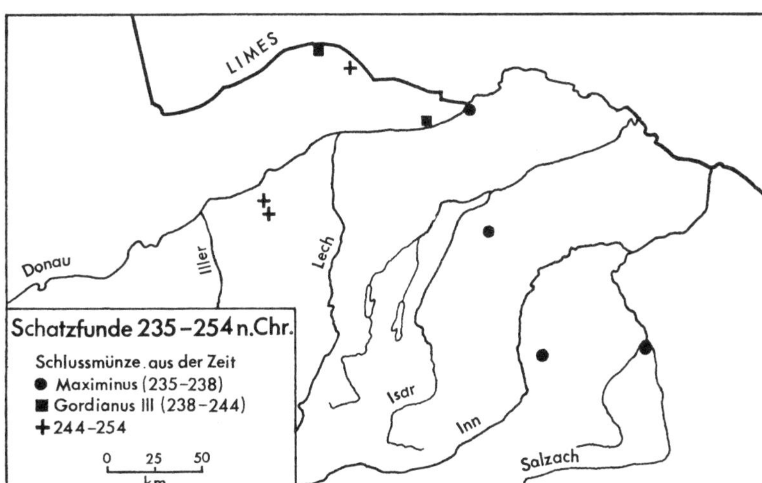

Karte der Münzschätze 236 bis 254 n. Chr. Fundorte: Eining, Langengeisling, Niederaschau und Salzburg. — Gunzenhausen und Kösching. — Burgau, Scheppach und Weißenburg i. B.

Im Orient trieben in diesen Jahren die Auseinandersetzungen mit dem Sassanidenreich einem neuen Höhepunkt zu. Dort war im September 241 Schapur I. zur Herrschaft gelangt und hatte sogleich ganz Mesopotamien erobert. Gordian III. sah sich genötigt, mit einem Heer gegen die Perser zu ziehen; bei seinem Durchmarsch wurde er 242 in Moesien und Thrakien in Kämpfe gegen eingedrungene Germanen verwickelt. Während dann die römischen Streitkräfte in Mesopotamien gebunden waren, fielen die Alamannen von neuem über den Limes nach Raetien ein. Je ein Münzschatz aus Gunzenhausen und Kösching schließt mit Prägungen aus dem Jahr 241 bzw. sogar 240 (nach K. Pink) und bezeugt das Ende der beiden dortigen Kastelle. Bei Ausgrabungen in der Siedlung bei Pokking konnten wir eine abschließende Brandschicht beobachten, die als spätesten Fund einen kaum umgelaufenen Antoninian von 241/243 bzw. 240 enthielt. Bald danach war das Dorf zerstört worden, abgebrannt und nicht wieder erstanden. Einen weiteren Hinweis auf diesen von mir erschlossenen Alamanneneinfall um 242 erbrachte die archäologische Erforschung des Kastells Künzing. Hier war in der Nähe des großen Waffenfundes vom Untergang der Anlage ein fast stempelfrisches As des Gordian III. ans Licht gekommen[209], das nach Meinung englischer Numismatiker 243/244[210], nach K. Pink 242 geprägt wurde[211]. Nachdem nun die mittelkaiserzeitliche Münzreihe der Siedlungen von Seebruck *(Bedaium)* und der Villa bei Erlstätt in der Nähe von Traunstein mit Maximinus Thrax endet, möchte ich vermutungsweise die nahegelegenen Münzschätze bis Maximinus Thrax zunächst einmal auf denselben Einfall zurückführen, zumal z. B. bei dem späteren Fund von Kösching nach dem genannten Kaiser nur noch ein Stück Gordians enthalten war.

Abb. 54

Abb. 54

Abb. 113

Die Epigraphik liefert uns schließlich einen weiteren Hinweis auf diesen Alamanneneinfall und sein Ausmaß. Im Chiemgau gibt es ab der Mitte des 2. Jahrhunderts eine ganze Anzahl gut datierter Weihesteine. Diese Weihungen gingen im 3. Jahrhundert weiter; wir kennen Steine von 219, 225, 226, 229, 237 und 241 n. Chr. Damit endet nicht nur diese Reihe, sondern die Weiheinschriften hören im Chiemgau für das 3. Jahrhundert überhaupt auf. Tiefgreifende Störungen und Verheerungen haben es den Leuten unmöglich gemacht, ihre bisherigen Bräuche weiter zu pflegen. Alles deutet somit darauf hin, daß während der Perserkriege unter Gordian III. von neuem ein Alamanneneinfall über das Voralpenland hinweggegangen ist, der wiederum für eine Anzahl von Kastellen das Ende gebracht und diesmal besonders den Osten Bayerns heimgesucht hat. Damals sah sich der *Praefectus Praetorio* Timesitheus veranlaßt anzuordnen, daß alle Städte in der Nähe der Grenze *(civitates limitanei)* je nach ihrer Größe mit Lebensmitteln für 14 Tage bis 2 Monate versehen sein müssen, um notfalls Truppen und den Kaiser selbst aufnehmen zu können, aber sicherlich auch, um für Belagerungen gerüstet zu sein.

Die Lage des Reiches wurde immer schwieriger; an allen Grenzen hatte man sich gegen mächtige Feinde zu wehren, an Rhein und Donau gegen germanische Völkergruppen, im Orient gegen die Perser, und sogar in Afrika machten kriegerische Wüstenstämme zu schaffen[212]. Gleichzeitig erschöpften sich die Kräfte in Bürgerkriegen, in denen die von verschiede-

129 *Scheibenfibelpaar aus einem Frauengrab von Regensburg-Prüfening mit den Porträts des Ehepaares in getriebenem Bronzeblech. Dm. 2,2 cm.*

130 *Bronzene Zwiebelknopffibel des 4. Jh. mit der eingelegten Silberinschrift VIVAS AMICa aus Regensburg. L. 6,8 cm.*

131 *Beschlagscheibe mit geflügeltem Eroten auf Phallus aus Seebruck. Dm. 5,7 cm.*

132 *Bronzefingerring aus Regensburg mit der eingelegten Inschrift DA DO / VITA / AMICA.*

133 *Phallischer Anhänger mit fica und lunula vom Auerberg bei Schongau. Verkleinert.*

134 *Goldfingerring mit 2 verschlungenen Händen von Meinheim, Ldkr. Weißenburg-Gunzenhausen.*

135 *Phallischer Bronzeanhänger von Eining. Br. 3,3 cm.*

129

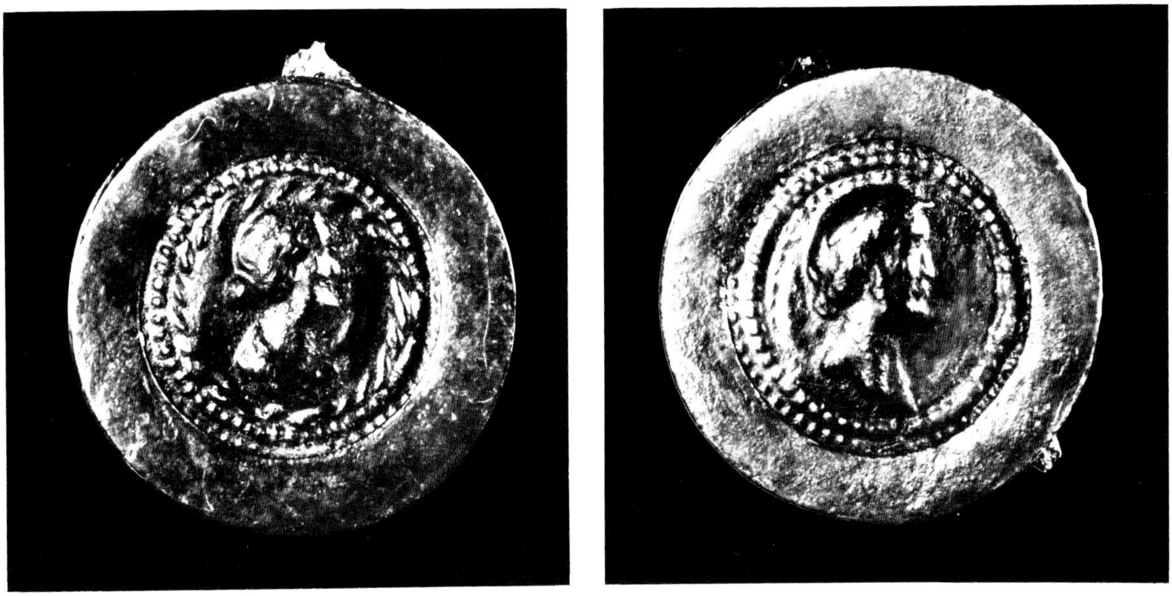

130

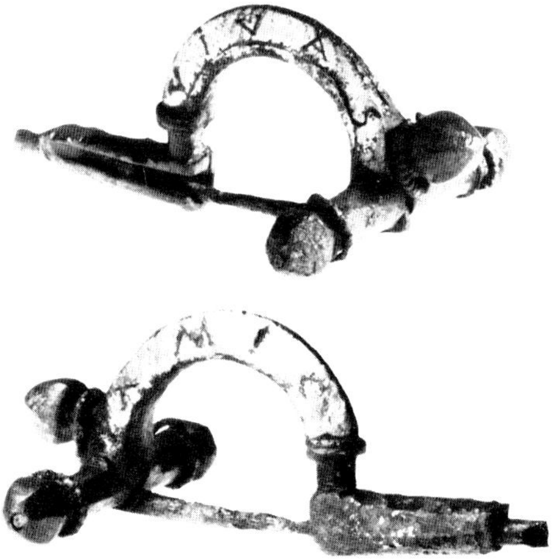

131

132

133

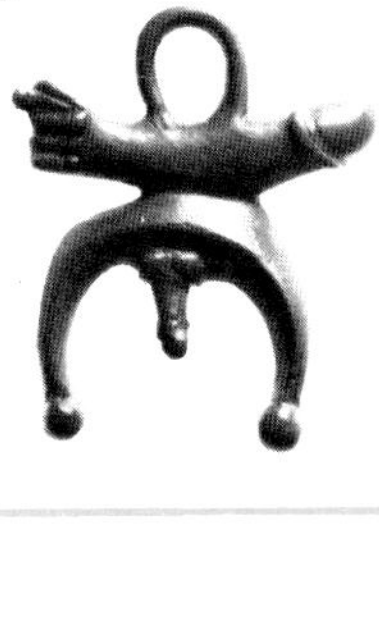

134

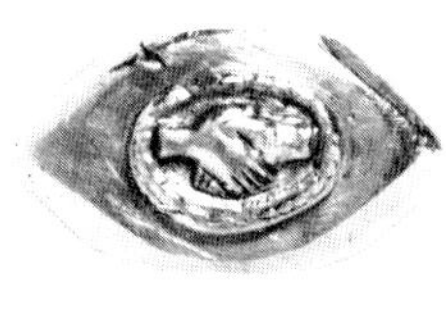

135

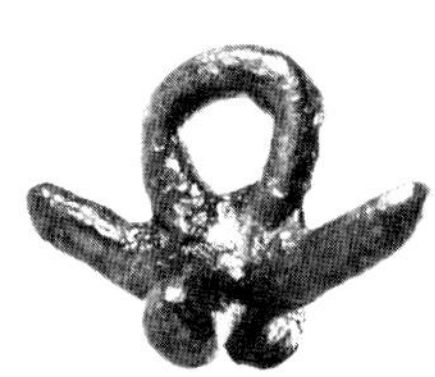

138

137

136

136 *Weihealtar an Sol Elagabalus, gestiftet 204/207 n. Chr. vom raetischen Statthalter C. Julius Avitus Alexianus. H. ca. 105 cm.* — **137** *Zwei Säulenstümpfe von einem Portikus, aufgedeckt beim Neubau Regensburg, Frauenbergl 4.* — **138** *Denarschatz von Kirchmatting, Ldkr. Straubing, mit Fundgefäß, Schlußmünze 231 n. Chr.* — **139 - 142** *Schatzfund von Straubing:* **139** *Maske eines Gesichtshelms von orientalischem Typ,* **140** *Maske und Hinterkopf eines Gesichtshelms von hellenistischem Typ,* **141** *Adler von Kopfschutzplatte für Pferde (vergrößert),* **142** *Gorgonenhaupt als Augenschutzkorb von Kopfschutzplatte für Pferde (vergrößert).*

139

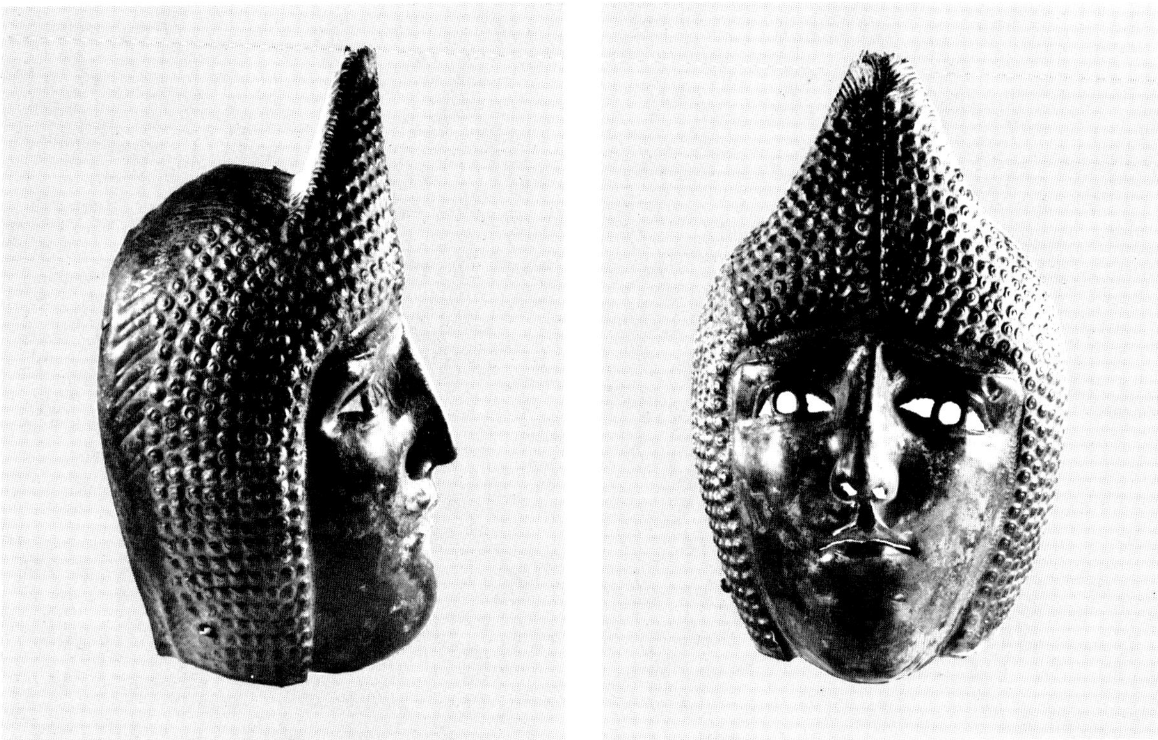

140

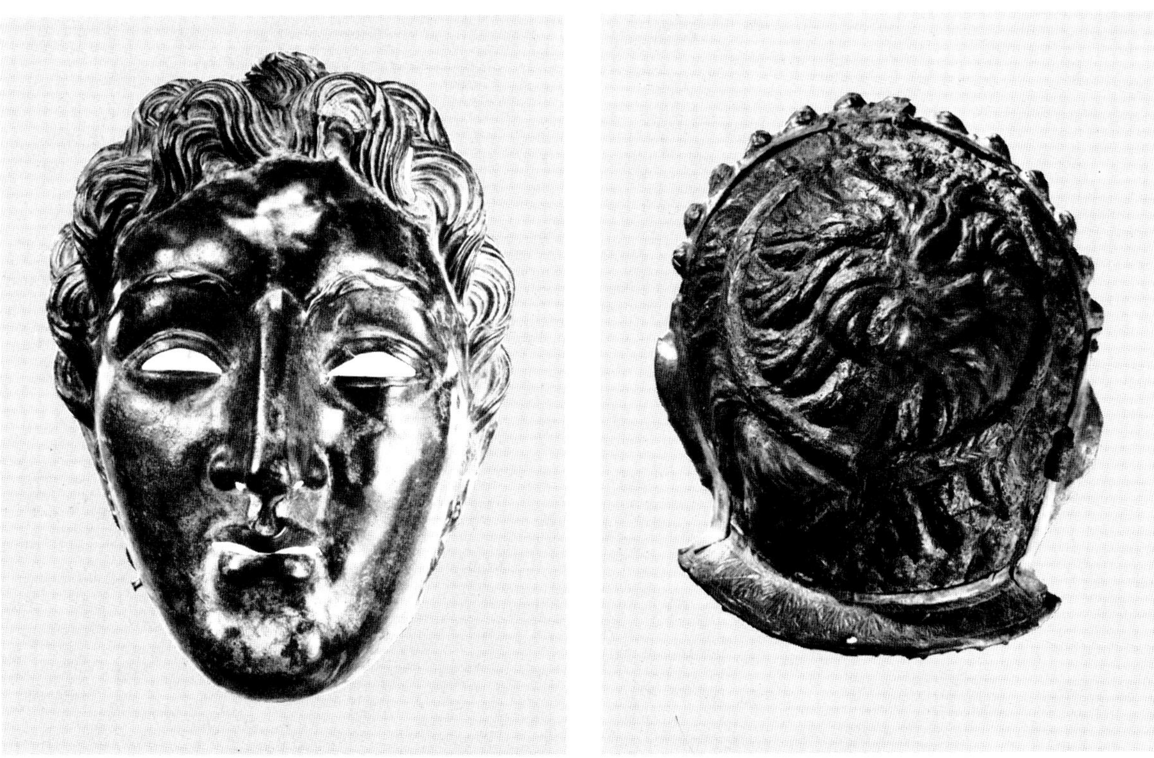

141

143

144

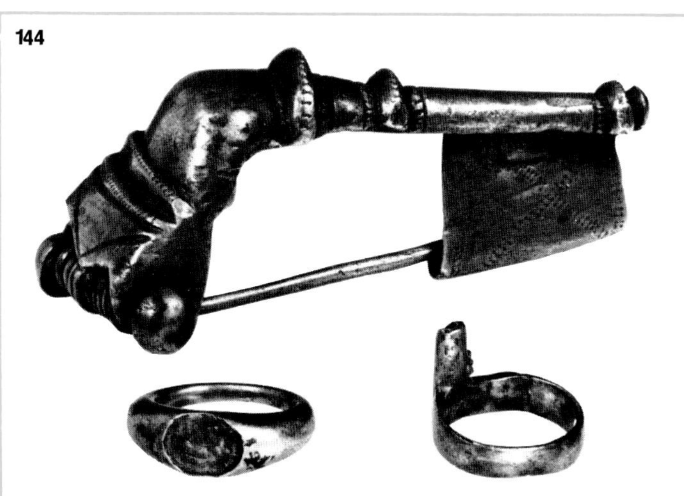

145

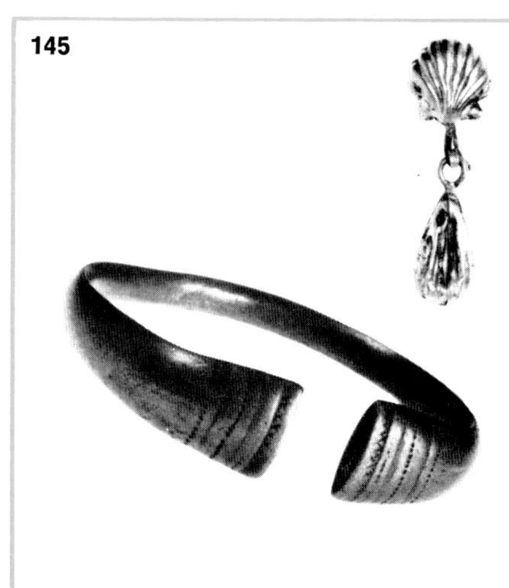

148

147

149

150

151

152

143 *Silberschatz aus dem Ringwall von Manching. M. ungefähr 1 : 4.*
144 *Silberfibel (L. 9,2 cm) aus dem Münzschatz von Niederaschau, 2 Silberringe aus dem von Eining I.*
145 *Silberarmreif (Dm. 7 cm) aus dem Münzschatz von Marnbach (Schlußmünze nach 231 n. Chr.), goldenes Ohrgehänge aus dem von Eining I.*
146 *Panzerbeschläge aus dem Bronzedepot im Ringwall von Manching; Büsten oben Jupiter, unten Mars (H. 14,7 cm) und Minerva.*
147 *Sesterz des Maximinus Thrax mit VICTORIA GERMANICA, gef. in Pocking Grube 5. 1/1.*
148 *Negative Gußformen aus Ton mit Eingußöffnung zur Herstellung von minderen Denaren. 1/1.*
149 *Barbarisierte und kleine Nachprägungen nach Antoninianen für Divus Claudius II. als Notgeld, aus dem Fund von der Insel Wörth.*
150 *Gegossene Limesfalsa aus der Gegend von Regensburg. 1/1.*
151 *Antoniniane des Gallienus mit Rückseite LEGio III ITALica VI bzw. VII Pia VI bzw. VII Fidelis. 1/1.*
152 *Antoniniane des Gallienus auf Germanensiege und rechts oben mit FIDES EXERCitus VIII. Vergrößert.*

nen Heeren ausgerufenen Kaiser alle paar Jahre wechselten. Die inneren und äußeren Kriege kosteten Geld, und die feindlichen Verheerungen und Plünderungen vernichteten den Wohlstand der Provinzen. Wirtschaftlicher Niedergang und Geldentwertung waren die Folge. Der gute Denar verschwand in der Prägung und aus dem Geldumlauf, während der Doppeldenar, der Antoninian, immer schlechter ausgebracht und in wenigen Jahrzehnten zur Kupfermünze wurde. Zu allem Unglück breitete sich um die Mitte des 3. Jahrhunderts im Reich eine pestartige Seuche aus und raffte Tausende dahin.

In diesen wirren Zeiten, da jeder in seinem Kampf ums Überleben auf sich gestellt und auf seinen engsten Lebensbereich angewiesen war, konnten sich, ausgehend von der Findigkeit einzelner, mehr oder weniger redliche Behelfe entwickeln, die aus der Not heraus sogar zu einer gewissen Duldung gelangten. Hierzu gehört die Falschmünzerei, die in der ersten Hälfte des 3. Jahrhunderts und nach 270 allerorten kräftig blühte. Gefälscht wurden in der ersten Zeitspanne sowohl Silber- wie Bronzemünzen. Häufig sind Gußformen aus gebranntem Ton[213] und sogar Blei, die man zu Rollen aneinanderfügte und in denen man Denare aus Zinn goß. In Augst und in Mainz z. B. kamen so viele Zeugnisse solcher Falschmünzertätigkeit heraus, daß dort sicherlich größere Werkstätten die Herstellung betrieben haben. Auch in Eining war in einem damals schon aufgelassenen alten Badegebäude ein solcher Fälscher am Werk. Eine tönerne Gußform von dort zeigt das Vorderseiten-Negativ eines Denars von Geta, das Rückseiten-Negativ eines der Iulia Domna. Die Münzen von Septimius Severus bis Elagabal dienten bevorzugt als Vorbild. Die Fälschertätigkeit war so verbreitet, daß wir in Anbetracht des durch die Ereignisse vielfach gestörten Münzzustroms hierfür behördliche Tolerierung und in den Falsifikaten eine Art Notgeld annehmen können.

Dies gilt genauso für die Kupfer- und Bronzemünzen. Hier schmolz man
Abb. 148
die alten schweren Stücke ein und stellte im Gußverfahren neue, zwar mit dem gleichen Durchmesser, aber wesentlich geringerem Gewicht her, so daß das neue Stück meist weniger als das halbe Nominalgewicht hatte. Eine bestimmte Gruppe dieser Gußmünzen, die wir wegen ihrer Verbreitung in den Kastellen des Limes als Limesfalsa bezeichnen, wird hauptsächlich
Abb. 150
in und um Regensburg und bei Eining gefunden, weshalb man die Tätigkeit einer solchen Falschmünzerei in Regensburg annehmen kann[214]. Als dann gegen Ende der Regierung des Gallienus der Antoninian zu einer reinen Kupfermünze herabgesunken war, hatten sich diese Arten von »Falschmünzerei« schon lange von selbst erledigt. Aus eigenen, flüchtig und ungekonnt geschnittenen Stempeln prägte man bei immer kleiner werdenden Schrötlingen jetzt »barbarisierte« Antoniniane nach, für die
Abb. 149
die Numismatik den bezeichnenden Ausdruck »Radiati-Minimi« gewählt hat. Ganz sicher aber handelt es sich bei diesen Münzen um behördlich ausgegebenes Notgeld[215].

Zu solch allgemeinen Zeiterscheinungen können wir weiter die Entwicklung der Sigillata-Industrie rechnen. Es sieht so aus, als ob die Sigillatatöpfereien von Westerndorf und Pfaffenhofen zunächst wegen Störungen in der Verbindung von Rheinzabern her einen Aufschwung genommen und ihre Lieferungen nach dem Osten vergrößert hätten. Bald jedoch begann man in verschiedenen Töpfereien, wie z. B. in Nassenfels und Pokking, mit primitiven Versuchen, selbst Sigillata herzustellen, was aber durch die Zerstörung der Orte ein rasches Ende fand. Interessant ist es, in einem Fall eine ganze Abfolge von solchen Töpfereibegründungen beobachten zu können[216]. Irgendwann nach dem Beginn des 3. Jahrhunderts fing in Kempten eine Sigillatatöpferei mit Westerndorfer Musterschatz zu arbeiten an. Der Betrieb dort bestand nicht lange, doch tauchten nun in der Schweiz, wohin normalerweise Westerndorfer Ware nicht gelangte, lokale Sigillata-Erzeugnisse mit ähnlichem Dekor, nur in einer stark degenerierten Abformung, Nachahmung und Ausführung auf. Diese Produktion zog sich demnach in ihren letzten Ausläufern um die Mitte des 3. Jahrhunderts aus dem unmittelbaren Vorland immer mehr in die Berge zurück, bevor sie ganz unterging. Ein beredtes Zeugnis der unsicheren Lage gibt auch die *Via Decia*[217], die Kaiser Decius 250 quer durch die Nordalpen von Bregenz zur Brennerstraße bei Wilten anlegen ließ. Sie stellt das Bemühen dar, für die bedrohten Voralpenstraßen einen sicheren Ersatz zu schaffen.

Raetien in Not

Das Jahr 253 brachte dem Reich wieder einmal drei Kaiser. Gegen Trebonianus Gallus, der versucht hatte, durch Zahlungen an die Goten Frieden zu erlangen, erhoben die Truppen den kampferprobten Statthalter von Pannonien, Aemilius Aemilianus, auf den Schild. Um sich gegen ihn behaupten zu können, beauftragte Gallus seinen Feldherrn P. Licinius Valerianus, aus den nördlichen Provinzen ein Heer zusammenzuziehen. Als dieses Heer, das vor allem aus Marschabteilungen der Formationen in den beiden Germanien, Raetien und Noricum bestand, in Raetien zu-

Verlauf der Via Decia (nach Knussert).

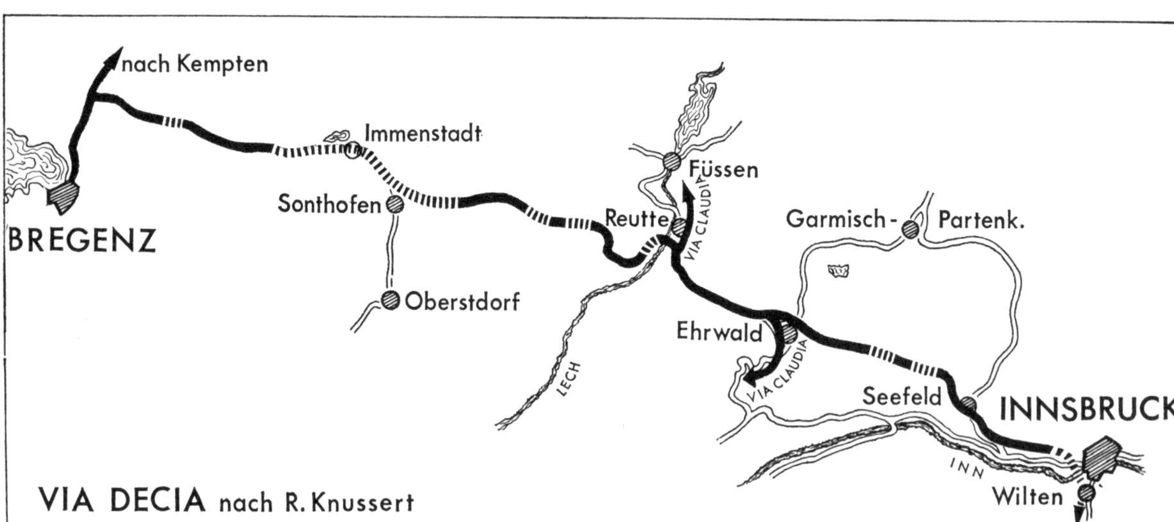

sammengekommen war und sich auf den Einsatz vorbereitete, riefen die Soldaten Valerian zu ihrem Kaiser aus. Zu großen Kämpfen kam es nicht, da die beiden Gegenkaiser ermordet wurden. Dennoch mußte Valerian mit dem ganzen Heer nach Rom marschieren, um sich die Herrschaft zu sichern.

Bald nach seinem Abzug, vermutlich im Frühjahr 254, fielen germanische Stämme über die geschwächte Grenzwehr her, durchbrachen sie und drangen tief nach Germanien und Gallien ein[218]. Nachdem schon in den Kämpfen der vorhergehenden Jahrzehnte verschiedene Kastelle am obergermanischen und raetischen Limes ausgefallen waren, gingen diesmal Verteidigungsanlagen in großer Zahl verloren. Von den Kastellen Zugmantel, Osterburken und Weißenburg in Bayern steht es durch Münzschätze fest. Es müssen aber noch wesentlich mehr Kastelle untergegangen sein, denn mit diesen Jahren hören die Inschriften im rechtsrheinischen Limesgebiet auf; die letzten Inschriften stammen aus Jagsthausen 247/249, Kapersburg 249/251, Stockstadt 249. Auch Meilensteine gibt es noch aus diesen Jahren: 249/251 Heidelberg, Ladenburg, Wiesbaden und Friedberg sowie nach 253 Ladenburg und Heidelberg, wobei die spätesten dem Rhein am nächsten waren. Die Münzschätze von Burgau und Scheppach in Bayerisch Schwaben, die beiden von Ladenburg *(Lopodunum)*, die von Zeiskam in der ehemals bayerischen Pfalz, von Rosheim und Kingersheim im Elsaß und schließlich von Mangelhausen im Saarland zeigen die Richtung des Vorstoßes an und lassen erkennen, daß von Raetien im wesentlichen der Nordwesten betroffen wurde. Die dörfliche Siedlung bei Wittislingen wird damals untergegangen sein; die späteste Münze aus der Zerstörungsschicht ist ein Antoninian des Philippus Arabs von 244/247. Vielleicht hatte auch der nordwestliche Teil der Schweiz zu leiden; der Fund von Nuglar, Kt. Solothurn, und das Aufhören der Münzen mit Volusian 253 im Vicus von Lenzburg könnten darauf hindeuten.

Valerian hatte auf diesen Überfall hin seinen zum Mitregenten angenommenen Sohn Gallienus mit dem Oberbefehl im Westen betraut, während er selbst sich an den östlichen Kriegsschauplatz begab. Gallienus gelang es 255, mit Hilfe aus Britannien herbeigeholter Truppenabteilungen, die Lage soweit wiederherzustellen, daß um 257 eine gewisse Stabilisierung der Verhältnisse an der Rheingrenze eintrat. Auf Münzen wur-
Abb. 152 de schon 256 ein Sieg über die Germanen *(Victoria Germanica)* gefeiert und Gallienus als Wiederhersteller der gallischen Provinzen *(Restitutor*
Abb. 152 *Galliarum)* und als großer Germanenbesieger *(Germanicus Maximus)* ausgezeichnet, welch letzterer Ehrentitel ihm bis 258/259 insgesamt fünfmal zufiel. In dieser kurzen Periode relativer Ruhe war es sogar möglich, daß Gallienus im Limesgebiet nördlich der Donau ein öffentliches Bauwerk errichten ließ, wie aus einer Inschrift aus Hausen ob Lonthal hervorgeht. Diese Bauinschrift, zu der wir das Werk selbst nicht kennen, nennt den Kaiser als *Germanicus*, wurde also nach 256 gesetzt und ist damit das letzte römische Inschriftdokument nördlich der Donau. Man hat schon vermutet, die Tafel stamme von einem Bauwerk eines rückwärtigen Notlimes, doch fehlen für eine solche Anlage jegliche sonstigen Zeugnisse.

Die Lage an Rhein und oberer Donau schien Gallienus so gesichert, daß er glaubte, 258 zum Kampf gegen den Usurpator Ingenuus Truppen nach Pannonien abziehen zu können. Im folgenden Jahr begab er sich selbst dorthin. So dürften die ersten Einfälle der Franken über den Rhein, die schon 257 und 258 vermutet werden, nicht allzu bedrohlich gewirkt haben. Schlimm wurde die Situation erst, als der Kaiser Valerian 259 vor Edessa in Gefangenschaft Schapurs fiel, die Perser daraufhin das römische Asien überschwemmten und gleichzeitig Franken und Alamannen über das Reich hereinbrachen. Von den Franken wurde der Norden und Westen Galliens heimgesucht, ja selbst bis Spanien gelangten germanische Scharen. Am meisten haben die Zeitgenossen die Erfolge der Alamannen erschüttert, waren doch mit ihnen seit fast 100 Jahren erstmals wieder Barbaren auf italischem Boden erschienen. Die letzten wenigen römischen Stützpunkte am obergermanisch-raetischen Limes konnten keinen nennenswerten Widerstand mehr leisten. Wie sehr der Limes schon entblößt war, zeigt die Verteilung der Schatzfunde. Unter den zahlreichen Fundorten von Münzschätzen aus der Wende zum 7. Jahrzehnt, die von Gallien bis Pannonien und Oberitalien streuen, sind nur zwei Kastellplätze am obergermanisch-raetischen Limes. Und gerade diese beiden Fundorte bestätigen, daß die Grenzverteidigung zusammengebrochen war; drei Schatzfunde stammen vom Kastell Niederbieber, wo wenig weiter der obergermanische Limes den Rhein erreichte, und zwei aus der Umgebung des Legionslagers Regensburg, vor dem wenig oberhalb der raetische Limes an die Donau anschloß. An der ganzen übrigen Limeslinie gibt es von dieser oder späterer Zeitstellung keinen Fund mehr; sie hatte aufgehört zu bestehen.

Der Hauptstoß der Alamannen zielte nach Südwesten; es gibt Anzeichen dafür, daß die Provinzhauptstadt Augsburg schwer betroffen wurde. Lokker nur verteilen sich die Münzschätze über das ganze Land; die Bevölkerung und ihr Wohlstand waren bereits durch die vorhergegangenen Einfälle stark vermindert worden. Das Ziel der Alamannen war nun der Süden. Auf dem Weg dorthin zerstörten sie die Stadt auf dem Lindenberg bei Kempten endgültig, aus deren unmittelbarer Umgebung eine Reihe von Münzschätzen dokumentiert, daß die Stadt bis 259/60 bewohnt war und sich sogar in den letzten Jahrzehnten von der ersten Zerstörung wieder etwas erholt hatte. Der weitere Weg der alamannischen Scharen ist einerseits durch den Fund von Füssen—Bad Faulenbach, andererseits durch Schätze in der Bodenseegegend und in der Westschweiz, die Zerstörung von *Aventicum* (Avenches) und durch Münzfunde auf der italischen Seite der Routen über den Mont Genèvre, den Großen St. Bernhard und den Simplon gezeichnet. Eingedrungene Alamannen machten ganz Oberitalien unsicher und gelangten bis in die Gegend von Rom. Germanen erschienen auch vor Ravenna; ob dies allerdings Alamannen waren oder Markomannen, die die mittlere Donau überschritten hatten, ist nicht zu entscheiden. Damals, ungefähr 260/70, ist *Lauriacum* in Flammen aufgegangen, kamen in Noricum die Schatzfunde von Kirchschlagl, Oberdorf und Adriach in den Boden und wurden 26 Münzschätze bei einem Einbruch entlang der Linie *Aquincum-Tergeste* (Triest) vergraben[218a].

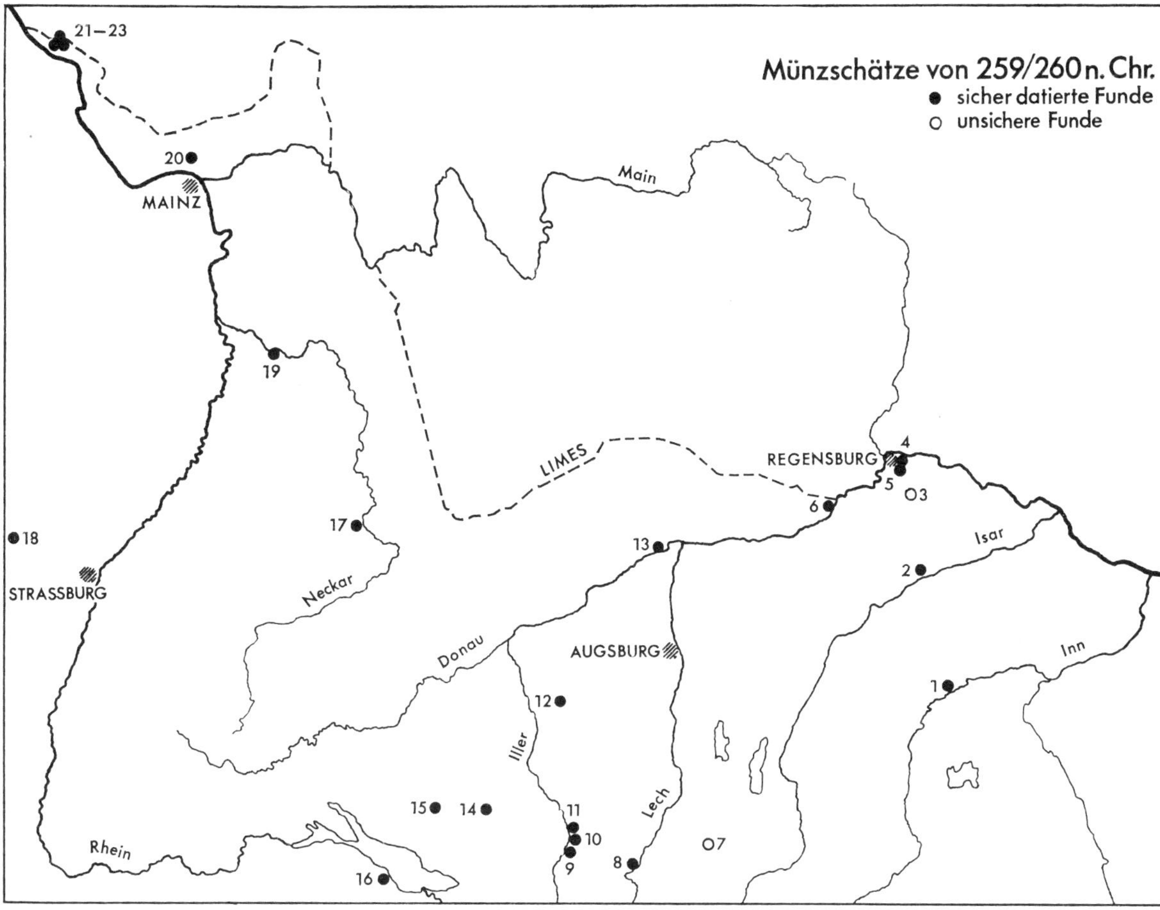

Karte der Münzschätze unter Gallienus. Fundorte: 1 Klugham, Gde. Fraham, Ldkr. Mühldorf, 2 Mettenbach, Ldkr. Landshut, 3 Pfakofen, Ldkr. Regensburg, 4 Regensburg, Burgweintinger Straße, 5 Regensburg, Zornsche Maschinenfabrik, 6 Irnsing, Ldkr. Kelheim, 7 Unterammergau, Ldkr. Garmisch-Partenkirchen, 8 Füssen — Bad Faulenbach, 9 Steinegaden und 10 Öschlesee, beide Gde. Sulzberg, Ldkr. Oberallgäu, 11 Kempten, Burgstall, 12 Olgishofen, Ldkr. Unterallgäu, 13 Donauwörth, 14 Unterhorgen, Gde. Kisslegg, Kr. Wangen, 15 Oberankenreuthe, Gde. Schlier, Kr. Ravensburg, 16 Gottshaus, Kt. Thurgau, 17 Ditzingen, Kr. Leonberg, 18 Zabern, 19 Heidelberg-Neuenheim, 20 Wiesbaden, 21—23 Niederbieber, Kr. Neuwied.

Zwar konnten die Alamannen in Oberitalien in einer Schlacht bei Mailand 260/261 vernichtet werden, doch ließ sich eine Grenzsicherung für Raetien in den immer größer werdenden inneren und äußeren Wirren nicht mehr erreichen. Im Westen hatte Postumus den in Köln residierenden Kaisersohn Saloninus beseitigt und ein gallisches Sonderreich begründet. In *Carnuntum* ergriff Regalianus den kaiserlichen Purpur, und im Osten gelangte Odenathus von Palmyra als *corrector totius Orientis* (Ordner des ganzen Ostens) zu faktischer Unabhängigkeit.
Bei uns in Raetien herrschten sicherlich äußerst traurige Verhältnisse. Norden und Westen der Provinz zumindest waren in den Händen der Feinde, die Siedlungen lagen in Schutt und Asche, die Bevölkerung war auf einen Bruchteil geschmolzen, und ein Grenzschutz existierte nicht mehr. Dennoch stand damals noch zeitweise Militär in Raetien. Aureolus, ein bewährter Feldherr, empörte sich nämlich 267 gegen Gallienus, als er die Legionen in Raetien befehligte (*cum per Raetias legionibus praeesset*). Nachdem Aureolus zum Kampf um die Macht nach Italien marschiert war, brach von neuem ein Alamanneneinfall über das Voralpenland herein. Nach archäologischen Spuren dieses nur aus der Literatur bekannten

Überfalls, wie etwa Zerstörungen oder Schatzfunden, suchen wir vergebens; das Land war verwüstet und entvölkert, Handel und Wirtschaft lagen völlig darnieder. Während Aureolus bei Mailand geschlagen wurde und Gallienus darauf einer Mörderhand zum Opfer fiel, überschritten die Alamannen den Brenner. Sobald der neue Kaiser Claudius II. die Legionen unter seinen Befehl gebracht hatte, trat er den Alamannen entgegen und vertrieb sie durch seinen Sieg am Gardasee wieder aus Italien. Der Zustand Raetiens wird uns durch zwei Hinweise antiker Schriftsteller knapp, aber äußerst treffend dargestellt. Orosius schreibt im Bericht über die Not zur Zeit des Gallienus, daß die Germanen ganz Raetien durchdrangen, über die Alpen nach Italien kamen und bis Ravenna vorstießen. Die Lage vom Ende der Regierungszeit des Gallienus faßt ein späterer Panegyriker (Lobredner) für Constantius I. zusammen: *Sub principe Gallieno . . . amissa Raetia, Noricum Pannoniaeque vastatae* (unter der Herrschaft Galliens ging Raetien verloren, wurden Noricum und Pannonien verwüstet).

Ganz war Raetien allerdings noch nicht verloren. In besonders geschützten Gegenden, etwa abgelegenen Alpentälern, entdeckte man auf schwer zugänglichen Höhen vereinzelt kleine, in Eile errichtete Befestigungen mit Funden aus jener Zeit. Diese Fluchtburgen, von denen wir ja nur einen ganz kleinen Teil kennen, beweisen, daß doch eine Menge Leute überlebt hatte und nun unter völlig veränderten Verhältnissen daranging, ein neues Leben aufzubauen. Die römische Macht und die römischen Waffen waren nicht mehr stark genug, ein gesichertes Leben zu garantieren; man brauchte den Schutz der Natur und den Schutz von Mauern. Ein gutes Beispiel für dieses Schutzbedürfnis ist die kleine Befestigung auf dem Moosberg bei Murnau[219], wo kilometerweite, nasse Abb. 154
und unwegsame Moorflächen den Zugang erschwerten. Aus dem Rheintal südlich des Bodensees[220] gibt es eine ganze Anzahl solcher Höhensiedlungen: die Heidenburg bei Göfis, Stellfeder bei Nenzing, der Montikel bei Bludenz in Vorarlberg, der Krüppel ob Schaan, das Lutzengüetle bei Gamprin und der Guttenberg bei Balzers in Liechtenstein sowie der Castels bei Mels in der Schweiz. Hiervon ist die Höhenbefestigung auf dem Krüppel ob Schaan am besten erforscht. Funde aus ihr zeigen ganz klar, daß sie in oder kurz nach der Zeit des Gallienus erstmals von der schutzsuchenden Bevölkerung aufgesucht wurde. Aber auch Städte wurden verlagert und entstanden an geschützten Plätzen in kleinerem Umfange neu. *Cambodunum* lebte auf dem anderen Illerufer als kleine Befestigung auf der Burghalde, *Brigantium* auf dem Hügel der Oberstadt hinter starken Mauern weiter. Bei allen diesen Befestigungen, wie auch bei späteren, nahm man keinerlei Rücksichten auf Pietät, sondern vermauerte in der Not der Zeit Werkstücke aus älteren Bauten, Altäre, Inschriften und Grabdenkmäler.

Bei den feindlichen Angriffen und Überfällen im 3. Jahrhundert hatte sich gezeigt, daß die bisherige Heeresorganisation und Grenzverteidigung nicht mehr ausreichte. Führung und Truppe erwiesen sich als zu schwerfällig; eine mobile Einsatzreserve stand nicht zur Verfügung. Nachdem einige Zeit mit Augenblicksbehelfen gearbeitet wurde, unternahm Gallienus erste ernsthafte Militärreformen. Schon unter Severus Alexander hatte man mit der Trennung des Militärkommandos von der Zivilverwaltung begonnen. Diese Tendenz machte sich nun verstärkt bemerkbar. Das bisher immer im Notfall aus Vexillationen der verschiedenen Legionen zusammengezogene Feldheer wurde zusammengehalten, vergrößert und durch eine neu organisierte Reiterei ergänzt.

Eine zwar typenreiche, aber zahlenmäßig schwache Emission von Antoninianen bezieht sich auf diese Reform, wie M. R. Alföldi unlängst herausgestellt hat[221]. Diese Münzprägung nennt in der Rückseitenaufschrift die Namen von 17 Legionen und der Praetorianercohorten und bringt als Bild erstmals die jeweiligen Legionsembleme. In der Serie erscheinen
Abb. 151 die 3. italische Legion mit Storch oder Stier als Emblem und die 2. italische Legion mit drei verschiedenen Symbolen. Bei beiden Legionen, wie auch bei den anderen, wurde die sechste und die siebente Verleihung der Ehrentitel *pia fidelis* (pflichtbewußt und treu ergeben) in dieser Sonderprägung aus den Jahren 259/60 bzw. 260/62 gefeiert, wobei der Anlaß für die Auszeichnungen die Waffenerfolge der zum Feldheer abkommandierten Abteilungen und nicht solche der Stammtruppen waren. Daß die folgende achte Auszeichnung für Treue 262/63 nicht mehr an die einzelnen Truppenteile verliehen wurde, sondern an das Heer als
Abb. 152 Ganzes *(Fides Exercitus VIII)*, stellt einen Hinweis auf das fortschreitende Zusammenwachsen des Feldheeres dar.

Änderungen betrafen auch die Zivilverwaltung. Die Statthalter entstammten nunmehr fast ausschließlich dem Ritterstand und galten, wie ihre Amtsbezeichnung *agentes vices praesidis* dartut, ursprünglich als Vertreter der senatorischen Legati (= *praesides*); sie führten ab Mitte des 3. Jahrhunderts den Titel *vir perfectissimus*, den wir wohl am treffendsten mit Exzellenz übertragen können.

Rom kämpft um Raetien

Die Kaiser Gallienus und Claudius II. waren so stark mit der Abwehr der feindlichen Angriffe und der Sicherung Italiens beschäftigt, daß sie gar keine Möglichkeit für ein offensives Vorgehen hatten. Aurelian, den Teile der Donauarmee 270 zum Kaiser ausriefen, mußte erst einmal gegen Quintillus, den Bruder Claudius' II., nach Italien ziehen, um sich die Herrschaft zu erkämpfen. Währenddessen brachen die Juthungen über die Donau ins Reich ein. Herkunft und Wohnsitze dieses hier neu auftretenden suebischen Volksstammes sind uns unbekannt; es wird vermutet, daß sie ihre Angriffe aus dem Gebiet nördlich der Donau im heutigen Bayern gegen das Reich vortrugen. Die Juthungen gelangten, wahrscheinlich durch Raetien, bis Italien, zogen sich aber vor dem herannahenden Aurelian wieder zurück, wurden von ihm eingeholt und noch auf dem rechten Ufer der Donau besiegt.

Unmittelbar danach rief den Kaiser im Herbst ein Vandaleneinfall nach Pannonien. Während er dort war, machten sich Alamannen und Juthungen von neuem nach dem Süden auf. Einmal über die Westschweiz und den Großen St. Bernhard, einmal über Graubünden und den Bernhardin erreichten sie Oberitalien. Ihr Weg ist im Voralpenland nicht zu fassen; in der Schweiz und in Oberitalien ist er gekennzeichnet durch zahlreiche Münzschätze und Zerstörungen, wie z. B. jene der Höhensiedlung auf Krüppel ob Schaan[222]. Die Germanen verwüsteten dann die Gegenden bei Mailand, eroberten Städte und bedrohten schließlich durch ihren Sieg bei *Placentia* sogar die Hauptstadt und den Bestand des Reiches. Der Kaiser ließ um die Stadt Rom die berühmt gewordene sog. Aurelianische Mauer mit 16 m Höhe und 4 m Breite aufführen. Durch ein ergänztes Heer konnten die immer weiter nach Süden vordringenden Germanen bei Fano und bei Pavia geschlagen werden. Die unmittelbare Gefahr war abgewandt. Inzwischen hatte sich das östliche Sonderreich mit der Hauptstadt Palmyra und seiner Königin Zenobia losgesagt, und Aurelian zog mit dem Heer in den Orient. Es ist uns überliefert, daß eine Abteilung der 3. italischen Legion an diesem Feldzug teilnahm, in dem 272 Zenobia besiegt und 273 Palmyra zerstört wurde.

Bei dieser allgemeinen Situation des Reiches können wir uns ganz gut vorstellen, wie die Lage in Raetien war. Das Land lag den ständigen Durchzügen größerer und kleinerer germanischer Scharen offen; die überlebenden Romanen hausten verängstigt in Wäldern und an schwer zugänglichen Plätzen und hofften auf bessere Zeiten und das Wiedererscheinen des römischen Militärs. Irgendwann in den Jahren ab 259/60, am ehesten in der Zeit Aurelians, erlitt *Castra Regina* wieder Zerstörungen[223], und auch der zweite erneuerte Porticus an der *Via praetoria* sank in Schutt und Trümmer. Ganz kann Regensburg aber auch damals nicht zu einer Ruinenstätte geworden sein, denn noch in der Zeit Aurelians war es möglich, im Friedhof an der Kumpfmühler Straße eine reiche Bestattung der Erde zu übergeben und sie mit 316 Münzen als Beigabe zu versehen. Die Provinzhauptstadt Augsburg wurde in jenen Jahren von Germanen belagert. Als sich Aurelian der Niederringung des westlichen Sonderreiches in Gallien zuwandte, kam er auf seinem Weg von Alexandria über Thrakien durch Raetien. Wie müssen die Bewohner aufgeatmet haben! In den *Scriptores Historiae Augustae*, einer im 4. Jahrhundert zusammengestellten römischen Kaisergeschichte von Hadrian bis Carus, heißt es, daß der Kaiser nach Gallien aufbrach und die Vindeliker *(Augusta Vindelicum)* von der Belagerung durch die Barbaren befreite. Nach Aurelians Ermordung gab sein Nachfolger Tacitus im Senat eine Würdigung seiner Verdienste; darin hieß es: »Er hat den Vindelikern das Joch der Barbarenherrschaft vom Nacken genommen.«

Abb. 137

Im Inneren versuchte Aurelian ebenso der Schwierigkeiten Herr zu werden. Er reformierte das Münzwesen, stellte den völlig entwerteten Antoninian auf eine neue adäquate Basis und sorgte für sorgfältigere Ausprägung. Weiter erklärte er den Kult des Sonnengottes, der mit dem Mithraskult weitgehend verschmolzen war *(Sol invictus Mithras)*, zur Staatsreligion. Das großartigste Zeugnis hierfür war der Tempel des Sol in Rom selbst. Auch in Augsburg gab es einen Tempel für *Sol invictus*, wie wir aus einer später verschleppten Wiederherstellungsinschrift für diesen Tempel aus dem Ende des 3. Jahrhunderts wissen[224]. Die Münzprägung wurde ebenfalls in den Dienst der neuen religiösen Auffassung gestellt; wir lesen auf Münzen *»Sol Dominus Imperi Romani«* (Sonnengott Herr des Römischen Reiches) und sehen, daß die häufigsten Gepräge die Umschrift *»Soli Invicto«* (Dem unbesiegbaren Sonnengott) tragen.

Obschon es Aurelian gelungen war, den unmittelbaren Druck der Germanen auf Raetien zu beseitigen, konnte dennoch eine befriedigende Sicherung der Grenzen nicht erreicht werden. Wir kennen keine sicheren Anzeichen einer Neubefestigung entlang unserer Grenzen aus diesen Jahren; deshalb brachen die Germanen gleich wieder ein, als das Entsetzen über die Ermordung Aurelians 275 das Reich lähmte. Im Westen überschritten die gefürchteten Feinde den Rhein und sollen 70 gallische Städte geplündert haben. Im Osten drangen alamannische Scharen bis tief nach Noricum ein und erschienen vor Aguntum beim heutigen Lienz[225]. Dem neuen Kaiser Probus gelang es 277, die Franken und Alamannen aus Gallien zu vertreiben und den Rhein durch einen Vorstoß an den Neckar und die Schwäbische Alb endgültig zu sichern. Im folgenden Jahr glückte es ihm, die Burgunder, Vandalen und Goten aus Raetien zurückzuschlagen und die alte Donaugrenze aus dem 1. Jahrhundert wieder zu erreichen. Nach dem Schriftsteller Zosimos (I 67 f.) soll hierbei eine Schlacht am Lech die entscheidende Rolle gespielt haben. Die Erfolge schienen Probus so günstig, daß er sogar beabsichtigte, für Germanien (rechts des Rheins?) einen neuen Statthalter einzusetzen. Gleichzeitig bemühte sich der Kaiser um die Sicherung des Erreichten. In Gallien wurden — wie berichtet wird — die 70 zerstörten Städte in nicht ganz sieben Jahren wiederhergestellt, und auch in Raetien begann Probus mit dem Wiederaufbau. Als er sich nach den beiden genannten Feldzügen nach Illyrien aufmachte, »ließ er Raetien so befriedet zurück, daß dort keine Spur eines Verdachtes irgendeines künftigen Schreckens zurückblieb«.

Dies setzt Maßnahmen zur Grenzsicherung doch eigentlich voraus. Nachdem nun Vopiscus, der Biograph des Probus, darüber hinaus noch berichtet, daß der Kaiser viele Befestigungswerke durch das Militär vollendet hat, können wir für Raetien in dieser Zeit Bautätigkeit durchaus an-
Abb. 155 nehmen. Eine Ehreninschrift für Probus aus Augsburg von 281, dem Jahr seines Triumphes über die Germanen, scheint uns dies zu bestätigen. Die Inschrift stand ursprünglich in der Apsis eines öffentlichen Gebäudes und war von (Reg)inus, Exzellenz und Statthalter der Provinz Raetien, »dem überaus vorsorgenden Erneuerer der Provinz und außerordentlich an Tapferkeit alle früheren Fürsten überragenden Kaiser M. Aurelius Probus . . . in Verehrung seines göttlichen Wesens und seiner Hoheit gewidmet« worden.

Nach jenen wirren Jahrzehnten war Probus jedoch erst einmal die Aufgabe zugefallen, eine Grenzlinie festzulegen. Der alte obergermanisch-raetische Limes war nicht mehr zurückzugewinnen. Der starke Druck auf alle Grenzen des Reiches und vor allem der rechtsrheinische Feldzug gegen die Alamannen dürfte den Kaiser davon überzeugt haben. So mußte man zufrieden sein, das Land hinter den Barrieren des Rheins, des Bodensees, der Argen, der Iller und der Donau halten und schützen zu können, das Land jenseits davon blieb verloren. Es ist natürlich sehr schwierig, für die Kastelle der neuen Linie jeweils die Gründungszeit genau festzulegen, zumal eine so große Baumaßnahme zwar einheitlich konzipiert sein mußte, aber sicher nur im Laufe längerer Jahre durchzuführen war. Bei der Erforschung dieser Fragen haben die Grabungen der letzten Zeit und die Tätigkeit einer speziellen spätrömischen Kommission bei der Bayerischen Akademie der Wissenschaften erhebliche Fortschritte gebracht und lassen weitere erhoffen. Wie die Städte und Dörfer, so haben auch die Grenzkastelle nichts mehr mit den mittelkaiserzeitlichen Anlagen gemeinsam. Die früheren Kastelle folgten alle einem einheitlichen Schema; jetzt, da man sich auf besonders geschützte Plätze zurückziehen mußte, diktierten die Gegebenheiten des Geländes und die fortifikatorischen Notwendigkeiten den Bauplan. Mit mächtigen Mauern, teilweise mehr als 3 m dick, suchte man den Schutz der Natur noch zu verstärken.

Das besterforschte Kastell dieser neuen Linie bei Isny *(Vemania)*, wo J. Garbsch[226] seit 5 Jahren planmäßig Ausgrabungen durchführt, ist mit großer Sicherheit als eine Gründung aus der Zeit des Probus zu betrachten. Kempten, ebenso wie Bregenz, haben damals bereits als befestigte Siedlungen bestanden. An beiden Punkten, die durch die neue Situation zu Grenzorten geworden waren, hatte sich die überlebende Bevölkerung nach der Katastrophe von 259/260 auf nahegelegene Höhen zurückgezogen und mit einer kleinen Garnison zusammen die Befestigung gebaut. Auch in Kellmünz *(Caelius Mons)* nahm der Mauerring Truppe und Bevölkerung auf. Nachweisen läßt sich dieses Kastell allerdings erst in der Zeit Diocletians; es kann aber schon früher bestanden haben[227]. In den Kastellen an der Donau: Illermündung *(Febiana)*, Günzburg, Burghöfe, Burgheim *(Parrodunum)*, Neuburg und Manching *(Vallatum)* mag die Entstehung ähnlich gewesen sein, doch sind die Anlagen zu wenig erforscht, ja zum Teil noch gar nicht im Gelände aufgefunden.

Die veränderte Lage führt uns besonders sinnfällig das spätrömische Kastell von Eining vor Augen. Es wurde in die höchstgelegene Ecke des früheren Kastells eingebaut und war mit einem Zehntel der ehemaligen Fläche für die Bedürfnisse der Spätzeit ausreichend. In Regensburg hat man nach den Zerstörungen aus der Zeit Gallienus—Aurelian die Mauern und Tore wieder instand gesetzt und verstärkt. Straubing, Künzing und Passau bekamen ähnliche kleinere Befestigungen, von denen aber noch fast nichts gefunden werden konnte. Auch die wichtigen Straßenknotenpunkte im Binnenland sind in jenen Jahren befestigt worden. In Epfach *(Abodiacum)*[228] hatte sich die mittelkaiserzeitliche Bevölkerung des offenen Vicus auf den in einer Lechschleife isoliert gelegenen Lorenzberg zurückgezogen. Den kleinen Bergrücken umgab man mit einer starken Mauer, die nach dem Hinweis einer auf der Berme (Böschungsabsatz) vor der Mauer gefundenen Münze des Probus vom Jahre 279 damals oder kurz danach aufgeführt worden sein mußte.

Abb. 26, 27

Abb. 162

Abb. 156

Die Wiedergewinnung sicherer Grenzen gestaltete sich durch den Mangel an Menschen besonders schwierig. Die häufigen weitreichenden Einfälle erbarmungsloser Feinde und die epidemische Pest hatten die Bevölkerung stark verringert. In den heftigen Kämpfen beim Untergang des Limes waren auch sämtliche Truppenteile seiner Besatzung vernichtet worden.

Keiner der früheren Formationen begegnet man in spätrömischer Zeit wieder. Lediglich an der Donaustrecke haben die *Cohors III Brittonum* in Eining, die *Legio III Italica* in Regensburg und die *Cohors IX Batavorum* in Passau diese Kriegszeiten überlebt. Neue Einheiten wurden für den Grenzdienst begründet. Allerdings war nun die Mannschaftsstärke einer Cohorte oder Ala wesentlich geringer als hundert Jahre früher. Obwohl wir annehmen, daß ein erheblicher Teil der Formationen Wachdienst an der Grenze außerhalb des Kastells besorgte, so zeigt allein der Kastellvergleich in Eining, daß wir mit viel kleineren Truppenteilen rechnen müssen. Über diese militärischen Maßnahmen hinaus bemühte sich Probus um die Wiederbelebung von Wirtschaft und Landeskultur. Seine Fürsorge für das Münzwesen ist heute noch in seinen stets sorgfältig und korrekt herausgebrachten Münzen zu spüren. Er förderte den Weinbau durch die allgemeine Freigabe, weshalb Probus noch heute für manche Gegenden, z. B. in Noricum, als der eigentliche Begründer des dortigen Weinbaus gilt. Als er Soldaten zur Trockenlegung von Sümpfen einsetzte, erschien dies zuviel verlangt, und eine Gruppe von Soldaten ermordete den Kaiser kurzerhand 282.

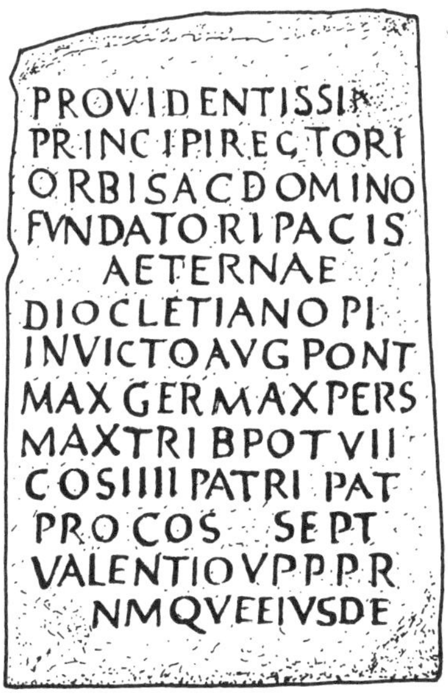

Ehreninschrift von Regensburg für den Kaiser Diocletian aus dem Jahre 290 n. Chr. Höhe 105 cm. Der Kaiser wird hier als Begründer des ewigen Friedens gefeiert.

Befriedung und Reformen unter Diocletian

Nachdem schon in den siebziger Jahren des 3. Jahrhunderts allmählich wieder bessere Verhältnisse eingetreten waren, konsolidierte sich die Lage im ganzen Reich nach der Übernahme der Herrschaft durch den energischen Diocletian (284–305) zusehends weiter. Zwar gelang es den Alamannen zunächst noch, in das verbliebene Reichsgebiet einzudringen, doch konnten sie rasch wieder abgewehrt werden. Von den Übergriffen der Barbaren, die gleich nach dem Tode des Probus von neuem einsetzten, hat einer 283 auch Raetien gestreift; ein großer Schatzfund stempelfrischer Antoniniane, bei denen meist sogar noch der dünne Silberüberzug erhalten war, wurde in diesem Jahr im Kastell *Vemania* (Isny) vergraben. Ein Abb. 157 schon 1831 in der Nähe von Peißenberg gehobener Münzschatz gehört auch in diese Zeit. Als man vor wenigen Jahren die spätrömische Befestigung auf dem Goldberg bei Türkheim *(Rostrum Nemaviae)* an der Straße von Kempten nach Augsburg wissenschaftlich untersuchte, machte man im Spitzgraben der ältesten Anlage einen kleinen Fund von 18 Münzen, deren letzte 282/283 geprägt waren[229]. Die Befestigung, die somit ebenfalls in der Zeit des Probus angelegt wurde, ist damals zum ersten Mal zerstört worden.

Auch hier fiel die Aktivität der Germanen wieder mit einem schweren Krieg im Orient gegen die Perser zusammen, der den Kaiser Carus und das römische Heer bis vor die Tore von Ktesiphon brachte. Nach einem großen Bauernaufstand 284/285 in Gallien, auf den möglicherweise Schatzfunde in der Westschweiz zurückgehen, trugen Franken, Burgunder und Alamannen 286/288 verschiedentlich Angriffe über den Rhein vor. Raetien scheint 288 von neuem von den Alamannen heimgesucht worden zu sein, wie Münzschätze von der Donau bis in den Kanton Tessin (Großberg bei Regensburg[230] – Lochhausen bei München – Balgach im Kanton St. Gallen[231]) anzeigen. Ein Vorstoß Diocletians vom Bodensee an die Donauquellen stellte 288 oder Anfang 289 die Ruhe in der Provinz wieder her. Der Kaiser, der sich 288/289 in Raetien aufgehalten hatte, zog über *Augusta Vindelicum* und *Lauriacum* nach Pannonien. Eine Inschrift in Augsburg[231a], in der der Statthalter Raetiens, Septimius Valentio *(vir perfectissimus, praeses provinciae Raetiae)*, 290 den Kaiser als »Begründer des ewigen Friedens« *(fundator pacis aeternae)* feiert, und eine weitere aus Lauriacum, die ihn »Wiederhersteller der allgemeinen Freiheit« *(restitutor publicae libertatis)* nennt[232], scheinen sich auf diesen Sieg und die Sicherung der Grenzen zu beziehen. Wahrscheinlich ist es auch 291 und 292 nochmals zu Vorstößen ins Alamannenland gekommen.

In diesen Jahren, wir kennen den Zeitpunkt nicht genau, fand ein Treffen Diocletians mit dem von ihm 285 zum Mitregenten erhobenen Maximianus Herculius in Mailand statt. Dabei wurde unter anderem beschlossen, die Reichsgrenzen neu zu befestigen. Von dem Kastell *Vitudurum* (Oberwinterthur) ist die Bauinschrift von 294 vollständig auf uns gekommen; sie nennt auch den Praeses der Provinz, Aurelius Proculus. Nicht so gut ist die aus demselben Jahr stammende Bauinschrift des nahegelegenen Kastells *Tasgaetium* (Stein am Rhein) erhalten. Der Sicherung des hier durch den Verlust des Dekumatlandes am weitesten nach Süden einziehenden Grenzverlaufs diente auch das Kastell *Arbor Felix* (Arbon) am Bodensee[233]. Als diocletianische Gründung weisen Arbon der Fundbestand und die Garnison aus; die dortige *Cohors Herculea Pannoniorum* wurde, wie der Bezug auf den Beinamen des Maximianus Herculius beweist, damals neu aufgestellt. Fast alle anderen Truppen an Iller und Donau vom Bodensee bis in die Gegend von Ingolstadt sind gleichzeitig entstanden: *Ala II Valeria Sequanorum* (nach Caius Valerius Diocletianus) in *Vemania* (Isny), *Cohors III Herculea Pannoniorum* in *Caelius Mons* (Kellmünz), *Cohors V Valeria Frigum* in *Pinianis* (Bürgle bei Gundremmingen?), *Cohors I Herculea Raetorum* in *Parrodunum* (Burgheim), *Cohors VI Valeria Raetorum* in *Venaxamodurum* (Neuburg an der Donau?) und *Ala II Valeria singularis* in *Vallatum* (wohl beim Ringwall von Manching). Selbst wenn wir es im Einzelfall archäologisch nicht nachweisen können, müssen die genannten Kastelle damals bereits bestanden haben.

Besondere Verdienste erwarb sich Diocletian, indem er versuchte, die zahlreich im 3. Jahrhundert auf allen Gebieten sichtbar gewordenen Mängel zu beheben und dadurch der Schwierigkeiten Herr zu werden. Es würde hier zu weit führen, wollten wir alle seine versuchten, begonnenen und vollendeten Reformbestrebungen erwähnen. Seine Tätigkeit schuf die Grundlagen für ein weiteres Jahrhundert Existenz des Reiches, und seine Schöpfungen wirkten noch lange darüber hinaus. Am 1.3.293 wurde die Regierung des Reiches erweitert durch die Aufnahme zweier Thronfolger, Constantius Chlorus und Galerius Maximianus, die mit dem Titel eines Caesars bei der Einteilung des Reiches in vier Teile *(Partes)* ebenso wie die Augusti jeweils ein Viertel zu übernehmen hatten. Zu dieser diocletianischen Verwaltungsreform gehörte auch die Auflösung der großen Einheiten der alten Provinzen und die Neueinteilung des Imperiums in 101 kleinere Provinzen, von denen jeweils mehrere zu einer Diözese zusammengefaßt wurden. Raetien gehörte nun zur Diözese Italien *(Italia annonaria)*, das seine Sonderstellung verlor und ebenfalls in Provinzen gegliedert wurde; an der Westgrenze Raetiens begann die Diözese der gallischen Provinzen, im Osten mit Noricum die Diözese Illyricum.

Die raetische Provinz selbst wurde in eine westliche Alpenprovinz *(Raetia prima)* mit der Hauptstadt *Curia* (Chur) und eine nordöstliche *(Raetia secunda)* mit der Hauptstadt *Augusta Vindelicum* geteilt. Der Zivilverwaltung dieser beiden neuen Provinzen stand je ein Praeses vor, den Oberbefehl in beiden führte ein Dux mit Sitz in Augsburg oder Regensburg. Damit war eine endgültige Trennung der Zivilverwaltung vom militärischen Kommando vollzogen. Die Durchführung dieser Maßnahmen hat sich über einen längeren Zeitraum hingezogen, da 294 und vielleicht auch noch ein wenig später nur ein *praeses provinciae Raetiae* genannt ist, also die Provinz noch ungeteilt war.

Geändert wurde von Diocletian die Hofetikette, die die göttliche Weihe des Kaisertums besonders hervorheben sollte. Diocletian betrachtete sich als Sohn des Jupiter und nannte sich deshalb Iovius; Maximianus als Sohn des Hercules erhielt den Beinamen Herculius. Auf die Umgestaltung des Steuer- und des Militärwesens sei nur verwiesen. Auch in der Wirtschaft versuchte Diocletian das Chaos des 3. Jahrhunderts zu überwinden. 295 führte er eine Münzreform durch, die den völlig entwerteten Antoninian beseitigte und an seine Stelle eine große neue Kupfermünze mit Silberüberzug und über 10 g Gewicht, den Follis, setzte. Gleichzeitig wurde wieder eine Silbermünze, der Argenteus, in Umlauf gebracht und Gold ausgeprägt. Der ständigen Teuerung versuchte Diocletian 301 durch die Verordnung eines Maximaltarifs[234] für alle Waren, Löhne und Dienstleistungen Herr zu werden. Ein Erfolg konnte allerdings diesem Preisedikt nicht beschieden sein; die Waren verschwanden vom Markt, und die Verteuerung ging weiter.

296, vielleicht schon einige Jahre früher, unternahm Maximianus Herculius von Mainz aus einen großen Befriedungsfeldzug, wobei »der König des wildesten Stammes . . . gefangen wurde und Alamannien von der Rheinbrücke bis zum Donauübergang bei Günzburg niedergebrannt und bis ins Mark vernichtet worden ist . . .« *(. . . captus scilicet rex ferocissimae nationis . . . et a ponte Rheni usque ad Danuvii transitum Guntiensem deusta atque exhausta penitus Alamannia).* Trotzdem gelang es den Alamannen 298 wieder, den Rhein zu überschreiten, und zwar in der Gegend von Basel. Ein Teil von ihnen, der die Westschweiz heimsuchte, wurde noch im gleichen Jahr von Constantius Chlorus bei *Vindonissa* so geschlagen, daß noch ein Jahrzehnt später das Schlachtfeld mit den Gebeinen der Erschlagenen bedeckt gewesen sein soll, wie uns ein Chronist berichtet. Ein Feldzug des nächsten Jahres gegen die Markomannen läßt sich nicht näher lokalisieren. Zwei Schatzfunde aus dem Kastell Isny, die mit dem Jahr 302 schließen, möchte man mit feindlichem Überfall in Beziehung bringen, obschon nichts überliefert ist und sonst keine Anzeichen dafür sprechen. Im allgemeinen aber waren die Zeitläufte für die Provinzen Raetien und Noricum ruhiger geworden, und die Bevölkerung konnte sich wieder einigermaßen sicher fühlen. Nachdem das Fundmaterial aus den schwierigen Jahrzehnten recht spärlich ist, belebt sich das archäologische Bild gegen das Jahrhundertende wieder. Da auch die Belegung der späten Friedhöfe erst im letzten Viertel einsetzte, scheinen die schwer von den Germanen heimgesuchten Gebiete in den letzten Jahrzehnten des 3. Jahrhunderts eine intensive Neubesiedlung erfahren zu haben.

Als am 1. 5. 305 Diocletian und sein Kollege Maximianus Herculius abdankten, die beiden Thronfolger Constantius Chlorus und Galerius Maximianus die oberste Gewalt übernahmen und zwei neue Caesares an deren Stelle traten, glaubte der alte Kaiser, durch seine Nachfolgeregelung dem Reich Bürgerkriege rivalisierender Thronanwärter für alle Zukunft erspart zu haben. Aber schon gut ein Jahr später, als Constantius Chlorus am 25. 7. 306 starb, brachen heftige Auseinandersetzungen um die Macht aus. Die Truppen in Britannien erhoben seinen Sohn Constantin zum Caesar, die Praetorianer und das Volk in Rom Maxentius, den Sohn des Herculius. Maxentius erklärte sich bald zum Augustus, konnte 307 den bisherigen Augustus des Westens, Severus, ausschalten und bemächtigte sich Norditaliens. Daraufhin ließ er die alten Straßen ausbauen und versuchte das zur Diözese Italien gehörige Raetien unter seine Herrschaft zu bringen. Ein großer Münzfund militärischer Gelder mit deutlichem Anteil von prägefrischen Maxentius-Prägungen, der im Sommer 308 am Kastell Kellmünz[235] in den Boden kam, zeigt uns, daß Maxentius dabei auf Widerstand stieß und aus dem Voralpenland wieder vertrieben wurde. Hierbei ist das Kastell Kellmünz in Flammen aufgegangen. Im Herbst 308 war jedenfalls der Weg nördlich der Alpen wieder frei, als Maximianus Herculius von Gallien nach Carnuntum zu einer Besprechung mit Galerius und Diocletian reiste[236]. Als Ergebnis davon erhielt das Reich in der Person des Licinius einen neuen weiteren Augustus. Die Folgezeit brachte nun immer wieder Kämpfe zwischen den einzelnen Herrschern, in deren Verlauf 323 Constantin die Alleinherrschaft erringen konnte.

Vom raetisch-norischen Gebiet ging wahrscheinlich ein Feldzug aus, der mit einem glänzenden Sieg am 27. 6. 310 geendet hat. In der Kirche von Abb. 158 Prutting bei Rosenheim steht heute noch der Weihealtar an Victoria Augusta, den Aurelius Senecio, Exzellenz und Oberbefehlshaber, durch Valerius Sambarra, den Hauptmann der dalmatischen Aquesianischen Reiter aus dem Feldheer *(per instantiam Valerii Sambarrae praepositi equitibus Dalmatis Aquesianis comitatensibus)*, der Göttin zum Heil der Kaiser Maximinus, Constantinus und Licinius als Dank für den Sieg widmete und durch den er in Erfüllung eines Gelübdes die Neuerrichtung des Viktoriatempels anzeigte. Nachdem der Stein erst 311/314 gesetzt wurde, muß die Truppe damals in der Nähe gelegen haben. Als nächster Ort von einiger Bedeutung, in dem im 4. Jahrhundert zeitweilig Militär stationiert war, kommt eigentlich nur *Pons Aeni* in Frage. *Pons Aeni* gehörte aber im 4. Jahrhundert zur Provinz Raetien, während man in Aurelius Senecio einen norisch-pannonischen Dux vermutet. Da weder der Feldzug noch die Truppe irgendwo sonst bekannt sind, müssen wir bei der Ausdeutung vorsichtig sein und uns mit der Vermutung Mommsens begnügen, nach der es sich um einen Sieg über Barbaren an der norischen Grenze gehandelt hat. Immer wieder wurden an Rhein und Donau örtliche Feindeinbrüche kleinerer Haufen abgewehrt und durch Vorstöße ins Barbaricum künftigen Angriffen vorzubeugen versucht. Raetien war jedoch hiervon nicht betroffen; seine Grenze blieb ruhig.

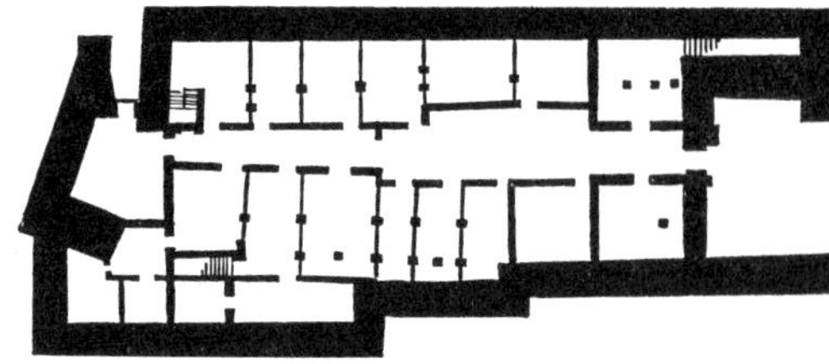

Plan des Kastells »Bürgle« bei Gundremmingen, Ldkr. Günzburg (nach Bersu). M. 1 : 1000.

Das Wiedererstarken der römischen Militärmacht, die erfolgreichen Kämpfe und die Schwächung der Barbaren durch das offensive Vorgehen hatten die akuten Gefahren für das Reich beseitigt. Der Ausbau weiterer Befestigungen an Rhein und Donau und die Anlage von Brückenköpfen als ständige Drohung gegen den Feind sollten die weitere Ruhe gewährleisten. In Raetien wurde damals das Bürgle bei Gundremmingen[237] *(Pinianis?)* zur starken Festung ausgebaut, deren Reste vor Jahrzehnten ausgegraben werden konnten. Der Ausgräber, G. Bersu, hat nach der Raumeinteilung und den Kochherden die Zahl der dort untergebrachten Soldaten mit 150 berechnet. Wenn nun die *Cohors V Valeria Frigum* tatsächlich dort stationiert war, so konnte sie selbst bei einer gegenüber früher stark verringerten Kopfzahl nie ganz im Kastell untergebracht gewesen sein. Man nimmt an, daß etwa die Hälfte der Truppe Wachdienst in Türmen und Kleinkastellen *(burgi)* an der Grenze versah. Auch die Befestigung auf dem Goldberg bei Türkheim[238] ist in constantinischer Zeit hinter bis zu 4,5 m starken Mauern und 8 Türmen neu aufgebaut worden. Daß allerdings dort eine kleinere Wachtruppe für die Straßensicherung gelegen hat, läßt sich mit guten Gründen annehmen. Man hat ja damals an den wichtigen Straßen zur Sicherung Wachttürme errichtet, wie Ausgrabungsbefunde an der Verbindung von Augsburg nach Kempten beweisen. Hand in Hand damit ging entsprechende Pflege und Erneuerung der Straßen, denen für die nun oft notwendige rasche Verschiebung von Truppen und Nachschub lebenswichtige Bedeutung zukam. Meilensteine Constantins des Großen, wie jener von Chieming an der Straße Augsburg–Salzburg, bringen uns Hinweise in dieser Richtung.

Durch die Verstärkung des Heeres und seine bessere Organisation kamen zusätzliche Truppen nach Raetien. Von der *Ala I Flavia Raetorum* in Künzing wissen wir nach ihrem Beinamen, daß sie in der Zeit des Flavius Valerius Constantinus neu aufgestellt oder reorganisiert wurde; von anderen können wir die Verlegung nach Raetien nur vermuten. Über die Ausrüstung und Bewaffnung der Soldaten im 4. Jahrhundert unterrichten uns verhältnismäßig wenige Funde, verglichen mit dem Reichtum aus früheren Jahrhunderten. Die beiden in Augsburg herausgekommenen Prunkhelme stammen sicher von Offizieren der Gardereiterei beim Stab des Oberbefehlshabers; sie haben eine eiserne Kalotte (Kopfhaube), waren mit Silber überzogen und dann vergoldet. Einer der Stabsoffiziere, wenn nicht gar der Dux selbst, ist es gewesen, der den goldenen Ring mit der Treuebekundung an Constantin getragen hat. Wir lesen hier: *Fidem Constantino* (dem Constantin die Treue).

Abb. 159, 172

Abb. 160

Die Hauptwaffe war nach wie vor das Schwert. Das Kurzschwert *(gladius)*, das in der römischen Republik und frühen Kaiserzeit einer der Gründe

Rekonstruktion des Kastells »Bürgle«.

für die Überlegenheit der Legionare war, hatte sich in den schweren Kämpfen des 3. Jahrhunderts mit den meist berittenen Gegnern ebensowenig bewährt wie das im 2. Jahrhundert aufgekommene leichte Ringknaufschwert. So verschwanden um die Mitte des 3. Jahrhunderts diese Formen, und das lange, gerade, zweischneidige Hiebschwert *(spatha)* wurde allgemein als Waffe üblich. Dem Schutz der Spitze in der Scheide (Ortband) diente ein gerader Bronzebeschlag[239], obschon auch das eigentlich zum Ringknaufschwert gehörige dosenförmige Ortband noch verwendet wurde. Eine feine, mit Schwarzsilber (Niello) verzierte, runde Silber-
Abb. 160 scheibe aus Augsburg stellt den sichtbaren Teil eines Dosenortbandes aus dem 4. Jahrhundert dar[240]. Da die Truppen schnellbeweglich und zudem für die Abwehr eines berittenen Gegners geeignet sein mußten, war die Reiterei zu immer größerer Bedeutung gekommen. Sporen aus Bronze und Eisen, die in den Kastellen Isny und Seebruck sowie in der Nähe von Karlstein bei Bad Reichenhall gefunden wurden, legen ebenso wie bronzene Schmuckbeschläge vom Pferdegeschirr aus dem Bürgle ein archäologisches Zeugnis von der Anwesenheit von Reiterei im raetisch-norischen Voralpenland ab. Wichtige Waffen blieben auch in der Spätzeit Lanze und Pfeil, deren eiserne Spitzen zusammen mit den Bolzen für Geschütze an allen Plätzen dieser Zeit vorkommen.

Für die Uniform charakteristisch sind die prächtigen Bronzebeschläge für Ledergürtel, wie sie sicherlich nur Dienstgrade getragen haben. Typisch für das ausgehende 4. Jahrhundert sind verschiedene Zierweisen: Aus
Abb. 161 Grab 23 des Skelettgräberfriedhofs von Weßling stammt eine sehr schöne, kerbschnittverzierte Koppelgarnitur, auf der phantastische Tiergestalten

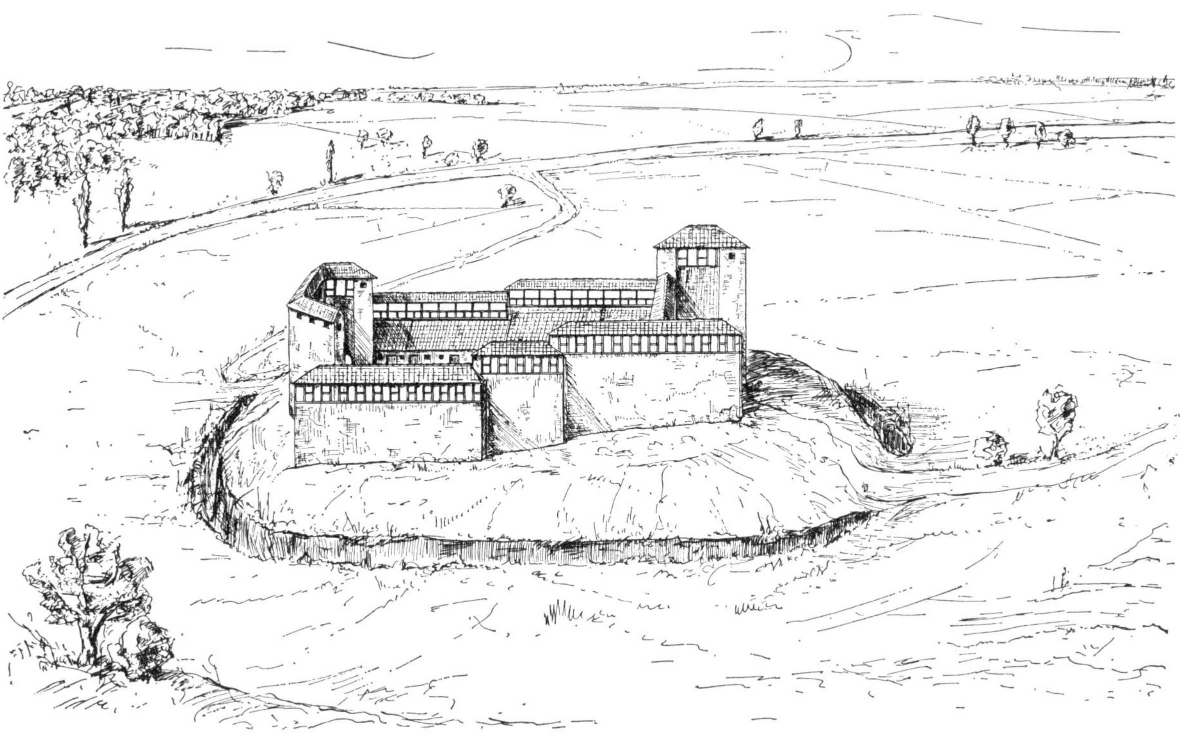

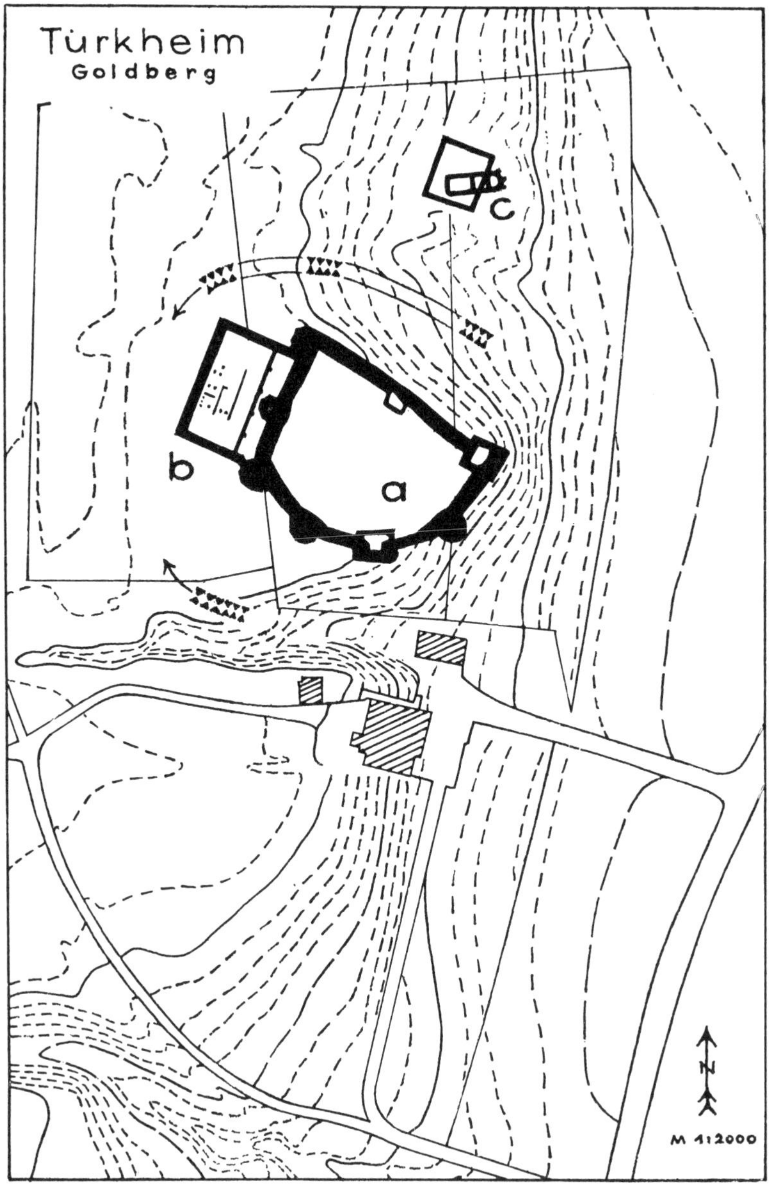

Lage der Befestigung auf dem Goldberg bei Türkheim (nach Walke).

der Abwehr böser Mächte dienen sollten. Ein anderes Grab desselben Friedhofs enthielt ebenfalls eine reiche Garnitur, auf der mittels Punzen Ornamente angebracht waren. Gepunzt waren auch die Koppelbeschläge der vielteiligen Garnitur von Altenstadt bei Schongau aus einem Gräberfeld, in dem die Toten der die Straße Füssen–Augsburg schützenden Befestigung auf dem Burklaberg bestattet wurden. Die sogenannten Zwiebelknopffibeln, die ihren Namen von den drei zwiebelförmigen Knöpfen an ihrer Vorderseite haben, wurden im 4. Jahrhundert vorwiegend vom Militär, aber auch von der Zivilbevölkerung getragen. Wir kennen aus Raetien einfache Exemplare dieser Gattung ebenso wie prachtvolle große

Stücke mit Aufschrift und Vergoldung. Die sonstigen Gebrauchsgegenstände und Keramik, die das Militär verwendete, waren die gleichen, wie sie die Zivilbevölkerung im Gebrauch hatte. Lediglich eine bestimmte Sorte von Eifelkeramik aus dem Töpferzentrum Mayen wurde in unsere Gegend nur von hierher verlegten oder hier durchziehenden Truppen gebracht.

Die im 3. Jahrhundert stark zusammengeschmolzene Zivilbevölkerung lebte in der constantinischen Zeit wieder mit größerer Sicherheit als früher, mußte sich aber in unseren stets bedrohten Grenzprovinzen weitgehend auf die Bedürfnisse des Militärs und der Grenzverteidigung ausrichten. Die Versorgung der Truppe, die Sicherung des Nachschubs und alles, was damit zusammenhing, waren die bestimmenden Faktoren. Diese Umstände und die vorhergegangenen Verheerungen bewirkten, daß das Leben nie mehr das frühere Niveau erreichte und trotz einer bescheidenen Prosperität stets ärmlich blieb. Dazu trug die veränderte Siedlungsweise bei. Die alten, mehr oder weniger reichen Gutshöfe wurden nicht wieder aufgebaut und nur selten in verringertem Umfang nochmals benützt. Für Einzelhofsiedlungen war die Lage ziemlich unsicher. Die überlebende Bevölkerung hatte sich zum besseren Schutz zusammengefunden und kleine Städte und Dörfer als befestigte Höhensiedlungen errichtet. Manchmal benützte man die rasch gebauten Fliehburgen des 3. Jahrhunderts.

Damals bildeten sich bereits wesentliche Elemente des mittelalterlichen Burgenbaus heraus. Das Baumaterial nahm man sich, soweit vorhanden, wieder aus den Steinen, Inschriften und Grabdenkmälern der zerstörten Plätze. Von den Wohnhäusern dieser kleinen Städte und Dörfer war kaum mehr eines in Stein gebaut; als Material diente durchweg Holz, ein weiteres Zeichen der gründlichen Änderung der Verhältnisse. Die Vergänglichkeit der Holzbauten ist der hauptsächliche Grund dafür, daß bisher noch kein archäologischer Nachweis ländlicher Siedlungen vorliegt, obschon zahlreiche entdeckte Friedhöfe zumindest für bestimmte Gegenden eine breite Besiedlung nachweisen. Wie allerdings diese Ansiedlungen ausgesehen haben, wie sie angelegt waren und welche Größe sie hatten, entzieht sich unserer Kenntnis; es ist ja erst 30 Jahre her, daß neue Grabungsmethoden den Nachweis frühgeschichtlicher Holzbauten unter den Erhaltungsbedingungen des bayerischen Raumes in größerem Umfang erlauben.

Augsburg war auch im 4. Jahrhundert als Hauptstadt der Provinz *Raetia secunda* und Sitz des militärischen Oberbefehlshabers beider Raetien sicherlich ein Zentrum städtischen Lebens mit zahlreicher Bevölkerung.
Abb. 162 In Regensburg nahm die wiederhergestellte und verstärkte Befestigung des früheren Legionslagers nun neben einem Teil der 3. italischen Legion
Abb. 164 zusätzlich die ansässige Zivilbevölkerung auf. Die klein gewordenen Städte Kempten-Burghalde und Bregenz-Oberstadt beherbergten in ihren Mauern ebenfalls die Bevölkerung und ein militärisches Kommando. Den Bewohnern des Vicus *Abodiacum* auf dem Lorenzberg oblag Betreuung und Schutz der Straßenkreuzung und der Lechbrücke. Vor der Zerstörung durch den Schotterabbau wurde Ende der zwanziger Jahre unter Zeitdruck das kleine befestigte Dorf auf dem Moosberg bei Murnau unter-

sucht[241]. Hier gab es wieder nur einfachste Holzbauten. Fast doppelt so lange liegt die Grabung in der »Römerschanze« südlich Grünwald zurück[242]. Auf einem Sporn der Hochterrasse über der Isar an der Straße Augsburg—Salzburg lag ein befestigter Straßenort mit Steinsockel- und Lehmfachwerkhäusern. Hier in Grünwald ebenso wie in den gleichzeitigen Anlagen von Stoffersberg bei Landsberg, vom Schloßberg in Landsberg selbst, von Widdersberg in der Nähe des Ammersees und von Valley nördlich Miesbach[243] ist eine planmäßige archäologische Erforschung durch die mittelalterlich-neuzeitliche Überbauung außerordentlich behindert. Dies ist nicht der Fall bei der wichtigen Straßenstation *Pons Aeni*[244] nördlich Rosenheim, wo im 4. Jahrhundert sogar zeitweise Truppen stationiert waren. Die 1967 dort begonnenen planmäßigen Ausgrabungen trafen eine sehr günstige Forschungssituation an; sie führten zur Aufdeckung eines spätrömischen Tuffbaues von 13 m Breite und mindestens 20 m Länge, weiterer Steinbauten und 1974 zur Feststellung der ersten Spuren des Kastells. In Seebruck[245] hatte sich der Vicus noch im 3. Jahrhundert auf seinem höchsten Punkt in eine kleine quadratische Befestigung von ca. 27 m Seitenlänge zurückgezogen. Diese Festung war auf 2 Seiten durch den Chiemsee und die Alz geschützt; im Mittelalter baute man die Dorfkirche in das Kastell und benützte das Gelände als Friedhof. So ist der Boden vielfach umgeackert, und es besteht nur wenig Chance für erfolgreiche Grabungen. Die Stadt *Iuvavum* (Salzburg) lebte, wohl ebenfalls befestigt, z. T. auf dem Nonnberg weiter, wo im Mittelalter dann die heute noch so eindrucksvolle Festung der Fürstbischöfe entstand[245a].

Obwohl sich Wirtschaft und Handel durch die wiedergewonnene Sicherheit langsam erholten, waren die Verhältnisse keinesfalls mit den früheren vergleichbar. Die wesentlichste Erwerbsquelle der Bevölkerung stellte Landwirtschaft, Ackerbau und Viehzucht, dar. Wir können annehmen, daß sich hierbei nichts Grundsätzliches gegenüber den vergangenen Jahrhunderten geändert hat. Die Auswertung der Tierknochenfunde vom Lorenzberg bei Epfach bestätigte dies für die Viehzucht[246]. Wichtigstes Nutztier war das Rind, gefolgt in einigem Abstand vom Schwein und schließlich von Schaf und Ziege. Die Bevölkerung der kleinen Städte und Dörfer war Selbstversorger in der Ernährung und fertigte ihre Geräte aus Eisen und Holz selbst. In den Schmieden, die auf dem Moosberg und in der »Römerschanze« bei Grünwald aufgedeckt wurden, arbeitete man Abb. 163
ebenso für den lokalen Bedarf wie für den durchziehender Soldaten. Durch den Verkauf von landwirtschaftlichen Produkten an die Truppe und durch Dienstleistungen für das Militär kamen die Leute zu Geld, für das sie dann über den Handel die Waren beziehen konnten, die sie nicht selbst herstellten.

Besondere Arten von feiner Keramik (Terra Sigillata Chiara) wurden aus dem Mittelmeergebiet, ja bis aus Afrika bezogen. Die gewohnte Form der Sigillataschüssel, jetzt allerdings mit Rädchenverzierung, kam aus Abb. 165
dem Argonner Wald bei Verdun[247]. Feuerfeste Becher, Töpfe und Schalen aus Lavez (Speckstein) wanderten in großer Zahl über die Alpen aus dem Veltlin und aus dem Bergell, und auch Glas aus rheinischen Fa-

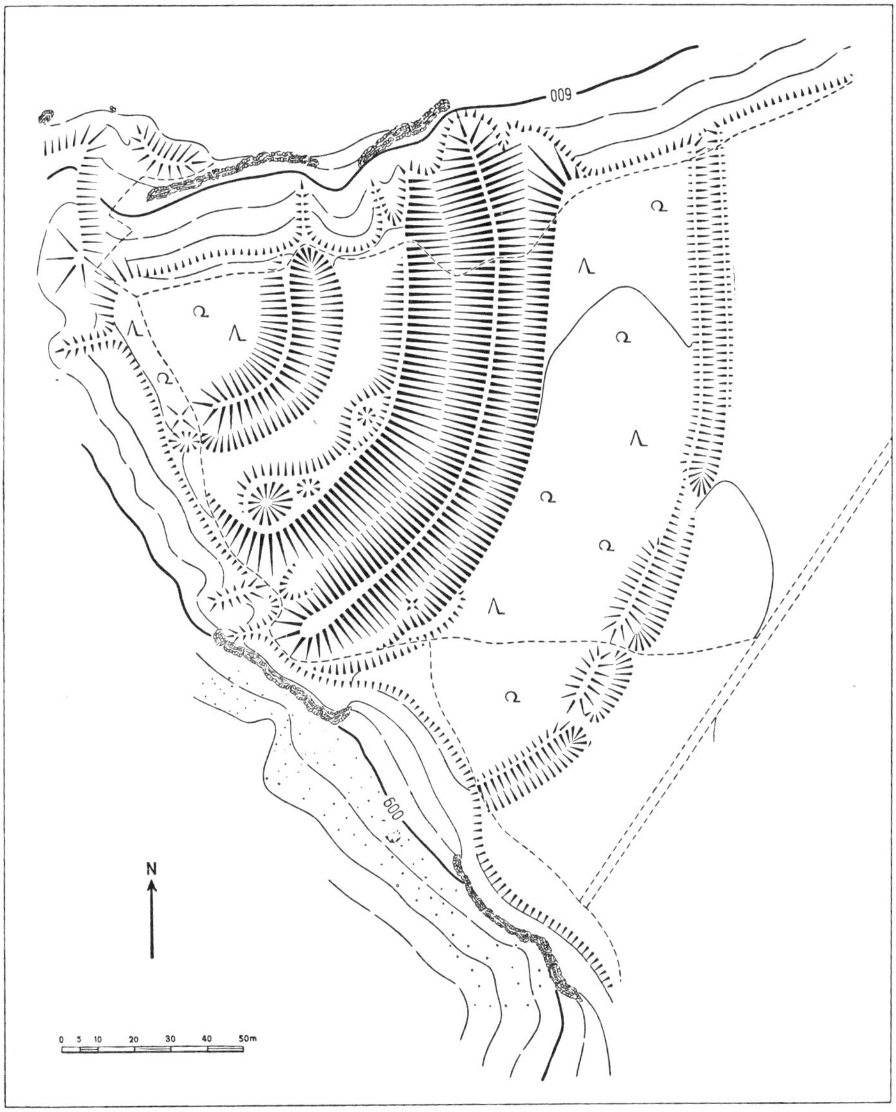

»Römerschanze« bei Grünwald südlich München (nach Wagner). Außenwall mit Graben und mittlerer Doppelgraben mit Wall = mittelalterlich.

briken wurde bei uns verkauft. Größere Manufakturbetriebe waren damals in Raetien spärlich; die Legionsziegelei in Bad Abbach arbeitete wieder, und in Bregenz-Lochau entstand eine Ziegelei unter den Meistern Carinianus und Carinus[248], die außer Bregenz die Kastelle Kellmünz und Bürgle sowie Augsburg und Westheim belieferte. Kleinere Metallwerkstätten stellten in den raetischen Provinzen einfachen Bronzeschmuck und Fibeln, Töpfereien die viel verbreiteten glasierten Reibschalen her.

Voraussetzung für jeden Handel war ein geordnetes Währungssystem. Constantin der Große hatte die Reformierung des Münzwesens weiter gefördert und eine neue Goldmünze, den Solidus, zu $^1/_{72}$ des römischen Pfundes geschaffen. Dieser Solidus (und später auch seine Teilstücke) wurde in großen Mengen ausgeprägt, verbreitete sich weit über das

Römische Reich hinaus und blieb für viele Jahrhunderte die wichtigste Goldmünze der damaligen Welt. Er entsprach 24 Siliquen in Silber und einer größeren Anzahl von Kupferstücken, Folles genannt. Über die Entwicklung der Preise wissen wir wenig, doch scheint eine stetig fortschreitende Verteuerung und damit eine Reduzierung der Kupfermünzen eingetreten zu sein. Abb. 166

Die Friedhöfe wurden, wie bisher, außerhalb der Siedlungen an den Straßen angelegt. Nachdem aber schon im 3. Jahrhundert die Brandbestattung immer mehr gegenüber dem Körpergrab zurückgetreten ist, finden wir im 4. Jahrhundert fast nur noch Skelettgräber in Rückenlage, teilweise in steinernen Sarkophagen. Der Einfluß aus dem Orient kommender religiöser Strömungen, vor allem des Christentums, bewirkte diese entscheidende Veränderung. Geblieben war die Sitte, dem Toten Beigaben mit ins Grab zu legen, z. B. Trachtzubehör, Schmuck und eine Schale oder einen Krug für die Wegzehrung. Allerdings sind die Sachen immer bescheiden; nur selten gibt es bei uns in Gräbern des 4. Jahrhunderts Edelmetall, wie in einer Frauenbestattung aus München-Harlaching an der Hochleite. In Burgheim hatte eine Frau ihre Hochzeitsgabe, ein hölzernes Schmuckkästchen mit reichem Bronzeblechzierat und Spiegel mit auf den Weg ins Jenseits bekommen. Ein reich in Schlifftechnik verziertes Glas aus dem Friedhof Augsburg-Frölichstraße stellt in dieser Qualität für Raetien eine Seltenheit dar. Augsburg, Regensburg, Burgheim und Bregenz sind bisher auch die einzigen Orte in Raetien, wo mittelkaiserzeitliche Brandgräberfelder kontinuierlich mit Skelettbestattungen weiterbelegt wurden. Die meisten späten Friedhöfe sind klein und enthalten höchstens einige Dutzend Gräber. Abb. 169

Schon das Totenbrauchtum mit seinen geringen und einfachen Beigaben in nur wenigen Arten und Typen zeigt uns: Der Formenreichtum der früheren Jahrhunderte war einer starken Vereinheitlichung und Typisierung gewichen. An Gewandspangen waren nur noch Zwiebelknopffibeln in Gebrauch. Anspruchslos und über das ganze Reich hinweg gleichartig waren die Glasperlenketten; die Armreifen bestanden aus gedrehtem, mehrfachem Bronzedraht, aus einem glatten Bronzereif mit schlichten Schlangenköpfen an den Enden und gar aus Gagat oder Knochen. Auch bei der Keramik verarmten Formenreichtum und Ornamentik. Als die Leute nach der großen Katastrophe von 259/60 die Fluchtburgen aufsuchten, hatten sie unter ihren Töpfen noch die späteste Reliefsigillata mit ihrem zwar schon nicht mehr so sorgfältigen, aber doch noch abwechslungsreichen Dekor. Für die Benutzungsdauer der Sigillata von Pfaffenhofen ist recht bezeichnend, daß Reliefsigillata nach Art des Helenius im Gräberfeld von Weßling und solche des Dicanus in den spätrömischen Befestigungen von Valley und Seebruck als frühestes gefunden wurde. Aus den Sigillataschalen mit dem vielfältigen Reliefdekor wurden nun solche der gleichen Form mit eintönigem Rädchenmuster. Die vielen anderen Sigillataformen waren verschwunden. Fast untergegangen in der Armseligkeit der Zeit war die Sitte, Weihesteine zu stiften und Grabsteine zu setzen. Ganz vereinzelt nur eröffnet sich uns auf diesem Wege noch ein Einblick in die Verhältnisse der Bevölkerung. Abb. 168 Abb. 167

Das Christentum war vor dem 3. Jahrhundert kaum in nennenswertem Maße in die Provinzen nördlich der Alpen gelangt. Durch die vielen orientalischen Mysterienkulte mit ihren formalen Riten war im 3. Jahrhundert der christlichen Religion der Weg nach Westen und Norden bereitet worden. Seit dem Ende des Jahrhunderts[249] muß es in Augsburg eine christliche Gemeinde gegeben haben. Etwa gleichzeitig faßte die neue Religion in Regensburg und *Lauriacum* Fuß. Bei den diocletianischen Christenverfolgungen erlitt 304 die heilige Afra in Augsburg den Märtyrertod und wurde vor den Mauern der Stadt begraben. Im Zuge derselben Verfolgung stürzte man den heiligen Florian, den ehemaligen Bürovorsteher des Statthalters, wegen seines Glaubens bei *Lauriacum* in die Enns. Auch in Regensburg mußten Blutzeugen für ihren christlichen Glauben sterben. Wir kennen ihre Namen nicht. Durch den zwischen
Abb. 170 Kumpfmühl und dem Jakobstor gefundenen Grabstein einer Sarmannina wissen wir, daß sie »bei den Gräbern der Märtyrer« zu Frieden und Ruhe bestattet wurde. Weitere Grabsteine mit christlichen Inschriften aus dem 4. Jahrhundert wurden in Augsburg und Wels *(Ovilava)*, dem Sitz der Zivilverwaltung von *Noricum ripense*, entdeckt. Nachdem das Christentum durch Constantin I. d. Gr.[249a] seit 312/313 als Religionsgemeinschaft an-
Abb. 171 erkannt war, breitete es sich rasch über das Land aus. Ein Fingerring aus Eining mit der Aufschrift: *Vivas in Deo* (mögest du in Gott leben) und eine Tonlampe mit Christogramm vom Lorenzberg seien nur als Beispiele der archäologischen Zeugnisse genannt. Vielleicht war schon der eine oder andere spätrömische Bau, wie jener rechteckige ohne Chor und Apsis auf dem Lorenzberg, eine christliche Kirche. In der 2. Hälfte des 4. Jahrhunderts bekannten sich die Bewohner Raetiens und Noricums, vor allem
Abb. 173, 179 aber die der Städte, wie Augsburg, Regensburg, Salzburg und Chur, überwiegend zum Christentum. Augsburg und Chur sind wahrscheinlich, Regensburg vielleicht damals schon Sitz eines Bischofs gewesen.

Das Ende kündigt sich an

Als nach dem Tode Constantins I. 337 im Reich seine drei Söhne Constantin II., Constans und Constantius II. gemeinsam die Herrschaft übernahmen, blieb die Lage noch einige Zeit ruhig. Da erhob sich gegen den im Westen regierenden Constans im Januar 350 in Autun *(Augustodunum)* Magnus Magnentius[250], ein comes und Heerführer barbarischer Abstammung, maßte sich die Kaiserwürde an und ließ Constans auf der Flucht töten. Rasch fiel dem Usurpator die ganze westliche Hälfte des Reiches zu, worauf dieser mit seinem Heer zum Entscheidungskampf gegen Constantius II. nach dem Südosten marschierte. Dies bedeutete die Entblößung der Rheingrenze von den wesentlichen mobilen Truppen. Eine verstärkte Bedrohung der Rheinlinie scheint die unmittelbare Folge gewesen zu sein, weshalb sich Magnentius um die Jahreswende 351 genötigt sah, seinen Bruder Decentius zum Caesar zu ernennen und ihm den Schutz dieser Grenze anzuvertrauen. Constantius II. hatte auf seinem Zug gegen Magnentius Illyrien erreicht und sein Heer mit dem des dortigen Gegenkaisers Vetranio vereinigt. Nach verschiedenen wechselnden Kämpfen

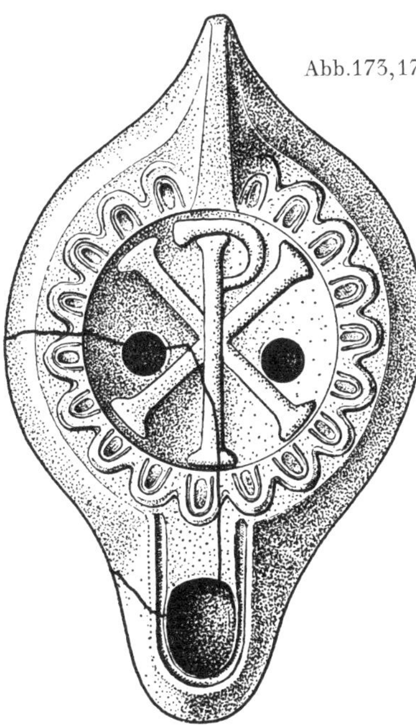

Christliche Tonlampe vom Lorenzberg bei Epfach. M. nicht ganz 3 : 4.

kam es im September 351 zu der großen Schlacht bei Mursa, in der zwar Constantius II. den Sieg errang, aber die römische Abwehrkraft durch den Tod von über 50000 Soldaten entscheidend geschwächt wurde. Die germanischen Angriffe verstärkten sich bei dieser Lage immer mehr und gipfelten schließlich in einem massiven Überfall alamannischer und fränkischer Stämme längs der ganzen Rheinlinie 352. Nordostgallien, das Elsaß und der nördliche Teil der Schweiz gingen verloren[251]. Die Alamannen und Franken empfanden diese Eroberung als so endgültig, daß sie im Gegensatz zu den bisherigen Plünderungszügen das Land in Besitz nahmen und die Äcker bebauten.

Von einem dieser Einfälle wurde auch *Raetia prima* stark betroffen. Die Zerstörung der Höhensiedlung auf Krüppel ob Schaan und der Provinzhauptstadt *Curia* (Chur) sowie Münzschätze von Pizokel bei Chur, von St. Luzisteig, Graubünden, und vom Theodulpaß im Wallis zeigen an, welchen Weg die alamannischen Haufen im Alpenrheintal zu nehmen versuchten[252]. Nachdem 353 Magnentius vernichtet war, ging der Kaiser gegen die Alamannen vor. Im Winter 354 erreichte er die Festung bei Kaiseraugst *(Castrum Rauracense)* und schloß mit Alamannenkönigen Frieden. Später, wohl 355, soll Constantius II. nach Raetien (sicherlich Raetia I) gekommen sein, wie uns Ammianus Marcellinus, ein Offizier, der die Ereignisse selbst miterlebt und ausführlich aufgezeichnet hat, berichtet. Auf den caninischen Gefilden in der Nähe von Bellinzona fand ein Kriegsrat in Gegenwart des Kaisers statt, auf Grund dessen der *Magister equitum* Arbetio wahrscheinlich über den Bernhardin und Chur zum Bodensee vorstieß und den alamannischen Teilstamm der Lentienser besiegte. Spätestens jetzt war auch in diesem Teil Raetiens die Lage wiederhergestellt. Da die Textstelle bei Ammianus Marcellinus hier nicht ganz klar ist, könnte nach F. Staehelin der Kriegsrat erst in der Nähe von Bregenz stattgefunden haben. Der 353 schließende Münzschatz von Fussach kann mit diesen Kämpfen in Verbindung stehen.

Da es jedoch noch nicht gelungen war, ganz Gallien zu befreien, nahm Constantius II. seinen Vetter Julian im November 355 zum Caesar und Mitregenten an. Um den Druck auf die Hoch- und Oberrheingrenze zu beseitigen, erschien Constantius II. 356 nochmals in Raetien, wo er den Rhein westlich des Bodensees überschritt und gegen die Alamannen vorrückte, während Iulian weiter im Norden gleichzeitig gegen denselben Gegner operierte. Als diese Kämpfe noch im Gange waren, fielen 356/357 »Sueben in Raetien« ein, und von 357 berichtet Ammianus Marcellinus (17. 6, 1): »Um diese Zeit verletzten die Juthungen, eine alamannische Völkerschaft an der Nordgrenze Italiens, die Verträge, die sie selbst einst durch Bitten erlangt hatten, und brachen in Raetien ein, versuchten auch sogar Städte zu belagern, was sonst nicht in ihrer Gewohnheit lag.« Die ruhigen Jahrzehnte vorher hatten im Voralpenland nicht zur Niederlegung von Münzschätzen geführt; wenigstens kennen wir bis heute keine. Mit dem Juthungeneinfall beginnen wieder Schatzfunde von der Not der Bevölkerung zu zeugen und erläutern uns gleichzeitig, welche Plätze und Gegenden besonders zu leiden hatten. In erster Linie scheint dies Regensburg gewesen zu sein; dort kam 1900/01 auf dem Domplatz, also

153 *Schwarze Firnisbecher mit weißer Schrift (sog. Spruchbecher), links Potzham bei München, Grab 5 (H. 19,8 cm), rechts München-Berg am Laim, Grab 3 (H. 18,4 cm). 2. Hälfte 3. Jh./Anfang 4. Jh.*

154

155

156

157

154 *Der Moosberg im Murnauer Moos (in der Bildmitte) bei Hochwasser im Winter 1927/28.* — **155** *Fragment einer Ehreninschrift für Probus von 281 n. Chr. aus Augsburg. H. 89 cm.* — **156** *Lage des Lorenzberges in der Lechschleife bei Epfach, Blick vom gegenüberliegenden Ufer nach Süden.* — **157** *Schatzfund von 1970 aus dem Kastell Vemania (Isny) mit annähernd 400 stempelfrischen Antoninianen des Probus.*

159

158

158 *Weihealtar an Victoria für einen Sieg am 27. 6. 310, in der Kirche von Prutting, Ldkr. Rosenheim. H. 152 cm.* — **159** *Eisenhelm, überzogen mit vergoldetem Silberblech, gef. Augsburg-Pfersee (zusammen mit dem Helm Abb. 172).* — **160** *Augsburg: Silbernes Dosenortband als Schwertscheidenabschluß mit Nielloverzierung und goldener Fingerring mit Treuebekundung an Constantin d. Gr., unten Ansicht, oben Abrollung. Originalgröße.* — **161** *Kerbschnittverzierte Bronzegürtelgarnitur aus Grab 23 von Weßling. Beim großen Schnallenbeschlag rechts und an der Schnalle Fabelwesen und Tierköpfe. Originalgröße.*

160

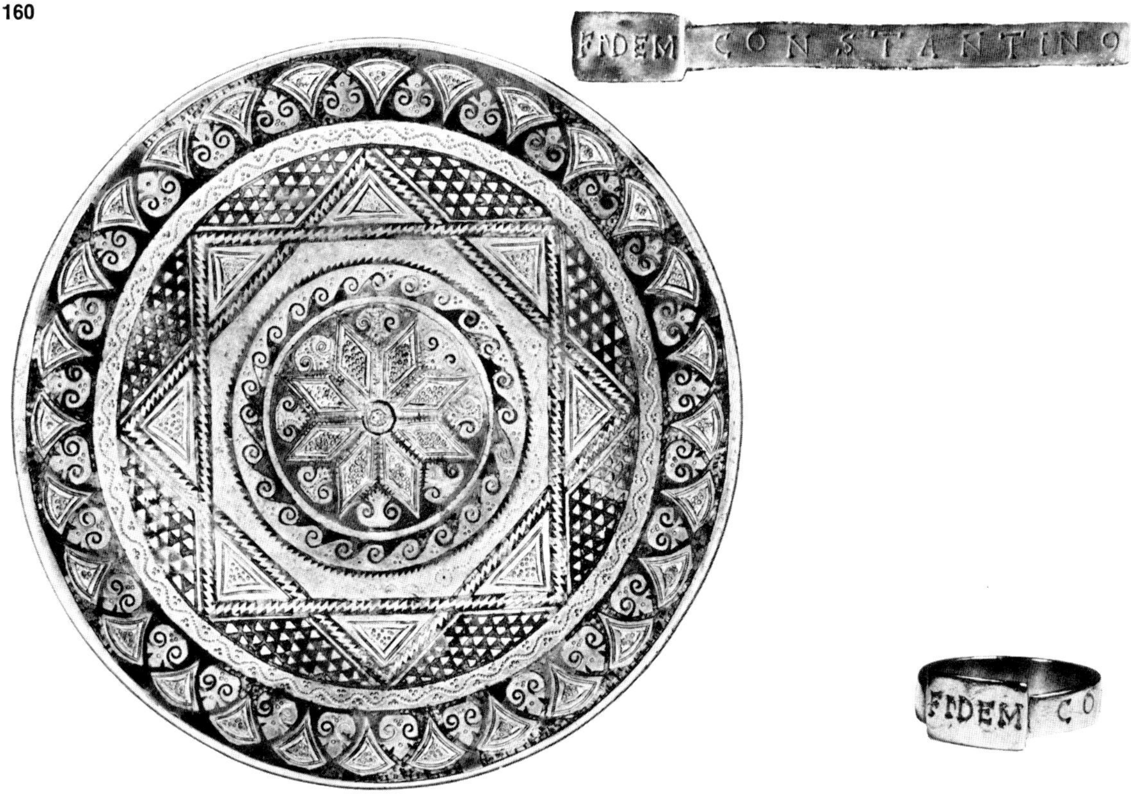

161

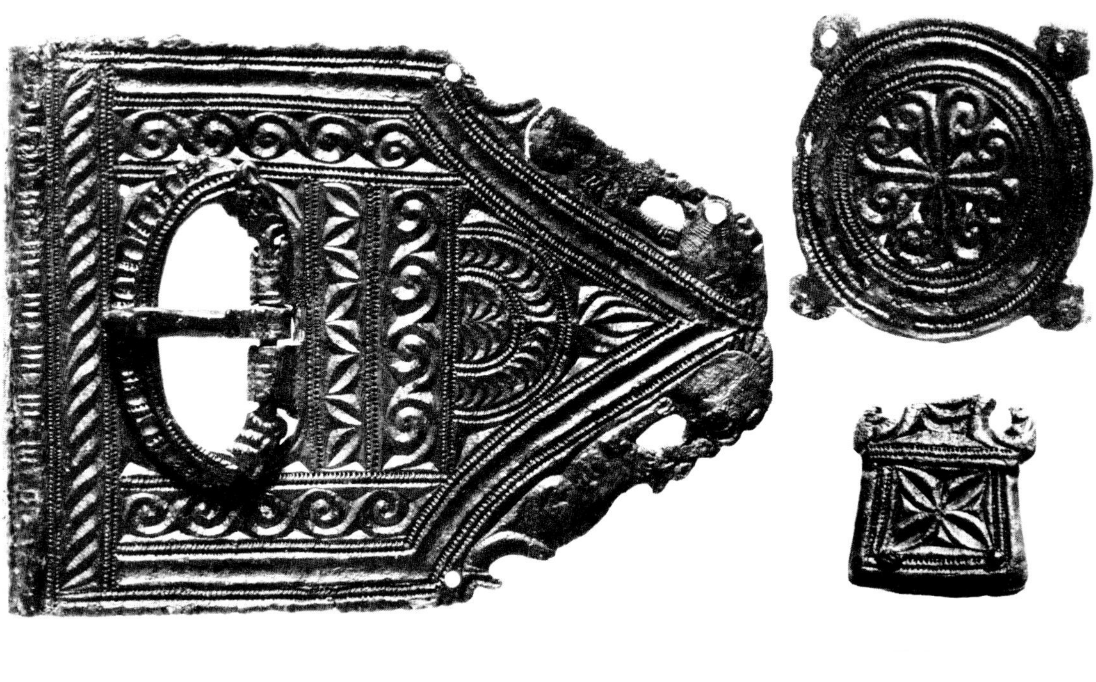

162

162 *Die heute noch erhaltenen Teile der spätrömischen Porta Praetoria in Regensburg. In der Mitte Torturm, rechts Toröffnung.* — **163** *Geräte der spätrömischen Schmiede in der »Römerschanze« südlich Grünwald bei München.* — **164** *Fußboden aus Ziegeln und Solnhofer Steinen von einem spätantiken Bau, bei der Aufdekkung durch Kanalisationsanlage auf dem Alten Kornmarkt in Regensburg 1901.* — **165** *Spätrömische Gefäße aus Ton und Lavez, in der Mitte Rädchensigillata von Klettham (H. 11 cm), rechts glasierte Reibschale von Füssen.* — **166** *Münzen des 4. Jh.: Von links Solidus des Theodosius, Siliqua des Gratian von Moniberg, Follis des Galerius Maximianus aus München, Großkupfer des Julian und Maiorina des Constantius II. vom Moosberg, Follis des Constans aus Gauting, unten Centenionalis des Theodosius von München-Denning. Originalgröße.* — **167** *Bronzene Armreifen aus Körpergräbern von Künzing.* — **168** *Schmuck aus Silber (rechts) und Glas mit Bronze aus Grab 8 von München-Harlaching (Hochleite). Verkleinert.*

163

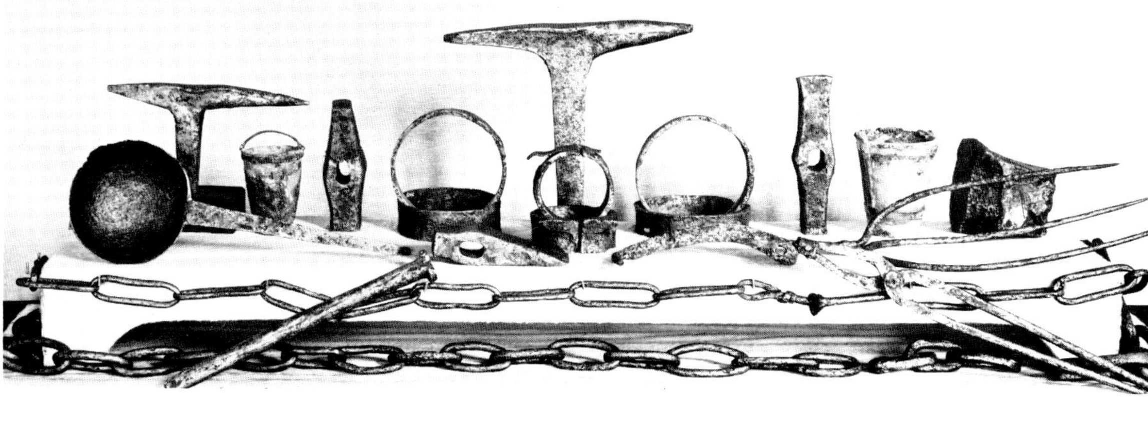

164

165

166

167

168

innerhalb der Befestigungsmauer, ein Münzschatz von ca. 140 Kupfermünzen in einer Schicht von Brandschutt heraus, der nach 355 in den Boden gelangt war[253]. Ein Fund ähnlicher Zeitstellung wurde 1887 bei den Grabungen im spätrömischen Kastell Eining ebenfalls im Brandschutt entdeckt. Zwei mangelhaft bekannte Münzfunde, einer aus der Nähe von Frauensattling bei Vilsbiburg und einer in Salzburg, können demselben Fundhorizont angehören. Bei den Ausgrabungen auf dem Lorenzberg bei Epfach stellte sich heraus, daß die Siedlung mit ihren Holzhäusern bald nach 350 abgebrannt ist. Ein außerhalb der Befestigung auf dem Goldberg bei Türkheim gelegenes Gebäude wurde zur selben Zeit zerstört. In beiden Fällen ließ sich jedoch nicht sicher feststellen, ob nun die Alamanneneinfälle 352/353 oder die Juthungeninvasion 357 die Ursache waren. Nachdem die meisten Friedhöfe des flachen Landes damals für eine Zeitlang oder für immer aufhörten, scheinen alle genannten Beobachtungen in Flachlandraetien zu demselben großen Verheerungshorizont zu gehören.
Über den folgenden Feldzug gegen die Juthungen lassen wir am besten Ammianus Marcellinus (17.6,2) selbst berichten: »Zu ihrer Bekämpfung wurde mit einer starken Truppenabteilung Barbatio ausgeschickt, der anstelle des Silvanus zum *magister peditum* aufgerückt war, ein Mann ohne Tatkraft, aber recht wortreich. Nachdem er die Kampfeslust der Soldaten gestärkt hatte, bezwang er die zahlreichen Gegner so total, daß lediglich ein verschwindend geringer Anteil, der aus Furcht vor der Gefahr sein Heil in der Flucht gesucht hatte, mit Mühe entkommen konnte und seine heimischen Götter nur mit Tränen und Wehklagen wiedersah. In dieser Schlacht hatte Nevitta, der spätere Consul, als Führer einer Reiterabteilung teilgenommen und seine Tapferkeit aufs neue unter Beweis gestellt«. Mit diesem Sieg war die unmittelbare Gefahr für Flachlandraetien noch einmal abgewehrt.

Im Herbst 357 konnte Julian durch einen Sieg über die Alamannen bei Straßburg die Rheingrenze sichern. Dem Zeitgenossen Ammianus Marcellinus verdanken wir – im sechzehnten Buch seines Geschichtswerkes – eine ausführliche und außerordentlich lebhafte Schilderung der einzelnen Phasen dieser Schlacht, die uns einen typischen Einblick in die Kampfweise jener Zeit gibt. Trotz der fortgeschrittenen Jahreszeit unternahm Julian gleich nach seinem Erfolg einen Einfall in das rechtsrheinische Gebiet, um die Alamannen zu schwächen. Der Bericht darüber könnte der Schilderung eines modernen Guerilla-Kampfes entnommen sein; wir lesen hier: »Nach ungefähr 10 Meilen kam man an einen schrecklich dunklen Wald und machte halt. Ein Überläufer sagte aus, in unterirdischen Höhlen und vielfachen Gräben stecke eine große Menge Feinde, zum Überfall bereit. Dennoch ging man mutig vor, fand aber die Wege verlegt durch Verhaue von Eichen- und Eschenstämmen. Nun ging es wieder etwas zurück, und zum größten Bedauern aller fand sich, daß man nur auf weiten, beschwerlichen Umwegen weiter vorwärts kommen könne.« Julian legte daraufhin einen festen Stützpunkt an der Mündung der Nidda in den Main an und zog sich auf linksrheinisches Gebiet zurück.

In den folgenden Jahren hielten die Alamannen und Juthungen weitgehend Ruhe, und innerhalb der römischen Grenzen wurden die Folgen der Zerstörungen langsam wieder überwunden. Da brachen unvermutet gegen Ende des Winters 361 Alamannen zu einem Raubzug über den Rhein in Raetia I ein, worauf Julian durch einen Vergeltungsangriff über den Fluß seinerseits Vorsorge gegen weitere Angriffe traf. Eine solche Entlastung hatte er dringend nötig, da er zur Auseinandersetzung mit Constantius II. nach dem Osten ziehen mußte. Julian brach mit seinem Heer von Kaiseraugst bei Basel in drei Marschsäulen auf. Ein Teil zog durch Oberitalien, ein weiterer unter Nevitta, inzwischen *magister equitum*, durch den Südteil der beiden Raetien über *Cambodunum*, *Abodiacum*, *Pons Aeni* und *Juvavum*, während Julian selbst die Hauptmasse an die Donau führte. Hier schiffte er sich mit 3000 Mann ein und fuhr den Fluß hinab; der Rest marschierte auf der Donausüdstraße zu Fuß nach. Da Julian unterwegs die Loyalitätserklärungen der Donaustädte empfing, muß er auch nach Regensburg gekommen sein. Bevor die Heere der beiden Kaiser aufeinandertrafen, erkrankte und starb Constantius II. So sehr wirkte der Schrecken der Erfolge Julians, daß sogar während seines folgenden Kriegszuges gegen Persien der Frieden gewahrt blieb. Unter der kurzen Regierung seines Nachfolgers Jovian kam es ebenfalls nicht zu Kämpfen, anscheinend weil den Alamannen Beruhigungsgelder gezahlt wurden.

Bei den Überfällen des 3. und 4. Jahrhunderts waren verschiedene germanische Stämme im römischen Gebiet erschienen. Immer wieder drangen die Alamannen mit so starken Kräften über die Grenze vor, daß sie als die hauptsächlichsten und gefährlichsten Gegner vor den raetischen Provinzen angesehen werden müssen. Daneben tauchten die ihnen verwandten Juthungen auf, die ebenso wie die Alamannen zur großen Volksgruppe der Sueben gehörten. Gelegentlich wurden unter den Gegnern Burgunder, Vandalen, Goten u.a. erwähnt. Bei den Fortschritten der Archäologie in der letzten Zeit drängt sich die Frage auf, was von diesen Völkern vor der raetischen Grenze an Hinterlassenschaften bisher gefunden wurde bzw. was an Funden mit ihnen identifiziert werden kann. Die Wohnsitze der Völkergruppen können aus den antiken Schriftstellernachrichten ungefähr erschlossen werden. Alamannisch war um 350/360 alles Land rechts des Rheins von der Lahn bis zum Bodensee, zur Iller und Donau. Ostwärts der Wörnitzmündung und des Rieses saßen dann bis in die Oberpfalz die verwandten Juthungen[254], deren Gebiet sich nach Norden bis zur Mittelgebirgsschwelle erstreckt haben könnte. Zwischen beiden schob sich von Norden in Unterfranken das Gebiet der Burgunder[255] herein, das im Westen bis über den ehemaligen Limes, im Süden bis in die Gegend nördlich Schwäbisch Hall und im Osten etwa bis an die Abhänge des Steigerwaldes gereicht haben dürfte.

Noch ist das Besiedlungsbild aufgrund der Funde nicht so klar und vor allem nicht so dicht, daß schon ganz bestimmte Aussagen möglich wären, doch deutet sich eine Besiedlung in kleineren Verbänden und Gruppen an. Geführt und beherrscht wurden diese Siedlungsverbände von örtlichen »Gaufürsten«, die ihren Sitz bevorzugt auf beherrschenden Höhen

meist in ehemaligen vorgeschichtlichen Ringwällen hatten. Reichere Funde und viele importierte Gegenstände auf verschiedenen Höhen machen dies jedenfalls wahrscheinlich. Eine solche alamannische »Gauburg« auf dem Runden Berg bei Urach wird gegenwärtig von der Heidelberger Akademie wissenschaftlich erforscht; die Ausgrabungen versprechen aufgrund der bisherigen Ergebnisse neue weiterführende Erkenntnisse. Die Gelbe Bürg bei Dittenheim[256] wird eine Vorrangstellung über das Ries gehabt haben, wo zahlreiche Funde eine dichtere alamannische Besiedlung belegen. Aus dem Ries und seinem weiteren Umkreis stammen an bemerkenswerten alamannischen Grabfunden vom Anfang des 4. Jahrhunderts die Gräber vom Spielberg bei Erlbach nahe Öt-
Abb. 175 tingen[257], von Laisacker gegenüber Neuburg an der Donau[258] und von
Abb. 174 Bergheim im Ldkr. Dillingen. Diese drei Skelettgräber waren Einzelbestattungen von Angehörigen der Führungsschicht des Stammes.

Eine in letzter Zeit erfolgreich vermehrte Fundgruppe nördlich der Donau bei Ingolstadt[259] bis zur Altmühl wird bereits zu den Juthungen zu rechnen sein. Ein Anführer saß hier auf dem Michelsberg bei Kipfenberg. Zu demselben Volk gehört wohl eine weitere Fundgruppe, die sich an den Main bei Bamberg anlehnt und bis Forchheim, Kasendorf und Staffelstein erstreckt. Wichtige Fundstellen sind hier der umfangreiche Friedhof von Altendorf[260], ein Einzelgrab bei Scheßlitz und die Höhensitze auf der Ehrenbürg bei Forchheim[261], auf dem Staffelberg und auf dem Turmberg bei Kasendorf. Vom Fundgut her sind allerdings die Siedlungen der Alamannen und der Juthungen kaum zu unterscheiden, zumal ja beide Völker aus derselben elbgermanischen Wurzel kommen. Als burgundisch wäre eine Fundkonzentration im Maindreieck bei Würzburg anzusprechen, obschon sie sich nicht speziell als solche zu erkennen gibt. Unterschieden durch den Bestattungsritus und die Keramik vom Bisherigen ist das große Brandgräberfeld von Friedenhain nördlich der Donau bei Straubing, das nach den Formen und dem Grabbrauch formell und in diesem Falle sicherlich auch ethnisch eng mit einer Bevölkerungsgruppe in Südwestböhmen (wichtigstes Gräberfeld Přestovice) zusammenhängt[262]. Keramik der Art wie Friedenhain kennen wir von Burglengenfeld und Cham sowie südlich der Donau aus Regensburg, von Irl[263] und Straubing.

Das germanische Element war aber keineswegs auf das Gebiet jenseits der römischen Grenzen beschränkt geblieben. Bei der Vertreibung der Juthungen 357 hatte sich der Gote Nevitta hervorgetan und war dann bis zum Consulat aufgestiegen. Dies ist nur ein Beispiel aus vielen für das Eindringen von Germanen bis in die höchsten Ämter im Reich. Die im 3. Jahrhundert bereits praktizierte Ansiedlung germanischer Scharen und Gruppen in den nördlichen Provinzen wurde im 4. Jahrhundert in großem Umfang weitergeführt. Im Rheinland und in Gallien wissen wir von der Ansiedlung von Germanen als Laeten, d. h. als halbfreie Bauern mit der erblichen Verpflichtung zum Heeresdienst, und als Foederaten, d. h. als geschlossene Stammesgruppe mit einer Art Selbstverwaltung und eigenen Truppenteilen. Barbaren dienten auch bei den Grenztruppen (den Limitanei) und später dann beim Feldherr (den Comitatenses).

Über die Ansiedlung germanischer Gruppen in Raetien liegen keine Nachrichten vor; entsprechende Funde kannte man bis vor kurzem kaum. Nun wurde in den letzten Jahren der Friedhof der neuentdeckten spätrömischen Befestigung in Neuburg[264] ausgegraben. Unter den Beigaben war eine so starke Komponente von Funden germanischer Herkunft, daß Germanen sicherlich einen Teil der Besatzung bildeten. Dadurch gewannen die wenigen Stücke germanischer Keramik von den Kastellen Kellmünz, Bürgle, Eining und Straubing sowie einzelne Funde vom Moosberg, vom Lorenzberg und aus Kempten ein ganz anderes Gewicht. Sie zeigen, daß auch hier unter den Besatzungen germanische Soldaten waren. Wenn wir noch die germanischen Fundstücke aus den rückwärtigen Friedhöfen von Weßling, Potzham bei München und Göggingen, die sich bei der Bearbeitung durch E. Keller herausgestellt haben, dazunehmen, so ergibt sich, daß in Raetien, wie in den anderen Provinzen, seit Beginn des 4. Jahrhunderts germanische Bevölkerungsgruppen ansässig geworden waren. Es scheint nicht lange gedauert zu haben, bis das germanische Element jeweils mit der einheimischen Bevölkerung verschmolz.

Ein Kaiser als Festungsbauer

Als durch den Tod Jovians der Thron wieder verwaist war, wählte man am 26. 2. 364 Flavius Valentinianus zum Kaiser. Er teilte die Herrschaft bald mit seinem Bruder Valens und übernahm selbst die westliche Reichshälfte. Für die folgende Zeit steht uns als besonders ausführliche und genaue Quelle wieder das Werk des Ammianus Marcellinus zur Verfügung, wo im 26.–31. Buch bis zum Tod des Valens 378 berichtet wird. Valentinian I. war aus dem Osten nach Mailand gekommen; dort erschien im Herbst 364 eine Gesandtschaft der Alamannen vor ihm. Der sparsame Kaiser ließ ihnen so geringe Geschenke überreichen und sie so wenig höflich behandeln, daß sie verärgert abreisten. Daraufhin fielen die Alamannen bereits im Januar 365 über den gefrorenen Rhein in Gallien und Raetien ein und plünderten die Grenzgebiete, bis eine ausgesandte Truppenabteilung sie zum Abzug bringen konnte. Aus Versprengten dieser und der früheren Kämpfe und aus durch die Ereignisse entwurzelten Bewohnern hatten sich in den Provinzen kleinere Räuberbanden gebildet, die allgemeine Unsicherheit verbreiteten.
Von außen bedrohten viele Gefahren das Reich; die Picten und Scotten durchzogen Britannien bis London, die Goten drangen in Thrakien ein, die Franken in das nordöstliche Gallien und wilde Wüstenstämme in die afrikanischen Provinzen, während die Sachsen die atlantischen Küsten unsicher machten. Das Jahr 367 sah dann wieder alamannische Haufen in Gallien, und 368 wurde gar Mainz während eines Festes plötzlich überfallen und geplündert. Valentinian I. unternahm daraufhin einen Vergeltungsangriff über den Main bis weit den Neckar aufwärts. Bei dieser Lage glaubte der Kaiser, den bedrohten Provinzen nur durch eine gründliche und planmäßige Verstärkung der Grenzbefestigungen eine

größere Sicherheit schaffen zu können. Längs des Rheins in seinem ganzen Lauf von Raetien bis zum Meer ließ er die bestehenden Kastelle und Türme verstärken und neue errichten. An besonders wichtigen Punkten, wie der Neckarmündung und dem Berg *Picus*, dessen Lage nicht bekannt ist, sollten sogar jenseits des Flusses Befestigungen angelegt werden, was die Germanen erboste und zu neuen, für die Römer verlustreichen Scharmützeln führte[264a]. Wie sehr sich Valentinian I. die Verstärkung des Grenzschutzes angelegen sein ließ, zeigen uns einige zufällig erhaltene Verordnungen, wie jene vom 29. 1. 367 an die Offiziere, »denen die Wacht am Rhein anvertraut ist« *(quibus Rheni est mandata custodia)* oder jene vom 3. 5. 369 über die Verproviantierung der Grenzkastelle. Ja, der Kaiser überwachte und leitete teilweise sogar persönlich diese Befestigungsarbeiten und weilte zu diesem Zweck häufig am Rhein; ein von ihm am 30. 8. 369 im Grenzkastell auf dem Münsterhügel von Breisach gegebener Erlaß beweist seine Anwesenheit und die weitgehende Fertigstellung der Befestigung.

Den Druck der Alamannen auf die Grenzen versuchte der Kaiser dadurch zu vermindern, daß er um 370 die hinter ihnen ansässigen Burgunder mit der Vorspiegelung gemeinsamer Aktionen zu einem Überfall auf die Alamannen veranlaßte, der dieses Volk erstmals bis an den Rhein brachte. Aus Furcht vor dem burgundischen Angriff waren alamannische Scharen nach Raetien ausgewichen. Dort überwand sie jedoch Theodosius, ein Befehlshaber der Reiterei und der Vater des späteren gleichnamigen Kaisers, und siedelte die Gefangenen als tributpflichtige Bauern in der Poebene an. Valentinian sorgte weiter intensiv für die Verstärkung der Grenzbefestigungen nicht nur am Rhein, sondern auch an der Donau und war eben dabei, in der Nähe von Basel *(Basilia)* ein Kastell Robur zu erbauen, als an der unteren Donau die Quaden über die Provinz *Valeria* herfielen.

Die Quaden waren ebenfalls durch den Bau von befestigten Brückenköpfen in ihrem Land gereizt und aufgebracht worden. Um nun bei diesem Krieg gegen die Quaden keinen so gefährlichen Feind im Rücken zu lassen, schloß Valentinian mit dem Alamannenkönig Macrian Frieden und Freundschaft. Im Frühjahr 374 brach der Kaiser dann von Trier auf und marschierte über das Rheinknie bei Basel auf der bekannten Straße durch die beiden Raetien über *Arbor Felix*, *Abodiacum*, *Pons Aeni*, *Lauriacum* nach *Carnuntum*. Diese Stadt, die nach Ammianus Marcellinus damals bereits öde in Ruinen lag, diente zunächst als Hauptquartier gegen die Quaden, denen sich auch noch die Sarmaten angeschlossen hatten. Valentinian führte den Feldzug erfolgreich und verhandelte eben mit einer quadischen Gesandtschaft, als ihn am 17. 11. 375 in *Brigetio* (bei Komorn) ein Schlaganfall dahinraffte.

Vom Festungsbau des Valentinian I. besitzen wir, auch im Voralpenland, eine ganze Anzahl von Zeugnissen, obschon sicherlich nur ein kleiner Teil auf uns gekommen ist. Zu den Grabungsbefunden und den Inschriften kommt hier als einzigartige Quelle noch die *Notitia dignitatum* hinzu, ein Staatshandbuch, das in einer Fassung aus dem Anfang des 5. Jahrhunderts durch mittelalterliche Abschriften bis heute bewahrt wurde. Der

Raetien betreffende Teil war zur Zeit der erhaltenen Niederschrift nicht auf dem neuesten Stand; er gibt Verhältnisse aus dem 4. Jahrhundert wieder, wahrscheinlich aus der Zeit Valentinians I., vielleicht noch frühere.

Versuchen wir nun, unser bisheriges Wissen von Westen nach Osten zusammenfassend zu überblicken, so müssen wir mit der am meisten gefährdeten Grenze am Hochrhein beginnen. Immer wieder hatten die Germanen hier an der am weitesten nach Süden vorspringenden Stelle des alamannischen Bereichs versucht, ihre Raubzüge zu beginnen. Vier Kastelle, darunter die Legionsfestung Kaiseraugst, bildeten am südlichen Ufer zusammen mit einer dichten Kette von 42 Burgi die vorderste Linie[265]. Diese Burgi, steinerne Wachttürme oder Miniaturkastelle mit Wall und Graben, stellen ein besonderes Charakteristikum der valentinianischen Befestigungsweise dar. Wachttürme zur Kontrolle der Grenze kannte man schon früher, aber erst jetzt wurden die Burgi zu kleinen Festungen ausgebaut und in geländebedingten engen Abständen planmäßig entlang der Grenze errichtet. Von speziell ausgerüsteten Einheiten (die *legio I Martia* in Kaiseraugst war eine solche Bautruppe) wurden die Burgi und die Befestigungen sehr sorgfältig aufgeführt und wenigstens teilweise mit einer Bauinschrift versehen. Von der Strecke am Hochrhein sind uns zwei Bauinschriften von Wachttürmen aus dem Jahre 371 erhalten. Die Rheinlinie setzte sich am Südufer des Bodensees fort; *Arbor Felix* wurde schon erwähnt, und auf die Befestigungen *Confluentes* (Konstanz) und *Brigantia* (Bregenz) verteilte sich eine Schiffseinheit *(Numerus barcariorum)*, deren Praefect seinen Sitz vermutlich in Bregenz hatte[265a].

Diese vordere Linie, zu der noch einige Brückenköpfe am rechten Ufer des Rheins gehörten, wurde ergänzt durch eine rückwärtige Reihe von mindestens sechs starken Kastellen, die die ins Landesinnere führenden Straßen sperrten. Da das in Schaan erst vor etwa zwei Jahrzehnten untersucht wurde und sich hierbei seine valentinianische Gründung bestätigte, sei es kurz betrachtet[266]. Im Grundriß bildet die 3,60 m starke Außenmauer fast ein Quadrat von ca. 60 m Seitenlänge. An den Ecken befanden sich quadratische Türme mit 7,90 m im Geviert. Dem in der Mitte der nördlichen Seite gelegenen Torturm gegenüber war der Mauerschutz noch durch einen weiteren Turm verstärkt. Von der Inneneinteilung ließen sich nur Kasernenbauten und ein Bad, beides an die Außenmauer angelehnt, feststellen. Die Anlage hatte große Ähnlichkeit zum benachbarten Kastell Irgenhausen und zu *Veldidena* (Wilten, Stadt Innsbruck).

Es liegt auf der Hand, daß die weitere Grenze vom Bodensee bis zur Iller und Donau eines gleichstarken Schutzes bedurfte. Mit den zwischen Bregenz und Kempten[267] mehr oder minder bekannten 16 Burgi können wir noch nicht hoffen, alles zu kennen. Drei von diesen Warten, die von Hörbranz, Meckatz und Nellenbruck, wurden sicher etwa in den Jahren 370/372 erbaut; bei den anderen kann man es unbedenklich annehmen. Das einzige Kastell an dieser Strecke, *Vemania* bei Isny[267a], wurde vor einer Reihe von Jahren planmäßig erforscht. In einem Mauerring von 0,27 ha lagen damals Praefect und Stabskommando der *Ala II Valeria Sequanorum*. In Abb. 176

Cambodunum garnisonierte eine Abteilung der 3. italischen Legion unter einem Praefecten, der gleichzeitig Kommandant des Streckenabschnittes von *Vemania* bis *Cassiliacum* (etwa in der Gegend vom Memmingen) war. Von dieser Strecke wissen wir, daß sie als *pars media* (Mittelabschnitt) bezeichnet wurde. Da die Donaugrenze bei Burghöfe und Manching zum *pars superior* (oberen Abschnitt) gehörte, liegt es nahe, am Bodensee von der Grenze gegen die Nachbarprovinz bis Vemania den unteren Abschnitt *(pars inferior)* anzunehmen. Nun erscheint aber der Mittelabschnitt viel zu klein, so daß sich die Abschnittseinteilung doch nicht recht rekonstruieren läßt. Durch die von Kempten ausgehende intensive Geländeforschung sind zwischen Kempten und Kellmünz noch 10 Burgusstellen bekannt; analog den bisherigen Vorstellungen wurden auch hier die Warten unter Valentinian I. angelegt, zumal sich das beim ersten Burgus nördlich Kempten, dem von Stielings[268], aufgrund von Münzfunden erweisen ließ. Nördlich des Kastells *Caelius Mons* (Kellmünz), das der Tribun der 3. Herculischen Pannoniercohorte befehligte, ist bis zur Donau nur noch eine einzige Warte bekannt, die durch Zufall entdeckt wurde.

An der Donau hatte also ein neuer Abschnitt *(pars superior)* begonnen, der sich wiederum in Unterabschnitte gliederte, von denen wir nur die erste Uferstrecke *(ripa prima)* kennen. In dem vorspringenden Winkel an der Illermündung lag das Kastell Febiana mit einer Abteilung der *equites stablesiani iuniores*. Stablesianische Reiter kommen unter den Truppen der *Notitia dignitatum* mehrere Male vor, davon dreimal in Raetien. Da sich der Name wohl von *stabulum* (Pferdestall, Marstall) abgeleitet hat, scheinen alle *stablesiani*-Einheiten auf ein einziges größeres Kavalleriecorps zurückzugehen, das man in der Not des 3. Jahrhunderts und bei dem Mangel an Reiterei rasch aus den Pferdewärtern des kaiserlichen Marstalls aufstellte. Als dann unter Diocletian die großen Reitereinheiten des 3. Jahrhunderts aufgeteilt und als Bewachungskommandos an die Grenze verlegt wurden, war eine Abteilung nach Raetien gekommen. Von dieser Stammtruppe *(seniores)* zweigte man wieder neue Abteilungen ab, eben unsere *iuniores*, die zuerst in *Pons Aeni* und dann in *Febiana* waren. Aufgrund ihrer Entstehung rechneten sich die jüngeren stablesianischen Reiter zu den angeseheneren Truppen, obschon sie in Raetien gewöhnlichen Wachdienst besorgten. Auf der weiteren Donaustrecke von der Illermündung bis Straubing kennen wir 15 Burgi, danach überhaupt keinen mehr. Da die Grenze nicht ungeschützt war, kann es sich nur um eine Forschungslücke handeln. Die nächsten Kastelle *Guntia* (Günzburg) mit dem Praefecten der nicht näher zu erklärenden *milites Ursariensium*, *Pinianis* (Bürgle) mit der *cohors V Valeria Frigum* und *Summuntorium* (Burghöfe) bewachten die Flußgrenze zwischen Iller und Lech. In Summuntorium kommandierte ein Praefect der 3. italischen Legion über den Streckenabschnitt der *ripa prima* und hatte neben seinen Legionssoldaten noch eine weitere Abteilung der *equites stablesiani iuniores* zur Verfügung.

Von den nächstfolgenden drei Kastellen wissen wir wenig. *Parrodunum*, der ehemalige Sitz des Tribunen der 1. Herculischen Raetercohorte, konnte in den fünfziger Jahren in Burgheim lokalisiert werden. Für *Vallatum* ist dies noch nicht gelungen, obwohl seit mehr als 100 Jahren in

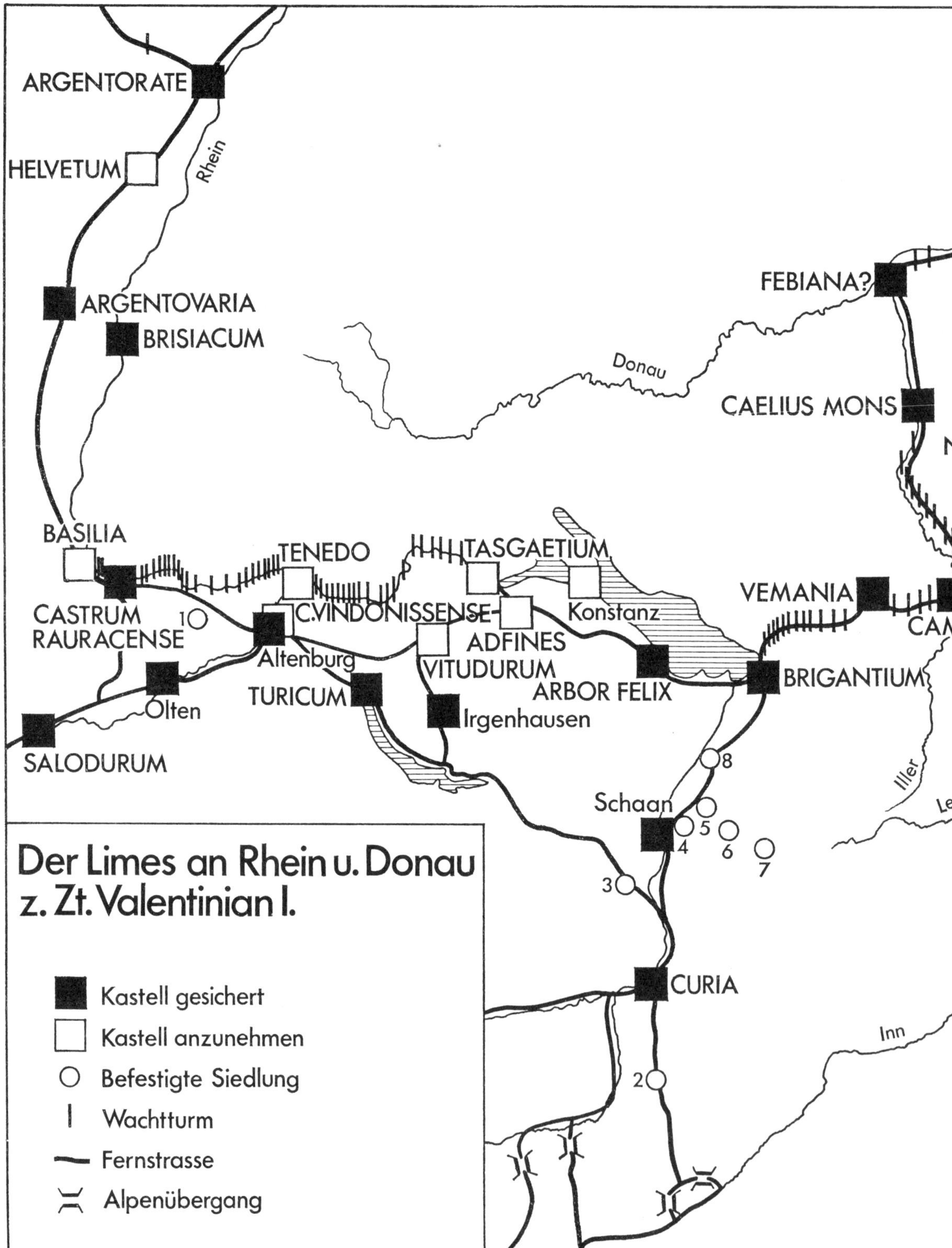

Die Grenzbefestigungen zur Zeit Valentinians I. (nach Garbsch). *M. ca. 1 : 1,4 Mill. Befestigte Höhensiedlungen:* *1 Wittnauer Horn, 2 Tiefencastel, 3 Castels, 4 Krüppel, 5 Heidenburg*

eder, 7 Montikel, 8 Koblach, ersberg, 10 Lorenzberg bei Epfach, 11 Altenstadt, 12 Moosberg bei Murnau, 13 Widdersberg, 14 Grünwald, 15 Valley, 16 Georgenberg bei Kuchl, 17 Lavanter Kirchbichl, 18 S. Lorenzo.

tensiv danach gesucht wurde. Der Name bezieht sich so deutlich auf den Ringwall bei Manching, daß das Kastell nicht weit entfernt gewesen sein kann. Zu den kleineren Befestigungen in dieser Linie hat es bestimmt nicht gehört; ein Praefect der 3. italischen Legion als Kommandant des oberen Abschnittes *(pars superior)* mit einer Abteilung der Legion und dazu noch der Praefect der *Ala II Valeria singularis* mit seiner Truppe lag dort. Die einzigen spätrömischen Funde von Manching[269] sind bisher eine Münze des Magnentius und eine bronzene Zwiebelknopffibel im Mauerausbruch beim Osttor des Ringwalles. Die Fibel stammt aus der Zeit 350/380 und zeigt, daß man in valentinianischer Zeit aus der Steinmauer des Oppidum Material für die Verstärkung oder den Neubau des nahen Kastells gewonnen hat. Die *Notitia dignitatum* nennt bei ihrer Aufzählung der raetischen Auxilien von Ost nach West zwischen *Vallatum* und *Parrodunum* ein Kastell *Venaxamodurum* mit dem Tribun der 6. Valerischen Raetercohorte. Die Entdeckung einer höchstwahrscheinlich spätrömischen Befestigungsmauer 1963 im Westteil des Neuburger Stadthügels läßt die Lokalisierung von *Venaxamodurum* in Neuburg a. D. recht plausibel erscheinen.

Mußte die bisher betrachtete Grenze nach dem Ende des Limes fast ausschließlich durch Neugründungen geschützt werden, so lehnen sich die späten Befestigungen dort, wo die Donau immer schon Grenze war, an die alten Kastelle an. Auf Eining, dessen spätrömisches Kastell im früheren mit einem Zehntel der ehemaligen Grundfläche lag, wurde schon hingewiesen. Die Garnison war mit der 3. britischen Cohorte die gleiche geblieben. Nachdem Eining und Regensburg vom Juthungeneinfall 357 betroffen wurden, mußte auch an diesen beiden Plätzen Valentinian I. Bauarbeiten zur Instandsetzung und Verbesserung der Festungswerke ausführen lassen. Regensburg wird in der *Notitia dignitatum* nur als früherer Standort der 3. italischen Legion und des Befehlshabers des oberen Abschnittes aufgeführt. Da nicht anzunehmen ist, daß eine so starke Festung an einem strategisch wichtigen Punkt mit so viel Zivilbevölkerung gänzlich ohne Militär blieb, und Regensburg nach dem Ergebnis der Ausgrabungen im Niedermünster bestimmt bis in das 5. Jahrhundert hinein zum Römischen Reich gehörte, wird die Verteidigung Regensburgs einer Truppe niederen Ranges zusammen mit einer limitaneen Milizorganisation der wehrfähigen Männer anvertraut gewesen sein. Straubing ist in der *Notitia dignitatum* überhaupt nicht erwähnt. Die spätzeitliche Befestigung ist jedoch durch Suchschnitte auf dem Kirchhügel von St. Peter nachgewiesen. In Künzing *(Quintana)*, wo der Praefect der *Ala prima Flavia Raetorum* garnisonierte, konnte das Kastell der Spätzeit noch nicht gefunden werden, obschon der zugehörige Friedhof bekannt ist. Wahrscheinlich wurden die Reste durch ein Hochwasser der Donau zerstört und weggeschwemmt. Beim letzten Kastell an der raetischen Grenze, *Batavis*, sicherte eine Festungsmauer zwischen Inn und Donau (die sog. Römerwehr) die Spitze der Landzunge an der Vereinigung beider Flüsse[270]. Durch die seither kontinuierliche Überbauung ist kaum zu hoffen, jemals mehr über diese spätrömische Festung zu erfahren.

Abb. 177

Die Sicherung des Hinterlandes und der Straßenverbindungen war für das so entscheidend bedrohte Reich von allergrößter Bedeutung. Wie bei der Grenze an Hochrhein und Bodensee wurden auch in Raetia II an allen wichtigen nach Süden führenden Straßen Kastelle angelegt. Augsburg, die volkreichste Stadt, der zentrale Straßenknotenpunkt, der Sitz der Provinzverwaltung und des Oberbefehlshabers *(vir spectabilis dux provinciae Raetiae primae et secundae)*, war durch eine starke Mauer und eine Truppe, die *equites stablesiani seniores*, besonders gesichert. Von Augsburg führten vier Straßen nach Süden. Die Kastelle an diesen Verbindungen hatten mehrfache Aufgaben zu erfüllen. Zunächst sollten sie bei feindlichen Einfällen, die sich ja immer in der allgemeinen Richtung an Straßen orientierten, die Straßen sperren und das Vordringen des Feindes aufhalten. Sie dienten weiter dem Schutz des Verkehrs auf den Straßen und ihrer Überwachung. Eine Aufgabe war in der Spätzeit besonders wichtig geworden. Bei den wechselnden Kriegsschauplätzen mußten oft große Heere oder Abteilungen rasch verlegt werden. Diese Truppenmassen konnten weder auf dem Marsch noch am Einsatzort von den betroffenen Provinzen ausreichend versorgt werden. So mußte von diesen rückwärtigen Stützpunkten sowohl die Organisation des Nachschubs besorgt als auch Vorratswirtschaft betrieben werden. Für Raetien war gerade diese Funktion besonders wichtig, bildeten die beiden Provinzen doch ein sehr bedeutsames Durchzugsland für Truppen auf der Ost-West-Achse und von Italien an Donau und Rhein.

Von Augsburg nach Südwesten führte durch das Wertachtal über Kempten und Bregenz die Verbindung zu den Schweizer Alpenpässen und nach Mailand *(Mediolanum)*. Etwa halbwegs zwischen Augsburg und Kempten lag die Befestigung auf dem Goldberg bei Türkheim *(Rostrum Nemaviae)*. An die kleine Festung aus constantinischer Zeit wurde unter Valentinian ein Vorratsspeicher mit ca. 22×35 m angebaut[271]. Die weitere Strecke nach Kempten ist die einzige Raetiens, auf der bisher die Sicherung der Binnenstraßen durch den Neubau von Wachttürmen in valentinianischer Zeit grabungsmäßig an den Burgi von Baisweil und Förghof nachgewiesen ist[271a].

Direkt nach Süden den Lech entlang verband die alte *Via Claudia* Augsburg über Epfach, Füssen und den Reschenpaß mit Oberitalien. Die Befestigung auf dem Lorenzberg bei Epfach an der Lechbrücke und der wichtigen Straßenkreuzung erhielt ebenfalls damals einen Vorratsspeicher eingebaut[272], der mit ca. 890 qm noch größer war als der von Türkheim mit etwa 770 qm. In Füssen *(Foetes)*, wo das Straßenkastell unlängst erst auf dem Schloßberg nachgewiesen werden konnte[273], lag ein mit dem Nachschub befaßter Praefect der 3. italischen Legion *(praefectus legionis tertiae Italicae transvectioni specierum deputatae)*. Eine früher hier stationierte Wachtruppe war mittlerweile zum Feldheer abkommandiert worden und hatte dort nach ihrem ehemaligen Garnisonsort den Namen *Foetenses – Fotenses* erhalten. Die Kenntnis hiervon verdanken wir dem Grabstein des Heraclius, eines *praepositus militum Fotensium*, der in der Gegend von Rom schon vor langer Zeit gefunden wurde[274]. Heraclius wird hierauf als *civis secundus Raetus* bezeichnet, was m. E. einen Hinweis auf den Verlauf der Provinzgrenze zwi-

schen *Raetia prima* und *secunda*, von der wir so wenig wissen, enthält. An der Brennerstraße war ebenfalls ein Praefect der 3. italischen Legion für Nachschubangelegenheiten in *Teriolis* (Martinsbühel bei Zirl in Tirol) stationiert. Nahe der Altstadt von Innsbruck lag das Kastell *Veldidena* (Wilten), dessen Grundriß mit den charakteristischen vier Ecktürmen dem von Schaan entspricht und das deshalb wohl in valentinianischer Zeit so ausgebaut wurde[275]. Auch hier gab es große Vorratsmagazine.

Als letzte bleibt die Straße nach dem Südosten Augsburg—Salzburg zu betrachten. Die Brücke über den Inn und die Straßenkreuzung sicherte die Befestigung von *Pons Aeni* (Pfaffenhofen am Inn)[276]. Bei den Grabungen der letzten Jahre wurde hier ein spätrömischer Tuffbau von 13 m Breite und mindestens 20 m Länge angeschnitten, der mit seinem Minimum von 260 qm ebenfalls als Magazinbau zu deuten ist. Die *equites Dalmati Aquesiani comitatenses*, d. h. eine dalmatische Reitertruppe des Feldheeres, die sich um 310 vorrübergehend in Pons Aeni aufgehalten hat, wurden schon erwähnt. Längere Zeit lag später hier eine Fußtruppe, die dann in der 2. Hälfte des Jahrhunderts zum Feldheer nach Italien abkommandiert wurde und dort nach ihrem früheren Garnisonsort als *pseudocomitatenses Pontaenenses* geführt erscheint. Von den *equitas stablesiani iuniores* in *Febiana* wird erwähnt, daß sie vorher ebenfalls in Pons Aeni lagen. Vom dortigen Kastell konnten im Herbst 1974 der Graben und Spuren der ausgebrochenen Mauer festgestellt werden[276a].

Jenseits des Inns in Noricum setzten sich donauabwärts die Uferfestungen fort. Noch auf bayerischem Boden lag das erst 1974 aufgefundene Kastell[276b] *Boiodurum* in Passau-Innstadt, wo der Tribun einer unbekannten Cohorte seinen Sitz hatte. Die valentinianische Bautätigkeit erstreckte sich auch auf diesen Abschnitt der Grenze. Eine Bauinschrift aus Ybbs in Niederösterreich, wo die *milites auxiliares Lauriacenses* im Jahre 370 einen Burgus erbauten, bestätigt dies[277]. Wegen ihrer gefährdeten Lage mußten die Provinzen Pannonien und Valeria eines besonderen Befestigungsschutzes bedürftig erscheinen[278]; wir können sogar zwei Bauperioden feststellen. 364/367 wurde bei Esztergom *(Solva)* ein neues Lager gebaut. Und 371 entstand ganz in der Nähe ein Burgus, dessen Bauinschrift überliefert ist. Dadurch wissen wir, daß die Anlage von einem Baukommando der *legio I Martia* (aus Kaiseraugst?) in 48 Tagen errichtet wurde. Von einem Kommando derselben Legion stammt nur wenig weiter donauabwärts eine weitere Bauinschrift für einen Burgus bei Visegrad vom Jahr 372. Schon die auf diese Grenzstrecke bezüglichen Beobachtungen und

Rekonstruktion des Kastells Veldidena (nach dem Modell in Innsbruck). Rechts Vorratsspeicher außerhalb der Befestigung.

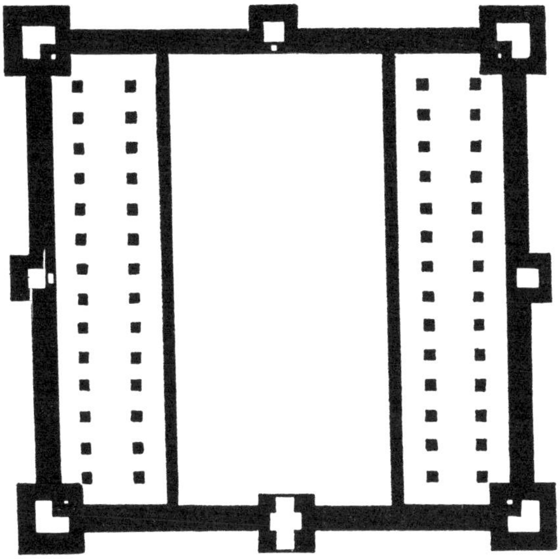

Plan des Kastells Veldidena, Stadt Innsbruck (nach Wotschitzky). M. 1 : 1000.

Dokumente beweisen zusammen mit der wiederholt bezeugten persönlichen Anwesenheit Valentinians I. beim Burgenbau an der Grenze, daß hier in einer gigantischen Anstrengung versucht wurde, die Flut der anbrandenden germanischen Völker zu stoppen und das Reich zu retten. So sehr sich aber die beiden Kaiser Valentinian und Valens auch bemühten, den Gang der Geschichte konnten sie selbst mit den dicksten Mauern nicht aufhalten.

Bei unserem Blick auf den Festungsbau Valentinians I. und auf das Befestigungssystem jener Zeit sind in der Aufzählung der überlieferten Garnisonen verschiedene Truppenteile vorgekommen. Des besseren Verständnisses halber scheinen hier einige allgemeine Bemerkungen zur Heeresgeschichte des 4. Jahrhunderts angebracht. Diocletian hatte bei seinen Reformen zum letzten Mal das Grenzheer in großem Umfange vermehrt. Bei dieser Maßnahme wurde, von wenigen Ausnahmen abgesehen, die Besatzung jeder Militärprovinz auf zwei Legionen gebracht. Es spricht manches dafür, daß auch in Raetien damals noch eine zweite Legion aufgestellt wurde, als welche wir nach Analogien die *Legio III Herculea* annehmen können. Da jedoch die *Notitia dignitatum* eine solche Legion in Raetien nicht kennt, muß sie zur Zeit der Abfassung schon wieder verschwunden gewesen sein. Die beiden damals für Raetien anzunehmenden Legionen hatten unter Constantin I., der die Kräfte an der Grenze zugunsten der mobilen Armee bewußt schwächte, jeweils wieder eine neue Legion für das Feldheer hervorzubringen. Diese neuen Truppenteile, die *Legio Tertia Italica (Tertiani)* und die *Legio Tertia Herculea*, erscheinen in der Notitia dignitatum als comitatensisches Legionspaar in West-Illyricum. Die Truppen des Feldheeres *(comitatenses)* standen im Rang über den Formationen an der Grenze *(limitanei* und *riparienses)*.

Unter Valentinian I. wurde eine Reihe von Grenztruppen (zunächst nicht endgültig) zum Feldheer kommandiert; sie bildeten die nächstniedrige

Klasse Soldaten und wurden als *pseudocomitatenses* bezeichnet (bei uns z. B. die *Fotenses* und *Pontaenenses).* Selbst unter den Grenztruppen, die eigentlich schon nicht mehr viel anderes als Wehrbauern waren, gab es feine Rangunterschiede, die man bei der Aufzählung in der *Notitia dignitatum* genauestens einhielt. In der raetischen Truppenliste kommen als erste die Formationen der stablesianischen Reiterei, dann folgen die fünf Abteilungen der 3. italischen Grenzlegion, nur unterbrochen von den ungeklärten milites Ursariensium, und dann ganz am Schluß die Grenzauxilien, wobei keine Unterschiede mehr zwischen Alen, Cohorten und Numeri gemacht wurden. Zur Zeit Valentinians I. erfolgte wiederum eine Umgruppierung der Armeen zum Ausgleich der Kräfte im Ost- und Westteil des Reiches. Die schon erwähnten Formationen der *Fotenses* und der *Pontaenenses* kamen in dieser Zeit zum Feldheer, womit für die Truppenteile eine wesentliche Rangverbesserung verbunden war. Unter den Grenzauxilien stand zwar die 3. italische Legion im Rang noch über den anderen Truppen, doch war praktisch kaum mehr ein Unterschied. Die Legion selbst hatte keineswegs mehr die frühere Kopfstärke. Wir können annehmen, daß die Legionen jener Zeit auf ungefähr ein Fünftel ihres früheren Bestandes geschrumpft waren. Bei den Alen und Cohorten kann man eine ähnliche Reduzierung vermuten und mit einem Mannschaftsbestand von 100 bis 200 Soldaten rechnen; der geringe Umfang der späten Kastelle bestätigt ja diese Annahmen. Manche Bezeichnungen, darunter z. B. der centurio, sind verschwunden; bei den Frontoffizieren wurde ein unterer Rang mit praepositus, ein höherer mit tribunus bezeichnet. Vielfach benannte man den Kommandeur einfach mit praefectus, dem allgemeinen Wort für Vorgesetzter, Befehlshaber, Anführer. Ein so klares Rangschema wie in der früheren Kaiserzeit ist jetzt nicht mehr zu erkennen.

Flachlandraetien wird aufgegeben

Nach dem Tod Valentinians I. fiel die oberste Gewalt im Westen des Reiches an seinen jugendlichen Sohn Gratian, den er vorsorglich schon 367 im Alter von 8 Jahren zum Augustus ernannt hatte. Den zweiten Sohn, den damals vierjährigen Valentinian II., rief am 22. 11. 375 das Heer ebenfalls zum Kaiser aus. So standen an der Spitze Kinder, gerade zu dem Zeitpunkt, als das Reich in eine seiner schwersten Krisen geriet und es dringend fähiger Männer an dieser Stelle bedurft hätte. Mit den vor der unteren Donau ansässig gewordenen Goten hatte sich zuletzt ein ganz annehmbares Verhältnis ergeben. Nun waren im Osten die Hunnen erschienen und bedrängten die Goten mit großer Übermacht. Eine starke Gruppe der Westgoten bat daraufhin um Aufnahme in das Reich, die ihr von Valens im Hinblick auf die zu erwartende Verstärkung seines Heeres gar nicht ungern gewährt wurde. Der Frieden blieb aber nicht lange gewahrt; in den folgenden Kämpfen brach die Grenzverteidigung völlig zusammen, und ungezählte Scharen von Ost- und Westgoten, Alanen, Hunnen und anderen Völkern überschritten die Donau und überschwemmten 377 die Donauprovinzen. Der aus dem Westen zu Hilfe gerufene Gratian bereitete seinen Abmarsch vor und hatte im Februar 378 den größten Teil seines Heeres schon in Marsch gesetzt. Daraufhin überschritten die lentiensischen Alamannen, von denen übrigens der Linzgau nördlich des Bodensees seinen Namen hat, mit einem ungeheuren Haufen von 40 000 Mann, nach anderen sogar 70 000 Mann, den Rhein. Gratian mußte seine Truppen zurückrufen und konnte die Lentienser bei Colmar stellen und schlagen. Der jugendliche Kaiser, der hoffte, den Stamm ganz vernichten zu können, überschritt rasch den Rhein, war aber nicht in der Lage, den heftigen Widerstand entscheidend zu brechen. Er mußte sich mit einem günstigen Friedensschluß begnügen, der ihm Rückendeckung und durch die Eingliederung alamannischer Jugendmannschaften eine Verstärkung seines Heeres brachte. Gratian zog nun in Eilmärschen auf der so wichtig gewordenen Heerstraße durch beide Raetien über *Arbor Felix*, *Cambodunum*, *Abodiacum*, *Pons Aeni*, *Lauriacum* an den östlichen Kriegsschauplatz. Zum Eingreifen in die entscheidende Schlacht vor Adrianopel kam er jedoch zu spät. Im August 378 verlor hier Valens Schlacht, Heer und Leben. Die Barbaren setzten sich nun für dauernd in den südlichen Donauprovinzen fest und konnten nicht mehr vertrieben werden.

An der Spitze des Reiches standen nach dem Tode des Valens nunmehr die beiden Knaben ganz allein. Man suchte einen Retter und fand ihn in der Person des gerade 32 Jahre alt gewordenen Theodosius, der am 19. 1. 379 den Osten übernahm. Kurz darauf mußte Gratian — wahrscheinlich auf der Straße durch Raetien — wieder an den Rhein zurückmarschieren, da neue Einfälle der Franken und Alamannen das Land bedrohten. Die Franken waren nicht nur vor der römischen Grenze immer mächtiger geworden, sondern hatten auch die Alamannen vom Main bis an den Neckar zurückgedrängt. Dieser fränkische Druck war es wohl, der alamannische und juthungische Stämme veranlaßte, 383 mit großen Haufen nach Raetia II einzudringen. Die antiken Nachrichten erlauben es nicht, zu erkennen, ob einer der beiden Stämme oder beide in der Provinz erschienen sind, vermutlich werden es Gruppen von beiden gewesen sein, wie überhaupt in jener Zeit die Zusammensetzung der germanischen Kampfverbände rasch und häufig wechselte. Einzelne Kastelle könnten schon 383 ihr Ende gefunden haben. Bei der Ausgrabung im Bürgle 1925 fand man als späteste Münzen in der abschließenden obersten Brandschicht der Befestigung 8 prägefrische Münzen, die in den Jahren 378 bis 383 in der Münzstätte Aquileia geschlagen worden waren. Darin scheint sich die letzte Soldzahlung widerzuspiegeln, die sich gerade eben in den Händen der Truppe befand, als das Kastell zerstört wurde[279]. Weit im Hinterland fällt die Vernichtung der Ziegelei in Bregenz-Lochau nach dem Zeugnis eines Münzschatzes[280], der an der Ostecke des großen Ofens geborgen wurde, annähernd in die Jahre 380/383.

Zur Abwehr des germanischen Einfalls begab sich Gratian nach Verona. Den geplanten Feldzug konnte er allerdings nicht mehr durchführen, weil sich in Britannien Magnus Maximus die Kaiserwürde angemaßt hatte und mit seinen Truppen bereits auf dem Festland erschien. Als Gratian zur Niederwerfung des Aufstandes bis Paris gekommen war, verließ ihn sein Heer, worauf er floh und am 25. 8. 383 bei Lyon ermordet wurde. Daß der militärisch eigentlich immer erfolgreiche Sproß der valentinianischen Dynastie nicht mit der Loyalität seines Heeres rechnen konnte, lag nicht zuletzt an der unglücklichen Rolle, die gerade die jugendlichen Kaiser in der zweiten Hälfte des 4. Jahrhunderts in den religiösen Auseinandersetzungen innerhalb des mächtig gewordenen christlichen Klerus spielten.

Ungehindert plünderten nun die Juthungen vor allem den raetischen Norden der italischen Diözese. Italien selbst konnte durch eine Sperrung der Alpenpässe noch bewahrt werden. Dem mittlerweile 12 Jahre alt gewordenen Valentinian II., der bevorzugt in Mailand residierte, blieb nichts übrig, als sich im Winter 383/384 mit Maximus zu arrangieren. Nun wurden die Alamannen bzw. Juthungen durch angeworbene Scharen von Hunnen und Alanen wieder aus Raetien zurückgeschlagen und das Land notdürftig befriedet. Es scheint aber nicht mehr möglich gewesen zu sein, alle zerstörten Kastelle neu aufzubauen; das Bürgle z. B. blieb in Schutt und Asche liegen, und manche zivile Siedlung mag ein ähnliches Schicksal betroffen haben.

Die folgenden Jahre, während derer Theodosius den Osten, Valentinian II. Italien und Westillyrien und Maximus den Westen als Augusti repräsentierten, sind charakterisiert durch wechselnde Übereinkünfte der Herrscher und verzweifelte Versuche, die Barbarenflut an Rhein und Donau aufzuhalten. Das Gleichgewicht der Herrschaftsbereiche wurde erst gestört, als Maximus im Sommer 387 die Cottischen Alpen überschritt und ihm durch die Flucht Valentinians II. zu Theodosius die italische Diözese zufiel. Spätestens damals, wenn nicht schon etwas früher, muß Raetien in den Herrschaftsbereich des Maximus einbezogen worden sein. Dieser Vorgang zeigt sich durch Funde von Münzen des Maximus aus westlichen Münzstätten in ganz Raetien. Den Beweis dafür, daß der Usurpator Raetien für seinen Herrschaftsbereich militärisch sicherte, erbrachte weiter der Befund auf dem Lorenzberg, der erstmals in der Spätzeit, etwa 383/388, eine Garnison erhielt[281]. In Ausdehnung seiner Macht gelangte Maximus 388 bis Siscia, mußte aber entscheidende Niederlagen hinnehmen und fand im August den Tod. Oft, sicher häufiger, als wir wissen, wurde Raetien von Heeresabteilungen durchzogen, und nur ganz selten finden sich einmal archäologische Spuren dieser Truppenbewegungen. Knochen dreier Kamele, die bei den Ausgrabungen auf dem Lorenzberg herausgekommen sind, verraten uns, daß einmal eine orientalische Kamelreiterformation hier durchgekommen ist.

Nur wenige Jahre später wiederholte sich im Westreich durch die Ausrufung des Gegenkaisers Eugenius ein ganz ähnlicher Vorgang wie bei der Erhebung des Maximus; nur ging die Initiative nicht von dem neuen Kaiser, sondern von dem germanischen Heermeister und *comes* Arbogast aus, der allmächtig die Geschicke des Westens regierte. Zur Entscheidungsschlacht Anfang September 394 hatten Ost wie West selbst unter Entblößung der Grenzen alle verfügbaren Truppen aufge-

169 *Glasbecher mit Darstellung der Weinernte aus Grab 10 von Augsburg-Frölichstraße. H. 14,2 cm.* — **170** *Grabstein der Christin Sarmannina mit Christogramm zwischen Alpha und Omega, gef. in Regensburg. H. 39 cm.* — **171** *Bronzefingerring mit der rückläufigen Inschrift: VIV A/S IN D/EO, von Eining. Vergrößert.*

169

171

170

172 *Offiziershelm aus Eisen, überzogen mit vergoldetem Silberblech, gef. in Augsburg-Pfersee (zusammen mit dem Helm Abb. 159).*

173 *Boden eines sog. Goldglases mit der Darstellung der Apostel Petrus und Paulus. Das Stück soll 1688 von Weihbischof Graf Albert von Wartenberg in seinem Kanonikalhof in Regensburg mit anderen Altertümern gefunden worden sein. H. noch 9 cm.*

174

174 *Beigaben eines Germanengrabes (Silber, Bernstein und Glas) wohl um 400 n. Chr. aus Bergheim, Ldkr. Dillingen. L. der Nadel 17,4 cm.* — **175** *Beigaben eines Alamannengrabes der 1. Hälfte des 4. Jh. von Laisacker, Ldkr. Neuburg (Keramik, Bronzepfeilspitzen und Silberschnalle). H. des Spruchbechers 11,5 cm.*

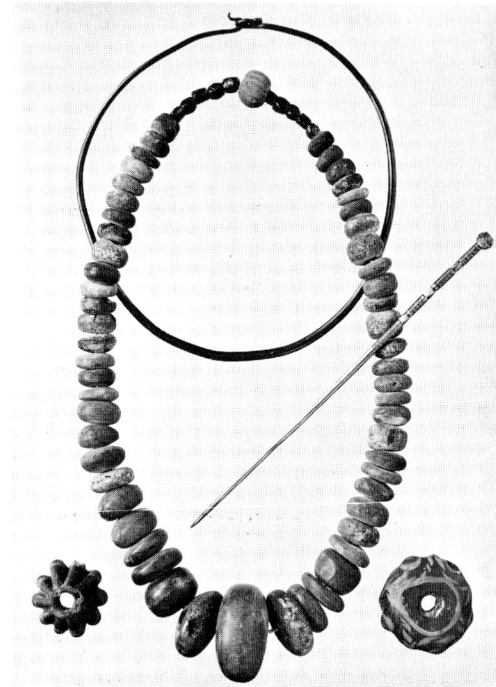

175

176 *Grenzburgus von Aheggmühle, Ldkr. Oberallgäu, bei der Ausgrabung 1932.* — **177** *Burgus von Untersaal, Ldkr. Kelheim, bei der Nachuntersuchung 1962. Von der quadratischen Anlage (Br. 21 m) mit 4 runden Ecktürmen war nur die südliche Hälfte, allerdings ohne den SW-Turm, erhalten, rechts die Donau.* — **178** *Grab eines ostgermanischen Häuptlings bei Fürst, Ldkr. Traunstein. Gold mit Almandineinlagen und Glasbecher (H. 8,4 cm).* — **179** *Christliche Bronzelampe des 4./5. Jh., gef. 1867 in Augsburg. L. 12,5 cm.*

176

177

178

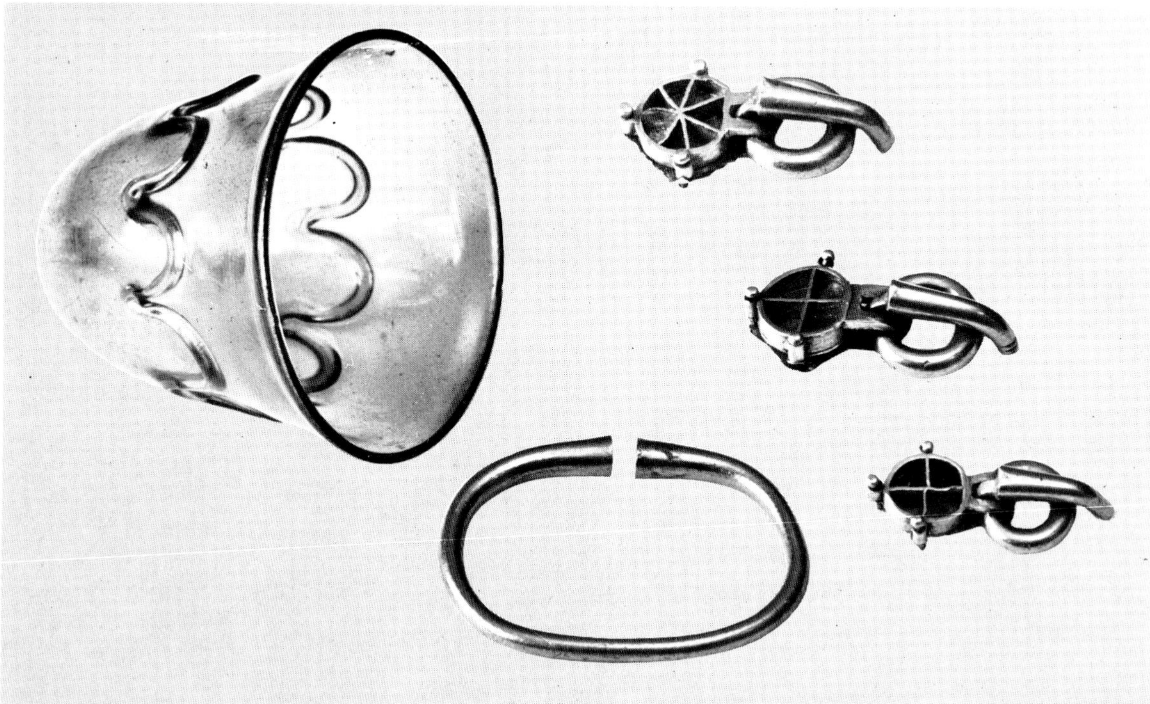

179

boten; mit großen Verlusten blieb Theodosius Sieger. Als er am 17. 1. 395 starb, trugen seine beiden Söhne bereits den Titel Augustus. Honorius (10 Jahre alt) übernahm die Regierung im Westen, Arcadius (18 Jahre alt) im Ostteil des Reiches. Wenn damit auch der Bestand der Dynastie gesichert schien, so beschleunigte sich doch durch die Unfähigkeit und Jugend der beiden Kaiser die Geschwindigkeit, mit der das Reich seiner Auflösung entgegenging. Nach dem Willen des Theodosius sollte der Heermeister Flavius Stilicho, der Sohn eines Vandalen, die Geschicke des Gesamtreiches lenken; er stieß im Osten auf Ablehnung, obschon die schwache Donaugrenze gerade damals und dann später immer wieder von zahlreichen Barbarenhorden überschritten wurde. Nachdem sich die in Moesien und Thrakien angesiedelten Westgoten unter Alarich erhoben hatten, war der ganze Balkan ein Hexenkessel. Die Ratgeber des Arcadius versuchten den Osten dadurch zu retten, daß sie Alarich ganz Illyrien auslieferten und ihn formell zum *magister militum per Illyricum* ernannten. Für den westlichen Reichsteil glaubte Stilicho drohende Gefahren dadurch abzuwenden, daß er 386 und 388 die Rheingrenze und die raetische Donaugrenze gegen die Germanen, wohl durch den Abschluß von Verträgen, sicherte, wie uns Claudius Claudianus, der letzte große Dichter des Altertums griechischer und lateinischer Zunge, in seinen Gedichten überliefert.

Im Jahre 401 drangen vandalische Raubscharen zusammen mit Alanen entlang der Donau von Osten in Raetien ein, und man schickte Truppen aus Oberitalien gegen sie. Während diese Verbände noch in Raetien standen, nutzte Alarich die Gelegenheit, setzte sich mit seinem Volk in Bewegung und machte nach der Eroberung von Aquileia ganz Oberitalien unsicher. Sollte wenigstens Italien gerettet werden, so waren außerordentliche Maßnahmen nötig. Stilicho entblößte rücksichtslos die Grenzen und erteilte Befehl an alle Truppen, sogar an die im fernen Britannien, sich nach Italien in Marsch zu setzen. Er selbst eilte mitten im Winter über den Splügen nach Raetien, konnte erfolgreich Frieden schaffen und stellte aus den eben noch feindlichen Germanen neue Hilfstruppen auf. Mit diesen, den italischen Einsatztruppen und allen raetischen und norischen Verbänden zog Stilicho dann im Frühjahr 402 über den Brenner wieder nach Italien. In Stilichos Heer wird von Claudian besonders eine Legion aus Raetien genannt, die hier eben erst die Vandalen besiegt hatte. Auf dem oberitalischen Kriegsschauplatz waren die römischen Kräfte nun so stark, daß die Westgoten zum Rückzug nach Illyrien gezwungen werden konnten.

Ob Teile von den raetischen Grenztruppen wieder in die Provinz zurückkehrten, läßt sich heute noch nicht mit Sicherheit klären. Einzelne bescheidene Hinweise scheinen anzudeuten, daß verschiedene Befestigungen auch noch im 5. Jahrhundert mit »Soldaten« belegt waren. Nur ein ganz besonders glücklicher archäologischer Fund kann hier nähere Datierungsmöglichkeiten bringen. Es ist daran zu denken, daß die Gruppe der Solidi vom Ende des 4. und dem Anfang des 5. Jahrhunderts durch die Auswertung der Fundverbreitung hier weiterhelfen könnte.

Nachdem aus den Jahrzehnten bis zu den achtziger Jahren des 4. Jahrhunderts kaum Goldmünzen im Voralpenland vorkommen, häufen sie sich gegen Ende des Jahrhunderts. Die bisher in raetischen Befestigungen und ihrer Nähe oder an Fernstraßen gefundenen fast 2 Dutzend Goldmünzen stellten zu damaliger Zeit einen beachtlichen Wert dar. Die Funde wurde von J. Werner[282] damit erklärt, daß es sich hierbei nur um Soldzahlungen an Truppen oder barbarische Foederaten gehandelt haben kann; die verarmte Zivilbevölkerung besaß damals kaum Gold. Nach Aussage der Goldmünzen hatten demnach in dieser Zeit Epfach und der Moosberg ebenso Garnisonen wie Orte an der Donaulinie. Funde unmittelbar südlich des Flusses, wie die von Finningen bei Neu-Ulm (Constantin III. 407/411), von Rockolding-Vohburg (Honorius 403/408), von Eining (Theodosius 379/388) und von Matting im Landkreis Regensburg (Honorius 393/395), weisen auf späte Stationierung hin. Ein silberner Schnallendorn vom Lorenzberg bei Epfach und eine Gürtelschließe vom Bürgle zeigen germanische Hilfstruppen Anfang des 5. Jahrhunderts an. Die ganzen Befunde legen den Schluß nahe, Rom habe zu Anfang des 5. Jahrhunderts den Schutz der Provinz Raetia II germanischen Stammesgruppen übertragen. Es könnte noch zur Zeit Stilichos gewesen sein, daß man mit Barbarengruppen, die eingedrungen und nicht mehr zu vertreiben waren, Verträge schloß und ihnen mit der Verpflichtung zur Grenzverteidigung Land überließ[283].

Das späteste Denkmal von der Anwesenheit römischen Militärs stammt aus Augsburg. Obschon es so fragmentarisch ist, daß sein Inhalt und die Zusammenhänge nicht völlig geklärt werden können, enthält es doch einige bemerkenswerte Hinweise. Von einem christlichen Grabstein liegen zwei Bruchstücke vor, auf denen drei Truppennamen teilweise zu erkennen sind. Am besten zu lesen sind die *Pannonicia(ni)*, doch bleibt offen, ob es sich um die palatine (kaiserliche) Legion der *seniores* aus Italien oder die comitatensische der *iuniores* aus Thrakien handelte. Ungeklärt ist auch, ob die Buchstabengruppe . . . RIVAR auf die *Angrivarii* gedeutet werden kann, die ab 391 unter den *auxilia palatina* im Osten erscheinen. Wichtig für die Datierung sind die zwei Buchstaben HO . . . . . . , mit denen nur *Honoriani* gemeint sein können. Die Aufstellung der verschiedenen Truppenabteilungen mit dem Beinamen nach Honorius kommt frühestens 394/395 in Frage, wodurch die Inschrift in die Zeit gegen 400 anzusetzen ist. Das Grabmal verrät weiter, daß die Familie zu einer sozial gehobenen Schicht gehörte. Die Verhältnisse in Augsburg waren also um 400 noch derart, daß in der Stadt eine gehobene Schicht lebte und sich ihre Angehörigen repräsentative Grabsteine anfertigen ließen[283a].

Der Schutz für das Voralpenland war jedenfalls so schwach, daß dem gotischen König Radagais, der gegen Ende 405 mit einer gemischten Horde aus Goten, Alamannen, Vandalen und anderen Völkern von ca. 200 000 Köpfen die Donau überschritt, Raetien durchzog und über den Brenner in Italien einfiel, kein ernsthafter Widerstand entgegengesetzt werden konnte. Da der Haufen zu groß und unbeweglich und nicht zu ernähren war, teilte ihn Radagais in drei Gruppen, deren größte von Stilicho mit Geschick erledigt wurde. Die beiden anderen Gruppen gingen, sei es durch Vertrag oder sonstiges veranlaßt, wieder über die Alpen zurück und wandten sich dort nach Westen gegen Gallien. Es ist nicht möglich, die wechselnden Völkergruppierungen und ihre Zuzüge genau aufzuzeigen, auf jeden Fall verbreiteten sich über den ganzen Westen vom zerstörten Mainz und Worms bis zu den Pyrenäen Mord und Brand. Unter diesen gewaltigen Völkerbewegungen fanden in Raetien die letzten Reste organisierter römischer Verwaltung und planmäßiger Grenzverteidigung ihr Ende.

Trotzdem haben sich römische Siedlungen gehalten; die Spuren germanischer Besiedlung beschränken sich noch auf den kleinen Friedhof mit alamannischer Komponente aus dem Beginn des 5. Jahrh. in Günzburg-Oberstadt und den Friedhof von Neuburg[283b]. Wie eine vereinzelte Nachricht zu deuten ist, nach der im Jahre 409 ein *magister militum* Generidus Inhaber eines Kommandos über die Truppen in Pannonien, Noricum und Raetien war, ist schwer zu entscheiden. Vielleicht gab es in Raetien im Osten oder in den Alpen noch Truppen, vielleicht hatte die Bevölkerung eine Art Miliz gebildet, vielleicht war der Titel zumindest für Raetien und Pannonien nur fiktiv und lediglich ein Programm? 430 ist nochmals ein römisches Heer unter dem *magister utriusque militum* Flavius Aetius nördlich der Alpen erschienen, hat einen Krieg in Noricum (wohl gegen früher eingedrungene Barbaren) beendet und die Juthungen, die hier zum letzten Mal in der Geschichte aufscheinen, in Vindelicien besiegt. Zu einer endgültigen Ansiedlung des Volkes der Alamannen westlich des Lech und nördlich der Donau und zu einer alamannischen Vorherrschaft in Raetia II ohne vertragliche Regelung kam es aber erst nach dem Tode des Aetius (454). Vorher waren neben den genannten noch viele andere unbekannt gebliebene Germanenstämme bei uns durchgezogen.

Auf einer dieser Bewegungen in den ersten Jahrzehnten des 5. Jahrhunderts, also zur Zeit der großen hunnischen Machtentfaltung in Ungarn, ist ein jugendlicher Angehöriger einer ostgermanischen Häuptlingssippe an der Salzach gestorben und begraben worden. Der zufälligen Entdeckung dieses reich mit Goldbeigaben ausgestatteten Grabes 1843
Abb. 178 in Fürst bei Pietling[284] und der Bergung einer ebenfalls ostgermanischen Frauenbestattung 1940 bei Götting im Mangfalltal[285] aus der gleichen Zeit verdanken wir die bisher einzigen Zeugen der zahlreichen Durchzüge so riesiger Völkergruppen! Dabei müssen es teilweise gigantische Massen gewesen sein, die sich durch das Voralpenland bewegt haben, denken wir doch nur an den Zug Attilas 451 von Pannonien nach Gallien und den folgenden Rückzug nach der Niederlage auf den Katalaunischen Feldern. Einzig das Grab einer alten Germanenfrau aus der zweiten Hälfte des 5. Jahrhunderts von München-Ramersdorf läßt sich mit germanischen Volksteilen in Verbindung bringen, die nach den Hunnen in Bewegung geraten waren und damals Raetien durchstreiften[286].

Nachdem für die ganze Zeit der römischen Herrschaft die Münzen die zuverlässigsten Kriterien zur Datierung geliefert haben, ergibt sich ganz zwangsläufig die Frage, ob durch die Ermittlung des Endes des römischen Münzumlaufs nicht auch das Ende der faktischen römischen Administration schärfer präzisiert werden kann. Obschon außer numismatischen, wirtschaftlichen, politischen noch eine Reihe schwer zu beurteilender Faktoren zu berücksichtigen sind, glaubte ich selbst, hier zu näheren Ergebnissen zu kommen, und meine es eigentlich heute noch. Zwar ist die Münzprägung ganz gut bekannt, doch steckt die Erforschung des tatsächlichen Geldumlaufes und seiner Gesetze noch sehr in den Anfängen. Erschwert wird jedes Bemühen in dieser Hinsicht durch den Umstand, daß sich manche sehr häufige Münztypen zwischen 388 und 408 noch nicht oder vielleicht überhaupt nie unterscheiden lassen. Trotzdem sind mit den Arbeiten von S. Soproni über den Münzumlauf in Pannonien[287]und von Th. Pekáry über die späten Münzen aus *Vindonissa*[288] vielversprechende Anfänge gemacht[289]. So läßt z. B. der Münzzustrom am pannonischen Limes ab 370/75 sehr stark nach, während der Münzumlauf bis in das 5. Jahrhundert weitergeht. In Vindonissa dagegen kommen neue Münzen »in verhältnismäßig großer Zahl« noch bis etwa 400 an. Für Raetia II sah es bisher so aus, als ob der Zustrom neuer Prägungen nach 383 ganz erheblich schwächer geworden sei. In jüngster Zeit haben nun verschiedene Ausgrabungen in Regensburg, besonders im Niedermünster, umfangreiche Münzreihen erbracht[290], die stratigraphisch genau fixiert sind und nach der Reinigung mit modernen Methoden exakt bestimmt werden konnten. Die Fundvergesellschaftung in den verschiedenen Schichten läßt nach Abschluß der im Gange befindlichen Bearbeitung erste Hinweise auf die Umlaufdauer der spätrömischen Kupfermünzen erwarten. Gegenüber dem bisherigen Eindruck zeigte sich sogar noch eine gewisse Häufung des Münzzustroms gegen Ende des 4. Jahrhunderts, vielleicht noch bis in den Anfang des 5. Jahrhunderts hinein. Andererseits wurde bestätigt, daß bestimmte Münztypen von der Schwelle des 5. Jahrhunderts Regensburg nicht mehr erreicht haben. Nach dem Abzug der raetischen Truppen durch Stilicho (siehe S. 185) sind keine Soldzahlungen mehr nach Regensburg gelangt. Durch die Auswertung der zahlreichen Fundmünzen aus anderen spätrömischen Plätzen Raetiens muß sich nun zeigen, inwieweit diese Feststellungen nur für Regensburg oder für ganz Raetien gültig sind, ebenso wie Vergleiche mit Münzreihen und Schatzfunden aus anderen Teilen des Römischen Reiches[291] vermutete Besonderheiten unserer Provinz beim Ende des Münzzustroms gegenüber Gallien oder den Ostprovinzen näher erkennen lassen werden. Ebenso wird auch erst die schichtenmäßige Auswertung der Münzen aus dem Niedermünster eine ungefähre Vorstellung vom Ende des spätrömischen Geldumlaufs in Raetien vermitteln.

Es gilt festzustellen, daß Flachlandraetien bald nach 400 seine regulären Grenztruppen verlor und daß spätestens 406 die ordnungsgemäße Provinzverwaltung und Administration ihr Ende fand. Damit schließt auch die Zeit der römischen Herrschaft für unser bayerisches Voralpenland, selbst wenn Rom seinen Anspruch auf die nominelle Herrschaft über die Provinz Raetia II noch lange nicht aufgegeben hatte.

Von den Römern zu den Baiern

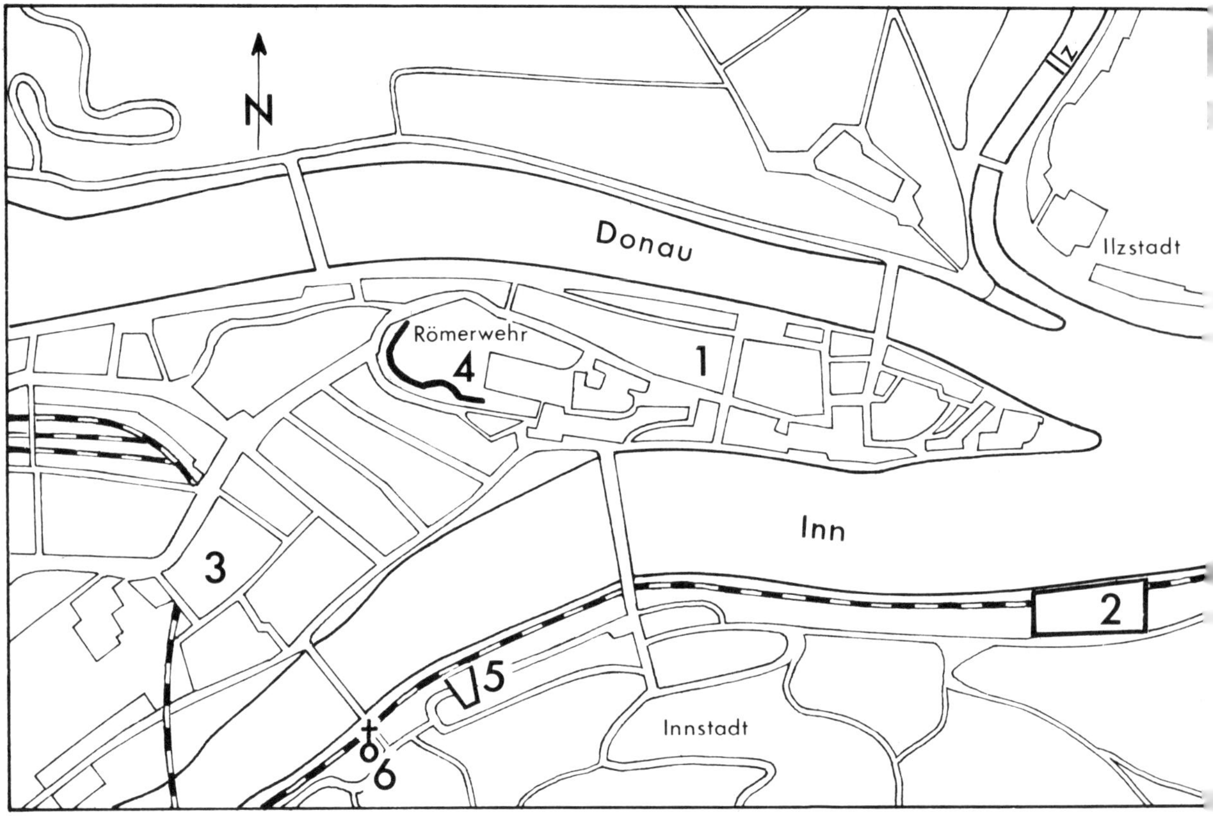

Topographie des antiken Passau:
1 *Vermutetes spätkeltisches Oppidum* Boiodurum, *bisher noch keine Funde.* — **2** *Norisches Grenzkastell* Boiodurum *ab Ende des 1. bis ins 3. Jahrhundert.* — **3** *Vermutete Stelle des raetischen Cohortenkastells* Batavis *ab Antoninus Pius bis ins 3. Jahrhundert.* — **4** *Teile der Befestigungsmauer des spätrömischen* Batavis *bzw. frühmittelalterlichen Passau.* — **5** *Das 1974 neu entdeckte Kastell* Boiotro *vom Ende des 3. Jahrhunderts bis in die Zeit des Hl. Severin.* — **6** *Kirche St. Severin.*

DER HEILIGE SEVERIN

Wenn wir uns zum Schluß der Frage zuwenden, wie und unter welchen Umständen die romanische Bevölkerung nach dem faktischen Ende der Römerherrschaft in unseren Gegenden weiterlebte, so steht uns hier mit der von Eugippius 511 verfaßten Lebensbeschreibung des heiligen Severin eine Quelle ganz besonderer Art zur Verfügung. Für die frühgeschichtliche Archäologie ist das 5. Jahrhundert eine sehr dunkle Periode, da die Bodenfunde für diesen Zeitabschnitt fast völlig versagen. Der heilige Severin, ein frommer Mann und edler Römer, kam vor 467 nach Ufernoricum, als die vielen unterjochten Völker nach dem Tode Attilas 453 erneut in gefährliche Bewegung geraten waren. Hier nun entfaltete er ein segensreiches Wirken, das sich nicht nur auf reine Seelsorge und caritative Betreuung, sondern auch auf organisatorische und politische, ja sogar militärische Bereiche erstreckte. Man glaubt nun folgern zu können, daß er höherer Offizier gewesen sei, bevor er sich, den geistigen Strömungen seiner Zeit folgend, einer religiösen Berufung zuwandte. Severin galt schon zu Lebzeiten als Heiliger, worauf sich nicht zuletzt seine große Autorität auch bei germanischen Fürsten und die Macht seiner Persönlichkeit gründete. Obschon der Biograph Eugippius nur ein Bild dieser Persönlichkeit und seiner Wundertaten geben wollte, hat er uns in zeitlicher Abfolge trotz hagiographischer Stilisierung eine faszinierende Darstellung des Untergangs der Römischen Welt im raetisch-norischen Grenzgebiet geliefert. Seine Betrachtung ist so anschaulich geschrieben, daß sie heute noch eine spannende Lektüre darstellt.

Es kann hier nicht der ganze geschichtliche Gehalt dieser Lebensbeschreibung Severins aufgerollt werden; wir müssen uns darauf beschränken, die Ereignisse kurz herauszugreifen, die Raetien und seine engere Nachbarschaft betroffen haben, und die allgemeinen Lebensbedingungen in der zweiten Hälfte des 5. Jahrhunderts zu umreißen. Für die Situation ist deutlich kennzeichnend, wenn Eugippius einmal bei der Erwähnung früherer Verhältnisse schreibt: *Per idem tempus, quo Romanum constabat imperium* ... (Zur Zeit, als noch das Römische Reich bestand, ...). Die Auflösung und der Zerfall des Reiches war also den Zeitgenossen völlig bewußt, und sie betrachteten diesen Teil der geschichtlichen Entwicklung als abgeschlossen. Für die Bevölkerung galt es einzig zu überleben, was bei der politischen und wirtschaftlichen Entwicklung äußerst schwierig war. Hierbei setzte das Wirken St. Severins ein, indem er den Widerstandswillen der Leute stärkte und sie zu gemeinsamem Handeln zusammenfaßte. Auch in manch anderen Teilen des untergehenden Reiches gab es ähnliche und tatkräftige Männer, von denen wir aber nur gelegentlich erfahren; anderswo wird die Bevölkerung in stumpfem Warten in eine neue Zeit hinübergegangen sein.

Der heilige Severin trat nach 460 in *Asturis* (Klosterneuburg) im Osten Noricums erstmals in das Licht der Geschichte. Weiter nach Westen wandernd gelangte er in die Stadt *Favianis* (Mautern), wo eine »furchtbare Hungersnot« herrschte. Diese war entstanden, als »zahlreiche mit Waren übervoll beladene Schiffe aus Raetien« im Inn vom Eis eingeschlossen wurden. Daß kurz darauf Tauwetter einsetzte und die Schiffe endlich ankamen, wurde dem Gebet des heiligen Severin zugeschrieben. Wenig später überfielen barbarische Räuber die Gegend und führten alle Menschen und Tiere, die sie außerhalb der Stadtmauern antrafen, als Beute fort. Die Bevölkerung war zu schwach, sich dagegen zu wehren; es gab zwar »ein paar Soldaten«, aber sie hatten keine Waffen. Offensichtlich brachte es große Gefahren mit sich, die befestigten Orte zu verlassen. Es hatte sich damals aus entwurzelten Elementen der verschiedensten Herkunft eine besondere Bevölkerungsschicht, Scamarer genannt, gebildet, die von Raub und Plünderung lebte.

Aber sogar die friedlichsten Germanenstämme waren zu fürchten. Nördlich der niederösterreichischen Donaustrecke bestand das Königreich der Rugier, das südlich des Flusses eine Art Schutzherrschaft ausübte und dem die Städte am Fluß tributpflichtig waren. Trotzdem ließ die Rugierkönigin Giso, als sie Knechte zur Arbeit brauchte, sich einfach ein paar Romanen einfangen und antwortete auf den Protest Severins nur: »... lasse uns mit unseren Knechten machen, was wir wollen!« So wundert es nicht, wenn wir aus diesen rauhen Zeiten Fälle von Morddrohungen gegen unschuldige Geiseln erfahren, wie sie auch jüngst wieder üblich geworden sind. Die genannte Königin Giso hatte Goldschmiede gefangengesetzt, die für sie Schmuck herzustellen hatten. Diesen Goldschmieden gelang es nun, sich des kleinen Königssohnes Fredericus zu bemächtigen und gegen die Drohung, ihn zu ermorden, entlassen zu werden. Flachlandraetien wurde damals völlig von den Alamannen beherrscht, die unter ihrem König Gibuld bis nach Noricum vorstießen. In einer persönlichen Zusammenkunft vor Passau erreichte Severin von ihm die Herausgabe von Gefangenen und die Zusicherung, von Plünderungen Abstand zu nehmen. Weniger bedroht scheinen damals die Stadt *Iuvavum* und das Kastell *Cucullis* (Kuchl) südlich davon gewesen zu sein, in denen der Heilige ebenfalls Wunder wirkte.

In Passau *(Batavis)* gründete Severin ein Kloster, wie er es vorher schon in *Favianis*, seinem bevorzugten Aufenthaltsort, getan hatte. Von *Batavis* erfahren wir, daß hier als einzigem Ort in Raetien nach dem Zerfall der Grenzwehr und der Truppenteile donauaufwärts, noch eine Abteilung Soldaten auf dem Posten geblieben war; da sie aber keine Verbindung mehr mit Italien hatte, konnte sie weder Nachschub noch Sold erhalten. *Quintana* (Künzing) war der am weitesten im Westen gelegene Ort, den Severin auf seinen Wanderungen erreichte; es scheint dies aber auch der letzte Platz gewesen zu sein, an dem noch eine römische Gemeinschaft lebte. Die Gemeinde hatte eine Kirche, einen Presbyter (Priester) Silvinus und einen Subdiacon Marcus. Bei der christlichen Gemeinde in Passau war ebenfalls ein Presbyter tätig. Gegenüber der Stadt jenseits des Inns in *Boiotro (= Boiodurum)* stand sogar eine Basilika, bei der Severin »eine kleine Zelle für ein paar Mönche erbaut hatte«.

Der segens- und hilfreichen Tätigkeit des heiligen Severin konnte aber nur so lange Erfolg beschieden sein, bis durch die Ausbreitung der Goten der Raum von neuem in Unruhe und Bewegung geriet. 469 besiegten die Goten den Stamm der Skiren, worauf Odoakar mit einem Teil seines Volkes nach Italien zog, nicht ohne vorher den Rat Severins eingeholt zu haben. Der starke gotische Druck brachte die Donaugermanen, darunter Rugier und Alamannen, zu einem Bund zusammen, der jedoch von den Goten in zwei Schlachten 469 und 470 niedergeworfen und zersprengt wurde. Trotz ihres Sieges wanderten die Goten 472 aus ihren ungarischen und niederösterreichischen Gebieten aus. Diese Ereignisse spielten sich nicht unmittelbar im Gebiet der Tätigkeit des hl. Severin ab, doch ihre Folgen waren empfindlich zu spüren und zwangen Severin zu einer grundsätzlichen Änderung seiner Bemühungen. Er erkannte, daß die Lage für die romanische Bevölkerung jetzt nach der Schwächung des Rugierreiches vollends unhaltbar geworden war, und zog seine Konsequenzen daraus. Zunächst ließ er die Bewohner von Künzing nach Passau übersiedeln. Als daraufhin die Alamannen glaubten, in einem einzigen Überfall die Bevölkerung beider Städte ausplündern zu können, organisierte Severin den Widerstand, und es gelang, die Alamannen vor Passau in die Flucht zu schlagen. Trotz dieses Sieges forderte nun der Heilige die Leute auf, nach *Lauriacum* zu ziehen, fand jedoch keine ungeteilte Zustimmung. Die meisten kamen seiner Aufforderung aber nach und verließen ihre Heimat. Wie recht Severin bei seiner Beurteilung der Lage hatte, zeigte sich noch in derselben Woche, als bei einem Überfall der Thüringer die restlichen Bewohner von *Batavis* niedergemacht oder in die Gefangenschaft abgeführt wurden.

Nachdem vorher schon der Ort *Ioviacum* (Schlögen in Oberösterreich) bei einem Überfall der Heruler untergegangen war, gab es donauaufwärts von *Lauriacum* keinen Platz mehr mit römischem Leben. Doch selbst dieser Ort konnte nicht mehr gehalten werden; Severin veranlaßte die Romanen, von *Lauriacum* abzuziehen, und brachte sie aufgrund gütlicher Vereinbarungen in den Städten zwischen *Favianis* und *Asturis* im Bereich der rugischen Macht unter. Schon damals sagte er voraus, daß man bald ganz nach Italien abwandern müsse. Diese letzte Wanderung allerdings erlebte Severin nicht mehr; er starb am 8. Januar 482 hochbetagt in *Favianis*. Nachdem 487 und 488 Odoakar die offensiv gewordenen Rugier in zwei großen Schlachten besiegt hatte und sich danach durch die Verbindung der Rugier mit den Ostgoten Theoderichs eine neue Konstellation ergeben hatte, ließ Odokar den Rest Ufernoricums und Teile von Binnennoricum von den Romanen räumen und übersiedelte diese nach Italien. Dem letzten Willen Severins entsprechend wurde hierbei sein Leichnam mitgeführt.

Die wirtschaftliche Situation der Bevölkerung, wie sie in den gelegentlichen Hinweisen in der *Vita Severini* aufscheint, ist für uns von besonderem Interesse, gibt sie doch Hinweise darauf, wie wir uns das Leben der Romanen im 5. Jahrhundert hier vorzustellen haben. Wenn vom Heiligen berichtet wird, daß er stets, auch im Winter, barfuß ging, immer dasselbe Gewand trug und es sogar bei Nacht nicht ablegte, so ist dies doch nur denkbar in einer Gesellschaft, die sich in ihrer Armut ähnlich verhielt. Wir erfahren weiter, daß viele Arme keine oder nicht genügend Kleidung hatten und für sie alte Kleider gesammelt und bis über die Alpen gebracht wurden. Die Bevölkerung lebte von der Landwirtschaft. Und gerade in dieser ihrer Lebensgrundlage war sie durch die unsichere Situation stark bedroht. Wegen der plündernden Banden konnte man die Feldbestellung nur gemeinsam betreiben und mußte in den Siedlungen noch Wachen zurücklassen. So wird einmal als Episode berichtet, daß die Einwohner von *Batavis* fast alle mit der Ernte beschäftigt waren, als die Stadt von einem Germanenführer Hunumund mit seinem Haufen überfallen wurde. Die zur Bewachung zurückgelassenen vierzig Männer wurden niedergemacht und die Stadt ausgeraubt. In erster Linie waren diese Scharen auf Lebensmittel aus und nahmen Getreide und Vieh mit sich. Dadurch kamen die Romanen oft in große Bedrängnis, und Hungersnöte waren nicht selten.
Dennoch wurde Handel betrieben, wenn er auch meist mehr gelegentlicher Art gewesen zu sein scheint. In *Favianis* z. B. gab es einen regelmäßigen öffentlichen Markt. Die Leute von *Batavis* wandten sich sogar einmal an Severin, damit er ihnen die Erlaubnis zum Handel mit den Rugiern von deren König verschaffe. Vom Schiffsverkehr auf Inn und Donau war schon die Rede; die Nachricht von den Schiffstransporten mit Lebensmitteln zeigt, daß irgendwo am Lauf des Inn Getreidebau mit Überschüssen noch in der zweiten Hälfte des 5. Jahrhunderts betrieben worden sein muß. Selten, aber doch immerhin, kam damals sogar Öl aus Italien bis an die Donau, wie die Beschreibung einer Ölverteilung durch Severin in *Lauriacum* beweist. Ein eigenständiges Handwerk für Metallverarbeitung (Schmieden) oder Textilherstellung (Spinnereien und Webereien) scheint es allerdings nicht mehr in nennenswertem Umfang gegeben zu haben. Diese Verarmung, der Einfluß des Christentums und die Abwanderung der mit Beigaben bestattenden sozial gehobenen Schicht bewirkte das Aufhören der Beigabensitte, weshalb wir kaum Bodenfunde aus dem 5. Jahrhundert haben.

Hinzuweisen ist in diesem Zusammenhang noch auf die jüngst entwickelten Theorien, den Hl. Severin mit Flavius Severinus, dem Consul des Jahres 461 gleichzusetzen, der dann mit dem Sturz des Kaisers Maiorian Amt und Würden verloren hätte. In Noricum, wohin er sich zur Anachorese zurückgezogen hätte, veranlaßten ihn dann die Zeitläufe zu seinem geschilderten Wirken. Die Entdeckung und Ausgrabung des Kastells Boiotro in Passau-Innstadt 1975 unweit der Severinskirche wird in der Auswertung nicht nur neues Licht auf das 5. Jahrhundert werfen, sondern auch die Gebrauchsgegenstände aus dieser Zeit besser erkennen lassen.

ZUR KONTINUITÄT

Wenn auch die Frage, was alles von der Römerzeit bis ins frühe Mittelalter weiterlebte, in welcher Form dies geschehen ist und von welchem Einfluß dies auf die weitere Entwicklung war, strenggenommen nicht mehr zum Gegenstand dieser Zusammenstellung gehört, so wird es der Leser vielleicht doch begrüßen, hier kurz auf ein paar Gesichtspunkte hingewiesen zu werden. Kaum ein Problem der Geschichte Bayerns wurde im Laufe der Zeit so gegensätzlich beurteilt, wie die Kontinuität vom Altertum ins Mittelalter. Die mehr oder minder begründeten Meinungen reichen von der völligen Ablehnung jeglicher Verbindung bis zum Gegenteil; die Wahrheit scheint hier, wie so oft, in der Mitte zu liegen. Obwohl viele Stürme über das Land hinweggegangen und der Bodenfunde aus dem 5. Jahrhundert so wenige sind, hat sich doch herausgestellt, daß das Voralpenland niemals menschenleer war. Kontinuität ist also allgemein gegeben für eine Bevölkerung, die nur für die einfachen Notwendigkeiten des täglichen Lebens sorgte.
Günstiger war die Situation in gewissen Rückzugsgebieten der römischen Bevölkerung am Nordrand der Alpen, wie z. B. in den Tälern von Salzach und Saalach südlich Salzburg und des Inn in Tirol. Die geschütztere Lage, die bessere und zum Teil länger dauernde Verbindung mit Italien bewirkten, daß sich dort Romanensiedlungen in ihrem geschlossenen Bestand über Jahrhunderte halten konnten. Die heutigen Ortsnamen dieser Gebiete gehen oft auf die lateinischen Bezeichnungen zurück; es mag genügen, auf Marzoll — *Marciolae* hinzuweisen. Die Besitzverhältnisse wurden nicht grundsätzlich verändert, wie uns urkundliche Nennungen von Romanen noch im 9. Jahrhundert andeuteten.
Stärker noch war das Band, das die Germanen mit dem römischen Element verknüpfte, in den Städten. Augsburg, als die ehemalige Hauptstadt, stellt eine lebendige Brücke zwischen den Zeiten dar. Hier lebten und arbeiteten bis zuletzt die geschicktesten Handwerker, denen ihre Fähigkeiten in fast jeder Lage ein Überleben garantierten. In Augsburg bestand überdies schon sehr früh eine christliche Gemeinde, die am Ende der Römerzeit wohl alle Einwohner einschloß und von einem Bischof geleitet wurde. Die 304 als Märtyrerin verbrannte Afra wurde sehr bald als Heilige verehrt und ihre Gedenkstätte auf dem spätrömischen Friedhof an der Straße nach Süden als Andachtsziel aufgesucht. Um 565 reiste der aus Norditalien stammende Dichter Venantius Fortunatus, der spätere Bischof von Poitiers, aus seiner Heimat nach Tours zum Grab des heiligen Martin. Später beschrieb er seine Reise in umgekehrter Richtung in Gedichtform.
Wir lesen hier:

Si tibi barbaricos conceditur ire per amnes,
Ut placide Rhenum transcendere possis et Histrum,
Pergis ad Augustam, qua Virdo et Licca fluentant;
Illic ossa sacrae venerabere martyris Afrae.
(Wenn du die barbarischen Ströme des Rhein und der
Donau ruhig überschreiten kannst, kommst du nach
Augsburg, wo Wertach und Lech fließen.
Dort wirst du die Gebeine der heiligen Afra verehren.)

Diese Erwähnung beweist, daß in Augsburg durch all die dunklen Jahrhunderte hindurch eine Christengemeinde bestanden hat, die das Wissen um die Gedenkstätte der heiligen Afra weitergab und ihre Pflege besorgte. Seit dem 7. Jahrhundert bedeutete es eine besondere Auszeichnung, in der Nähe des Afra-Grabes bestattet zu werden, die Geistlichen und Adeligen, darunter dem heiligen Ulrich, zuteil wurde. Heute steht die Pfarrkirche St. Ulrich und Afra an dieser Stelle. Abb. 179

In Regensburg haben wir andere Verhältnisse; die Namen der dortigen Märtyrer sind uns nicht überliefert, so daß wir die Kontinuität des christlichen Kultes nicht so klar erkennen können. Dennoch gibt es auch hier Hinweise dafür. Ein unter der Niedermünsterkirche teilweise ergrabener spätrömischer Bau wurde von germanischen Bewohnern weiter benützt und erst im späten 5. oder frühen 6. Jahrh. abgetragen; doch blieb die Umgebung stets bewohnt. Schon um 700 wurde an diesem Platz eine Steinkirche errichtet, wie der Ausgrabungsbefund weiter ergeben hat; dies ist kaum anders als mit dem Fortwirken einer örtlichen Tradition zu erklären. Die mächtige Mauer der spätrömischen Festung bot noch lange guten Schutz, so daß die bayerischen Herzöge hier seit dem 6. Jahrhundert ihre Residenz hatten. Noch um 770, als Bischof Arbeo seine Lebensbeschreibung des heiligen Emmeram verfaßte, charakterisierte er Regensburg wie folgt: »*Urbs, ut praediximus, Radaspona inexpugnabilis, quadris aedificata lapidibus, turrium exaltata magnitudine, puteis habundans.*« (Die Stadt, nämlich Regensburg, war uneinnehmbar, aus Quadern erbaut, mit hochragenden Türmen, und mit Brunnen reichlich versehen.) Darüber hinaus wird die Kontinuität für Augsburg und Regensburg durch die Namen bestätigt, die sich aus den römischen entwickelt haben. Bei manchen Städten und Orten ist es zunächst hauptsächlich nur der Name, der das Weiterleben einer Bevölkerung anzeigt: *Abodiacum* – Epfach über mittelalterlich Eptaticum, *Arbor Felix* – Arbon, *Batavis* – Passau, *Brigantium* – *Brecantia* – Bregenz, *Cambodunum* – Kempten, *Caelius Mons* – Kellmünz, *Ad Fines* – Pfyn, *Foetes* – Füssen über Fozen, *Guntia* – Günzburg, *Quintana* – Künzing über Quincina, *Veldidena* – Wilten, alles in allem doch eine ganze Anzahl, die auf nicht allzu geringe Bevölkerungsreste schließen läßt. Dazu kommen noch die Flußnamen: *Danuvius* – Donau, *Aenus* – Inn, *Moenus* – Main, *Reganus* – Regen, *Virdo* – Wertach, *Licca* – Lech sowie Abens, Amper, Iller, Isar und Schutter, von denen wir die lateinische Bezeichnung nicht genau kennen, und noch eine Reihe weiterer Gewässernamen, für die eine vordeutsche Wurzel zu erschließen ist. Am intensivsten hat sich das romanische Element in Raetia I behauptet. Hier bestand die alte Organisation fort, bis die Provinz Teil des oströmischen Reiches wurde. Noch im 6. Jahrhundert setzte man Grabsteine mit lateinischen Inschriften, wie es z. B. die Inschrift in Versen für den am 8. 1. 548 in Chur bestatteten Bischof Valentinus zeigt.

Frühvölkerwanderungszeitliches Frauengrab mit Silberfibel und Tongefäß von Götting, Ldkr. Rosenheim. M. kleiner als 2 : 3.

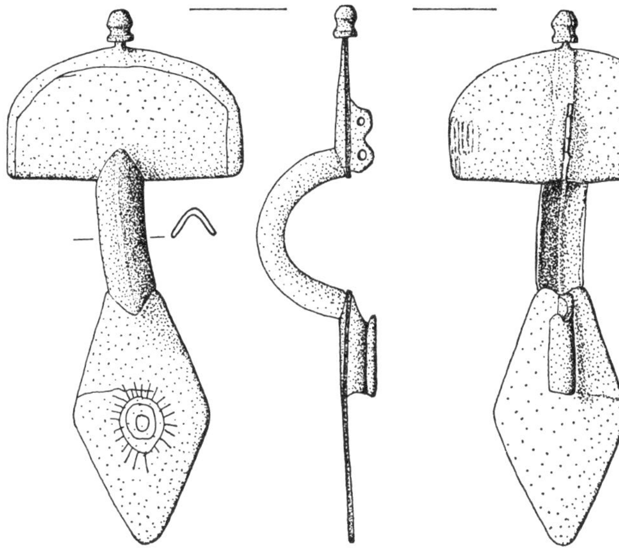

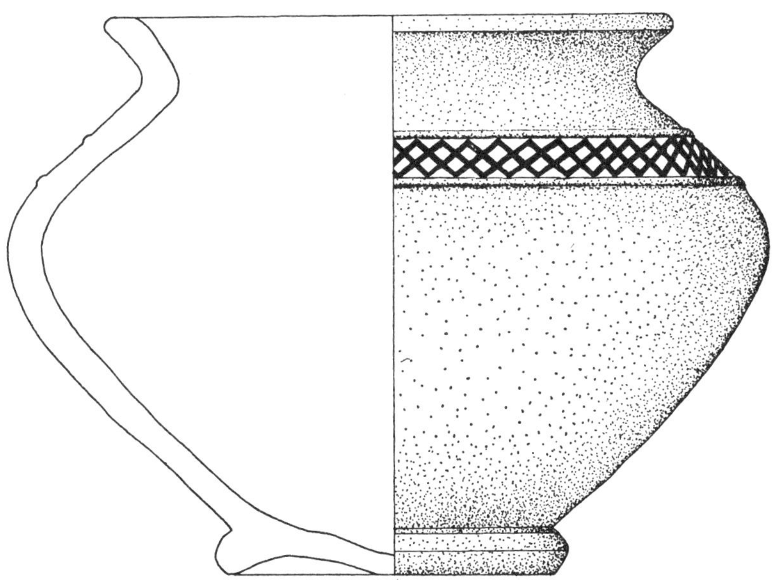

EINWANDERUNG DER BAJUWAREN?

Das rätselhafteste Kapitel der bayerischen Geschichte ist die Frage nach der Herkunft des Stammes. Lange nach all den anderen deutschen Stämmen werden die Bajuwaren erstmals erwähnt, und auch da nur ganz beiläufig. Als Jordanes um 550 seine Geschichte der Goten schrieb, vermerkte er, daß die Sueben im Osten an die Bajuwaren grenzen. Und Venantius Fortunatus weist bei der Beschreibung seiner schon genannten Reise daraufhin, daß von Augsburg ab dann durch das Gebiet der Bajuwaren weiterzuziehen ist, bevor man an die Alpen und ins Land der Breonen kommt. So nennen uns die ersten Erwähnungen die Bajuwaren bereits in ihren späteren Wohnsitzen; der Eintritt dieses Volkes in die Geschichte hatte sich völlig unbemerkt vollzogen. Dies konnte man sich, seit der große bayerische Geschichtsschreiber Aventinus seine Einwanderungsgeschichte in der Einleitung seines großen Werkes niedergelegt hat, nicht anders als durch eine geschlossene Einwanderung des ganzen Volkes erklären. Bei der Suche nach dem Herkunftsland, für das es vielerlei Theorien gab, kam man immer wieder wegen der Namensähnlichkeit *Boiohaemum* – Baiovarii auf Böhmen zurück. Lange hatte man sich dann für die Frage eine Klärung aus der modernen Analyse und dem Vergleich des archäologischen Fundstoffes des 5. bis 7. Jahrhunderts in Bayern, Böhmen, Österreich und Ungarn versprochen. Dies schien berechtigt, da die Reihengräberfelder des 6. und 7. Jahrhunderts besonders zahlreiche Beigaben enthalten. Nun überblicken wir auch das außerbayerische Fundgut genauer und müssen feststellen, daß eine Herkunft oder gar ein Wanderweg nicht zu erkennen ist. Ja, neuere Ausgrabungen führten zu erheblichen Zweifeln an der bisherigen Auffassung und ließen schließlich die ganze Einwanderungshypothese überhaupt in Frage stellen. Nachdem bajuwarische Reihengräber entdeckt wurden, die mit ihren frühesten Bestattungen bis ins 5. Jahrhundert zurückgingen und dann zum Ende des 7. Jahrhunderts reichen, entwickelte sich die Überzeugung, daß man überhaupt nicht von einer Einwanderung im bisherigen Sinne sprechen könne. Aus den Resten der Vorbevölkerung und den nach und nach aus verschiedenen Stammesgruppen eingewanderten Germanen bildete sich der neue Stamm der Bajuwaren. Daß dabei kräftige Schübe, wahrscheinlich doch aus Böhmen, eine große Rolle gespielt haben, ist denkbar; aber vielleicht erfolgten solche Einwanderungsschübe bereits im 5. Jahrhundert?

Als Grund für diese Stammesbildung muß man einen von außen wirkenden Einfluß annehmen, weshalb die Meinungen, je nach dem vermuteten Zeitpunkt, zwischen Franken und Ostgoten geteilt blieben. Eine ansprechende Hypothese hat K. Reindel entwickelt; er glaubt, daß

Theoderich, der Ostgotenkönig, nach der Aufnahme der engen politischen Beziehungen zum Thüringerreich Anfang des 6. Jahrhunderts das Machtvakuum südlich der Donau nicht weiter dulden konnte und durch die Bildung einer Herrschaft auch die Stammesbildung der Bajuwaren herbeiführte. Das bezeugte Eintreten Theoderichs 506/507 gegenüber dem Frankenkönig für einen Teil der Alamannen, über den er eine Art Schutzherrschaft ausübte, würde gut in die Theorie passen. Warum aber dann der Ostgotenkönig das vakante Land nicht einfach seinem Reich eingegliedert hat, muß hier offenbleiben. Bei allen Hypothesen sind der unbeantworteten Fragen noch sehr viele, und schlüssige Beweise können nicht erbracht werden. So tun wir gut daran, unser Nichtwissen über die Entstehung des Bayernvolkes zu bekennen, bis vielleicht doch eines Tages die frühgeschichtliche Archäologie in der Lage ist, eine Klärung zu erbringen.

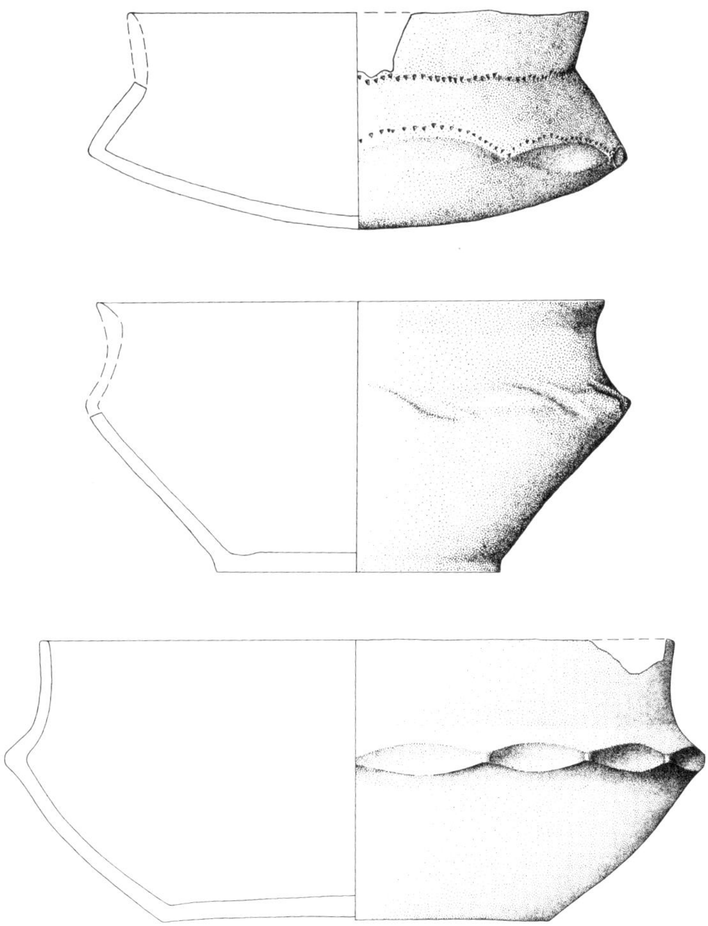

Tongefäße aus dem Brandgräberfeld des 4./5. Jahrh. von Friedenhain nördlich der Donau bei Straubing. Die hier bestattete germanische Volksgruppe hatte ihre nächsten Verwandten in Südwestböhmen und wird bei der Bildung des bajuwarischen Volkes in ihm aufgegangen sein. M. 1 : 3. (Zeichnungen L. f. D.)

Eine Schlüsselstellung in diesem Fragenkomplex nimmt das Reihengräberfeld zwischen Altenerding und Klettham in der Nähe von Erding ein. Dieser Friedhof ist mit der Zahl von bisher planmäßig gegrabenen 1360 Gräbern und einem geschätzten Gesamtumfang von 2200–2300 Bestattungen das bis jetzt größte Reihengräberfeld Süddeutschlands. Die noch nicht abgeschlossenen Untersuchungen haben schon wichtige Hinweise auf die Bevölkerungsstruktur und ihre Veränderungen vom 5. bis 7. Jahrhundert ergeben. Dort an der Sempt wird sich ein Zentrum der frühmittelalterlichen Landerschließung befunden haben, die hier durch eine größere vermögende Sippe vorgenommen wurde. Die Existenz einer ziemlich starken wohlhabenden und damit auch sozial und politisch führenden Schicht ist aus den Grabbeigaben zu erschließen. Daß diese Oberschicht weit über den örtlichen Rahmen hinausgehende Beziehungen unterhielt, spiegelt sich ebenfalls in den Beigaben der ersten Generationen, wo eine komplette Frauentrachtgarnitur aus dem südlichen Ostseeraum und nicht wenige Erzeugnisse mitteldeutschen, langobardischen, ostgotischen und fränkisch-alamannischen Kunsthandwerks aufgetreten sind. Diese Vielfalt und die anthropologische Untersuchung zeigen, daß wir anfangs nicht mit einer einheitlichen und geschlossenen Bevölkerung rechnen können. Die Zuwanderung der überwiegend germanischen Bevölkerung von Altenerding erfolgte vom frühen oder mittleren 5. Jahrhundert ab nach und nach, worauf sie dann aus verschiedenen Gruppen zusammengewachsen ist. Bei konstanter Friedhofsbelegung verschwinden bis zur Mitte des 6. Jahrhunderts alle Einflußkomponenten aus dem Osten und aus Mitteldeutschland; analog der fränkischen Machtentwicklung dominiert von da an der westliche Einfluß auch beim Trachtzubehör. Der Befund in Altenerding erlaubt es nicht, während des 6. Jahrhunderts die Zuwanderung eines wesentlichen Teiles der Bevölkerung, die dann noch dem ganzen Stamm den ganzen Namen gegeben hätte, anzunehmen.

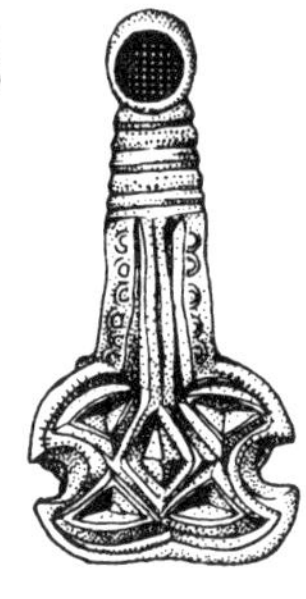
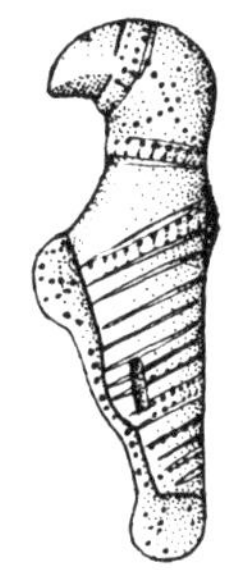
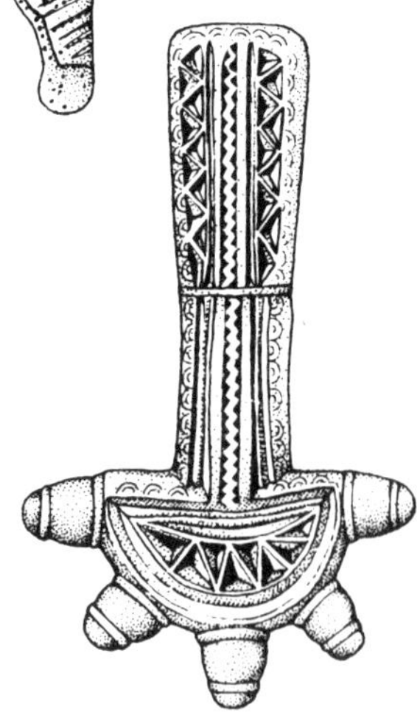

Altenerding — Klettham. Fibeln des ausgehenden 5. Jahrhunderts, die thüringische und alamannische, östliche und westliche Einflüsse zeigen. Oben Grab 26, Mitte 201, die beiden unteren Grab 485. Originalgröße.

Anhang

Literatur und Anmerkungen

Um einen rascheren Überblick über das gesamte Schrifttum zu ermöglichen, wird hier, abweichend von den sonstigen Gepflogenheiten, versucht, sowohl die allgemeine Literatur als auch die speziellen Anmerkungen in einer fortlaufenden Übersicht gegliedert nach den einzelnen Kapiteln zu geben. Da aber gelegentlich Hinweise auf frühere Zitate nötig sind, werden beide Hinweise durchnumeriert, wobei sich die allgemeine Literatur durch den vorgesetzten Buchstaben **L** von den Anmerkungen unterscheidet. Ich bin mir klar, daß diese Anordnung gewißlich manche Wünsche nicht erfüllt, aber es wird so möglich sein, das gesamte Schrifttum zu einem Kapitel mit einem Blick zu überschauen und lästiges Suchen zu vermeiden.

Abkürzungen:

BAUB	Beiträge zur Anthropologie und Urgeschichte Bayerns
Ber. RGK	Berichte der Römisch-Germanischen Kommission
BVbl.	Bayerische Vorgeschichtsblätter
BVfr.	Bayerischer Vorgeschichtsfreund
CIL	Corpus Inscriptionum Latinarum
FMRD	Die Fundmünzen der römischen Zeit in Deutschland
JbB	Jahresbericht der Bayerischen Bodendenkmalpflege
JbNG	Jahrbuch für Numismatik und Geldgeschichte
JbRGZM	Jahrbuch des Römisch-Germanischen Zentralmuseums Mainz
LRBC	Late Roman Bronze Coinage
MhbV	Materialhefte zur bayerischen Vorgeschichte
MBV	Münchner Beiträge zur Vor- und Frühgeschichte
ORL	Der Obergermanisch-Raetische Limes des Römerreiches
RE	Paulys Real-Encyclopädie der classischen Altertumswissenschaft, beg. von G. Wissowa
RIC	Roman Imperial Coinage
SJ	Saalburg-Jahrbuch
Vollmer	F. Vollmer, Inscriptiones Baivariae Romanae (1915)

Das Voralpenland vor den Römern

DIE KELTEN

L 1. K. Bittel, Die Kelten in Württemberg (1934)

L 2. J. Filip, Keltové ve strední Evropě (1956)

L 2 a. F. Fischer, Die Kelten bei Herodot. Madrider Mitteilungen 13, 1972, 109—124

L 3. R. Forrer, Keltische Numismatik der Rhein- und Donaulande. Ergänzte Neuausgabe in 2 Bänden (1968—1969)

L 4. W Krämer, Das Ende der Mittellatène-Friedhöfe und die Grabfunde der Spätlatènezeit in Südbayern. Germania 30, 1952, 330 bis 337

L 5. J. Moreau, Die Welt der Kelten (1958)

L 6. K. Pink, Einführung in die keltische Münzkunde. 3. Aufl. (1974)

L 7. T. G. E. Powell, Die Kelten (1959)

L 8. P. Reinecke, Mainzer Aufsätze zur Chronologie der Bronze- und Eisenzeit (1965)

L 9. W. Torbrügge, Latènezeit, in: Handbuch der bayerischen Geschichte, hrsg. von M. Spindler, Bd. 1 (1968) 35 bis 41 (mit älterer Literatur)

L 9 a. H.-P. Uenze, Keltenzeit. Vor- und frühgeschichtliche Archäologie in Bayern (1972) 101—112

L 10. W. Torbrügge und H. P. Uenze, Bilder zur Vorgeschichte Bayerns (1968)

L 11. A. Varagnac, L'Art Gaulois, 2. Aufl. (1964)

L 12. H. Vetters, Zur ältesten Geschichte der Ostalpenländer. Jahreshefte des Österreichischen archäologischen Institutes 46, 1961—63, 201—228

L 13. K. Peschel, Die Kelten als Nachbarn der Germanen. Zeitschrift für Archäologie 4, 1970, 1—36

L 13 a. Über die Raeter orientieren die Beiträge von E. Meyer, E. Risch, B. Frei und Osm. Menghin im Jahrbuch der Schweizerischen Gesellschaft für Ur- und Frühgeschichte 55, 1970, 119—147

MANCHING, HAUPTORT DER VINDELIKER

L 14. J. Boessneck, A. von den Driesch, U. Meyer-Lemppenau u. E. Wechsler - von Ohlen, Die Tierknochenfunde aus der keltischen Stadt Manching. Die Ausgrabungen in Manching VI (1971)

L 14 a. F. Fischer, Die keltischen Oppida Südwestdeutschlands und ihre historische Situation. Archeologické Rozhledy 23, 1971, 417—431

L 15. R. Gensen, Manching III. Die Ausgrabungen des Osttores in den Jahren 1962—1963. Germania 43, 1965, 49—62

L 15 a. G. Jacobi, Werkzeug und Gerät aus dem Oppidum von Manching. Die Ausgrabungen in Manching V (1974)

L 15 b. G. Jacobi, Zum Schriftgebrauch in keltischen Oppida nördl. der Alpen. Hamburger Beiträge zur Archäologie 4, 1974, 171—181

L 16. I. Kappel, Die Graphittonkeramik von Manching. Die Ausgrabungen in Manching II (1969)

L 17. H.-J. Kellner, Die älteste keltische Fundmünze aus dem Oppidum von Manching. Germania 39, 1961, 299—305

L 18. W. Krämer, Zu den Ausgrabungen in dem keltischen Oppidum von Manching 1955. Germania 35, 1957, 32—44

L 19. W. Krämer, Manching II. Zu den Ausgrabungen in den Jahren 1957—1961. Germania 40, 1962, 297—317

L 20. W. Krämer und F. Schubert, Die Ausgrabungen in Manching 1955—1961. Einführung und Fundstellenübersicht. Die Ausgrabungen in Manching I (1970)

L 20 a. W. Krämer, Das keltische Oppidum bei Manching. Vor- und frühgeschichtliche Archäologie in Bayern (1972) 119—129

L 20 b. W. Krämer, Zwanzig Jahre Ausgrabungen in Manching 1955 bis 1974. Ausgrabungen in Deutschland 1 (1975) 287—297

L 21. O. Kunkel, Zur Frage keltischer Glasindustrie. Nach einer Manchinger Fundgruppe. Germania 39, 1961, 322—329

L 22. O. Kunkel, Ausgrabungen in der Keltenstadt bei Manching an der Donau. Ausstellung der Prähistorischen Staatssammlung (1961)

L 23. F. Maier, Die bemalte Spätlatène-Keramik von Manching. Die Ausgrabungen in Manching III (1970)

L 24. R. A. Maier, Zu keltischen Würfelfunden aus dem Oppidum von Manching. Germania 39, 1961, 354 bis 360

L 24 a. V. Pingel, Die glatte Drehscheiben-Keramik von Manching. Die Ausgrabungen in Manching IV (1971)

L 25. O. Rochna, Zur Herkunft der Manchinger Sapropelit-Ringe. Germania 39, 1961, 329—354

L 25 a. F. Schubert, Manching IV. Vorber. über die Ausgrabungen 1965—1967. Germania 50, 1972, 110—121

L 25 b. W. E. Stöckli, Bemerkungen zur räumlichen und zeitlichen Gruppierung der Funde im Oppidum von Manching. Germania 52, 1974, 368—385

L 26. J. Werner, Die Bedeutung des Städtewesens für die Kulturentwicklung des frühen Keltentums. Die Welt als Geschichte 4, 1939, 380 bis 390

Die Römer in Bayern

L 27. F. Wagner, Die Römer in Bayern, 4. Aufl. (1928)

L 28. H.-J. Kellner, Die Zeit der römischen Herrschaft, in: Handbuch der bayerischen Geschichte, hrsg. von M. Spindler, Bd. 1, dritt. verb. Nachdr. (1975) 45—70

L 28 a. Vor- und frühgeschichtliche Archäologie in Bayern (1972) 130 bis 177 (Beiträge zur Römerzeit von Ulbert, Kellner und Werner)

L 29. F. Haug, Art. Raetia. RE Reihe 2 Bd. IA, 1 (1914) 46—62

L 30. Bayerischer Geschichtsatlas, Redaktion G. Diepolder, hrsg. von M. Spindler (1969)

L 31. Tabula Imperii Romani, hrsg. Union Académique Internationale (Karte des Römischen Reiches auf der Grundlage der internationalen Karte 1:1 000 000. — Bayern auf den Blättern M 32 und 33 sowie L 32 und 33)

L 32. F. Wagner, Bibliographie der bayerischen Vor- u. Frühgeschichte 1884—1959 (1964), mit Nachträgen BVbl. 26, 1961, 148—154; 28, 1963, 167—182; 29, 1964, 260 bis 267; 30, 1965, 286—293; 32, 1967, 195—203; 35, 1970, 159—170; 37, 1972, 246—254

L 33. L. Voit, Raetia Latina (1959)

L 34. W. Capelle, Das alte Germanien. Die Nachrichten der griechischen und römischen Schriftsteller (1937)

L 35. A. Riese, Das rheinische Germanien in der antiken Literatur (1892)

L 36. P. Reinecke, Die örtliche Bestimmung der antiken geographischen Namen für das rechtsrheinische Bayern. BVfr. 4—6, 1924 bis 1926, 17—48; 17—44

L 37. Corpus Inscriptionum Latinarum, Berlin. Abgekürzt **CIL.** Für Raetien besonders Bde. 3 und 16

L 38. F. Vollmer, Inscriptiones Baivariae Romanae (1915)

L 39. F. Wagner, Neue Inschriften aus Raetien. Ber. RGK 37—38, 1956—1957, 215—264

L 40. Corpus der Skulpturen der römischen Welt, Deutschland I, 1 Raetia (Bayern südlich des Limes) und Noricum (Chiemseegebiet). Aus dem Nachlaß von F. Wagner bearb. v. G. Gamer und A. Rüsch mit einer Einführung von G. Ulbert (1973)

L 41. Die Fundmünzen der römischen Zeit in Deutschland, Abteilung I Bayern. Bisher erschienen: 1 Oberbayern (1960), 2 Niederbayern (1970), 5 Mittelfranken (1963), 7 Schwaben (1962), abgekürzt **FMRD**

L 42. E. Ritterling, hrsg. von E. Stein, Fasti des römischen Deutschland unter dem Prinzipat (1932)

L 43. E. Stein, Die kaiserlichen Beamten und Truppenkörper im römischen Deutschland unter dem Prinzipat (1965)

L 44. G. Winkler, Die Statthalter der römischen Provinz Raetien unter dem Prinzipat. BVbl. 36, 1971, 50 bis 101; 38, 1973, 111—115 (Chantraine) und 116—120 (Winkler)

L 45. F. Hertlein — P. Goessler — O. Paret, Die Römer in Württemberg, 3 Bde. (1928—1932)

L 46. F. Staechlin, Die Schweiz in römischer Zeit, 3. Aufl. (1948). — E. Meyer, Neuere Forschungsergebnisse zur Geschichte der Schweiz in römischer Zeit. Jahrbuch der Schweizerischen Gesellschaft für Ur- und Frühgeschichte 54, 1968/1969, 73—98

L 47. G. Alföldy, Noricum. The Provinces in the Roman Empire (1974)

L 48. R. Noll, Römische Siedlungen und Straßen im Limesgebiet zwischen Inn und Enns (Oberösterreich). Der römische Limes in Österreich 21 (1958)

Zu einzelnen Orten:

L 49 Handbuch der historischen Stätten Deutschlands, Bd. 7, Bayern, hrsg. von K. Bosl, 2. Aufl. (1965)

L 50. A. Hild, Brigantium und seine Vorzeit. Jahrbuch des Vorarlberger Landesmuseumsvereins Bregenz 1952, 28—43

L 51. W. Hübener, Zum römischen und frühmittelalterlichen Augsburg. Jb RGZM 5, 1958, 154—238

L 52. O. Klose und M. Silber, Iuvavum, Führer durch die Altertumssammlungen des Museums Carolino-Augusteum in Salzburg (1929); N. Heger, Art. Iuvavum, RE Suppl. XIII, 173—184; ders. Salzburg in römischer Zeit. Jahresschrift des Salzburger Museums C. A. 19, 1973 (1974)

L 53. W. Schleiermacher, Augusta Vindelicum. Germania Romana, Gymnasium Beiheft 1, 1960, 78—89

L 54. G. Ulbert, Das römische Regensburg. Germania Romana, Gymnasium Beiheft 1, 1960, 64—77

L 55. F. Winkelmann, Eichstätt. Kataloge west- und süddeutscher Altertumssammlungen VI (1926)

L 55 a. W. Schleiermacher, Cambodunum — Kempten, eine Römerstadt im Allgäu (1972)

EROBERUNG UND AUSBAU

Das Ende der keltischen Freiheit

1. K. Kraft, Zu den Schlagmarken des Tiberius und Germanicus. Ein Beitrag zur Datierung der Legionslager Vindonissa und Oberhausen. JbNG 2, 1950/51, 21—35, bes. 34

2. D. van Berchem, La conquête de la Rhétie. Museum Helveticum 25, 1968, 1—10

3. H. R. Wiedemer, Die Walenseeroute in frührömischer Zeit. Helvetia Antiqua, Festschrift Emil Vogt (1966) 167—172

4. E. Vogt, Der Lindenhof in Zürich (1948)

5. W. Wagner, Zur ala Pansiana, eine epigraphische Nachlese. Germania 41, 1963, 317—327

Der Sommerfeldzug 15 v. Chr.

L 56. F. Miltner, Der Kampf des Augustus um die Donaugrenze. Klio 30, 1937, 200—226

L 56 a. C. M. Wells, The German Policy of Augustus (1972)

6. E. Meyer (Neuere Forschungsergebnisse zur Geschichte der Schweiz in römischer Zeit. Jahrbuch der Schweizerischen Gesellschaft für Ur- und Frühgeschichte 54, 1968/69, 73 ff.) nimmt S. 76 bis 79 an, daß Tiberius vom Bergell über Septimer oder Julier, Lenzerheide, Rheintal zum Bodensee gezogen sei.

7. I. Formigé, Le Trophée des Alpes (La Turbie). Gallia, Supplem. 2 (1949). — N. Lamboglia, Le Trophée d'Auguste à La Turbie, 3. Auflage (1964)

8. R. Egger, Die Wohnsitze der Cattenaten. Germania 19, 1935, 226 bis 228; Rucinaten, vgl. Ber. RGK 27, 1937, 86 Nr. 114 a.

9. F. Wagner, Griechische und la-

teinische Schriftquellen zur antiken Geographie Bayerns, BVfr. 1/2, 1921/22, 45—60

10. G. Ulbert, Der Legionarsdolch von Oberammergau. Aus Bayerns Frühzeit. Friedrich Wagner zum 75. Geburtstag (1962) 175—185; ders., GAIVS ANTONIVS, der Meister des silbertauschierten Dolches von Oberammergau. BVbl. 36, 1971, 44—49

11. A. Radnoti, Ein Legionarshelm aus Burlafingen, Landkreis Neu-Ulm. Aus Bayerns Frühzeit. Friedrich Wagner zum 75. Geburtstag (1962) 157—173

12. W. Krämer, The Oppidum of Manching. Antiquity 34, 1960, 191 bis 200. — Ders., Germania 40, 1962, 308—317

Militärische Sicherung

L 57. G. Ulbert, Der Lorenzberg bei Epfach. Die frührömische Militärstation. MBV 9 (1965)

L 58. Ph. Filtzinger, Bemerkungen zur römischen Okkupationsgeschichte Südwestdeutschlands. Bonner Jahrbücher 157, 1957, 181—212 (Die von Filtzinger vermuteten frühdomitianischen Anlagen in Frickingen, Harburg, Gansheim, Nassenfels und Gaimersheim entbehren bisher des Nachweises)

12 a. S. Fingerlin, Rheinheim — Dangstetten. Ein Legionslager aus frührömischer Zeit am Hochrhein. Arch. Nachr. aus Baden 6, 1971, 11 bis 20; ders., Ber. RGK 51—52, 1970—1971, 197—232

13. G. Ulbert, Alpenländische Fibeln aus dem frührömischen Kastell Rheingönnheim. Mitteilungen des Historischen Vereins der Pfalz 58, 1960, 54. — H. U. Nuber, Zur Entstehung der Raeterkohorten. Studien zu den Militärgrenzen Roms, Beih. der Bonner Jahrbücher 19 (1967) 89—93

14. W. Krämer, Manching II. Germania 40, 1962, 304—308

15. K. Kraft, Zum Legionslager Augsburg-Oberhausen. Aus Bayerns Frühzeit. Friedrich Wagner zum 75. Geburtstag (1962) 139—156. — G. Ulbert, Die römische Keramik aus dem Legionslager Augsburg-Oberhausen. MhbV 14 (1960)

16. Dies führte zu Vermutungen: C. M. Wells, The Supposed Augustan Base at Augsburg-Oberhausen: A New Look at the Evidence. SJ 27, 1970, 63—72

17. H. Erb — A. Bruckner — E. Meyer, Römische Votivaltäre aus dem Engadin und neue Inschristen aus Chur. Helvetia Antiqua, Festschrift Emil Vogt (1966) 223—232

18. Freundliche Mitteilung von Frau Dr. E. Thomas, Budapest

19. E. Ettlinger, Art. Vindonissa. RE Reihe 2 Bd. IX A, 1 (1961) 82 bis 105

20. G. Ulbert, Der Auerberg, Vorbericht über die Ausgrabungen 1968—1974. Ausgrabungen in Deutschland 1 (1975) 409—433

21. W. Krämer, Cambodunum-Forschungen 1953 — I. Die Ausgrabung von Holzhäusern zwischen der ersten und zweiten Querstraße. MhbV 9 (1957) bes. S. 119 f.

22. P. Reinecke, Zur Geschichte von Bratananium. BVbl. 22, 1957, 96—99

22 a. H.-J. Kellner, Zur Drusus-Inschrift von Bregenz. Bericht über den 12. österreichischen Historikertag 1973 (1974) 48—53

23. W. Schleiermacher, Praefectus Raetis, Vindolicis, vallis Poeninae et levis armaturae. Germania 31, 1953, 200—201

24. G. Ulbert, Die römischen Donau-Kastelle Aislingen und Burghöfe (1959)

24 a. Ph. Filtzinger, Kastell Tuttlingen. Fundberichte aus Baden-Württemberg 1, 1974, 417—436

25. Ph. Filtzinger, Kastell Emerkingen (Kr. Ehingen). Fundberichte aus Schwaben NF. 16, 1962, 83 bis 105

26. G. Ulbert, Das römische Donaukastell Rißtissen. Teil 1 Die Funde aus Metall, Horn und Knochen (1970). — G. Mildenberger, Untersuchungen im Kastell Rißtissen. Germania 39, 1961, 69—87

27. W. Veeck, Das Donau-Iller-Kastell Unterkirchberg. Germania 13, 1929, 1—7. — R. Knorr, Terrasigillata von Unterkirchberg-Viana. Germania 13, 1929, 7—19. — S. Schieck, Das römische Kastell bei Unterkirchberg (Gem. Illerkirchberg), Alb-Donau-Kreis. Archäologische Ausgrabungen 1974 (Stuttgart 1975) 26—30

28. Siehe Anm. 24

29. M. Eckstein, Keltische und römische Wehranlagen auf dem Stadtberg in Neuburg a. d. Donau, mit einem Beitrag von G. Ulbert. BVbl. 30, 1965, 135—153

30. H. Schönberger, Das Römerkastell Oberstimm. BVbl. 37, 1972, 31—37

30 a. CIL XIII 1041; s. auch **L** 83 a S. 215

Einrichtung der Provinzen

L 59. R. Heuberger, Wann wurde Raetien Provinz? Klio 34, 1941, 290 bis 292

L 59 a. H.-J. Kellner, Zur römischen Verwaltung in den Zentralalpen. BVbl. 39, 1974, 92—104

L 59 b. U. Laffi, Sull'organizzazione amministrativa dell'area Alpina nell'eta'Giulio-Claudia. Le Alpi nell'Antichità — Convegno internazionale dei popoli alpini organizzato dall'Università degli Studi di Milano e dal Ce. S. D. I. R. (1975)

L 60. W. Kleiss, Die öffentlichen Bauten von Cambodunum. MhbV 18 (1962)

30 b. Vollmer 465 und 469 = CIL V 8003 und 8002

31. B. Eberl, Die Römerstraße Augsburg—Füssen. Via Claudia Augusta. Das Schwäbische Museum 1931, 1—34

32. R. Knussert, Zu den Römerstraßen im Raum südlich von Kempten. BVbl. 28, 1963, 152—164

33. Als allgemeiner Überblick: P. Reinecke, Das römische Kunststra-

ßennetz in Südbayern, in: Kleine Schriften zur vor- und frügeschichtlichen Topographie Bayerns (1962) 9—19 (mit ausführlicher zusätzlicher Literatur)
34. E. Polaschek, Art. Noricum. RE Reihe 1 Bd. XVII, 1 (1936) 971 bis 1048
35. R. Heuberger, Die Westgrenze Rätiens. Prähistorische Zeitschrift 34/35, 2. Hälfte, 1949/50, 47—57
36. Eine Grenzführung zumindest am Mittellauf des Flusses westlich vom Inn nimmt an: G. Ulbert, Zur Grenze zwischen den römischen Provinzen Norikum und Raetien am Inn. BVbl. 36, 1971, 101—123
37. J. Garbsch, Die norisch-pannonische Frauentracht im 1. und 2. Jahrhundert. MBV 11 (1965)
38. H. Schönberger, Eine Straßenstation bei Moos? BVbl. 24, 1959, 131—132. — P. Karnitsch, Die Sigillata von Burgstall, Gemeinde Moos, BVbl. 27, 1962, 142—148
39. Vollmer Nr. 509 = CIL XVI 5 (alle bis 1955 gefundenen Militärdiplome sind in CIL = Corpus Inscriptionum Latinarum XVI und Supplementband zu XVI verzeichnet) Nachträge BVbl. 33, 1968, 92 bis 99 und 38, 1973, 124—131

Wirre Zeiten nach Neros Tod

L 61. P. Reinecke, Skelettgräber der frühen Kaiserzeit in Raetien. BVbl. 22, 1957, 36—59
L 61 a. E. Keller, Frührömerzeitliche Körpergräber aus Heimstetten, Ldkr. München. Arch. Korrespondenzblatt 3, 1973, 325—328
L 62. G. Ulbert, Die römischen Donau-Kastelle Aislingen und Burghöfe (1959)
40. W. Krämer, Cambodunumforschungen 1953 — I. MhbV 9 (1957) 121 ff.

Erste Grenzvorschiebungen unter Vespasian und Titus

L 63. W. Schleiermacher, Flavische Okkupationslinien in Raetien. Jb RGZM 2, 1955, 245—252
Vgl. auch **L** 55 a, **L** 58 und **L** 62
41. G. Th. Schwarz, Die Kaiserstadt Aventicum (1964)
41 a. Vollmer 196, 257 und 331/332

Die Chattenkriege unter Domitian und ihre Folgen

L 64. D. Baatz, Der römische Limes (1974)
L 65. U. Karstedt, Domitians Politik zwischen Donau und Main. Bonner Jahrbücher 145, 1940, 63—70
L 66. H. Schönberger, Neuere Grabungen am obergermanischen und raetischen Limes, in: Limesforschungen Bd. 2 (1962) 69—137
L 67. H. Schönberger, The Roman Frontier in Germany: An Archaeological Survey. Journal of Roman Studies 59, 1969, 144—197
L 68. Der Obergermanisch-Raetische Limes des Römerreiches. Abteilung A Strecken 1—15, Abteilung B Kastelle Nr. 1—75. Hrsg. E. Fabricius (abgekürzt **ORL**)
L 68 a. D. Baatz, Forschungen des Saalburgmuseums am obergermanisch-raetischen Limes 1949—1974. Ausgrabungen in Deutschland 1 (1975) 361—371
L 69. H. Nesselhauf, Umriße einer Geschichte des obergermanischen Heeres. Jb RGZM 7, 1970, 151 bis 179
41 b. D. Baatz, Ausgrabungen im Kastell Munningen 1971. Archäologisches Korrespondenzblatt 2, 1972, 201—206
41 c. B. Cichy, Das römische Heidenheim (1971)
42. H. Schönberger, Das Römerkastell Boiodurum-Beiderwies zu Passau-Innstadt. SJ 15, 1956, 42 bis 80
43. H.-G. Simon, Zur Anfangsdatierung des Kastells Pförring. BVbl. 35, 1970, 94—105
44. A. Rüsch, Neue Ausgrabungen im Kastell und Vicus Faimingen. Arch. Korrespondenzblatt 2, 1972, 319—322

BLÜTEZEIT

Ausbreitung der Besiedlung

L 69 a. D. Baatz, Rechtsstand und Verwaltung des flachen Landes in römischer Zeit. Germania Romana III. Gymnasium Beiheft 7, 1970, 9 bis 14
45. O. Böhme, Zur Topographie des römischen Nassenfels. BVbl. 26, 1961, 143—147 (mit älterer Literatur)
46. W. Hübener, Ein römisches Gräberfeld in Neuburg a. d. Donau. BVbl. 22, 1957, 71—96. — M. Eckstein, Ein römischer Gutshof im »Römerfeld« Neuburg a. d. Donau. BVbl. 26, 1961, 128—134. Noch unveröffentlicht sind weitere weit über 100 jüngst geborgene Brandgräber.
47. N. Walke, Zum römischen Günzburg. BVbl. 24, 1959, 86—109. — P. Auer, Geschichte der Stadt Günzburg (1963) 14—19
48. H.-J. Kellner, Pocking — ein neuentdeckter Römerort in Niederbayern. Verhandlungen des Historischen Vereins für Niederbayern 83, 1957, 11—16
49. W. Krämer, Neue Beiträge zur Vor- und Frühgeschichte von Gauting (1967). — H. Müller-Karpe, Ein römisches Gebäude in Gauting. Germania 30, 1952, 268—271. — N. und J. Walke, Verzierte Terra-Sigillata von Gauting. Ber. RGK 46/47, 1965/66, 77—132. — I. Schöchlin, Zur Topographie des römischen Gauting. BVbl. 33, 1968, 123—126
50. FMRD I 1267 und 1268 (Schatzfunde von Gauting)
51. H.-J. Kellner und G. Ulbert, Das römische Seebruck. BVbl. 23, 1958, 48—82. — H.-J. Kellner, Neue römische Funde aus Seebruck, Ldkr. Traunstein. BVbl. 26, 1961, 135—142. — Die Neutrassierung der Straße und der Bau mehrerer Häuser führten in den Jahren 1972 bis 1974 zur Ausgrabung von etwa 250 Brandgräbern in der Flur »Eichbuckel« Flur.-Nr. 15 am Ostufer der Alz

52. St. Flötzl, Tacherting. Die Geschichte einer Urpfarrei und einer Gemeinde von der Römerzeit bis zur Gegenwart (1949) 20—26

53. P. Reinecke, Kaiserzeitliche Bauten bei Langacker, Gemeinde Karlstein, Ldkr. Berchtesgaden. Mitteilungen der Gesellschaft für Salzburger Landeskunde 101, 1961, 161 bis 171. — M. v. Chlingensperg auf Berg, Die römischen Brandgräber bei Reichenhall in Oberbayern (1896)

54. H.-J. Kellner, Neue Ausgrabungen an Badegebäuden in Nordwest-Noricum, BVbl. 24, 1959, 146 bis 172; ders., Vorbericht über die Ausgrabung eines römischen Badegebäudes in Leustetten. Das Salzfaß N. F. 5, 1971, 63—64

55. R. Christlein, Ein römisches Gebäude in Marzoll, Ldkr. Berchtesgaden. BVbl. 28, 1963, 30—57

Die Römerstraßen

L 70. K. Miller, Weltkarte des Castorius, genannt die Peutingersche Tafel (1888), Neuausgaben 1916 und 1929. Vgl. auch W. Kubitscheck, Art. Karten: Tabula Peutingeriana. RE Reihe 1 Bd. X, 2 (1919) 2126—2144

L 71. K. Miller, Itineraria Romana. Römische Reisewege an Hand der Tabula Peutingeriana (1916), Neuausgabe 1964.

L 72. O. Cuntz, Itineraria Romana I. Itineraria Antonini Augusti et Burdigalense (1929)

L 73. W. Cartellieri, Die römischen Alpenstraßen ... Philologus Suppl. 18/1 (1926)

56. Programm für Untersuchung und Beschreibung des römischen Straßennetzes in Bayern. BAUB 15, 1904, 143—152

57. A. v. Domaszewski, Die Beneficiarierposten und die römischen Straßennetze. Westdeutsche Zeitschrift für Geschichte und Kunst 21, 1902, 158—211

58. W. Schleiermacher, Zu den römischen Weihesteinen von Obernburg am Main. BVbl. 21, 1956, 115 bis 122

58 a. Vollmer 20 = CIL III 5575 (Stöttham) und Vollmer 25 = CIL III 5580 (Pittenhart). — H. Zwicky, Zur Verwendung des Militärs in der Verwaltung der römischen Kaiserzeit (1944) 87 nimmt an, daß der Grabstein von Kornberg Vollmer 24 = CIL III 5579 aus Seebruck stammt und somit in Bedaium ein Frumentarierposten bestanden hat. Der Verstorbene war Clodius Marianus ein frumentarius der in Spanien stationierten legio VII gemina. Das Korps der frumentarii wurde hauptsächlich im militärischen und politischen Nachrichtendienst, aber auch als Aufsichtsbeamte von Bauabteilungen und für Polizeiaufgaben verwendet (S. auch S. 98)

59. BVbl. 21, 1956, 289 mit Taf. 35

60. Am besten bekannt ist die mansio auf dem Aschberg bei Aislingen. Jahrbuch des Historischen Vereins Dillingen 24, 1911, 209—219; 43/44, 1930/31, 70—81; 49/50, 1936/38, 140—144

61. A. Radnóti, Eine römische Pantherstatuette aus Straubing. BVbl. 28, 1963, 67—96

62. Vgl. die Übersicht über das Straßennetz und die Beiträge zur Römerstraßenforschung von P. Reinecke (Anm. 33)

63. G. Steinmetz, Über den römischen Meilenstein von Burgweinting und damit zusammenhängende Fragen. Verhandlungen des historischen Ver. von Oberpfalz 65, 1915, 33—58; H. Bender, Römische Straßen... (1975)

Ein Kaiser in Raetien

L 74. P. L. Strack, Untersuchungen zur römischen Reichsprägung des 2. Jahrhunderts, Teil II: Die Reichsprägung zur Zeit des Hadrian (1933)

64. Siehe **L** 68

65. Zum Aufbau der numeri siehe D. Baatz, Das Numeruskastell Hesselbach (Odenwald). SJ 25, 1968, 185—192; ders., Kastell Hesselbach. Limesforschungen 12 (1973) — Allgemein auch L 69

66. The Roman Imperial Coinage II (1926) Nr. 904, 927—930

67. The Roman Imperial Coinage II (1926), Nr. 1011

Verstärkung der Grenzwehr

L 75. H.-J. Kellner, Bedeutung des Ausbaues des obergermanisch-raetischen Limes unter Antoninus Pius. Roman Frontier Studies 1967 (Tel Aviv) 1971, 102—106

L 76. R. Noll, Zur Vorgeschichte der Markomannenkriege. Archaeologia Austriaca 14, 1954, 43—67

L 77. E. Swoboda, Rex Quadis datus. Carnuntum Jahrbuch 1957, 5—12

L 78. K. F. Stroheker, Die Außenpolitik des Antoninus Pius nach der Historia Augusta. Antiquitas Reihe 4. Beiträge zur Historia Augusta-Forschung Bd. 3 (1966) 241—256

L 79. P. L. Strack, Untersuchungen zur römischen Reichsprägung des 2. Jahrhunderts, Teil III: Die Reichsprägung zur Zeit des Antoninus Pius (1937)

Vergleiche vor allem die Einzelfeststellungen in L 68 (ORL) und L 67

68. D. Baatz, Zur Datierung des Bades am Limeskastell Stockstadt. BVbl. 34, 1969, 63—75

69. D. Baatz, Eine neue Inschrift vom Odenwald-Limes. BVbl. 31, 1966, 85—89

70. H.-J. Kellner, Neue Militärdiplomfragmente aus Raetien. BVbl. 31, 1966, 89—94

71. D. Baatz, Die Saalburg. Ein Führer durch das römische Kastell und seine Geschichte, 3. Aufl. (1972)

72. W. M. Schmid, Das römische Kastell Abusina bei Eining an der Donau, 2. Aufl. (1910). — P. Reinecke, Das römische Grenzkastell Abusina bei Eining/Donau. Verhandlungen des Historischen Vereins für Niederbayern 83, 1957, 7—10

73. W. Schleiermacher, Das römi-

sche Kastellbad in Weißenburg i. B. BVbl. 27, 1962, 99—107, sowie L 68
74. H. Schönberger, Das Römerkastell Quintana-Künzing. BVbl. 24, 1959, 109—146. — H. Schönberger, Römerkastell Künzing, Grabung 1962. SJ 21, 1963/64, 59—89. — F.-R. Herrmann, Die Ausgrabungen in dem Kastell Künzing/Quintana (1972). — H. Schönberger-F.-R. Herrmann, Das Römerkastell Künzing — Quintana. JbB 8/9, 1967/68, 37—86. — H. Schönberger, Kastell Künzing — Quintana. Limesforschungen 13 (1975)

Das raetische Heer

L 80. J. Kromayer und G. Veith, Heerwesen und Kriegführung der Griechen und Römer (1928)

L 81. G. Webster, The Roman Imperial Army of the First and Second Centuries A. D. (1969)

L 82. A. Radnóti, Neue rätische Militärdiplome aus Straubing und Eining. Germania 39, 1961, 93—117

L 83. H.-J. Kellner, Zwei neue raetische Militärdiplome. BVbl. 33, 1968, 92—99 mit tabellarischer Übersicht

L 83 a. H.-J. Kellner, EXERCITVS RAETICVS, Truppenteile und Standorte im 1.—3. Jahrhundert n. Chr. BVbl. 36, 1971, 207—215

L 84. G. Ulbert, Römische Waffen des 1. Jahrhunderts n. Chr. Kleine Schriften zur römischen Besetzungsgeschichte Südwestdeutschlands 4 (1968)

75. CIL XIV Nr. 2287 und V Nr. 7717. — Stein (L 43) 135 und 178

76. G. Alföldy, Zur Beurteilung der Militärdiplome der Auxiliarsoldaten. Historia 17, 1968, 216—227

76 a. J. E. Bogaers, Cohortes Breucorum. Berichten van de Rijksdienst voor het Oudheidkundig Bodemonderzoek 19, 1969, 27—50

77. M. v. Groller, Römische Waffen. Der römische Limes in Österreich 2 (1901) 85—132. — H. v. Petrikovits, Die römischen Streitkräfte am Niederrhein. Führer des Rhein. Landesmuseums Bonn (1967)

78. H.-J. Kellner, Zu den römischen Ringknaufschwertern und Dosenortbändern in Bayern. Jb RGZM 13, 1966, 190—201

79. J. Garbsch, Neue Eisenfunde aus Eining. BVbl. 35, 1970, 105 bis 112

80. J. Keim und H. Klumbach, Der römische Schatzfund von Straubing. MBV 3 (1951). — H. Klumbach, Römische Panzerbeschläge aus Manching, Landkreis Ingolstadt. Aus Bayerns Frühzeit. Friedrich Wagner zum 75. Geburtstag (1962) 187 bis 193. — Ders., Ein Paradeschildbuckel aus Miltenberg. BVbl. 25, 1960, 125—132.

81. H. v. Petrikovits, Troiaritt und Geranostanz. Beiträge zur älteren europäischen Kulturgeschichte, Festschrift für Rudolf Egger, Bd. I (1952) 126—143

82. F.-R. Herrmann, Der Eisenhortfund aus dem Kastell Künzing. Vorbericht. SJ 26, 1969, 129—141

Die Markomannenkriege

L 85. W. Zwikker, Studien zur Markussäule I (1941)

L 86. H.-J.Kellner, Raetien und die Markomannenkriege. BVbl. 30, 1965, 154—175

L 87. J. Fitz, Pertinax in Raetien. BVbl. 32, 1967, 40—51

83. J. Fitz, Der markomannisch-quadische Angriff gegen Aquileia und Opitergium. Historia 15, 1966, 336—367

83 a. J. Šašel, Über Umfang und Dauer der Militärzone Praetentura Italiae et Alpium zur Zeit Mark Aurels. Museum Helveticum 31, 1974, 225—233

84. H.-J. Kellner. Ein Schatzfund aus dem Kastell Stockstadt, Ldkr. Aschaffenburg. Germania 41, 1963, 119—122

85. L. Barkóczi, Die Naristen zur Zeit der Markomannenkriege. Folia Archaeologica 9, 1957, 91—99

86. G. Spitzlberger, Zum Lager der III. Italischen Legion in Eining-Unterfeld. BVbl. 31, 1966, 94—107. — H. Schönberger, Das Römerlager im Unterfeld bei Eining. Bericht über die Grabung im Jahre 1968. Germania 48, 1970, 66—84

87. H.-J. Kellner, Expeditio Burica. Festschrift für Max Spindler zum 75. Geburtstag (1969) 25—29

88. P. Reinecke, Die Porta principalis dextra in Regensburg. Germania 36, 1958, 89—96

89. R. Strobel, Beobachtungen in den principia von Castra Regina. BVbl. 30, 1965, 176—188

89 a. U. Osterhaus, Baubeobachtungen an der Via principalis im Legionslager von Regensburg. BVbl. 39, 1974, 160—180

89 b. G. Winkler, LEGIO II ITALICA. Jahrb. d. Oberösterr. Musealvereins 116, 1971, 85—138, bes. 107 f. — Dagegen B. und H. Galsterer, Zum Stadtrecht von Lauriacum. Bonner Jahrbücher 171, 1971, 334—348

89 c. Siehe Anmerkung 44

89 d. Vollmer 7 = CIL III 5567; s. auch A. Obermayr, Römersteine zwischen Inn und Salzach (1974) 125 ff.

Septimius Severus

L 87 a. J. Fitz, Die Personalpolitik des Septimius Severus im Bürgerkrieg von 193—197. Alba Regia 10, 1969, 69—86

89 e. Zur schwierigen Deutung der Denkmäler vgl. H. U. Instinsky, Septimius Severus und der Ausbau des raetischen Straßennetzes. Klio 31, 1938, 33—50; A. Radnóti, Römischer Meilenstein aus Wehringen. BVbl. 37, 1972, 40—56; M. Eckstein, Eine römische Meilensäule von Nähermittenhausen. BVbl. 37, 1972, 56—60; Pro Austria Romana 24, 1974, 25

90. L. Ohlenroth, Römische Burgi an der Straße Augsburg—Kempten—Bregenz. Ber.RGK 29, 1940, 122 bis 156

91. W. Schleiermacher, Zur Entwicklung der rätischen Städte vor 250 n. Chr. Carnuntina. Römische

Forschungen in Niederösterreich 3 (1956) 171—174

92. K. Kraft, Die Inschriftsteine aus Epfach, in: Studien zu Abodiacum-Epfach, hrsg. J. Werner. MBV 7 (1964) 70—83

93. E. Swoboda, Carnuntum, seine Geschichte und seine Denkmäler, 4. Aufl. (1964) 63. — A. Betz, Arh. Vestnik 19, 1968, 13 ff.

Städte, Märkte, Gutshöfe

L 87 a. H. Hinz, Zur Bauweise der Villa rustica; D. Baatz, Die ländliche Besiedlung im römischen Reichsgebiet östlich des Ober- und Mittelrheins. Germania Romana III. Gymnasium Beiheft 7, 1970, 15—25 und 92—109

94. Der einzige Plan eines Lagerdorfes stammt von Eining aus dem Jahre 1882: W. Schreiner, Eining und die dortigen Römerausgrabungen in den Jahren 1879—1881. Verhandlungen des Historischen Vereins für Niederbayern 22, 1882, Plan zwischen S. 224/225

95. H.-J. Kellner, Die römische Ansiedlung bei Pocking (Niederbayern) und ihr Ende. BVbl. 25, 1960, 132 bis 164

96. F. Wagner, Denkmäler und Fundstätten der Vorzeit Münchens und seiner Umgebung. Katalog der Prähistorischen Staatssammlung Nr. 2 (1958) 61—63; W. Czysz, Der römische Gutshof in München-Denning und die römerzeitliche Besiedlung der Münchner Schotterebene. Katalog der Prähistorischen Staatssammlung Nr. 16 (1974)

97. S. Anmerkung 53

98. B. Eberl, Römische Gebäude bei Durach, B. A. Kempten i. A. BVbl. 10, 1931/32, 88—90. — L. Ohlenroth, Grabungsberichte aus dem Allgäu. I. Die römerzeitliche Siedlung an der Loja-Kapelle. Allgäuer Geschichtsfreund N. F. 41, 1937, 51 bis 86. — B. Eberl, Römische Gebäude bei Dirlewang. B. A. Mindelheim, Schw. BVbl. 11, 1933, 77 bis 87. — L. Ohlenroth, Neue Forschungsergebnisse aus Schwaben. Schwabenland 7, 1940, 269—308

99. P. Reinecke, Burgweinting unweit Regensburg. Villa rustica. Römisch-Germanisches Korrespondenzblatt 9, 1916, 54—57 und Verhandlungen des Historischen Vereins für Oberpfalz 11, 1917, 13—16. — In den letzten Jahren wurde der zugehörige Brandgräberfriedhof entdeckt und teilweise ausgegraben; Prähistorische Staatssammlung Inv. 1973, 1357—1366

100. BVbl. 22, 1957, 223—224 m. Plan

101. P. Reinecke, Die römische Villenanlage von Westerhofen. Sammelblatt des Historischen Vereins Ingolstadt 65, 1956, 3—35

102. F.-R. Herrmann, Eine römische Villa bei Schambach im Landkreis Weißenburg. JbB 6/7, 1965/66, 14—34. — Ders., Eine römische Villa bei Schambach, Landkreis Weißenburg. Ausgrabungen in Bayern, Sonderausgabe Bayerland (o. J.) 24—27

103. S. Anm. 80, 3—6

103 a. Für eine Villa mit stark ausgebauten Eckrisaliten läßt sich nördlich der Alpen nichts gut Vergleichbares vorstellen: F. Reutti, Eine römische Villa suburbana bei Stadtbergen, Ldkr. Augsburg. BVbl. 39, 1974, 104—126

104. C. Mezger, Die Entdeckung von Überresten einer römischen Villa mit einem besondern Badhause in dem Steuerdistrikte Mauren, fürstl. Oettingen-Wallerstein'schen Herrschafts-Gerichts Harburg gelegen, und Beschreibung derselben. Jahresbericht des Historischen Vereins für Schwaben 12, 1847, Beiträge 25—30

105. S. Anm. 55

106. S. Anm. 98

107. E. B. Thomas, Römische Villen in Pannonien (1964) 111 ff., 361 ff., 389 f.

108. BVbl. 21, 1956, 284—287. — W. Specht, H.-J. Kellner, A. Nickenig, Zur Datierung von Grabungsbefunden. Die Villa rustica bei Berg. Bericht des Bayerischen Landesamtes für Denkmalpflege 15, 1956, 61—63

109. E. Frickhinger, Villa rustica bei Reimlingen, B. A. Nördlingen. BVbl. 12, 1934, 89—90

110. P. Auer, Die Villa rustica auf dem »Rußbaum« (Kötz). BVbl. 10, 1931/32, 105—106

111. BVbl. 22, 1957, 178 und 216

112. J. Reichart, Villae rusticae in der Umgebung von Ingolstadt. Sammelblatt des Historischen Vereins Ingolstadt 59, 1950, 39—49

113. E. Frickhinger, Die römischen Guthöfe des Rieses. Das Schwäbische Museum 1925, 133—134 und 198

Wirtschaft, Handel und Verkehr

L 88. F. Heichelheim, Wirtschaftsgeschichte des Altertums (1938)

L 89. M. Rostovtzeff, Gesellschaft und Wirtschaft im römischen Kaiserreich (1931)

L 89 a. O. Schlippschuh, Die Händler im römischen Kaiserreich in Gallien, Germanien und den Donauprovinzen Rätien, Noricum u. Pannonien (1974).

L 90. P. La Baume, Römisches Kunsthandwerk zwischen Chr. Geburt und 400 (1964)

L 91. F. Oswald and T. D. Pryce, An Introduction to the Study of Terra Sigillata (1966). — H. Comfort u. a., Terra Sigillata. La ceramica a rilievo ellenistica e romana. Enciclopedia Italiana (o. J.)

L 92. E. Gose, Gefäßtypen der römischen Keramik im Rheinland. Bonner Jahrbücher Beiheft 1 (1950)

L 93. A. Schörgendorfer, Die römerzeitliche Keramik der Ostalpenländer (1942)

L 93 a. M. Müller-Wille, Die landwirtschaftliche Grundlage der Villae rusticae. Germania Romana III. Gymnasium Beiheft 7 (1970) 26 bis 42

114. J. A. Huber, Der Körnerfund vom Aschberg (bei Dillingen a. d.

Donau). Ein Beitrag zur Geschichte der Brotfrüchte unserer Heimat. Schwabenland 3, 1936, 426—432; J. Baas, Kultur- und Wildpflanzenreste aus einem römischen Brunnen von Rottweil-Altstadt. Fundberichte aus Baden-Württemberg 1, 1974, 373—416

115. P. Reinecke, Eine römische Bronzeglocke vom Wege zum Nebelhorn im Allgäu. Germania 9, 1925, 135—138

116. BVbl. 34, 1969, 160 f. (G. v. Houwald)

117. BVbl. 21, 1956, 285 ff. (J. Boessneck)

118. J. Boessneck, in: W. Krämer, Cambodunumforschungen 1953 — I (1957) 103—116

118 a. Vgl. auch U. K. Streitferdt, Osteoarchäologische Untersuchungen an Tierknochenfunden aus vier Römischen Stationen im Süddeutschen Raum (1972), wo regionale Unterschiede sichtbar werden

119. R. Egger, Aus römischen Grabinschriften. 1 Österreichs ältester Bergassessor, 2 Weidwerk im Gebiet von Iuvavum-Salzburg. Österreichische Akademie der Wissenschaften, Phil.-Hist. Klasse Sitzungsberichte 252/3 (1967)

120. O. Roger, Römische Töpferwaren von Westheim bei Augsburg. Zeitschrift des historischen Vereins von Schwaben 33, 1907, 37—42

121. G. Ulbert, Römische Holzfässer aus Regensburg. BVbl. 24, 1959, 6—29. — G. Krahe, Die Stadt Cambodunum im römischen Hinterland bei Kempten im Allgäu. Ausgrabungen in Bayern, Sonderausgabe Bayerland (o. J.) 19—23

122. H.-J. Kellner, Zur Sigillata-Töpferei von Westerndorf I. BVbl. 26, 1961, 165—203 (mit älterer Literatur). — Ders., Die keramischen Funde aus den Grabungen der »Römersektion« in und bei Westerndorf. Zur Sigillata-Töpferei von Westerndorf II. Das bayerische Inn-Oberland 33, 1963, 5—50. — Ders., Die raetischen Sigillata-Töpfereien und ihr Verhältnis zu Westerndorf. Zur Sigillata-Töpferei von Westerndorf III. BVbl. 27, 1962, 115—129. — Ders., Beiträge zum Typenschatz und zur Datierung der Sigillata von Westerndorf und Pfaffenhofen. Zur Sigillata-Töpferei von Westerndorf IV. Das bayerische Inn-Oberland 35, 1968, 5—72. — Ders., Die Sigillatatöpfereien von Westerndorf und Pfaffenhofen (1973). — M. Picon, Recherches techniques sur les céramiques de Westerndorf et Pfaffenhofen. BVbl. 39, 1974, 185—191

123. H.-J. Kellner, Die Sigillata-Töpferei in Pfaffenhofen am Inn und ihr Formenschatz. Germania 42, 1964, 80—91. — R. Christlein und H.-J. Kellner, Die Ausgrabungen 1967 in Pons Aeni. BVbl. 34, 1969, 76—161

123 a. G. Streitberg, Namenstempel und Stempelmarken Westerndorfer Sigillatatöpfer. BVbl. 38, 1973, 132 bis 153

124. W. Hübener, Eine Studie zum römischen Gräberfeld von Faimingen, Kr. Dillingen (Donau). Jb RGZM 10, 1963, 44—67. — BVbl. 21, 1956, 303 und Taf. 41, A 2

125. Als Bestimmungsbuch für Lampen: H. Menzel, Antike Lampen im RGZM. Katalog RGZM 15 (1954), Nachdruck (1969). — H. Deringer, Römische Lampen aus Lauriacum. Forschungen in Lauriacum 9 (1965)

126. G. Spitzlberger, Die römischen Ziegelstempel im nördlichen Teil der Provinz Raetien. SJ 25, 1968, 65—184

127. H. v. Petrikovits, Novaesium. Das römische Neuß. Führer des Rheinischen Landesmuseums in Bonn 3 (1957)

128. S. J. de Laet, Portorium. Etude sur l'organisation douanière chez les Romaines surtout à l'époque du Haut-Empire (1949)

Geldumlauf und Zahlungsverkehr

L 94. R. Göbl, Einführung in die Münzkunde der römischen Kaiserzeit, 2. Aufl. (1960)

L 95. The Roman Imperial Coinage, Bd. 1—9 (ohne 8). (1923—1967), abgekürzt RIC

L 96. St. Bolin, State and Currency in the Roman Empire to 300 A. D. (1958)

129. FMRD I Nr. 7011

130. H. Gebhart, K. Kraft, H. Küthmann u. a., Bemerkungen zur kritischen Neuaufnahme der Fundmünzen der römischen Zeit in Deutschland. JbNG 7, 1956, 9—71

131. H.-J. Kellner, Die Aufnahme der römischen Fundmünzen in Bayern. Möglichkeiten der Auswertung. Bericht des Bayerischen Landesamtes für Denkmalpflege 13, 1953/54, 56—64

131 a. R. Noll, Germania 50, 1972, 148—152.

Kunst

L 97. F. Braemer, L'art dans l'occident romain. Ausstellung Paris (1963)

L 98. Lübke-Pernice, Die Kunst der Römer. Neubearbeitet und ergänzt von B. Sarne (1958)

L 98 a. Corpus der Skulpturen der römischen Welt, Deutschland I, 1 Raetia (Bayern südlich des Limes) und Noricum (Chiemseegebiet). Aus dem Nachlaß von F. Wagner bearbeitet v. G. Gamer und A. Rüsch mit einer Einführung von G. Ulbert (1973)

L 99. R. Noll, Kunst der Römerzeit in Österreich (1949)

L 100. Römer am Rhein. Ausstellung des Römisch-Germanischen Museums Köln (1967), H.-G. Niemeyer, Zur römischen Architektur der Rheinlande 35 ff.; J. Bracker, Zu den Grundlagen römischer Kunst in den Rheinlanden 44 ff.

L 101. H. Menzel, Die römischen Bronzen aus Deutschland. I Speyer (1960), II Trier (1966), in Vorbereitung Bayern. — R. Fleischer, Die römischen Bronzen aus Österreich (1967)

L 102. H. Menzel, Römische Bronzen aus Bayern. Ausstellung Augsburg (1969)
L 103. K. Parlasca, Die römischen Mosaiken in Deutschland. Römisch-Germanische Forschungen 23 (1959)
L 104. K. Parlasca, Römische Wandmalereien in Augsburg. MhbV 7 (1956)
132. F. Drexel, Das Kastell Faimingen. ORL, Abt. B, Bd. 6 Nr. 66 c (1911)
133. L. Ohlenroth, Grabmäler römischer Ehepaare aus Augsburg. Germania 31, 1953, 32—38
134. H.-J. Kellner, Neue römische Skulpturen aus Nassenfels, Landkreis Eichstätt. Aus Bayerns Frühzeit. Friedrich Wagner zum 75. Geburtstag (1962) 205—210
134 a. F. Braemer, Problèmes de circulation artistique à travers les Alpes. Actes du Colloque sur les cols des Alpes dans l'antiquité (o. J.) 141—169
135. H.-J. Kellner, Die römischen Mosaiken von Marzoll, Ldkr. Berchtesgaden. Germania 41, 1963, 18 bis 28
136. G. Krahe, Eine römische Siedlung am Alpenrand bei Schwangau. Neue Ausgrabungen in Bayern. Probleme der Zeit (1970) 23—27
137. G. Gamer, Fragmente von Bronzestatuen aus den römischen Militärlagern an der Rhein- und Donaugrenze. Germania 46, 1968, 53—66
138. R. Fleischer, Zum römischen Schatzfund von Straubing. Jahreshefte des Österreichischen archäologischen Institutes 46, 1965, Beibl. 171—180
138 a. A. Böhme, Der Schmuck der römischen Frau (1974)
139. JbNG 14, 1964, 215 f.
140. E. M. Schmidt, Gemmen und Glaspasten in der Prähistorischen Staatssammlung München. BVbl. 36, 1971, 216—244

Zivilisation

141. R. Egger, Epigraphische Nachlese. 1 Bleietiketten aus dem raeteschen Alpenvorland. Jahreshefte des Österreichischen archäologischen Institutes 46, 1961—63, 185—197. — Ders., 5 Bleietiketten und eine Gußform. Anzeiger der philosophisch-historischen Klasse der Österreichischen Akademie der Wissenschaften 1967, 195—210
142. R. Egger, Aus der Unterwelt der Festlandkelten. Wiener Jahreshefte 35, 1943, 99—137. — H. Nesselhauf, Beschriftetes Bleitäfelchen aus einer raetischen Villa. Germania 38, 1960, 76—80. — R. Egger, Nordtirols älteste Handschrift. Österreichische Akademie der Wissenschaften, Phil.-Hist. Klasse, Sitzungsbericht 244/1 (1964)
143. F. Kretzschmer, Hypokausten. SJ 12, 1953, 7—42. — Ders., Der Betriebsversuch an einem Hypokaustum der Saalburg. Germania 31, 1953, 64—67

Sanitätswesen und Hygiene

L 105. R. W. Davis, The Roman Military Medical Service. SJ 27, 1970, 84—104
L 106. H. Magnus, Die Augenheilkunde der Alten (1901)
144. P. Goessler, Zur Frage der gallorömischen Augenarzt-Stempel. Germania 22, 1938, 24—30
145. F.-R. Herrmann (Anm. 74) S. 7 und Abb. 1 u. 3
146. J. Michelbach, Römerhaus Obernburg. Funde aus dem Kastell Obernburg (1954). — CIL XIII 6620 und 6621
147. L. Ohlenroth, Zum Stadtplan der Augusta Vindelicum. Zusammenfassender Vorbericht. Germania 32, 1954, 76—85. — Ergänzungen: BVbl. 21, 1956, 256—283 und 22, 1957, 179—211
148. W. Specht, Eine interessante Erdprobe aus einer Abortgrube im Römerkastell Künzing. SJ 21, 1963/64, 90 —94

Religion und Kult

L 107. A. v. Domaszewski, Die Religion des römischen Heeres. Westdeutsche Zeitschrift für Geschichte und Kunst 14, 1895, 1—124
L 108. G. Wissowa, Interpretatio Romana. Römische Götter im Barbarenland. Archiv für Religionswissenschaft 19, 1916/19, 1—49
L 109. F. Drexel, Die Götterverehrung im römischen Germanien. Ber. RGK 14, 1922, 1—68
L 110. A. Meier, Der Chiemgau in römischer Zeit (1912)
Vgl. auch L 100.
149. S. Anm. 92
150. G. Steinmetz, Verhandlungen des historischen Vereins von Oberpfalz 85, 1935, 347—353; 86, 1936, 434—440; BVbl. 13, 1936, 96—97; 14, 1937, 102—105
151. H. Schoppa, Eine Statue der Hygieia von Obernburg am Main. Germania 19, 1935, 229—233
152. H. U. Nuber, Zwei römische Schnellwaagen aus Eining, Ldkr. Kelheim, und Arxtham, Gem. Höslwang, Ldkr. Rosenheim. BVbl. 32, 1967, 29—39
152 a. H. Cüppers, Wein und Weinbau zur Römerzeit im Rheinland. Germania Romana III. Gymnasium Beiheft 7, 1970, 138—145
153. P. Reinecke, Römische und frühmittelalterliche Denkmäler vom Weinberg bei Eining a. d. Donau, in: Kleine Schriften zur vor- und frühgeschichtlichen Topographie Bayerns (1962) 106—123
154. R. Froehner, Epona, die gallisch-römische Göttin des Pferdes und des Pferdemannes. Beiträge zur Geschichte der Veterinärmedizin 1938, 129 ff. — W. Mundt, Epona, eine keltisch-römische Pferdegöttin. Unser Allgäu 10, 1957, Nr. 10. — A. Vierling, Epona. Altbayerische Monatsschrift 8, 1908, 43—46. — René Magnen, Epona. Déesse gauloise des chevaux, protectrice des chevaliers. Inventaire des monuments par E. Thévenot (1953)
155. O. Roger, Der Serapiskult in Augsburg. Zeitschrift des historischen Vereins für Schwaben 41,

1915, 141—143

156. M. J. Vermaseren, Mithras (1965) = Urban-Bücher 83. — Ders., Der Kult des Mithras im römischen Germanien (1974)

157. L. Schleiermacher, Das zweite Mithräum in Stockstadt a. M. Germania 12, 1928, 46—56

158. Th. Ulbert, Römische Gefäße mit Schlangen- und Eidechsenauflagen aus Bayern. BVbl. 28, 1963, 57—66

Grabbrauch

L 111. R. Nierhaus, Das römische Brand- und Körpergräberfeld »Auf der Steig« in Stuttgart-Bad Cannstatt (1959)

159. W. Krämer, Das Ende der Mittellatène-Friedhöfe und die Grabfunde der Spätlatènezeit in Südbayern. Germania 30, 1952, 330—337

160. P. Reinecke, Skelettgräber der frühen Kaiserzeit in Raetien. BVbl. 22, 1957, 36—59. — S. auch L 61 a

161. N. Walke, Römisches Gräberfeld in Wehringen, Ldkr. Schwabmünchen, Schwaben. Germania 41, 1963, 122—123. — H. U. Nuber und A. Radnóti, Römische Brand- und Körpergräber aus Wehringen, Ldkr. Schwabmünchen. JbB. 10, 1969 (1971), 27—49

162. O. Kunkel, Ein römischer Grabfund aus Obernburg am Main. Mainfränkisches Jahrbuch für Geschichte und Kunst 5, 1953, 278 bis 293

163. A. Radnóti, Ein Römergrab — gefunden im Schulhof des Realgymnasiums. Jahresbericht des Realgymnasiums Augsburg 97, 1961/62, 49—50

164. H.-J. Kellner, Das erste römische Brandgrab von Eining. BVbl. 30, 1965, 272—277

165. H. Lamprecht, Der große römische Friedhof in Regensburg. Verhandlungen des historischen Vereins von Oberpfalz 58, 1906, 1—88. — G. Steinmetz, Römerfund aus Regensburg. Mitteilungen der Bayerischen Numismatischen Gesellschaft 32/33, 1914/15, 75—76. — Neubearbeitung H.-J. Kellner und M. Overbeck, FMRD I 3072 und 3071 (im Druck)

166. N. Walke, Eine römische Fußlampe aus Wehringen, Landkreis Schwabmünchen. Aus Bayerns Frühzeit. Friedrich Wagner zum 75. Geburtstag (1962) 215—218

167. M. Hell, Neue Gräberfunde vom Bürglstein in Salzburg. Jahresschrift des Salzburger Museums Carolino-Augusteum 1957, 32—53. — M. Silber, Die Tonfiguren vom römischen Gräberfeld am Bürglstein in Salzburg. Mitteilungen der Anthropologischen Gesellschaft in Wien 56, 1926, 370—385. — Die reichen Funde aus dem Gräber feld aus den Jahren 1815—1842 sind bis heute weder wissenschaftlich bearbeitet noch veröffentlicht

168. M. v. Chlingensperg, Die römischen Brandgräber bei Reichenhall in Oberbayern (1896)

169. M. Hell, Die römische Grabhügelbestattung von Obereching, Land Salzburg. Pro Austria Romana 5, 1955, 44—45

170. W. Krämer, Römerzeitliche Grabhügelbestattungen aus dem Salzachgebiet. Germania 31, 1953, 212—213

171. K. Gerhardt und R. A. Maier, Norische Gräber bei Hörafing im Chiemgau. BVbl. 29, 1964, 119 bis 177

172. J. Pätzold und H. P. Uenze, Vor- und Frühgeschichte im Landkreis Griesbach. Katalog der Prähistorischen Staatssammlung Nr. 6 (1963) 73

173. G. Krahe, Ausgrabungen im frührömischen Gräberfeld von Cambodunum. JbB 1962, 78—91. — Ders., Der frühkaiserzeitliche Friedhof von Kempten — Cambodunum. Germania 41, 1963, 117—119. — Die Gesamtveröffentlichung ist von M. Mackensen als MhbV demnächst zu erwarten; M. Mackensen, Ausgrabungen in einem römischen Gräberfeld von Cambodunum — Kempten. Ausgrabungen in Deutschland 1 (1975) 446—454

173 a. W. Hübener, Zum römischen und frühmittelalterlichen Augsburg. JbRGZM 5, 1958, 185—193 (Gräber)

174. H. Müller-Karpe, Katalog des römischen Brandgräberfeldes in der Mühlau, in: Studien zu Abodiacum — Epfach, hrsg. von J. Werner. MBV 7 (1964) 28—38 und 39—69 (Münzen und Sigillata)

175. W. Hübener, Ein römisches Gräberfeld in Neuburg an der Donau. BVbl. 22, 1957, 71—96

176. W. Hübener, Ein römisches Brandgräberfeld bei Roggden, Ldkr. Wertingen. BVbl. 24, 1959, 30—57

177. S. Anmerkung 96

178. J. Kneitinger, Ausschnitt aus einem römischen Brandgräberfeld westlich Oberstimm. Sammelblatt des historischen Vereins Ingolstadt 71, 1962, 95—105. — J. Reichart, Weitere Funde aus dem römischen Brandgräberfeld westlich Oberstimm. Sammelblatt des historischen Vereins Ingolstadt 74, 1965, 90—94. — J. Kneitinger, Weitere Funde aus dem römischen Brandgräberfeld westlich von Oberstimm. Sammelblatt des historischen Vereins Ingolstadt 78, 1969, 64—68

179. N. Walke, Das römische Donaukastell Straubing — Sorviodurum. Limesforschungen 3 (1965). — J. Garbsch, Neue römische Grabfunde aus Straubing. Jahresbericht des Historischen Vereins für Straubing 76, 1973 (1974), 31—39

179 a. H.-J. Kellner, Drei Grazien aus Bayern. Festschrift für J. Werner zum 65. Geburtstag (1974) 191 bis 196

180. G. Steinmetz, Vom großen römischen Friedhof in Regensburg. Verhandlungen des historischen Vereins von Oberpfalz 73, 1923, 1—24. — S. von Schnurbein, Die Lampen des Gräberfeldes von Regensburg. BVbl. 36, 1971, 258—282

— Siehe auch Anmerkung 165

180 a. S. L 98 a
181. H. P. Uenze, Vor- und Frühgeschichte im Landkreis Schwabmünchen. Katalog der Prähistorischen Staatssammlung 14 (1971) 130
181 a. Vollmer 383 (Regensburg), 136 (bei Augsburg) und 414 (Regensburg), sowie 176
182. G. Alföldy, Ein römischer Grabaltar aus Frauenchiemsee. BVbl. 31, 1966, 80—84
182 a. Vollmer 90, 131, 128 und 176
182 b. A. Obermayr (Anmerkung 89 d) 89—91
182 c. Vollmer 43 und 50 A

Freundschaft, Liebe, Ehe
183. H. Nesselhauf (Anm. 142)
183 a. M. Mackensen, Ein Fibelgrab von Regensburg-Großprüfening. Zu den Scheibenfibeln mit bronzenen Preßblechmedaillons. BVbl. 38, 1973, 56—79
184. S. Seligmann, Der böse Blick und Verwandtes (1910)

DIE ALAMANNENSTÜRME
IM 3. JAHRHUNDERT

L 112. G. Walser und Th. Pekáry, Die Krise des Römischen Reiches. Bericht über die Forschungen zur Geschichte des 3. Jahrhunderts (193 bis 284 n. Chr.) von 1939—1959 (1962)
L 113. P. Oliva, Pannonia and the Onset of Crisis in the Roman Empire (1962)
L 114. L. Schmidt, Geschichte der deutschen Stämme bis zum Ausgang der Völkerwanderung. Die Ostgermanen, 2. Aufl. (1934); Die Westgermanen, 2. Aufl. (1938)
L 115. Grundfragen der alamannischen Geschichte. Mainauvorträge 1952. Vorträge und Forschungen 1 (1955)
L 116. G. J. Wais, Die Alamannen in ihrer Auseinandersetzung mit der römischen Welt (1941)

Erstes Auftreten der Alamannen
L 116 a. G. Wirth, Caracalla in Franken. Jahrbuch für fränkische Landesforschung 34/35, 1974/75, 37 bis 74, sowie A. Radnóti, BVbl. 37, 1972, 52—56 (Caracalla in Raetien)
185. H.-J. Kellner, Zu den raetischen Münzschätzen (Gnotzheim). JbNG 18, 1968, 127—132
186. G. Winkler (L 44) 83—85, sowie BVbl. 37, 1972, 53 Anm. 49
187. Siehe W. Schleiermacher, Der römische Limes in Deutschland, 2. Auflage (1961) 225 und 233
188. W. Schleiermacher, Centenaria am rätischen Limes. Aus Bayerns Frühzeit. Friedrich Wagner zum 75. Geburtstag (1962) 195—204
189. F. Winkelmann, Der römische Burgus in der Harlach bei Weißenburg i. B. Germania 1, 1917, 45 bis 54 sowie 2, 1918, 54—59

Der erste Einbruch in den Limes
L 117. H.-J. Kellner, Ein neuer Münzschatz beim Kastell Gunzenhausen und der Fall des raetischen Limes. Germania 31, 1953, 168—177
L 118. H.-J. Kellner, Der Schatzfund 1958 von Cambodunum. Germania 38, 1960, 386—392
190. A. Radnóti, C. Julius Avitus Alexianus. Germania 39, 1961, 383 bis 412. — H.-G. Pflaum, Un nouveau gouverneur de la province de Rhétie, proche parent de l'impératrice Julia Domna, à propos d'une inscription récemment découverte à Augsbourg. BVbl. 27, 1962, 82 bis 99
191. A. Christensen, L'Iran sous les Sassanides (1936)
192. F. Winkelmann (L 55) 54 ff. und ORL (L 68) Nr. 73
193. FMRD I 5005—5007
194. J. Werner, Die römischen Bronzegeschirrdepots des 3. Jahrh. und die mitteldeutsche Skelettgräbergruppe. Marburger Studien (1938) 259—267
195. H. Dorn, Römischer Denarfund von Welzheim. Fundberichte aus Schwaben 21, 1913, 85—105
196. H.-J. Kellner, Römischer Schatzfund aus dem Vicus des Kastells Eining. JbNG 14, 1964, 207—218. — FMRD I 1120 und 2034
197. H.-J. Kellner, Römische Münzen aus Regensburg, Frauenbergl. Germania 31, 1953, 219
198. N. Walke (Anm. 179) 86 f.
199. FMRD I 2216
200. J. Keim und H. Klumbach, Der römische Schatzfund von Straubing. MBV 3 (1951); die spätere Literatur BVbl. 21, 1956, 253
201. FMRD I 7199. — F. Drexel und M. Bernhart, Der Schatzfund von Wiggensbach im Allgäu. Das Schwäbische Museum 1927, 33—42
202. Siehe L 118
203. O. Paret, Der römische Schatzfund von Rembrechts, OA. Tettnang. Germania 18, 1934, 193 bis 197. — J. Werner, Zu den Schatzfunden von Wiggensbach und Rembrechts. Germania 19, 1935, 159 bis 160
204. R. Noll, Ein Verwahrfund von Seewalchen am Attersee, Oberösterreich. Jahreshefte des Österreichischen archäologischen Institutes 39, 1952, 59—70. — Fundberichte aus Österreich 5, 1959, 180—181
205. W. Krämer, Manching, ein vindelikisches Oppidum an der Donau. Neue Ausgrabungen in Deutschland (1958) 196—202
206. A Radnóti (Anm. 163)

Neue Kämpfe
L 119. H.-J. Kellner, Die römische Ansiedlung bei Pocking (Niederbayern) und ihr Ende. BVbl. 25, 1960, 132—164
L 119 a. W. Ensslin, Zu den Kriegen des Sassaniden Schapur I (1949)
207. A. Radnóti (L 82) 107 Anm. 72
208. Germania 31, 1953, 176 f.
209. H. Schönberger, SJ 21, 1963/64, 86 und 89
210. RIC 331 (b)
211. K. Pink, Der Aufbau der römischen Münzprägung in der Kaiserzeit. III. Von Alexander Severus

bis Philippus. Numismatische Zeitschrift 68, 1935, 12—34

212. R. Turcan, Le trésor de Guelma (1963) 28—39

213. M. Jungfleisch, Les moules en terre destinés à couler des monnaies impériales romaines. Bulletin de l'Institut d'Egypte 35, 1953, 239 bis 244. — Congresso Internazionale di Numismatica, I. Relazioni, Roma (1961) 103. — M. R. Alföldi, Die Gußformen und gegossenen ›Fälschungen‹ kaiserzeitlicher Münzen. Chiron 1, 1971, 351—363. — Dies., Die »Fälscherförmchen« von Pachten. Germania 52, 1974, 426—447. — Daneben häufen sich in der 1. Hälfte des 3. Jahrhunderts auch die sog. gefütterten Silbermünzen: H.-J. Kellner, Ein subaerater Antoninian von Riekofen. JbNG 24, 1974, 69—71

214. H.-J. Kellner, Das römische Regensburg. Alt-Bayerische Heimat (Regensburg) 7, 1954, Nr. 3 und 4

215. K. Kraft, Der Münzfund von Battenberg/Pfalz (Zeit des Tetricus). Pfälzer Heimat 3, 1952, 66—69

216. Westerndorf III (Anm. 122) 126—129

217. R. Knussert, Zu den Römerstraßen im Raum südlich von Kempten. BVbl. 28, 1963, 152—164. — W. Schleiermacher, A B(rigantio). Germania 43, 1965, 320—321

Raetien in Not

218. H. Koethe, Zur Geschichte Galliens im dritten Viertel des 3. Jahrhunderts. Ber. RGK 32, 1942, 199—224. — H. Schönberger, Limesforschungen 2 (1962) 98 bis 100

218 a. Forschungen in Lauriacum 6/7, 1960, 16 und 10, 1975, 15—19. — Fundberichte aus Österreich 4, 1952, 99; 5, 1959, 198; 7, 1971, 256 f.; 5, 1959, 223; 9, 1966—70, 57 (Tulln). — Vgl. auch Anmerkung 221

219. J. Garbsch, Der Moosberg bei Murnau, MBV 12 (1966)

220. F. Jantsch, Spätantike Befestigungen in Vorarlberg. Mitteilungen der Österreichischen Gesellschaft für Anthropologie, Ethnologie und Prähistorie 73—77, 1947, 2—52

221. M. R. Alföldi, Zu den Militärreformen des Kaisers Gallienus. Limes-Studien. Vorträge des 3. Internationalen Limes-Kongresses in Rheinfelden 1957 (1959) 13—18

Rom kämpft um Raetien

L 120. H.-J. Kellner, Datierungsfragen zum spätrömischen Iller-Donau-Limes. Limes-Studien. Vorträge des 3. Internationalen Limes-Kongresses in Rheinfelden 1957 (1959) 55—60

222. H.-J. Kellner, Die Kleinfunde aus der spätrömischen Höhensiedlung »Auf Krüppel« ob Schaan. Jahrbuch des Historischen Vereins für das Fürstentum Liechtenstein 64, 1964, 57—123

223. Siehe Anm. 197

224. F. Vollmer Nr. 191; mit größter Wahrscheinlichkeit von Augsburg nach Zwiefalten verschleppt

225. Fundberichte aus Österreich 5, 1959, 227—228

226. J. Garbsch, Grabungen im spätrömischen Kastell Vemania. Fundberichte aus Schwaben 19, 1971, 207 bis 229. Ders., Spätrömische Schatzfunde aus Kastell Vemania. Germania 49, 1971, 137—154

227. H.-J. Kellner, Das spätrömische Kellmünz. Forschungen aus dem oberen Schwaben 2 (1957)

228. J. Werner, Der Lorenzberg bei Epfach. Die spätrömischen und frühmittelalterlichen Anlagen. MBV 8 (1969)

SPÄTZEIT UND ENDE

L 121. O. Seeck, Geschichte des Untergangs der antiken Welt, Bd. 1—5 (1897—1921), Bd. 1—3 Neuauflagen. Nachdruck 1966

L 122. E. Stein, Geschichte des spätrömischen Reiches. I Vom römischen zum byzantinischen Staate (284 bis 476 n. Chr.) (1928)

L 123. A. Piganiol, L'empire chrétien (325—395). (1947)

L 124. R. Grosse, Römische Militärgeschichte von Gallienus bis zum Beginn der byzantinischen Themenverfassung (1920)

L 125. C. Müller, Vom Ausgang der Antike zwischen Donau und Adria. Wirtschaftsstrukturen und Wirtschaftsleben im Westen der Balkanhalbinsel vor der slawischen Einwanderung. Vierteljahresschrift für Sozial- und Wirtschaftsgeschichte 38, 1949, 105—133

L 126. G. Mickwitz, Geld und Wirtschaft im römischen Reich des vierten Jahrhunderts n. Chr. (1932)

L 127. R. Roeren, Zur Archäologie und Geschichte Südwestdeutschlands im 3. bis 5. Jahrhundert n. Chr. Jb. RGZM 7, 1960, 214—294

L 128. W. Schleiermacher, Der obergermanische Limes und spätrömische Wehranlagen am Rhein. Ber. RGK 33, 1943—1950, 133—184

L 129. J. Garbsch, Der spätrömische Donau-Iller-Rhein-Limes. Kleine Schriften zur Kenntnis der römischen Besetzungsgeschichte Südwestdeutschlands 6 (1970)

L 130. F. Wagner, Das Ende der römischen Herrschaft in Rätien. BVbl. 18/19, 1951, 26—45

L 131. E. Keller, Die spätrömischen Grabfunde aus Raetia II. MBV 13 (1971)

L 132. A. Riegl, Spätrömische Kunstindustrie, 3. Aufl. (1964)

Befriedung und Reformen unter Diocletian

L 132 a. D. Hoffmann, Der Oberbefehl des spätrömischen Heeres im 4. Jahrhundert n. Chr. Actes du IXe Congrès International d'Études sur les Frontières Romaines 1972 (1974) 381—397

229. FMRD I 7248

230. H.-J. Kellner, Zu den raetischen Münzschätzen (Großberg, Ldkr. Regensburg). JbNG 18, 1968, 134—136

231. B. Overbeck, Alamanneneinfälle in Raetien 270 und 288 n. Chr. JbNG 20, 1970, 81—150

231a. Vollmer 121 = CIL III 5810. Vgl. die Abb. S. 155
232. G. Alföldy, Eine Diokletian-inschrift aus Lauriacum. Jahreshefte des Österreichischen archäologischen Institutes 47, 1964/65, Beiblatt 207 bis 218
233. E. Vonbank, Arbor Felix. Ur-Schweiz 28, 1964, 1—24
234. L. C. West, The coinage of Diocletian and the edict of prices. Studies in Roman Economic and Social History in honor of A. C. Johnson (Princeton 1951) 290—302; S. Lauffer, Edictum Diocletiani — Diocletians Preisedikt (1971)

Nachblüte in der Constantinischen Zeit

235. H.-J. Kellner, Ein Fund spätrömischer Münzen von Kellmünz. BVbl. 20, 1954, 119—128
236. W. Seston, La conférence de Carnuntum et le »Dies Imperii« de Licinius. Carnuntina. Römische Forschungen in Niederösterreich 3 (1956) 175—186. — J. Moreau, Zur Datierung des Kaisertreffens von Carnuntum. Carnuntum Jahrbuch 1960, 7—15
237. G. Bersu, Die spätrömische Befestigung »Bürgle« bei Gundremmingen. MBV 10 (1964)
238. N. Walke, Grabung außerhalb der spätrömischen Befestigungen auf dem Goldberg bei Türkheim — Vorbericht 1958 bis 1961. BVbl. 26, 1961, 60—67
239. J. Werner, Spätrömische Schwertortbänder vom Typ Gundremmingen. BVbl. 31, 1966, 134—141
240. H. Bott, Eine spätrömische Bronzefibel aus dem Lechkies. Das schöne Allgäu 14, 1950/51, 205—208
241. J. Garbsch, Der Moosberg bei Murnau. MBV 12 (1966)
242. P. Reinecke, Die Römerschanze bei Grünwald. Kleine Schriften zur vor- und frühgeschichtlichen Topografie Bayerns (1962) 170—176; vgl. auch Anm. 96
243. H. P. Uenze und J. Katzameyer, Vor- und Frühgeschichte in den Landkreisen Bad Tölz und Miesbach. Katalog der Prähistorischen Staatssammlung Nr. 9 (1972) 59—62
244. R. Christlein und H.-J. Kellner, Die Ausgrabungen 1967 in Pons Aeni. BVbl. 34, 1969, 76—161
245. H.-J. Kellner und G. Ulbert, Das römische Seebruck. BVbl. 23, 1958, 48—82. — G. Spitzlberger, Neues zum spätrömischen Kastell Seebruck. BVbl. 32, 1967, 175—182
245 a. N. Heger, Salzburg in römischer Zeit. Jahresschrift d. Salzburger Mus. C. A. 19, 1973 (1974) 153 ff.
246. J. Boessneck, Die Tierknochen aus den Grabungen 1954 bis 1957 auf dem Lorenzberg bei Epfach. Studien zu Abodiacum-Epfach. MBV 7 (1964) 213—261
247. Einen guten Überblick über das spätrömische Fundgut mit Nachweis der wichtigen Literatur gibt G. Pohl, Die spätrömischen Kleinfunde. Der Lorenzberg bei Epfach. Die spätrömischen und frühmittelalterlichen Anlagen. MBV 8 (1969) 153—193
248. Siehe Anm. 227, S. 43—45
249. O. Kunkel, Archäologische Zeugnisse frühen Christentums in Bayern, in: Bayerische Frömmigkeit. 1400 Jahre Christliches Bayern. Ausstellung München (1960) 46—50
249 a. Über die Stellung des Constantin I. zum Christentum orientiert: J. Vogt, Reallexikon für Antike und Christentum 3 (1957) 325 ff.

Das Ende kündigt sich an

250. P. Bastien, Le monnayage de Magnence (350—353). (1964) 7—28, ausführliche Darstellung der historischen Vorgänge.
251. J. Schwartz, Trouvailles monétaires et invasions germaniques sous Magnence et Décence. Cahiers Alsaciens d'archéologie, d'art et d'histoire 1957, 33—49. — R. Laur-Belart, Der spätrömische Silberschatz von Kaiseraugst (Aargau). (1963). — H. A. Cahn und R. Laur-Belart, Münzschatz Kaiseraugst 1965, Schweizer Münzblätter 17, 1967, 50—57
252. Siehe Anm. 222, S. 74—82
253. H.-J. Kellner, Ein Fund spätrömischer Münzen in Regensburg. Germania 36, 1958, 96—103; späteste Münze Constantius II, Centenionalis von Siscia, LRBC 1228, geprägt 355/361 n. Chr. — 1972 kamen bei den Grabungen von U. Osterhaus noch 2 weitere Münzschätze derselben Zeitstellung zutage; FMRD I 3084 und 3085
254. A. Layer, Zur Juthungen-Frage. Schwäbische Blätter 18, 1967, 82—85
255. W. Schleiermacher, Die Burgunder am Limes. Varia Archaeologica. Wilhelm Unverzagt zum 70. Geburtstag dargebracht (1964) 192—194
256. H. Dannheimer, Die germanischen Funde der späten Kaiserzeit und des frühen Mittelalters in Mittelfranken (1962)
257. J. Werner, Das spätkaiserzeitliche Frauengrab von Spielberg bei Erlach, Ldkr. Nördlingen (Schwaben). BVbl. 25, 1960, 164—169
258. P. Reinecke, Ein spätkaiserzeitliches Germanengrab aus dem Neuburgischen. Germania 18, 1934, 117 bis 122
259. J. Reichart, Kaiserzeitliche Germanensiedlungen in der Ingolstädter Gegend. Sammelblatt des historischen Vereins Ingolstadt 66, 1957, 81 bis 90
260. C. Pescheck, Germanen in Nordbayern. Ausgrabungen in Bayern. Bayernland Sonderausgabe (o. J.) 34—38. — Frankenland NF 17, 1965, 290—293
261. R. Koch, Die spätkaiserzeitliche Gürtelgarnitur von der Ehrenbürg bei Forchheim (Oberfranken). Germania 43, 1965, 105—120
262. B. Svoboda, Zum Verhältnis frühgeschichtlicher Fundes des 4. und 5. Jahrhunderts aus Bayern und Böhmen. BVBl. 28, 1963, 97—116
263. H. Dannheimer, Eine völkerwanderungszeitliche Grubenhütte bei Irl, Ldkr. Regensburg (Oberpfalz). BVbl. 32, 1967, 97—104

264. E. Keller, Bericht über die Ergebnisse der Grabungen im Garten des Studienseminars. Jahresbericht des Descartes-Gymnasiums Neuburg 1968/69, 33—34

Ein Kaiser als Festungsbauer

L 133. J. Garbsch, Die Burgi von Meckatz und Untersaal und die valentinianische Grenzbefestigung zwischen Basel und Passau. BVbl. 32, 1967, 51—82

L 134. Notitia dignitatum, hrsg. von O. Seeck (1962), Nachdruck der Ausgabe von 1876

L 135. D. Hoffmann, Das spätrömische Bewegungsheer und die Notitia Dignitatum Epigraphische Studien 7/I bis II (1969)

264a. Ammianus Marcellinus 28 Buch II 5

265. K. Stehlin, Die spätrömischen Wachttürme am Rhein von Basel bis zum Bodensee. 1 Untere Strecke: Von Basel bis Zurzach (1957)

265a. E. Vonbank, Der spätrömische Kriegshafen von Brigantium. Vorarlberg 7, 1969, Heft 2, 19—22 und 10, 1972, Heft 2, 4—5; ders., Die römischen Hafenmauern am Bregenzer Leutbühel. Montfort 24, 1972, 256—259

266. D. Beck, Das spätrömische Kastell und die St.-Peters-Kirche in Schaan. Jahrbuch der Schweizerischen Gesellschaft für Urgeschichte 49, 1962, 29—38

267. L. Ohlenroth, Römischer Straßenburgus bei Dreiheiligen, Gem. Heimenkirch, Ldkr. Lindau i. B. BVbl. 17, 1948, 36—44

267a. J. Garbsch, Recent Excavations at Late Roman Vemania. Roman Frontier Studies 1969 (Cardiff 1974) 156—163, sowie Anmerkung 226

268. B. Eberl, Der spätrömische Grenzturm bei Stielings. Allgäuer Geschichtsfreund NF. 10, 1941, 44 bis 46. — M. Bernhart, Römerfund zu Kempten. Mitteilungen der Bayerischen Numismatischen Gesellschaft 31, 1913, 164—165

269. W. Krämer, Zum spätrömischen Vallatum (L 20) 54—56

270. P. Reinecke, Grabungen auf dem Altstadthügel in Passau. Kleine Schriften zur vor- und frühgeschichtlichen Topografie Bayerns (1962) 124—130, sowie zur Frühgeschichte 131—143

271. L. Ohlenroth, Spätrömische Festung und frühmittelalterliche Ministerialenburg auf dem Goldberg bei Türkheim, Ldkr. Mindelheim. BVbl. 17, 1948, 44—51. — Siehe auch Anm. 238

271a. L. Ohlenroth, Römische Burgi an der Straße Augsburg—Kempten—Bregenz. Ber. RGK 29, 1939, 122—156; BVbl. 24, 1959, 227 bis 228

272. G. Pohl und J. Werner (Anmerkung 228) 59—86

273. J. Werner, Spätrömische Befestigung auf dem Schloßberg in Füssen (Allgäu). Germania 34, 1956, 243—248

274. CIL VI 32 969

275. A. Wotschitzky, Veldidena. Jahreshefte des Österreichischen archäologischen Institutes 41, 1954, Beiblatt 1—42 und 44, 1957, Beiblatt 5 bis 70. Auch hier wurde beim Kastell ein über 800 qm großer Magazinbau aufgedeckt.

276. Siehe Anm. 244.

276a. J. Garbsch, Neues vom spätrömischen Pons Aeni. Arch. Korrespondenzblatt 5, 1975, 87 ff.

276b. R. Christlein, Die Stadt Passau und ihre Topographie in der Spätantike. Kölner Römer-Illustrierte 2, 1975, 210—211; ders., Verh. Hist. Ver. Niederbayern 101, 1975, 65—67

277. G. Pascher, Römische Siedlungen und Straßen im Limesgebiet zwischen Enns und Leitha. Der römische Limes in Österreich 19 (1949) 182—183

278. S. Soproni, Burgus-Bauinschrift vom Jahre 372 am Pannonischen Limes. Studien zu den Militärgrenzen Roms. Beiheft der Bonner Jahrbücher 19 (1967) 138 bis 143

Flachlandraetien wird aufgegeben

279. G. Bersu (Anm. 237) 46—50

280. H.-J. Kellner. Ein spätrömischer Münzschatz von Bregenz-Lochau. Jahrbuch des Vorarlberger Landesmuseumsvereins 1962, 1—2

281. J. Werner (Anm. 228) 262—270

282. Siehe Anm. 281

283. E. Keller (L 131) 187—191

283a. F. Wagner (L 39) S. 228 Nr. 46

283b. E. Keller, Ausgrabungen im spätrömischen Bestattungsplatz von Neuburg an der Donau. Archäologisches Korrespondenzblatt 1, 1971, 177—178

284. J. Werner, Der frühvölkerwanderungszeitliche Grabfund von Fürst, Gde. Pietling, Ldkr. Laufen a. d. Salzach (Oberbayern). BVbl. 25, 1960, 169—179

285. E. Keller, Ein frühvölkerwanderungszeitliches Frauengrab von Götting, Ldkr. Bad Aibling (Oberbayern). BVbl. 36, 1971, 168—178

286. J. Werner, Das Grab von München-Ramersdorf und die Zeitstellung der Niemberger Fibeln. Jahresschrift für Mitteldeutsche Vorgeschichte 35, 1951, 144—148

287. S. Soproni, Über den Münzumlauf in Pannonien zu Ende des 4. Jahrhunderts. Folia Archaeologica 20, 1969, 69—78

288. Th. Pekáry, Zur Geschichte von Vindonissa in spätrömischer Zeit. Jahresbericht der Gesellschaft Pro Vindonissa 1966, 5—14

289. J. P. C. Kent, Coin Evidence for the Abandonment of a Frontier Province. Carnuntina. Römische Forschung in Niederösterreich 3 (1956) 85—90

290. FMRD I, 3 Oberpfalz (1975) bearbeitet von H.-J. Kellner und M. Overbeck

291. Z. B. St. Karwiese, Aguntum — Das Ende einer Stadt im Spiegel der Münzfunde (1974)

Von den Römern zu den Baiern

L 136. K. Reindel, Grundlegung: Das Zeitalter der Agilolfinger (bis 788), in: Handbuch der bayerischen Geschichte, hrsg. von M. Spindler, Bd. 1 (1975) 71—179

L 137. K. Reindel, Staat und Herrschaft in Raetien und Noricum im 5. und 6. Jahrhundert. Verhandlungen des Historischen Vereins von Oberpfalz 106, 1966, 23—41

L 138. A. Dopsch, Wirtschaftliche und soziale Grundlagen der europäischen Kulturentwicklung, 2. Aufl. (1923/24)

L 139. H. Aubin, Vom Altertum zum Mittelalter (1949)

DER HEILIGE SEVERIN

L 140. R. Noll, Eugippius. Das Leben des Heiligen Severin (1963); ders., Die Vita sancti Severini des Eugippius im Lichte der neueren Forschung. Anzeiger Akademie Wien 112, 1975, 61—75

L 141. H. Zeiss, Die Donaugermanen und ihr Verhältnis zur römischen Kultur nach der Vita Severini. Ostbairische Grenzmarken 1928, 9—13

L 141 a. F. Lotter, Das neue Bild des norischen Severin. Archäologie in Oberösterreich. Oberösterreich 22, 1972/73, Heft 2, 55—58 mit weiterer Literatur

L 141 b. G. Winkler, Die Römer in Oberösterreich (1975) bes. 34 ff. und 52 ff.

ZUR KONTINUITÄT

Siehe vor allem auch L 136—L 139

L 142. H. Zeiss, Das Kontinuationsproblem im rätischen Flachland. BVbl. 11, 1933, 41—54

L 143. K. Schwarz, Die Ausgrabungen im Niedermünster zu Regensburg. Führer zu archäologischen Denkmalen in Bayern 1 (1971)

L 143 a. K. Schwarz, Das spätmerowingerzeitliche Grab des heiligen Bischofs Erhard im Niedermünster zu Regensburg. Ausgrabungen in Deutschland 2 (1975) 129—164

L 143 b. J. Werner, Die Ausgrabungen in St. Ulrich und Afra in Augsburg 1961—1966. MBV 23 (1975)

L 144. K. Reindel, Die Bistumsorganisation im Alpen-Donau-Raum in der Spätantike und im Frühmittelalter. Mitteilungen des Instituts für österreichische Geschichtsforschung 72, 1964, 277—310

L 145. R. Noll, Frühes Christentum in Österreich (1954)

L 146. H. Vetters, Die Kontinuität von der Antike zum Mittelalter im Ostalpenraum. Vorträge und Forschungen 10, 1965, 29—48

L 147. H. Vetters, Das Problem der Kontinuität von der Antike zum Mittelalter in Österreich. Gymnasium 76, 1969, 481—515

L 148. H. Vetters, Zum Problem der Kontinuität im niederösterreichischen Limesgebiet. Jahrbuch für Landeskunde von Niederösterreich 1970, 48—75

L 149. H. Vetters, Von der spätantiken zur frühmittelalterlichen Festungsbaukunst. Settimane di studio del Centro Italiano di studi sull' alto medioevo 15, 1968, 929—975

Siehe auch L 131 (E. Keller)

EINWANDERUNG DER BAJUWAREN?

Vgl. vor allem den zusammenfassenden Überblick von K. Reindel (**L** 136.) § 13 und 14, mit der älteren Literatur.

L 150. J. Werner, Die Langobarden in Pannonien (1962)

L 151. J. Werner, Die Herkunft der Bajuwaren und der »östlich-merowingische« Reihengräberkreis. Aus Bayerns Frühzeit. Friedrich Wagner zum 75. Geburtstag (1962) 229—250

L 152. B. Svoboda, Die stammesgeschichtliche Stellung der germanischen völkerwanderungszeitlichen Siedler in Böhmen und Mähren. Zeitschrift für Archäologie 2, 1968, 285—291

L 153. B. Svoboda, Böhmen in der Völkerwanderungszeit (1965) bes. 354 bis 358

L 154. W. Sage, Das Reihengräberfeld von Altenerding. Ausgrabungen in Deutschland 2 (1975) 254—277

L 155. W. Sage, Gräber der älteren Merowingerzeit aus Altenerding, Ldkr. Erding (Oberbayern). Ber. RGK 54, 1973 (1974) 212—317

L 156. R. Christlein, Ausgrabung eines Gräberfeldes des 5.—7. Jahrhunderts bei Bittenbrunn, Ldkr. Neuburg a. d. Donau. JbB 8/9, 1967/68 (1971) 87—103

Verzeichnis

der wichtigsten Ortsnamen. Lateinische Namen stehen, wie auch im Text, in Kursiv.

Abbildungsnachweis

Die nachfolgende Übersicht gibt an erster Stelle die Herkunft der unmittelbaren Vorlage für die Abbildungen an und, davon durch einen Strich getrennt, den Aufbewahrungsort der abgebildeten Gegenstände.

Verzeichnis der Abkürzungen:

A	Römisches Museum Augsburg
AM	Staatliche Antikensammlungen München
BA	Institut für Urgeschichte der Schweiz, Basel
BM	Britisches Museum London
Br	Vorarlberger Landesmuseum Bregenz
E	Museum Eichstätt
Fink	Dr. Roman Fink, Hohenlinden
Gr. St. B	Museum im Hospiz auf dem Großen St. Bernhard
GU	Museum Gunzenhausen
GZ	Museum Günzburg
Hefner	Dr. Leo Hefner, Obernburg
KE	Museum Kempten
KM	Kommission für die Erforschung des spätrömischen Raetien bei der Bayerischen Akademie der Wissenschaften München
LA	Kreis- und Stadtmuseum Landshut
LfD	Bayerisches Landesamt für Denkmalpflege, Abteilung für Vor- und Frühgeschichte
LU	Narodni Muzej Ljubljana
Meran	Museum Meran
MKM	Franz Mayer'sche Hofkunstanstalt München
MM	Staatliche Münzsammlung München
Hf. Müller	Dr. Hermann F. Müller, Schleswig
N	Germanisches Nationalmuseum Nürnberg
NB	Heimatmuseum Neuburg a. D.
NMB	Nationalmuseum Budapest
O	Römerhaus Obernburg
Ostermayer	Fotograf Carl Ostermayer, Seebruck
PM	Prähistorische Staatssammlung München
R	Städtisches Museum Regensburg
RGK	Römisch-Germanische Kommission des Deutschen Archäologischen Institutes
S	Denkmalamt Stuttgart (Dr. Zürn)
Str	Gäubodenmuseum Straubing
WS	Württembergisches Landesmuseum Stuttgart

1. PM — PM
2. PM — PM
3. LfD —
4. PM — Meran
5. PM —
6. PM — privat
7—9. PM — PM
10. LfD —
11. LfD — KE
12. PM —
13. S —
14. MM — MM
15. PM — E
16—17. PM — PM
18. PM — O
19. LfD — WS
20. RGK — A
21. PM — Privatbesitz
22. PM — PM
23. MM — MM
24—25. PM — BM
26. PM — PM
27—28. PM —
29. RGK — LA
30. PM — R
31. PM — PM
32. LfD — PM
33. PM —
34. S —
35. LfD — PM
36—37. PM — PM
38. RGK — R
39. R — R
40. LU — LU
41. PM — Laufen
42. PM —
43—44. PM — PM
45. LfD — R
46—49. PM — PM
50. BA — Gr. St. B.
51. RGK — A
52. A — A
53. PM — NMB
54—55. PM — PM
56. RGK — A
57. RGK — A
58—59. PM — PM
60. PM — PM
61. PM — PM
62. LfD — LfD
63. PM — PM
64. PM — PM
65. MKM — PM
66. PM — PM
67—75. PM — PM
76. LfD — Str
77—78. PM — PM
79. LfD/PM — PM/KE
80. LfD —
81. PM —
82. PM — R
83. LfD — PM
84. PM — E
85. LfD — O
86—87. Hefner — O
88—89. RGK — R
90. PM — PM
91. RGK — A
92. PM — R
93. RGK — KE
94. PM — PM
95. Innsbruck — Innsbruck
96. RGK — GU
97. PM — R
98. PM — Privatbesitz
99. PM — Privatbesitz
100. LfD — A
101. PM — Str
102—103. PM — PM
104. RGK — E
105. Hf. Müller — Sulz
107. RGK — KE
107. Br — Br
108. RGK — GZ
109. PM — NB
110. LfD — GZ
111. PM — LA
112—113. Ostermayer — Chieming
114. PM — A
115. Fink — PM
116—118. PM — PM
119. PM — PM
120. LfD — PM
121. PM — PM
122. RGK — R
123—124. RGK — A
125. PM — PM
126. RGK — R
127. Ostermayer — Seebruck
128. RGK — A
129. Fink — PM
130—135. PM — PM
136. LfD — A
137. LfD — R
138—142. LfD — Str
143. RGK — PM
144—150. PM — PM
151. PM — BM
152. MM — MM
153. PM — PM
154. KM —
155. PM — A
156. PM —
157. MM — WS
158. RGK — Prutting
159. LfD — A
160. A/PM — A/AM
161. PM — PM
162. LfD —
163. PM — PM
164. R —
165—168. PM — PM
169. A — A
170. PM — R
171. PM — LA
172. PM — N
173—175. PM — PM
176. LfD —
177. KM —
178—179. PM — PM

Luftbilder Nr. 5, 28, 33 freigegeben durch Reg. v. Obb. Nr. GS' 300/1380-82

Zur Geschichte Bayerns

Ludwig Schrott
Die Herrscher Bayerns

288 Seiten, 59 Abbildungen, davon 9 in Farbe. Leinenband

Ludwig Schrott stellt in diesem Buch sämtliche Herrscher Bayerns vom ersten Herzog Garibald — über Kaiser Ludwig den Bayern, Kurfürst Maximilian I. und König Max I. Joseph — bis König Ludwig III., der 1918 außer Landes gegangen ist, vor. Er schildert in lebendigen Bildern ihr Schicksal und Wirken und vor allem das Bleibende ihrer Leistungen im kulturellen und politischen Bereich. Die Herrschergeschichte wird hier zur Volksgeschichte und führt heran bis an die aktuellen Probleme von heute.

*

Hans Rall
Zeittafeln zur Geschichte Bayerns

und der mit Bayern verknüpften oder darin aufgegangenen Territorien
262 Seiten mit Regenten- und Stammtafeln

Der Band enthält einen sehr informativen Gesamtüberblick über die bayerische Geschichte, mehr als 90 Monographien bayerischer, fränkischer, schwäbischer und pfälzischer Territorien. Das Buch ist ein Nachschlagewerk, das wie kein anderes rasche und zuverlässige Orientierung möglich macht.

Süddeutscher Verlag

Unbekanntes Bayern

Die Buchreihe „Unbekanntes Bayern“ ist die gegenwärtig umfassendste, auf wissenschaftlicher Grundlage beruhende, allgemeinverständliche Darstellung der bayerischen Geschichte und Kultur in Einzeldarstellungen.

Gestaltet nach einer Sendereihe des Bayerischen Rundfunks und herausgegeben von Alois Fink.

Kassette I

Band 1
Entdeckungen und Wanderungen

Band 2
Verborgene Heimat

Band 3
Porträts aus acht Jahrhunderten

Band 4
Wallfahrtskirchen und Gnadenstätten

Band 5
Burgen, Schlösser, Residenzen

Zusammen 1207 Seiten mit 168 Zeichnungen von Paul Ernst Rattelmüller.

Kassette II

Band 6
Das Komödispielen

Band 7
Land der Franken

Band 8
Bilder aus der bayerischen Geschichte

Band 9
Städte am Fluß

Band 10
Bayern in Europa

Zusammen 1240 Seiten.

Süddeutscher Verlag